# IRLAND
## Mythologie in der Landschaft

Foto auf der vorhergehenden Seite:
Emain Macha (Gr. Armagh), Hof des Ulsterkönigs Conchobar Mac Nessa

Das Papier des Buchblocks besteht zu 80 Prozent aus Altpapier,
zu 20 Prozent aus Holzschliff von Durchforstungsholz
aus nachhaltiger Forstwirtschaft.
Es enthält keine Färbung oder optischen Aufheller.

Karten: © by Verlag Jürgen Häusser, Darmstadt,
und Irland Journal im Christian Ludwig Verlag, Moers.
Die Karten dürfen ohne schriftliche Zustimmung des Verlages nicht verwendet
werden, auch nicht ausschnittweise.

Fotos: © für die Fotos liegen bei den jeweiligen Fotografen, die im
Abbildungsverzeichnis erwähnt sind.

1. Auflage 1997
© by Verlag Jürgen Häusser, Darmstadt,
und Irland Journal im Christian Ludwig Verlag, Moers
Satz, Scans, Druck: Steidl, Göttingen
Herstellung: Jürgen Häusser
Alle Rechte vorbehalten
Printed in Germany
ISBN 3-89552-034-9

Sylvia Botheroyd

# IRLAND

## Mythologie in der Landschaft
## Ein Reise- und Lesebuch

Mit zahlreichen Abbildungen und
eigens gefertigten »mythologischen« Karten

HÄUSSER

Irland Journal

# Danksagung

Allen, die zum Zustandekommen dieses Buches beigetragen haben, möchte ich herzlich danken: ganz allgemein den Mitarbeiterinnen und Mitarbeitern der Bibliotheken der Ruhr-Universität Bochum und im besonderen Alke Eulen, Bibliothekarin des Sprachwissenschaftlichen Instituts. Kathleen Browne, Kerry County Library, Tralee und Jürgen Schneider, Berlin, danke ich für die Beschaffung schwer erhältlicher Publikationen. An Bord Fáilte Éireann, The Irish Tourist Board in Dublin und Frankfurt a. M. und das Northern Ireland Tourist Board in Belfast und ebenfalls in Frankfurt a. M. und deren örtlichen Informationsstellen in beiden Teilen Irlands, an James McKee, Navan Centre, Armagh und an Tony Roche, Board of Public Works, Dublin geht mein besonderer Dank für die prompte Bereitstellung von Bildvorlagen.

Christian Ludwig danke ich für seine Unterstützung und Jürgen Häusser für seine verlegerische Begleitung des Projekts und die sehr schöne und humorvoll-menschliche Zusammenarbeit. Pádraig Patridge, Irische Fremdenverkehrszentrale, Frankfurt a. M. hat mit seiner Begeisterung für das Buch mitgeholfen, den gelegentlich doch recht nötigen moralischen Auftrieb zu schaffen. Ich bin dem Europäischen Übersetzerkolleg e. V. in Straelen dankbar dafür, daß es mir zwei Aufenthalte in seinen immer gastfreundlichen Mauern ermöglichte.

Für ihren absolut zuverlässigen und großen Einsatz beim Erfassen des Manuskripts, für das Erstellen des Registers und ihr konstruktiv-kritisches Eingehen auf den Text – besonders wertvoll, da es sich um die erste Leserin handelte – bedanke ich mich bei Ulrike Mühle ganz herzlich. Raimund Baumgarten danke ich für die sehr sorgfältige Arbeit an den Karten. Paul F. Botheroyd danke ich für seine technische Unterstützung. Meinen Kindern Brendan-Martin und Maj-Catherine danke ich, wie immer, für deren Nachsicht und dafür, daß sie mich auf vielen Reisen zu den »mythologischen Orten« Irlands begleitet und diesmal zum Teil auch hingefahren haben.

Do m'fhear chéile, do mo chuid páistí agus do mo chait.

Sylvia Botheroyd
Sommer 1996

# Inhalt

**Gebrauchsanweisung** .............................................. 10

Mythologie in der Landschaft ...................................... 11

## MYTHOLOGISCHE GESCHICHTEN

Das Buch der Eroberungen Irlands. *Lebor Gabála Érenn* ........ 18

Die tragische Geschichte der Kinder Tuirinns.
*Oidheadh Chlainne Tuireann* ..................................... 37

Oengus Traum. *Aislinge Oenguso* ................................ 44

Das Werben um Étain. *Tochmarc Étain* ......................... 48

Die tragische Geschichte der Kinder Lirs.
*Oidheadh Chlainne Lir* ............................................ 57

Die Entstehung von Lough Neagh ................................ 66

Conles Abenteuer. *Echtra Conli* ................................. 70

Die Geschichte von Mac Da Thós Schwein.
*Scél mucce Maic Dathó* ........................................... 74

Das Abenteuer von Art, Sohn des Conn.
*Echtra Airt Maic Cuinn* .......................................... 79

Neras Abenteuer. *Echtra Nerai* .................................. 86

Bricrius Bankett. *Fled Bricrenn* ................................. 90

Die Trunkenheit der Ulstermänner oder die tolle Fahrt
der Ulstermänner nach Temair Luachra. *Mesca Ulad oder
Baethréim Ulad con Temair Luachra* .......................... 100

Die Zerstörung der Festhalle Da Dergas.
*Togail Bruidne Da Derga* ........................................ 109

Der Kampf um Howth. *Cath Étair* ............................. 118

Fraechs Rinderraub. *Táin Fraech* ............................... 126

Die Verbannung der Söhne Uisnechs. *Longas mac n-Uisnig* ..... 131

DER RINDERRAUB VON COOLEY. *TÁIN BÓ CUAILGNE* ...... 138

— Die Vorgeschichten. *Remscéla*

— Conchobars Empfängnis. *Compert Chonchobuir* .............. 144

— Der Schwächezustand der Ulstermänner. *Noiden Ulad* ........ 145

— Cúchulainns Empfängnis. *Compert Cúchulainn* ............... 146

— Das Werben um Emer. *Tochmarc Émire* ....................... 148

— Der Tod von Aoifes Einzigem. *Aided Oenfir Aife* ................ 152

— Vom ... der zwei Schweinehirten. *De chompur in da mucado* . 155

— Die Offenbarung des Táin. *Dofallsigud Tána Bó Cuailgne* ..... 156

DIE HAUPTGESCHICHTE: *TÁIN* ............................... 158

Fionn mac Cumhaill und die Fianna ............................ 177

Fionns Jugendtaten. *Macgnimartha Find* ...................... 181

Fionns Leben als Erwachsener ................................. 186

— Lomnas Kopf .............................................. 186

— Éle ....................................................... 187

— Oisíns Mutter ............................................. 189

— Fest im Hause Conáns. *Feis Tighe Chonáin* ................. 191

— Die Festhalle von Keshcorran. *Bruidhean Chéise Corainn* ..... 191

— Fionns Verwirrtheit ....................................... 193

— Die Jagd auf Slieve Gullion ................................ 193

— Die Schlacht von Ventry. *Cath Fionntrágh* .................. 194

— Die Verfolgung des schwierigen Dieners.
  *Tóraigheacht an Ghiolla Dheacair* ........................... 199

— Abenteuer vom Kerl im grauen Mantel.
  *Eachtrae Bhodaigh an Chóta Lachtna* ........................ 201

— Die Verfolgung von Diarmaid und Gráinne.
  *Tóraigheacht Dhiarmada agus Ghráinne* ..................... 203

DAS ENDE DER FIANNA ............................................. 212

IRISCHE HEILIGE ................................................... 215
— St. Brendan ....................................................... 217
— St. Patrick ........................................................ 222
— St. Columcille .................................................... 232
— St. Brigid ......................................................... 239

**MYTHOLOGISCHE FIGUREN** ................................. 247

**MYTHOLOGISCHE ORTE** ..................................... 291

Anhang
— Glossar ........................................................... 365
— Zu den Karten .................................................... 367
— Schreibweise und Aussprache ................................. 367
— Weiterführende Literatur ...................................... 368

# Gebrauchsanweisung

Die grob chronologisch geordneten inselkeltischen Erzählungen sind das Kernstück und bilden den ersten Teil des Buches. Es ist nützlich sie zuerst zu lesen. Dies muß nicht in der vorliegenden Reihenfolge geschehen, sondern nach eigenem Gutdünken, nach Vorliebe und Interesse. Zu jeder Geschichte gehört eine Karte der Sagengeographie; die Lage der »mythologischen Orte« in der irischen Landschaft läßt sich auf einen Blick überschauen. (Wegen weiterer Hinweise siehe im Anhang unter »Zu den Karten«)

Möchte man etwas zum Hintergrund der Königinnen und Könige, Helden und Heiligen erfahren, also letztlich die inselkeltischen Göttinnen und Götter kennenlernen, so schlägt man im zweiten Teil »Mythologische Figuren« nach und findet dort nach Namen (halbfett kursiv, z. B.: *Boand*) alphabetisch geordnete Kleinstartikel zur gesuchten Sagenfigur.

Der dritte Teil, »Mythologische Orte« befasst sich mit den Sagenschauplätzen. Die Orte (halbfett, z. B. **Tara**) sind auch alphabetisch geordnet und wiederum geben Kleinstartikel die nötigen Informationen, sodaß sich Orte in der Landschaft Irlands aufsuchen lassen.

Das Figuren- und das Ortskapitel sind einerseits in sich und andererseits auch untereinander mit Querverweisen (→) verbunden. Man kann also, je nach Interesse, weiteren Figuren und Orten nachgehen, aber es lassen sich von einem Ort aus auch die dazugehörigen Figuren und von den Figuren aus die Orte finden. Beide Teile, II: Figuren und III: Orte liefern aber auch zu jedem Eintrag die dazugehörigen Erzählungen, als kursiv gedruckte Kurztitel (z. B.: *Tain*). Je nach Bedarf kann also der Leser einer ihm besonders wichtigen mythologischen Figur von Ort zu Ort nachfolgen oder er bekommt zu einem »mythologischen Ort« in der Landschaft die dazugehörigen Sagenfiguren genannt. Immer wird ihm jedoch nahegelegt zu den Erzählungen zurückzukehren.

Alle Teile des Buches sind also untereinander verbunden. In den Erzählungen sind die Orte jeweils wenn sie zum erstenmal vorkommen, halbfett, die Figuren halbfett-kursiv gedruckt. Kursiv gedruckt Ausdrücke sind Fremdwörter, Buchtitel und keltologische Fachausdrücke, die im Anhang unter »Glossar« gesammelt sind. Im Anhang findet sich auch das Kapitel »Schreibweise und Aussprache«, das hilfreich ist für die Aussprache der irischen Wörter. Eine Kurzbibliographie lädt zur eigenen Lektüre ein und das Register enthält sämtlich Namen und Begriffe.

# Mythologie in der Landschaft

Fragt man Irlandreisende, international, nach ihren besonderen Eindrücken die grüne Insel betreffend, geraten sie jeweils über dieselben zwei Dinge ins Schwärmen: die Freundlichkeit der Iren den Fremden gegenüber und die »andersartige« Landschaft. Was ist denn da so Besonderes? Der durchschnittliche Festlandeuropäer lebt in Ballungsräumen und muß einiges an Industrie aushalten – natürlich ist es da befreiend, ein Land zu durchziehen, das kaum industrialisiert noch weite, unverbaute Gebiete besitzt, dessen Luft weitgehend sauber ist, dessen Seen und Bäche noch nicht den schlechten Zustand des Kontinents erreicht haben. Gewiß tun das wetterbedingte Licht- und Schattenspiel, die satten Farben nach den oft belächelten Regengüssen, die üppige Vegetation, die durch die Verbindung eben derselben mit dem milden Golfstromklima zustandekommt, das Ihrige. Und darüber hinaus?

Newgrange, Tara, Emain Macha/Navan Fort – ein großer Teil der Sehenswürdigkeiten reicht in die Stein-, Bronze- oder Eisenzeit hinauf, Klosterstädte, wie Clonmacnois mit den Kirchruinen, Grabsteinen und Hochkreuzen, ins frühe Christentum – aber die Archäologie allein ist es nicht. So nebenher bekommt der Fremde mit, daß in Newgrange die inselkeltischen Götter, in Tara Irlands große Könige, in Emain Macha/Navan Fort die Sagenhelden um König Conchobar mac Nessa angesiedelt sind und daß der Gründer der Klosterstadt Clonmacnois, St. Ciaran, eine berühmte, schwarzbraune Kuh besaß. Solche Erscheinungen gibt es im ganzen Land: die Dolmen heißen »Diarmaid und Gráinne's Bed«, nach einem ausgerissenen Liebespaar, und der große Krieger, der es verfolgt, ist Fionn mac Cumhaill, der auf Bergkuppen, auf thronartigen Sitzen, das Land überschaut. Heilige tun es ihm nach. St. Patrick fastet und betet auf Croagh Patrick, dem heiligen Berg von Mayo, und St. Brendan meditiert auf dem Brandon Mountain, in Kerry, wo ihm eine Vision einer irdischen Paradiesesinsel zuteil wird, die er in einem kleinen Boot suchen geht... Einst waren beide Berge dem keltischen Lug, dem strahlenden Sonnengott geweiht.

Auf dem See Lough Derravaragh schwimmen die in Schwäne verwandelten Kinder Lirs, der Fluß Boyne ist eigentlich die große Göttin Boand, und auf Tara konnte kein König regieren, ohne die heilige Hochzeit mit der Königin Medb von Connaught zu vollziehen, derselben, die den »Rinderraub von Cooley« inszenierte.

Diese Geschichten sind die Reste der inselkeltischen Mythologie.

Diese beschränkte sich nicht auf die unberührte Natur, weswegen »Landschaft« hier sehr weit gefaßt ist. Im Herzen Dublins, im GPO, dem Hauptpostamt, ist in einem gläsernen Erker die bronzene Statue eines jungen Mannes ausgestellt. Er hat sich an einen Steinpfeiler gebunden, um aufrecht zu sterben, während bereits ein Rabenvogel auf seiner Schulter hockt. Es ist Cúchulainn, der größte Held der Ulstersage, ein Urteil, das die ganze, lange Erzählung von Bricrius Bankett dokumentiert! Pub-Schilder, Reklame, Schmuck, Wandbilder, gelegentlich der Name eines Cafés oder eines Supermarktes, Celtic Rock, sogar die Telefonkarten spielen auf mythologische Begebenheiten an, die noch immer ein fester Bestandteil der irischen Kultur sind. Das ist sozusagen der »offizielle« Teil, derjenige, den die Nation als ganzes noch kennt und durch Schulwissen weitergibt. Daneben wurde und wird immer noch bis zu einem gewissen Grad zwar eine an sich reichhaltige, lokale Überlieferung von volkskundlichen Institutionen gesammelt und archiviert, im modernen von Massenmedien geprägten Alltagsleben droht diese jedoch in Vergessenheit zu geraten. Erst in den letzten Jahren sind hie und da Broschüren von Ortansässigen zu solchen Themen herausgegeben worden. Wenn es schon für die Iren selbst nicht ganz einfach ist, an diesen Teil der Mythologie heranzukommen, wieviel schwieriger ist es dann für den Fremden. Andererseits sind es eben gerade Überreste solcher Überlieferungen, wie Feenhügel und heilige Quellen, die dem aufmerksamen Beobachter auffallen und ihn ahnen lassen, daß die irische Landschaft noch nicht gänzlich säkularisiert ist.

Zwar handeln mythologische Geschichten von Göttern und Halbgöttern, aber da sie nach dem Bild derjenigen geschaffen sind, die sie erzählen, sagen sie ebensoviel über die Menschen und ihr Weltbild aus. Mythologie »erdet« den Menschen in seinem Lebensraum, denn da, wo sich ihm seine Götter zeigen, gehört er hin. Die geographischen Punkte, wo er das Übersinnliche erleben kann, werden seine Heiligtümer, und diese wiederum sind ihm Beweis für die Existenz der Götter und ihres Handelns im Irdischen. Eben dies hält er in mythologischen Geschichten fest. Das gilt für hochkultivierte wie auch sogenannte primitive Völker, es gilt für die Kelten genauso wie für die Griechen oder Germanen.

Als die Festlandkelten nördlich der Alpen um rund 500 v. Chr. systematisch zu wandern begannen – mindestens seit der Bronzezeit hatten Bevölkerungsgruppen den Austausch sowohl mit dem Mittelmeer als auch mit den britischen Inseln (Zinn) gesucht – und als diese sich nach Frankreich, Spanien, Italien, in die Schweiz, Österreich, den Balkan, Griechenland, oder in die Türkei (Gallater!) und ansatzweise bis Ägypten absetzten, gelangten immer wieder Einwanderungswellen nach Irland. Einige sind namentlich bekannt – die Brigantes, die Belgae, die Dumnonii. Auf der grünen Insel fanden sie kein Vakuum vor, denn seit 7000 v. Chr., seit dem frühen Mesolithikum, war beispielsweise Mount Sandel bei Coleraine besiedelt, seit mindestens 3000 v. Chr. die Céide Fields in Nordmayo. Meist arrangierten sich die Neuankömmlinge mit der bestehenden Bevölkerung mehr oder minder friedlich, heirateten Einheimische und nahmen bestehende Heiligtümer und Götter in ihre eigenen religiösen Vorstellungen auf. Das Musterbeispiel ist Newgrange, das steinzeitliche Ganggrab, das zum inselkeltischen Götterpalast Bruig na Boinne wurde.

Aber auch für die Festlandkelten war die ganze Natur vom Göttlichen durchpulst gewesen und ihnen offenbarten sich die Götter ebenfalls in Wasser und Feuer, in Licht und Finsternis, in der Sonne, in Baum und Stein, Hügel und Berg, in Tier- und Menschengestalt. Sie brachten ihre Kultur und Gesellschaftsordnung der Eisenzeit mit, die sich, bis zur Ankunft der Wikinger im 8. Jh., abgesehen vom Christentum, kaum veränderte, denn die Römer faßten nie Fuß in Irland und konnten ihre Kulturform mit Städten, Zentralisation und Geldwirtschaft nicht auf die grüne Insel übertragen. Dies erst schafften die Eroberer aus dem Norden.

Das Christentum verfuhr schonend mit der keltischen Kultur – nur was sich absolut nicht mit den christlichen Glaubenssätzen vereinen ließ, wurde zensuriert. Die Kolonialsituation ließ die katholischen, irischsprachigen Iren zäh an ihrem Erbe – eben jenen »Geschichten« festhalten, gerade, weil sie gewöhnlich das Land verloren oder es nur noch als Kleinpächter bearbeiteten. Dieses Festhalten galt sogar vielfach der Kirche gegenüber, die gezwungen war, viele Sitten und Bräuche, die direkt aus der Mythologie stammten, zu verchristlichen, wie beispielsweise die Wallfahrten nach Lough Derg, auf Croagh Patrick und Brandon Mountain sowie die Besuche heiliger Quellen.

Götter und andere übersinnliche Wesen, auch wenn ersetzt durch Feen und Elfen, Könige und Königinnen, Helden und Heilige, sind keine willkürlichen Erfindungen, sondern verkörpern die in der Landschaft wirkenden Kräfteverhältnisse. Die gibt es überall, aber besonders die westlichen, industrialisierten Staaten neigen dazu, diese Kräfteverhältnisse zu vermaterialisieren. Die Geschichten werden vergessen und gern als Aberglaube abgetan. So bleibt von einem Stein, den ein göttliches Wesen bzw. ein Heiliger einer lebensfeindlichen Macht bzw. dem Teufel nachgeworfen hat, nur ein isolierter Felsbrocken übrig. Er kann

zur Kenntnis genommen werden – dann ist er eben ein Stück Mineral und damit hat sich's. Soweit ist Irland noch nicht. Viele der mythologischen Überreste, Steinzeitgräber, Wälle und Gräben, Steinsäulen und Kirchruinen wären ohne Geschichten ebenso nichtssagend.

Die frühe irische Literatur kannte eine eigene Gattung der Ortsbeschreibung, die *Dindsenchas*, von »Dinn«, »Hügel« oder übertragen »Heraus-/Hervorragendes«, und »Senchas«, »alte Überlieferung«. Es handelte sich um kleine Prosatexte oder Gedichte, voller Andeutungen und Anspielungen, die den Zuhörern Bekanntes ins Gedächtnis riefen, sozusagen stenographierte Mythologie.

Dieses vorliegende Buch bemüht sich, ein modernes *Dindsenchas* zu sein. So liefert es denn zuerst die wichtigsten Sagen, gerafft und lebendig in moderner Sprache nacherzählt, wobei noch etwas vom Original, meist in Verbindung verschiedener Versionen, zu spüren sein soll, zum Beispiel durch ein besonders schönes dichterisches oder skurril-witziges Zitat. Eine kleine Einführung zu jeder Erzählung sorgt für die kulturelle Einbettung.

Der zweite Teil geht den handelnden Figuren, Dagda, Lug, Morrígan, Medb, Cúchulainn oder St. Brigid nach und zeigt ihre mythologische Komponente auf, welchen alten Göttern sie entsprechen und welche Aufgabenbereiche sie erfüllten.

Da die irische Landschaft, Bergkuppen und Hügel, Seen, Flüsse, Ebenen, Täler, Inseln, Strände, zusammen mit den von Menschenhand gefügten Anlagen, Hügelfestungen, Steinhaufengräbern, Menhiren, Dolmen, Königsresidenzen, Heiligtümern, Landzungenbefestigungen, Grenzwällen, Klostersiedlungen, Rundtürmen, Steinkreuzen und heiligen Quellen, den Schauplatz abgibt, beschäftigt sich ein dritter Teil mit den in den Texten erwähnten Orten, ihrer geographischen Lage, ihrer landschaftlichen Schönheit, ihrer kulturellen Bedeutung und allem, was von der Vergangenheit heute noch sichtbar ist.

*Irland, Mythologie in der Landschaft*, ist ein Vielzweckbuch. Es eignet sich zum aktiven Reisen wie auch zum passiven, zum »armchair travelling« – zu Hause im Lehnstuhl, womöglich mit einer Landkarte großen Maßstabs –, als Autotouren-, Wander-, Bergsteiger-, Radfahrerbuch. Zu letzterem eignen sich ganz besonders das Epos »Rinderraub von Cooley« und St. Patricks Missionsreise. Den beiden Prominenten, dem schwarzen Stier und dem Heiligen, läßt sich von Station zu Station

Anderswelt. Die Welt der Lebenden und der Abgeschiedenen liegt ganz nahe beieinander. Keilförmiges Galeriegrab.

durchs ländliche, noch sehr ursprüngliche Irland auf kleinen Sträßchen gemächlich nachfolgen.

Die übrigen Erzählungen können einzeln erkundet werden, aber sie lassen sich genausogut untereinander, ganz nach individuellen Wünschen, kombinieren. Andererseits kann man sich ebensogut eine mythologische Figur herausgreifen, Lug, Medb oder Cúchulainn, ihre wichtigsten Geschichten nachlesen und dann die entsprechende Reise gestalten. Vom Ort aus – wo immer man sich in Irland befindet – kommt man andererseits wieder auf die mythologischen Figuren und die Geschichten zurück.

Das Allerwichtigste aber ist: die Geschichten sollen an Ort und Stelle gelesen oder vorgelesen werden – sie erhalten dadurch ganz neues Leben – oder ist es wohl so, daß sich die Landschaft belebt, weil sie wieder mit Geschichten angefüllt wird? Mit Geschichten, die einmal als heilig galten, weil sie die Kräfte, die in der Landschaft wohnen, in Bildern ausdrücken?

Die beiden Teile »Figuren« und »Orte« überlappen sich natürlich, bieten aber jeweils noch einiges an zusätzlicher Information, so daß bei den »Figuren« neue Orte und bei »Orte« neue mythologische Figuren vorkommen, die wieder eine Verbindung zu den Erzählungen haben. Die Figuren- bzw. Ortsartikel arbeiten mit → Querverweisen, so daß sich leicht neues Material einbeziehen läßt. Die Titel der Geschichten und die Namen sind auch auf irisch gegeben, schließlich ist das die alte Sprache des Landes, aber darüberhinaus bewahren die irischen Namen oft Informationen, die der englischen Übersetzung abhanden gekommen oder von den Kolonialherren nie verstanden und deshalb verballhornt worden sind. *Mythologie in der Landschaft* eignet sich nicht für »Bus-rein-Bus-raus« – Tourismus. Die Mehrzahl der Orte ist überhaupt nicht oder kaum touristisch erschlossen. Das Buch wendet sich an alle Reisenden, denen die Suche an sich Spaß macht und die sich auch nicht scheuen, wenn alle Stricke reißen, ihr Englisch zusammenzukramen und einen Einheimischen anzusprechen.

## Übersichtskarte: Irland

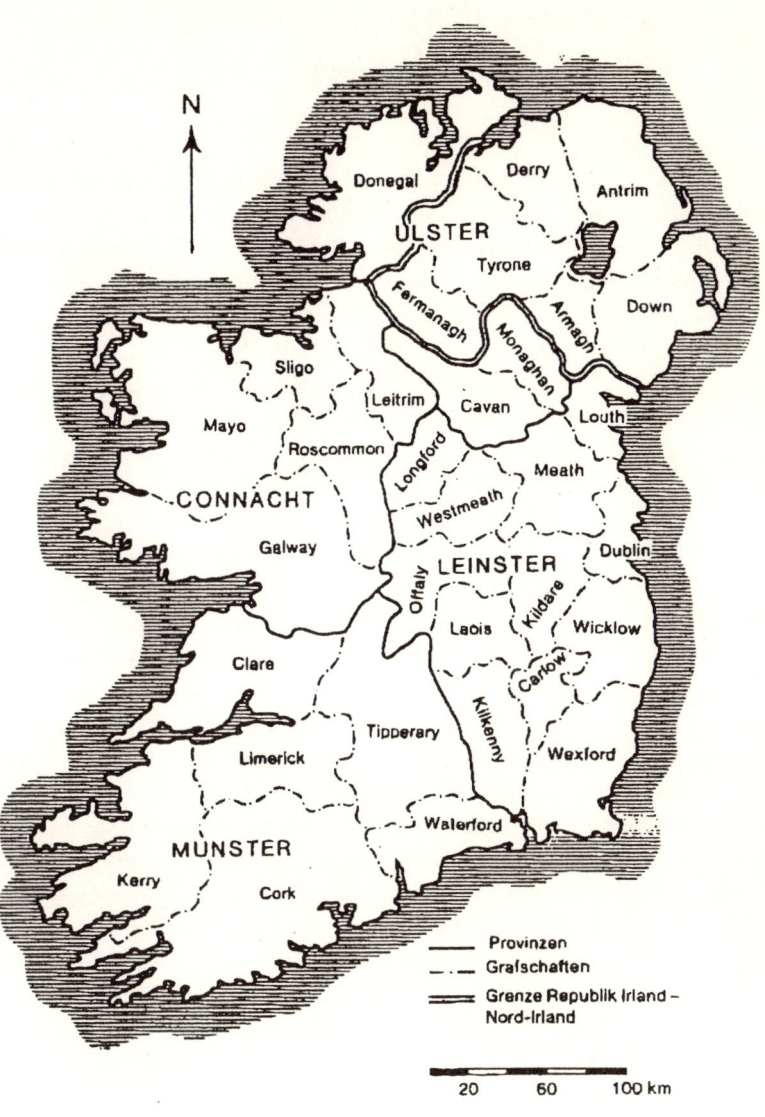

# MYTHOLOGISCHE GESCHICHTEN

## Das Buch der Eroberungen Irlands
### *Lebor Gabála Érenn*

Vom Standpunkt der mittelalterlichen Mönche, die versuchten, die inselkeltische mit der jüdisch-christlichen Überlieferung zu verbinden, gehört Das *Buch der Eroberungen* überhaupt nicht in unsere Sagensammlung, denn sie – und mit ihnen die Gelehrten bis ins 19. Jh. – betrachteten es als Geschichtswerk. Aber noch war für diese Geschichtsgelehrten die Geschichte des Menschen untrennbar mit den übersinnlichen Mächten verknüpft, ob sie nun aus christlichen oder vorchristlichen Vorstellungsbereichen stammten. So glichen sie im Grunde zwei mythologische Systeme aneinander an und die moderne Charakterisierung des *Buchs der Eroberungen* Irlands als »mythologische Prähistorie« trifft den Nagel auf den Kopf.

Zweck der christlichen Übung war, überzeugend nachzuweisen, daß auch die Bewohner Irlands von Adam abstammten und im Heilsplan miteinbezogen waren. Es ist nicht verwunderlich, daß dieses Werk, das im Grunde das Unmögliche versucht, gelegentlich widersprüchlich, trocken und langatmig ist. Aufgewogen wird dies dadurch, daß sich in keinem anderen mittelalterlichen Text der inselkeltische Götterhimmel so unverblümt darstellt und daß sogar Fetzen einer Weltentstehungslehre durch die christliche Zensur gerutscht sind.

Die irischen Gelehrten packten die seit dem 9. vorchristlichen Jahrtausend angelaufene, in Dutzenden von »Landnahmen« erfolgte Besiedlung Irlands fein säuberlich in sechs durch Jahre, oder womöglich auch Jahrhunderte, getrennte Einwanderungswellen, unter gewissen Anführern oder Anführerinnen, wie **Cessair, Partholón, Nemed** oder gewissen Völkern wie den **Fír Bolg**, den **Tuatha Dé Danann** und den keltischen **Milesiern**. Wohl übersichtshalber werden sie jeweils von Seuchen und ähnlichen Katastrophen hinweggerafft, was die Schreiber jedoch in Verlegenheit bringt, da jemand überleben muß, nur schon um die Geschichte zu erzählen. So bleibt denn Fintan von der ersten Invasion übrig und lebt »5500 Jahre, bis in die Zeit von **St. Columcille**«. **Tuan** hat eine ähnliche Zeitspanne zur Verfügung, nur daß er sie in immer wechselnder Gestalt verbringt. Und **Banba**, die Verkörperung der grünen Insel, die gab es immer schon und wird es auch immer geben – da nahmen die mittelalterlichen Geschichtsschreiber schon lieber Widersprüche in Kauf, als an dieser Grundfeste zu rütteln.

Jede Einwanderungswelle hatte nach Auffassung der Mönche bestimmte Aufgaben zu erfüllen: die Neuankömmlinge rodeten den Urwald und legten »Ebenen«, also kultivierbare Flächen an, ließen Seen hervorbrechen und machten Flüsse nutzbar. Sie hatten Kenntnisse von Ackerbau und Viehzucht, teilten das Land auf, zogen Grenzen, benannten geographische Punkte, errichteten Grabhügel, Festungen und Palastanlagen, Steinkreise und Menhire. Sie importierten Ansätze zur Sprache, zur Kunst, Rechtsprechung und Regierungsform, zum Handel, zum Sozialsystem, kurz, die Grundlage, auf der die inselkeltische Kultur aufbaute, die nach dem Buch *Lebor Gabála* mit den **Milesiern** begann. Dieses Muster der Angleichung und Übernahme entsprach absolut den Tatsachen und wirkte weiter, ob es sich nun um das Christentum des 5., die normannische Eroberung des 12. oder sogar die elisabethanische des 16. Jh. handelte. Erst die verheerende Cromwell'sche Siedlungpolitik des 17. Jh. sollte nicht wiedergutzumachende kulturelle Brüche bringen, die Teile der Form, in die bis dahin alles Neue mit hineingenommen wurde, unwiederbringlich zerstörten. Im 12. Jh., in dem das *Buch der Eroberungen* seine letzte Überarbeitung fand, wirkte dieser Mechanismus noch ungestört in vollem Umfang. Es ist also wenig erstaunlich, daß den Geschichtsgelehrten trotz offensichtlichem Bemühen, der Sprung über den eigenen Schatten nicht so recht gelang. Was sie uns hinterlassen haben, ist im Grunde ein genauso fiktionaler Text wie jede andere Sage auch. Das schmälert aber weder ihr Werk noch ihr Verdienst. Wir können ihnen nur dankbar sein, daß sie nicht fanatisch jede heidnische Anspielung unterdrückten oder jeden vorchristlichen Gedankengang herausstrichen, denn auf diese Weise haben sie für uns große Teile der inselkeltischen Göttergeschichte und ihrer Verankerung in der Landschaft gerettet.

Cessair, die Enkelin Noahs, führt nach dem *Buch der Eroberungen* die erste Einwanderungswelle nach Irland an: an einem Dienstag, dem 15., lief sie in einem Boot, zusammen mit neunundvierzig Frauen und drei Männern, ihrem Vater **Bith**, ihrem Gatten/Bruder **Fintan** und **Ladra**, dem Steuermann, »von einer Insel im Nil« aus, kreuzte durchs Mittelmeer und legte »vierzig Tage vor der Sintflut«, 1656 Jahre, nach den *Annalen der vier Meister*, 2242 Jahre, »nach der Erschaffung der Welt« in Corca Duibhne, der heutigen **Dingle**-Halbinsel an. Die Beweggründe für diese lange Seereise weichen in den verschiedenen Bearbei-

Karte zur Geschichte:
»Das Buch der Eroberungen«

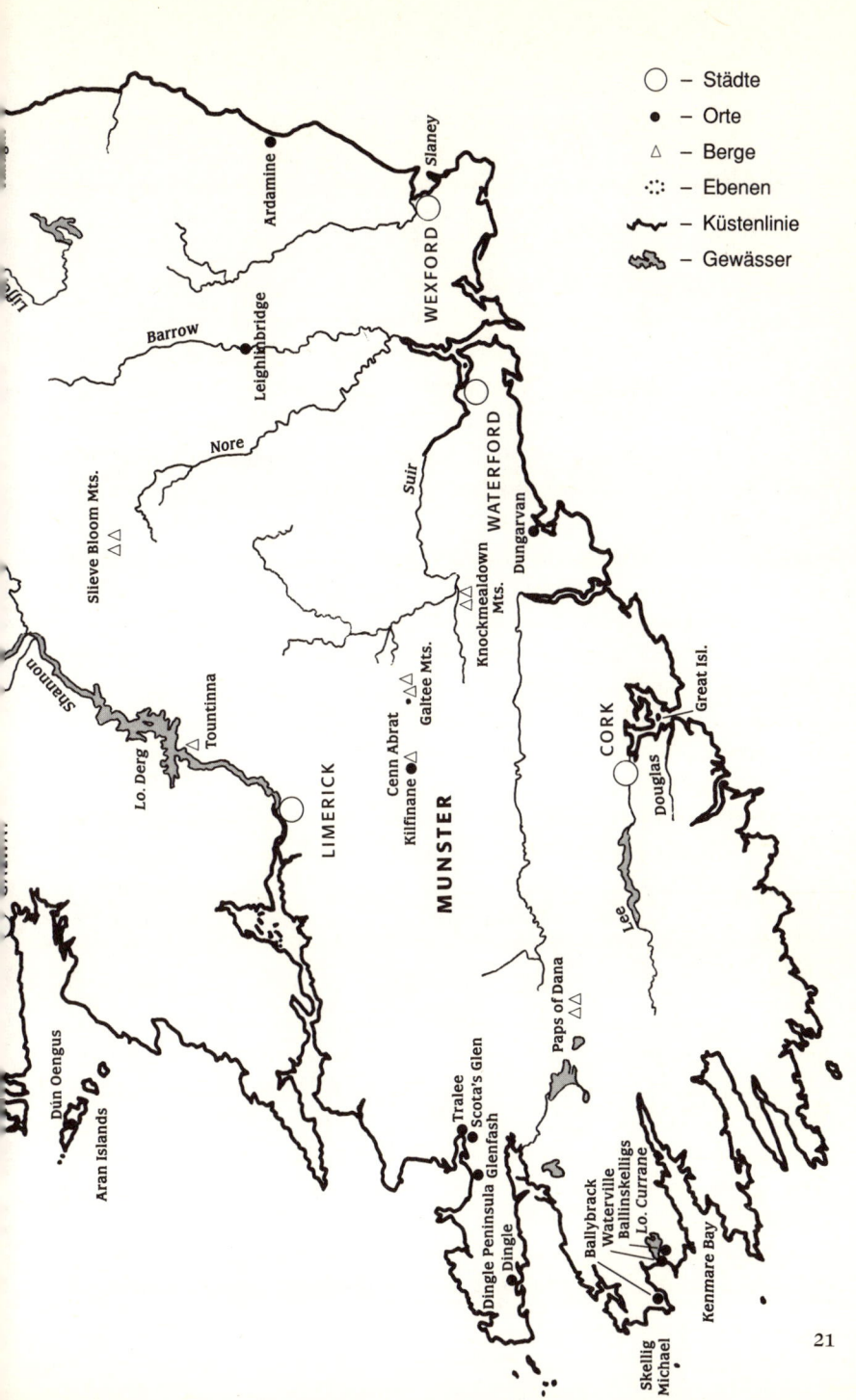

tungen stark voneinander ab. In der einen verläßt sich Cessair auf Noahs Prognose, daß die Flut Irland nicht erreichen werde, in einer anderen haben die Druiden festgestellt, daß auf der unbewohnten grünen Insel »weder Übel noch Sünde« begangen worden seien, weswegen sie von der Flut verschont werde. Diejenigen der dritten werfen ein nicht eben günstiges Licht auf das Reisegrüppchen: Noah weigert sich nämlich, die vier nebst ihren Gefährtinnen in die Arche aufzunehmen, da er keine Lust habe, »Räuber und Diebe« mitzunehmen. Nach dieser Abfuhr wandten sich die Männer verzweifelt an Biths Tochter Cessair, die sich von ihnen zur Anführerin wählen ließ. Sie riet ihnen, den Christengott durch einen Götzen zu ersetzen, und dieser gab ihnen die Idee zur Seereise nach Irland ein. Da aber nichteinmal er den Beginn der Sintflut kannte, bauten sie sich eine eigene Arche, sozusagen ein Konkurrenzunternehmen zu demjenigen des Großvaters Noah. Allerdings nahmen sie keine Tiere, sondern neunundvierzig Frauen mit. Ein Einschub aus dem verlorenen Buch von *Druimsnecht* nennt statt Cessair Banba als Urmutter der Iren, womit Noah als Stammvater der nachsintflutlichen Menschheit und damit die jüdisch-christliche Überlieferung prompt unterlaufen wird.

In den meisten Bearbeitungen wird kurz noch eine weitere Besiedlungstheorie angeschnitten, wonach als erste Bewohner Irlands drei spanische Fischer, **Capa, Luasad** und **Laigne** von einem Sturm in den Norden der grünen Insel verschlagen wurden. Mit großer Wahrscheinlichkeit haben sich die ersten Siedler Irlands tatsächlich im Norden niedergelassen, der Weg über Spanien ist jedoch mehr als fraglich. Diese Einwanderung brachte kein bleibendes Ergebnis: nachdem die drei Fischer ihre Frauen nachgeholt hatten wurden sie, knapp vor dem Ziel, in der Mündung des **Bann**, von der Sintflut überrascht und ertranken alle sechs.

Doch zur ersten Einwanderin zurück, ob Banba oder Cessair, die Geschichte geht gleich aus. Von der Dingle-Halbinsel zogen die zukünftigen Siedler Richtung Osten bis zu Bun Suainme, dem Zusammenfluß von Nore, Barrow und Suir, die sich alle drei in den tiefeingeschnittenen **Waterford Harbour** ergießen. Die fünfzig Frauen wurden unter die drei Männer aufgeteilt. Fintan nahm sich, zusätzlich zu Cessair, siebzehn, Bith ebensoviel und Ladra erhielt nur sechzehn. Zwar befand sich Banba darunter, aber Ladra war trotzdem unzufrieden damit. Offensichtlich hatte er sich aber bereits mit diesen übernommen, denn der Sage nach starb er »am Übermaß an Frauen«. Ladra wurde jedenfalls als erster Mensch in Irland beigesetzt, und zwar unter Ard Ladra, dem großen Erdhügel von **Ardamine**.

Bith und Fintan teilten nun die sechszehn hinterbliebenen Damen unter sich auf. Cessairs Vater Bith wanderte nach Norden aus, wo er bald das Zeitliche segnete. Er wurde auf **Slieve Beagh** begraben. All seine Frauen rannten nun zu Cessair und Fintan zurück. Vor dem Ansturm soviel holder Weiblichkeit riß Fintan aus. Er setzte über den Fluß Suir, lief durch das Küstengebiet von Waterford, immer nach Südwesten, bis zum Hafen von Dungarvan. Dann nahm er Kurs auf Sliabh Cuá, die Knockmealdown Mountains, und immer weiter bis **Kilfinane**, in der Grafschaft Limerick. Er flüchtete sich auf **Cenn Abrat/Febrat**, fühlte sich jedoch wohl nicht einmal auf dem mystischen Berg sicher, sondern eilte zum **Shannon**, folgte ihm flußaufwärts bis zum **Lough Derg** und erkletterte den Gipfel Tul Tinde, heute **Tountinna**, in den Arra Mountains und dort blieb er sitzen und dort oben überdauerte er die Sintflut...

Cessair zog sich nach Cul Cessrach zurück, alternativ **Knockmaa** in der Grafschaft Galway oder das Megalithgrab Drumanone, westlich von **Boyle**, Grafschaft Roscommon, am gleichnamigen Fluß. Sie starb an gebrochenem Herzen »über den Verlust ihres Vaters und ihres Gatten«. Die beiden Hügel sind, je nach Überlieferung, als ihre Grabhügel gedacht.

Dreihundert Jahre lang blieb Irland daraufhin menschenleer. »Als Abraham sechzig Jahre alt war«, steuerte *Partholón* die grüne Insel an. Dieser Königssohn aus Griechenland/Sizilien war kein unbeschriebenes Blatt. Er mußte fliehen, weil er Vater-, Mutter- und obendrein Königsmord begangen hatte, auch wenn diese Verbrechen in Notwehr und selbstlos geschehen waren: Partholón wollte seinem älteren Bruder die Königsherrschaft sichern. Er brachte seine Frau **Delgnat**, seine drei Söhne und Schwiegertöchter und den Diener Toba mit. Ihr Schiff lief an einem 14. Mai im Hafen von Inber Scéne, der Bucht von **Kenmare**, ein.

Nach drei Jahren kam es zur ersten Auseinandersetzung mit den *Fomoriern* unter deren Anführer, Cícholl Klapperbein, bei **Inber Domnand**, heute die Bucht von Malahide. Es handelte sich um ein magisches Gefecht, das sie »auf einem Bein, mit einem Arm und einem Auge« eine ganze Woche lang in der Ebene **Mag Ítha** ausfochten. Tote gab es keine – es reichte, daß sich die Einwanderer als die besseren Zauberer erwiesen.

Partholón und die seinen richteten sich nach dem Sieg auf der grünen Insel häuslich ein und veränderten die Landschaft nachhaltig. Bei ihrer Ankunft gab es nur eine »Ebene«, ein waldloses, zum Ackerbau taugliches Gebiet. Es war »**Sean-Mhagh nEalta Éadair**«, »die alte Ebene der Herden *Étars*«, desselben, der **Howth, Binn Éadair**, seinen Namen verlieh.»Sean-Mhagh nEalta Éadair, die alte Ebene, worauf sich die Vögel Irlands sonnten.«

Sie fügten dieser Ebene vier neue hinzu, und Partholón pflügte das Land mit seinen vier, namentlich aufgeführten Ochsen: Lee, Lecmag, Imaire und Etrige, die er, als erster, nach Irland eingeführt hatte. Auch sieben Seen entstanden neu. Einer seiner Söhne baute das erste Haus, kochte zum ersten Mal in einem Kessel und focht den ersten Zweikampf aus. Partholóns Verwalter richtete die erste Gästehalle, einen *bruiden*, ein und zum ersten Mal handelten zwei von Partholóns Gefährten mit Gold und Vieh. Malaliach war einerseits die erste Geisel, andererseits braute er zum ersten Mal Bier aus Farnkraut und führte Ritual und Religion ein. Partholóns Frau Delgrat steuerte ebenfalls etwas Neues bei: Ehebruch und Eifersucht. Während ihr Gatte jagte, blieb sie mit dem Diener Toba auf **Inis Samer**, vermutlich Fish Island am unteren Erne zurück, wo sich Partholón niedergelassen hatte. Kaum hatte er den Rücken gekehrt, da verführte sie den Diener Toba. Der wollte erst nicht so recht, bis sie ihn einen Feigling schalt. Durstig geworden tranken sie aus Partholóns Trinkgefäß. Als der Meister nach Hause kam fiel ihm »der Geschmack ihrer Münder« daran auf und er erriet den Zusammenhang. In einer Fassung der Geschichte erschlug er zornig den Diener, in der anderen das Schoßhündchen seiner Frau, das Samer hieß und der Insel den Namen gab. Delgnat versuchte ihren Gatten mit vernünftigen Argumenten zu beschwichtigen: es sei schwierig den Paarungstrieb zu unterdrücken. Alle anderen Lebewesen, sein geflecktes Vieh, seine hellen Schafherden, sie alle folgten ihm. Und überhaupt:

»Wir sind nicht schuld daran.
Auch wenns dich bitter ankommt
schuldig bist du ...
Honig und eine Frau, Milch und eine Katze
Speise und ein Freigebiger, Essen und ein Kind.
Ein Handwerker drinnen und präzises Werkzeug
eins vors andere (gestellt) ist ein groß Wagnis!«

Eine Fassung läßt Partholón in der alten Ebene an einer schleichenden Vergiftung aus den Wunden, die ihm Cichol beigebracht hatte, sterben. 550 Jahre später siechte sein ganzes Volk, »5 004 Männer und 4 000 Frauen« innerhalb einer Woche »von Montag bis Montag« am selben Ort dahin. Einzig Tuan war davon ausgenommen und lebte, als lebendiges

Geschichtsbuch, bis zur Zeit von **St. Columcille** weiter, und zwar 100 Jahre als Mensch, 300 als wilder Ochse/Hirsch, 200 als wilder Hengst/Eber, 3 000 als Raubvogel, 100 Jahre als Salm, den Königin Muiredach Muinderg verspeiste, und ähnlich wie im Falle *Étains*, Tuan erneut zur Welt brachte. Die Pesttoten kamen in ein Massengrab am südlichen Ende der »alten Ebene«, in Tamlach Partholóin, dem heutigen **Tallaght**, dem Vorort **Dublins**.

Dreißig Jahre später landete **Nemed mac Agnomain**, »ein Grieche aus Skythien«, mit seiner Frau, *Macha*, vier Söhnen und Schwiegertöchtern an der Küste Irlands. Mit einer ganzen Flotte waren sie aufgebrochen, mit einem einzigen Schiff erreichten sie Irland. Während ihrer Seereise war ein Turm aus Gold aus den Wellen aufgetaucht, und im Goldrausch achtete niemand auf die riesige Flutwelle, die auf sie zurollte und alle, bis auf dieses eine Schiff unter sich begrub. Zu Nemeds Lebzeiten entstanden weitere Seen, u.a. Lough Ramor, **Lough Derravaragh**, Lough Ennell und zwölf Ebenen wurden gerodet. Nemed besiegte die Fomorier in der Schlacht von **Slieve Baune** und ließ sich zwei königliche Festungen bauen, **Ráth Cimbaeth**, in Semne, heute Island Magee, und Ráth Chindeich, irgendwo in Süd-Armagh. Vier der besiegten Fomorier erbauten die Wälle in einer Nacht. Nemed mac Agnomain aber hatte kein Interesse daran, daß deren technisches Know-how bei der Konkurrenz landete und brachte sie, vorsichtshalber, um. Schließlich verstarb Nemed an einer Seuche auf der Insel Oilean Arda Neimhid, heute **Great Island**, im Hafen von Cork.

Auf eine solche Gelegenheit hatten die Fomorier gewartet. Sie unterwarfen sich die Nemeder und unterdrückten sie von ihrem Stützpunkt, **Tory Island**, vor der Küste Donegals aus, wo der berühmte Turm ihres Anführers, Conand stand und ihre Flotte stationiert war. Dorthin mußten die Nemeder, jeweils zu *Samhain*, ihre Abgaben bringen – zwei Drittel ihrer Milch, ihres Korns und ihrer ihrer Kinder. Ebenso hart traf sie, daß ihre Herren eine »Schafsinsel« aus Irland machten und von ihren Schafen alles ratzekahl fressen ließen. Mit ihren Forderungen trieben die Formorier die Nemeder schließlich in die Rebellion. Sie stürmten Conands Turm und brachten den Fomorierkönig und seine Familie um. Knapp vor dem Sieg in der darauffolgenden, heftigen Schlacht erhielten die Fomorier Verstärkung, so daß die Nemeder von Glück sagen konnten, daß wenigstens eine Schiffsladung von ihnen mit dem Leben davonkam.

Ein Enkel Nemeds zog nach Griechenland. Sehr viel bessere Lebensbedingungen fanden seine zahllosen Nachkommen dort aber auch nicht. Sie mußten Slavenarbeit leisten, bis sie nach 230 Jahren als **Fír Bolg** nach Irland zurückkehrten. Ein anderer Enkel wandte sich mit seinen Gefährten »den nördlichen Inseln der Welt zu«. Seine Nachkommen erlernten dort »Druiderei, Heidentum und teuflisches Wissen«. Sie sollten als **Tuatha Dé Danann** Irland zurückerobern. Zweihundert Jahre nach dem Sturm auf Conands Turm erschienen zu *Lugnasa* die Fír Bolg unter ihren fünf Anführern, Gann, Genann, Rudraige, Segann und Slanga vor Irlands Küste. Sie waren der Knechtschaft in Griechenland entronnen. »Fír Bolg« bedeutet »Männer der Säcke«, und ihr Name spielt darauf an, daß sie für ihre Herren Erde schleppen mußten, um fruchtbare Terrassen an den Hügeln anzulegen. Heimlich verwendeten sie die Ledersäcke zum Anfertigen von Booten, den *curraghs*, wie sie die Fischer an der Westküste noch heute gebrauchen. Slanga landete »an einem Samstag« in Inber Slaine, der Slaney-Mündung; Gann und Segann gingen »an einem Dienstag« in Inber Dubglaisi, dem Douglas River in Cork an Land, und Genann und Rudraige »an einem Freitag« in **Inber Domnand**, der Bucht von Malahide. Vom Hügel von **Uisnech** aus teilten sie das Land zum ersten Mal in fünf Provinzen, während es heute nur deren vier gibt. Das moderne irische Wort »cuíge« bedeutet noch immer »Provinz« und »fünfter Teil«. Der Cat Stone zeigt noch heute an, wo sie zusammenliefen. Slanga erhielt was grob **Leinster**, Gann und Segann was Ost- und Westmunster, Genann was **Connaught** und Rudraige was **Ulster** entspricht. 37 Jahre lang sollten sie Irland regieren. Ihre Staatsform war die Monarchie, und zum ersten Mal herrschte ein König über ganz Irland.

Allerdings ist erschreckend, wieviele Königsmorde folgten, bis sich diese Regierungsform einigermaßen stabilisierte: Slanga beispielsweise hatte die Königsmacht nur ein Jahr inne, bevor er umgebracht und im Hügel von Dinn Righ oder Duma Slainge, »**Burgage Motte**«, am Fluß **Barrow** beigesetzt wurde.

**Eochaid mac Erc** war der vollkommenste, erfolgreichste, aber auch der letzte der Fír Bolg-Könige. In seiner zehnjährigen Regierungszeit »gab es keine Nässe, außer Tau, kein Jahr ohne Ernte, Unwahrheit war in dieser Zeit aus Irland verbannt«. Eochaid setzte als erster »das Gesetz der Gerechtigkeit« ein, und doch sollte er in der ersten Schlacht von **Mag Tuired** fallen, am Strand von **Ballysadare** in Sligo.

Bei dieser Schlacht handelte es sich im Grunde um Bruderzwist, denn die Fír Bolg und die Tuatha Dé Danann stammten ja beide vom Volk der Nemeder ab. Sie sprachen sogar noch dieselbe Sprache: die Unterhändler **Bres** und Sreng hatten keine Mühe, einander zu verstehen.

Die Tuatha Dé Danann hatten sich in den Städten des Nordens in allen Zauberkünsten vervollkommnet. Von da brachten sie vier Schätze mit: von Failias, den Lia Fáil, den Stein des Schicksals, den sie auf **Tara** aufstellten, von Gorias **Lugs** Speer, von Findias das Schwert **Nuadus** und von Muirias **Dagdas** Kessel der Fülle, »von dem keiner ungespeist und ungetränkt wegging«.

Nach einer Fassung der Sage benutzten sie ihre Zauberkräfte, um sich in einer dunklen Wolke auf einem Berg in **Conmaicne Rein**, im Süden der Grafschaft Leitrim, niederzulassen. Nach einer anderen steckten sie ihre Schiffe in Brand, so daß drei Tage und Nächte ein schwarzer, dichter Rauch die Sonne verdunkelte. Beides diente als gelungenes Täuschungsmanöver, das die Fír Bolg vor die Invasion als vollendete Tatsache stellte.

Lia Fáil, Tara (Gr. Meath). Die Tuatha Dé Danann stellten den Stein auf.

Der König der Tuatha Dé Danann, der sie so sicher nach Irland gebracht hatte, hieß **Nuadu**. Die erste Schlacht von **Mag Tuired**, die allgemein um **Cong**, Grafschaft Mayo, angesiedelt wird, sollte ihm zum Verhängnis werden. Zwar schlug er die Fír Bolg, verlor aber einen Arm, was ihn die Königsherrschaft kostete, da kein unvollkommener Mensch König sein durfte. Die Fír Bolg zogen sich auf die Inseln zurück, auf **Rathlin** oder die **Aran Islands** in der Bucht von Galway. Die große Steinzeitfestung auf Inis Mór, Dún Oengus, trägt den Namen des vertriebenen Fír Bolg-Königs Oengus, nicht des lichten Gottes vom **Bruig na Bóinne**. *Ailill* und *Medb* siedelten zudem Fír Bolg in Connaught an, die ein eigenes Kontingent im Heerzug beim *Táin* stellten, und ein Teil landete in Kerry und Cork. Sieben Jahre später stellte ein Geniestreich der Tuatha Dé Danann ihren guten König wieder her. *Credne*, der Feinschmied, verfertigte eine funktionsfähige Armprothese aus Silber und *Dian Cécht*, der Arzt, setzte sie ein. Von da ab trug Nuada den Beinamen »Airgetlám«,

»Silberarm«. In der Zwischenzeit war der Halbfomorier Bres zum König gewählt worden, aber seine Herrschaft war eine einzige Katastrophe, die schließlich zur zweiten Schlacht von Mag Tuired führte. Diese spielte sich im Gebiet um **Lough Arrow**, in Sligo, und speziell auf dem Hochplateau von Moytura ab. Bres hatte wohl versprochen, das Amt niederzulegen, falls er ihm nicht gewachsen sei, aber einmal auf dem Thron, war alles vergessen. Er belastete die **Tuatha Dé Danann** mit immer härteren Abgaben, »so daß kein Rauch aus einem Dach in Irland aufstieg, der (den Fomoriern) nicht tributpflichtig war«, und zog die Helden der Tuatha Dé Danann zum Frondienst ein. Der große Dagda muß eine Festung für Bres bauen, Gräben ausheben und Wälle aufschütten, und das mit knurrendem Magen, und **Ogma**, der Meisterkämpfer, ist gezwungen, Brennholz von den Inseln in Clew Bay herzuschleppen, ist dabei aber vor Hunger so geschwächt, daß er jeweils zwei Drittel der Reiser durch die See verliert. Zudem beging Bres die schlimmste aller Sünden, die ein keltischer König begehen konnte – er verhielt sich knauserig.

An sich hätte er sich freuen müssen, als der Dagda für all seine Mühe nur eine einzige Kuh verlangte. Stattdessen wurde er sehr nachdenklich... Bres hatte guten Grund, mißtrauisch zu sein, denn Oengus hatte dem Dagda geraten, eben jene Färse, »die schwarzmähnige, schwarze« zu wählen... Die Tuatha Dé Danann murrten, »denn er (Bres) gab ihren Messern keine Gelegenheit, fettig zu werden, und sooft sie ihn auch besuchten, nie roch ihr Atem nach Bier«. Er sparte an allem, was das Leben lebenswert machte. Es gab weder Bankette noch irgendwelche Vorstellungen, ob Dichter, Akrobaten, Harfner, Pfeifer, Hornbläser, Jongleure, Narren – Bres gönnte ihnen keines dieser Vergnügen. Was er dem Dichter **Cairbre** antat, schlug dann auch dem Faß den Boden aus. Obwohl das Gesetz genau vorschrieb, wie jeder Dichter seinem Rang entsprechend zu empfangen sei und was jedem an Speise, Trank und Geschenken zustand, fand sich Cairbre in einem kahlen, dunklen, verrauchten Kämmerchen »ohne Feuer, Möbel noch Bett« und fastete, da ihm nichts aufgetragen wurde. Als er am nächsten Morgen mit drei trockenen Brötchen abgespeist wurde, lief ihm die Galle über und er komponierte die erste Satire Irlands auf den unwürdigen König. Dieses ätzende Spottgedicht untergrub nicht nur Bres Gesundheit, sondern war der Auslöser dafür, daß die Tuatha Dé Danann seine Abdankung verlangten. Bres gab sich zerknirscht und reumütig und bat um einen siebenjährigen Aufschub, der gewährt wurde. Diese Zeit nutzte er schlau, um das Volk seines Vaters, die Fomorier zu mobilisieren! **Elathan** sah

Fluß Unius, heute Unshin (Gr. Sligo). Über diesem Fluß vereinigt sich der Dagda mit der Morrigan vor der Schlacht von Moytura.

wohl, daß sein Sohn im Unrecht war und lehnte jede Unterstützung ab, schickte ihn jedoch zu den großen Kämpfern, **Balor** und Indech, den Königen der Inseln. Diese zogen ihre Streitkräfte zusammen, die so zahlreich waren, daß ihre Schiffe ein Brücke von den Hebriden bis nach Irland schlugen.

Um seine Wiedereinsetzung zum König zu feiern bereitete Nuadu den Tuatha Dé Danann ein unvergeßliches Fest auf Tara, obwohl er nicht wußte, wie er der Aufrüstung der Fomorier begegnen sollte. Mitten hinein platzte der Gott **Lug**, der Helle, Scheinende, und meldete sich mit seinem drei Zeilen langen Stammbaum an. Da der Türhüter jedoch angewiesen war, nur einzulassen, wer ein den Tuatha Dé Danann ungeläufiges Handwerk beherrsche, erkundigte er sich erst nach dessen Beruf. Auf die Antwort »Schreiner« blieb das Tor zu: einen Schreiner haben die Tuatha Dé Danann bereits, ebenso einen Schmied, einen »starken Mann«, d. h. einen Leibwächter, einen Harfner, Helden, Dichter, Geschichtenerzähler, Magier, Arzt, Mundschenk und Bronzeschmied, aber einen, der alle Künste ausüben kann, einen Samildánach, »Meister aller Künste«, wie Lugs Ehrentitel von da ab heißen sollte, nimmt König Nuadu mit Freuden auf.

Und wie er ihn nun im *fidchell-* und Harfenspiel prüfte und für ausgezeichnet befand, übertrug er Lug die Führung der bevorstehenden Militäraktion. Er bot ihm seinen Thronsessel und huldigte ihm stehend, dreizehn Tage lang.

Im Planungsstadium besprach sich Nuadu erst ein Jahr lang mit Dagda, Ogma, **Goibniu** und Dian Cécht. Zu einer zweiten Geheimkonferenz lud er die Magier Irlands, die Ärzte, Wagenfahrer, Schmiede, Bauern und die Gesetzeskundigen. Jeder einzelne Stand sollte ihm berichten, was er zur Verteidigung beitragen könne. Der Oberzauberer, Mathgen, anerbot sich, die Gipfel der zwölf wichtigsten Berge Irlands auf die Fomorier niederstürzen zu lassen – u. a. von Slieve League, die Mourne Mountains, **Slieve Bloom, Slemish**, die **Curlew Mountains** und **Croagh Patrick**. Der Obermundschenk wollte erreichen, daß die zwölf wichtigsten Seen und Flüsse den Fomoriern ihr Wasser vorenthielten – er dachte u. a. an Lough Derg, **Corrib, Ree**, Mask, **Neagh**, Foyle, Strangford Lough sowie den **Boyne, Shannon**, Erne, Liffey, Suir und Lee.

Der Oberdruide, Figol, versprach drei Feuerregen niederprasseln zu lassen und den Fomoriern »zwei Drittel ihrer Kraft zu stehlen«. Obendrein wollte er Ross und Reitern allgemeines Harnverhalten anzaubern.

Der Dagda verfolgte seine eigene Strategie. Zu Samhain traf er die große Göttin Morrígan im Glen Etin, dem Tal des Unshin Rivers. Sie stand breitbeinig über dem Fluß Unius, heute Unshin, und wusch sich. Ihr Haar hatte sie in neun losen Flechten herunterhängen. Der große Dagda vereinigte sich mit ihr an dieser Stelle. Sie verriet ihm darauf, wo die Fomorier als erstes angreifen würden. Darüber hinaus wolle sie dem gegnerischen König »das Blut seines Herzens und die Nieren der Tapferkeit« entwenden. Den Dichtern der Tuatha Dé Danann brachte sie die nötigen Zaubersprüche bei.

Nun sandte Lug den Dagda unter dem Vorwand eines letzten Friedensverhandlungsversuchs, das feindliche Lager auszuspionieren. Die Fomorier betrachteten das ganze als grimmigen Riesenscherz. Sie kannten die Vorliebe des Dagda für Brei und seine Freßlust. Sie kochten ihm einen solchen aus »achtzig Maß neuer Milch und ebensoviel Mehl und Fett«. Ganze Ziegen, Schafe und Schweine wurden als Einlage mitgesotten und mangels eines passenden Gefäßes wurde diese Suppe schließlich in eine Erdgrube gegossen. Unter Androhung der Todesstrafe mußte der Dagda das Gebräu aufessen, damit man den Fomoriern keine Ungastlichkeit vorwerfen könne. Der Dagda nahm darauf den Löffel zur Hand »in dem ein Mann und eine Frau bequem zusammen hätten liegen können«, und löffelte den Inhalt der Grube bis auf die

Neige aus. Um sicherzugehen, daß er nichts übriggelassen hatte fuhr er mit den Fingern über den steinigen Boden und kratzte jedes Restchen zusammen. Nach einem Nickerchen wandte er sich dem Meeresstrand zu, vermochte aber, seines Riesenbauchs wegen, nur mit Mühe zu gehen, was die Fomorier noch mehr erheiterte, besonders da sein kurzer Bauernkittel kaum sein enormes Hinterteil noch sein gewaltiges Geschlecht bedeckte. Er trug seine pferdeledernen Latschen mit dem Fell nach außen und schleppte seine berühmte, auf Rädern montierte Keule hinter sich her, so daß Spuren von der Tiefe eines Grenzgrabens zurückblieben. Es ist wenig erstaunlich, daß es beim Schäferstündchen mit der schönen Tochter des Fomorierkönigs, erst nicht so recht klappte. Erst als er sich explosiv erleichtert hatte, gelang es ihm, sie zu befriedigen, wonach sie ihm versprach, die Tuatha Dé Danann gegen ihr eigenes Volk mit ihren Zauberkräften zu unterstützen.

Aus Sorge um Lugs Leben versuchten die Tuatha Dé Danann ihren glänzenden General vom Kampf fernzuhalten und ließen ihn durch seine neun Ziehväter bewachen. Lug nahm die psychologische Einstimmung seiner Truppen sehr ernst. Mit jedem einzelnen Helden, mit Goibniu, Dian-Cécht, Credne, Luchta, Ogma, der Morrígan, dem Dagda, aber auch den Gruppen: den Zauberern, Mundschenken, Druiden, Satirikern, Hexen ging er noch einmal die Vorgehensweise durch. Jeden einzelnen Krieger ermutigte er persönlich, so daß sich ein jeder »wie ein Königssohn oder ein mächtiger Herrscher fühlte«. Die Schlacht wird als eine der heftigsten geschildert, die Irland je erlebte: die Toten häuften sich zu Bergen. Die Tuatha Dé Danann waren im Vorteil, weil sie die Quelle Slán, am Lough Arrow, besaßen, die jede Verwundung heilte und die Toten wiederbelebte. Außerdem leisteten Goibniu, Luchta und Credne jeweils mit drei Handgriffen Teamarbeit, die im Handumdrehen die Waffen der Tuatha Dé Danann wieder funktionstüchtig machten. Obendrein entwischte Lug, verkleidet als sein eigener Wagenlenker, seinen Wächtern und führte die Armee persönlich gegen die Fomorier. Da auch er über magische Kräfte verfügte umkreiste er das Heer »auf einem Fuß, mit einem Arm und einem Auge«, und sang gewaltige Zaubersprüche, die den Schlachtenlärm »...das Aufeinanderprallen der Schilde, das Blitzen und Pfeifen der breiten Schwerter, und der Schwerter mit Elfenbeingriffen, das Rasseln und Scheppern der Köcher, das Klingen und Sirren der Pfeile und Speere und das Krachen der Waffen«, übertönte.

Der Unshin spülte die Leichen der Feinde hinweg... Auf dem Höhepunkt der Schlacht gelang es Lug, seinen furchtbaren Großvater »Balor, mit dem verderbenbringenden Auge« zu stellen. Es brauchte vier Männer, um das Augenlid hoch zu heben, den der Alte wollte sehen, »wer der kleine Schwafler« sei, der ihn herausforderte. Es war kaum offen, da pfiff ein Stein aus Lugs Schleuder durch die Luft und traf das Auge so heftig, daß es durch die Schädeldecke trat und nun die Fomorier seine böse Macht zu spüren bekamen, so daß sie reihenweise tot umfielen. Dort, wo das Auge schließlich auf der Erde landete, ätzte es das tiefe **Lough na Suíl**, »den Augensee«, in den Kalkstein.

Balors Tod schlug die Fomorier in die Flucht, wütend verfolgt von den Tuatha Dé Danann. Nach der Berechnung des Fomorierdichters, Leathglass, fielen auf seiner Seite 87 968 Edle, die Bauern und gewöhnlichen Soldaten nicht eingerechnet. Sie waren nicht mehr zu zählen, ebensowenig wie »die Sterne des Himmels, der Sand am Meer, die Schneeflokken, die Tautropfen im Gras, die Hagelkörner, die Gräser unter den Hufen der Herden oder die Pferde **Manannán mac Lirs** im Sturm«. Lug verschonte den Dichter, nachdem er geschworen hatte, dafür zu sorgen, daß die Fomorier »die Männer Irlands« nie wieder angreifen würden.

Von Bres, dem Verräter und Ex-König, erzwang Lug das Geheimnis vom richtigen Zeitpunkt des Säens und Erntens. Seither weiß jedermann, daß man an einem Montag nie etwas Neues beginnen soll – das bringt Unglück. Der Dienstag ist der richtige Tag!

Auch Lug, Dagda und Ogma setzten den flüchtenden Fomoriern nach, denn sie wollten Dagdas Harfe zurückholen, die die Feinde als Beute in ihre Festung gebracht hatten. Ein Spruch genügte und das Instrument sprang von der Wand in Dagdas Hand, und bevor sich noch jemand rühren konnte spielte der Allvater die drei magischen Weisen, die Klage-, Lach- und Schlafmelodie. Letztere bewahrte sie vor Verfolgern, da die Fomorier in süßen Schlaf sanken und so gelangten sie unbehelligt aus der Fomorierfestung, mit der Harfe und all der anderen Beute. Bres schwarzgelockte Kuh hatte nämlich all jene Herden zusammengelockt, die die Fomorier den Tuatha Dé Danann als Tribut abgenommen hatten.

Das Schlußwort blieb der **Morrígan**. Sie verkündete laut allen »königlichen Höhen Irlands, den Feenscharen und wichtigsten Flußmündungen« den Sieg der Tuatha Dé Danann, ein Siegesgesang, der nur gebremst wurde durch die Vorahnung des nahen Weltenuntergangs...

Als letzte erschienen die Milesier in Irland. Sie erreichten die Insel von Spanien aus an *Beltene*. Auch ihre Reise hatte ursprünglich in Skythien und Ägypten begonnen. Spanien war nur eine Zwischenstation.

Lough Nasool (Gr. Sligo). Balors Auge hat den See geschaffen.

Ith sucht die Tuatha De Danann-Könige in Grianan of Ailech auf (Gr. Donegal).

Im klaren Licht eines Winterabends sah Íth, der Sohn Breogans, vom Turm, den sein Vater in Galizien erbaut hatte, die Silhouette Irlands am Horizont. Ungeachtet all derer, die es ihm auszureden versuchten, sammelte er drei mal dreißig Krieger um sich und machte sich auf die Suche nach dieser Insel. In einer Version kam er in **Mag Ítha**, der Gegend um Raphoe, Donegal, an, also im Norden, in einer anderen betrat er zum ersten Mal im Süden, in Corca Duibhne, der **Dingle**-Halbinsel den Boden Irlands. Letzteres bescherte ihm eine Reise quer durch die Insel, via **Paps of Dana**, Südost-Limerick, Ost-Tipperary, Süd-Offaly, Meath, den Ort Lune, Slieve Gorey in Cavan, die Wälder von Monaghan, Slieve Beagh, **Bessy-Bell** und den Zusammenfluß von Mourne und Foyle. In beiden Fällen wollte er die drei Tuatha Dé Danann-Könige, *Mac Cuill*, *Mac Cécht* und *Mac Greine* sprechen, die sich in **Grianán of Ailech**, der großen Festung über Lough Swilly, aufhielten, »um die Schätze und das Vieh der Könige von Ailech aufzuteilen«. Sie empfingen die Fremdlinge leutselig und bald erzählten sie sich gegenseitig von ihren Geschäften und Problemen. Íth steuerte wertvolle Ratschläge zur Teilung der Schätze bei, in deren Verlauf er sich zu einer Lobeshymne auf die grüne Insel hinreißen ließ. Zu seinem Schaden wurde seine Begeisterung als Absicht mißverstanden, das Land an sich zu reißen. Um dies zu vereiteln schickten ihm die Könige nach dem Weggang Mörder nach. Íth erreichte zwar noch das Schiff, erlag dann aber den Wunden. Seine Kameraden brachten den Toten nach Spanien zurück. Neun von Íths Brüdern und acht von Míls Söhnen – der Kern der milesischen Einwanderungswelle – machten sich nach Irland auf, um den Tod des Bruders oder Vaters zu rächen. Von diesen landeten aber nicht alle sicher in Inber Scéne, der weiten Bucht von Kenmare. *Érannan*, der jüngste der Besatzung, stürzte vom Mast zu Tode, als er nach Land Ausschau hielt. Die Gattin *Amergins, Scéne*, verstarb in der Bucht, die seither ihren Namen trägt – Inber Scéne. *Ír*, einer von Míls Söhnen, ruderte voraus, was *Donn* zu einer neidischen Bemerkung herausforderte. Kaum ausgesprochen zerbrach ihm das Ruder, das Boot kenterte und er ertrank. Er wurde auf dem Sattel von **Skellig Michael** beigesetzt. Érannan fand sein Grab bei **Kildreelig, Balinskelligs**, und Scéne das ihre bei **Eightercua**, über Waterville. Amergin, der Magier und Dichter, setzte an einem Dienstag, den 1. Mai als erster den Fuß auf Land und stimmte einen Zaubergesang an, der alle Kräfteverhältnisse dieses neuen Landes in Ich-Form aufruft, sie anerkennt und sich geneigt macht:

Ich bin Wind auf See
Ich bin Ozeanwelle

Ich bin Tosen des Meers,
Stier der sieben Kämpfe,
Ich bin Geier an Klippe
Ich bin Tautropfen...

Weiterhin bezeichnet er sich als »schönste Blume, Eber, Salm, See, Berg, wohlgesetztes Wort, Waffenspitze, Gott der Inspiration...«

Drei Tage später kam es zum Gefecht mit den Tuatha Dé Danann am Fuß der **Slieve Mish Mountains**, unweit von Tralee. *Scota*, die Pharaonentochter, und Fas, die Gattin Éremons, fanden dabei den Tod. Erstere wurde in Glenaskagheen, alias **Scota's Glen**, letztere in **Glenfash** beigesetzt.

Die Milesier ließen sich von den Zauberkünsten der Tuatha Dé Danann nicht beeindrucken, sie gewannen den Kampf. Banba stellte sich ihnen darauf in den Weg, um mit ihnen zu verhandeln. Amergin sprach in höflichen, wohlgesetzten Worten, erst mit Banba in Slieve Mish, darauf mit *Fódla* auf **Slieve Felim** und schließlich mit *Ériu* in **Uisnech**. Als er letzterer in dichterischen Wendungen für die Prophezeiung dankte, die Söhne Míls sollten auf immer diese Insel besitzen, erregte er wiederum Donns Mißfallen. Grob fuhr er dazwischen, Ériu hätte er gewiß nichts zu verdanken, höchstens den eigenen Göttern und seiner eigenen Kraft. Die Verkörperung Irlands quittierte diese Herausforderung mit der Verheißung, Donn als einziger werde keinen Nutzen von dieser neuen Eroberung haben.

Alle drei alten Göttinnen ließen die Milesier schwören, daß das Land auf immer ihre Namen tragen werde: Ériu, Éire, ist ihm bis heute geblieben.

Nun, da sich die Eroberer im Einklang mit der Verkörperung des Landes befanden, suchten sie die Herausforderung mit dessen Regenten. Die Tuatha Dé Danann-Könige Mac Cuill, Mac Cécht, Mac Greine erwarteten sie auf Tara. Sie beklagten sich, daß die Milesier »ohne ihr Mitwissen« nach Irland gekommen seien und ordneten an, daß eine »öffentliche Landung« stattzufinden habe. Die Milesier mußten sich »neun Wellen« vor die Insel zurückziehen und den Landevorgang wiederholen. Wiederum war Donn nicht einverstanden, denn seiner Meinung nach hätten sie das Land im Sturm nehmen sollen und damit basta. Es hätte sie wohl weniger Mühe gekostet – die Tuatha Dé schickten ihnen nämlich Zaubersprüche entgegen, die einen Orkan entfesselten. Dank Amergins noch magischeren Worten fiel jedoch der wilde Sturm in sich zusammen. Donn war nun wirklich zornig und brannte darauf, die Insel mit Krieg zu überziehen – aber vor der Einfahrt zum Hafen von Waterville frischten die Winde nocheinmal auf und ließen Donns Schiff am Bull Rock zerschellen. Bull Rock wurde Donns Andersweltsitz, **Teach Duinn**, »Donns Haus«, in dem er die abgeschiedenen, tapferen Krieger willkommen heißt.

Mit der Landung der Milesier war ein See entstanden, **Lough Currane**. Einer von Íths Söhnen, *Luigdeach*, badete darin, als seine Frau, Fial, ebenfalls unbekleidet, mit dem Flüßchen in den See eintrat. Unerwartet standen sie nackt voreinander, womit sie ein zwingendes, keltisches Tabu brachen. Fial starb umgehend vor Scham und wurde im **Ballybrack Dolmen** beigesetzt.

Luigdeachs Tochter, Tea, war die Gattin Éremons und sie ist es, die Tara den Namen gab. Éremon segelte mit dreißig Gefährten im Uhrzeigersinn – der glückverheißenden Richtung – um Irland herum und landete in Inber Colptha, der **Boyne**-Mündung, die auf irisch nach Colptha, einem der Söhne Míls, genannt wurde. Daraufhin lieferten die Milesier den Tuatha Dé Danann die entscheidende Schlacht von Tailtiu, **Teltown**, und besiegten sie ein für allemal. Éremon und Éber teilten nun Irland in zwei Hälften unter sich auf: ersterer regierte im Norden, letzterer im Süden. Zur gleichen Zeit fand noch eine weit subtilere Teilung statt: die Milesier lebten von nun an auf der Erde Irlands, die Tuatha Dé Danann zogen sich als »aes síd«, als Feenvolk, unter die Erde, in die grünen Hügel, in die **Anderswelt** zurück.

# Die tragische Geschichte der Kinder Tuirinns
## *Oidheadh Chlainne Tuireann*

»Die tragische Geschichte der Kinder Tuirinns« wird allgemein als späte Schöpfung des 11. Jhs., angesehen und ist in der voll entwickelten Form nur in einem neuirischen Manuskript vorhanden. Nichtsdestotrotz benutzt sie älteste Sagenelemente: die Figuren sind **Tuatha Dé Danann**, weswegen sie zum mythologischen Zyklus gezählt wird. Wie die »Kinder Lirs« und die »Kinder/Söhne Uisnechs« ist sie eine der drei »mitleiderregenden Geschichten Irlands«.

Ursprünglich war Blutrache das Thema: die drei Söhne Tuirinns erschlagen **Lugs** Vater, **Cian**, weil dieser den ihren getötet hat. Lug wiederum mordet die Mörder seines Vaters auf der Insel Man. In der modernen Prosafassung verschiebt sich die Betonung: Lug scheint auf die Genugtuung persönlicher Rache zu verzichten und läßt das *Brehon Gesetz* seinen Lauf nehmen. Es schrieb vor, daß jedem Mitglied der inselkeltischen Gesellschaft bei Verlust, Verletzung oder Tod, nach Rang, Stand und Geschlecht abgestuft, eine gewisse Summe vom Verursacher des Schadens zustand. Im Todesfall ging die Wiedergutmachung an die nächsten Familienangehörigen.

In der vorliegenden Erzählung steht eben diese Kompensation im Vordergrund. Lug fordert, auf den ersten Blick, recht harmlose Dinge – erst später stellt sich heraus, daß sie nur unter größten Gefahren zu erlangen sind. Und so bleibt, indirekt, das Moment der Rache doch bestehen.

Während Lug auf **Tara** weilte fielen die **Fomorier** sengend und plündern bei Eas-Dara, dem heutigen **Ballysadare** in Sligo ein und verwüsteten die Provinz **Connaught**, deren König zur damaligen Zeit **Bodb Derg** vom **Síd ar Femen** war. Lug entschloß sich, eine Armee zusammenzubringen, um die Fomorier zu bekämpfen. Zu seiner Enttäuschung versagte ihm ausgerechnet Bodb Derg jegliche Unterstützung, so daß sich Lug unverrichteter Dinge wieder gegen Osten wandte. Auf dem Heimweg traf er in der Nähe von **Athlone** mit seinem Vater Cian und seinen beiden Onkeln zusammen und bat sie in bewegten Worten, überall in Irland für ihn Hilfe anzuwerben. Sie waren dazu bereit und beschlossen, da die Zeit drängte, in alle vier Himmelsrichtungen auseinander zu gehen und ihr Ziel in Einzelkampagnen zu verfolgen. So kam es, daß Cian, der sich gegen Nordosten wandte, ganz allein die Ebene

Karte zur Geschichte:
»Die tragische Geschichte der Kinder Tuirinns«

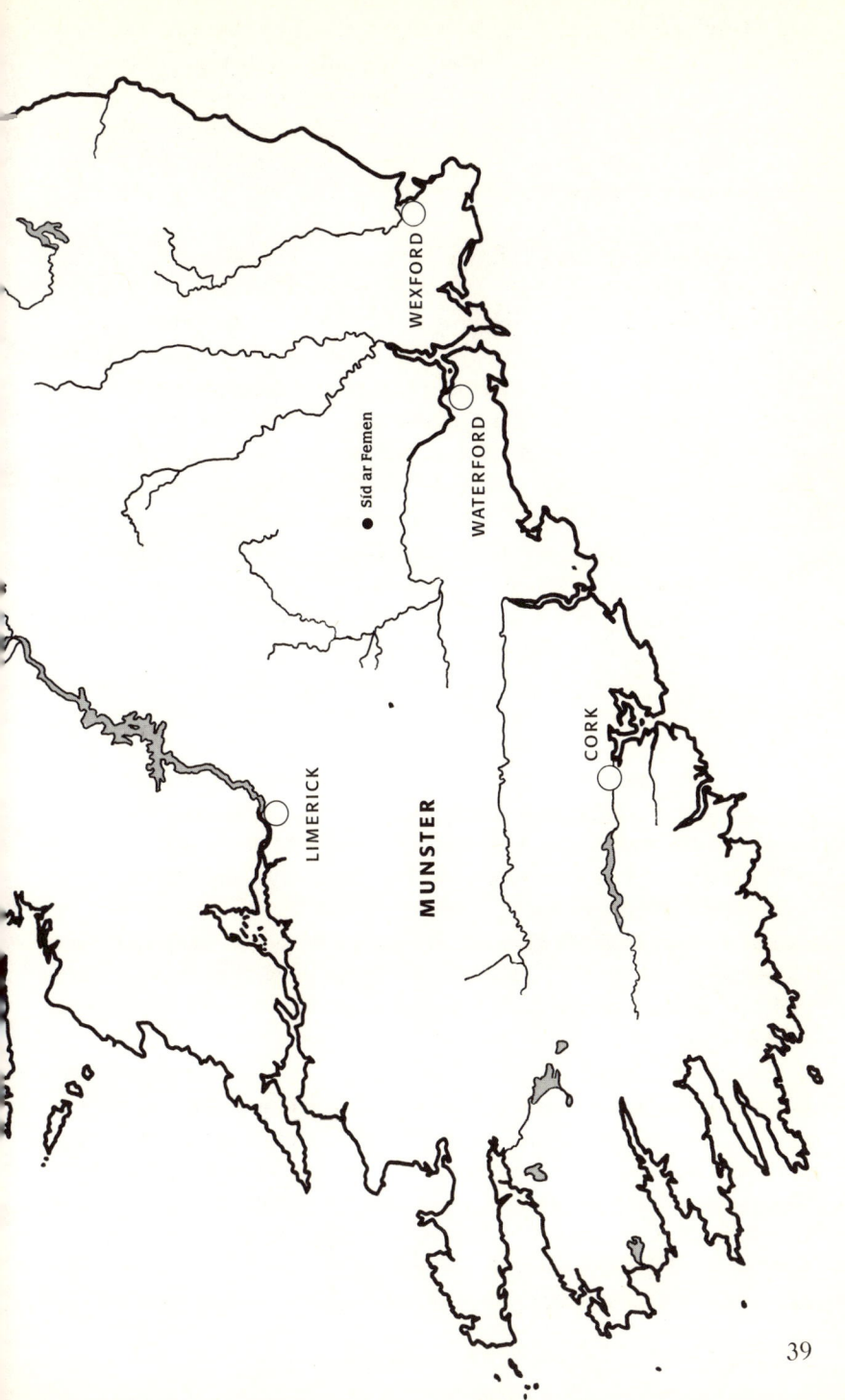

von **Muirthemne** durchwanderte. Dabei überraschten ihn seine Erzfeinde, die Söhne Tuirinns, **Brian, Iuchar** und **Iucharba**, wie er selbst vom Stamme der Tuatha Dé Danann. **Anu/Danu** war ihrer aller Mutter. In der vergeblichen Hoffnung, noch nicht entdeckt worden zu sein, verwandelte sich Cian schnell in ein Schwein und versteckte sich in einer Herde solcher Borstentiere. Brian hatte jedoch den Vorgang aus den Augenwinkeln beobachtet und verzauberte seine zwei Brüder, die noch nichts erfaßt hatten, in zwei flinke Jagdhunde. Dank ihrem Instinkt holten sie das Zauberschwein aus der Menge, so daß es Brian mit seinem Speer treffen konnte. Laut schrie es auf und gab sich mit menschlicher Stimme zu erkennen. Es bat, vor dem Tod noch einmal Menschengestalt annehmen zu dürfen, was ihm Brian großmütig gestattete, ohne zu merken, daß es ihn damit überlistete: für einen Menschen war eine weit größere Widergutmachung, eiric, zu zahlen als für ein Tier… und erst noch für einen Ex-Gott! Dessen eingedenk prophezeite Cian den Söhnen Tuirinns, daß sie die höchste jemals dagewesene Kompensation für ihn, Cian, zu zahlen hätten. Unvorsichtigerweise fügte er hinzu, er würde die Mordwaffen besprechen, so daß sie Lug das Verbrechen verraten würden. Darauf ließen die drei die Waffen fallen und steinigten ihren Gegner, bis nur noch eine blutige Masse übrig war.

Die Söhne Tuirinns begruben Cian, aber die Erde, erzürnt über den Verwandtenmord, spie ihn sechsmal aus, bevor er Ruhe im Grabe fand.

Unterdessen war Lug über Athlone nach Roscommon gelangt, hatte die Ebene von Moylurgh durchwandert, die **Curlew Hills** überwunden und stieg, via **Keshcorran** in die Ebene von Ballysadare.

Die Fomorier glaubten erst, die Sonne sei im Westen aufgegangen, so strahlend war Lugs Erscheinung. Vergeblich versuchte er, sie durch gute Worte dahinzubringen, das geraubte Vieh zurückzugeben. Sie dachten nicht daran. Schließlich verlor er die Geduld und sandte jede Milchkuh per Zauberspruch in ihren heimatlichen Stall. Das Trockenvieh ließ er den Fomoriern als Ballast, um ihre Bewegungsfreiheit einzuschränken!

In der Zwischenzeit hatte sich Bodb Derg doch eines besseren besonnen und stieß nun mit seinem Heer zu Lug. Jetzt kam es zu einem heftigen, lange Zeit unentschiedenen Kampf zwischen Lugs und Bodbs vereinigten Streitkräften und den Fomoriern. Als sich Lug jedoch zu **Bres**, dem Anführer des feindlichen Heeres, durchschlug und ihn mit seinem hellglänzenden Schwert bedrohte, erinnerte Bres sich doch sehr schnell an ihre gemeinsame Abstammung – beide waren sie Halb-Fomorier bzw. Halb-Tuatha Dé Danann, von der mütterlichen und der väterlichen Seite her. Bres schwor darauf, »bei Sonne und Mond, bei Meer und Land« die Herrschaft der Tuatha Dé Danann zu respektieren und ihnen in der ersten Schlacht von **Mag Tuired** gegen die *Fír Bolg* beizustehen.

Da Cian weder unter den Lebenden noch unter den Toten war, machte sich Lug auf die Suche nach ihm. Er ging zum Punkt zurück, an dem sich ihre Wege getrennt hatten und folgte Cians Spur nach Nordosten. Auf der Ebene von Muirthemne gaben ihm die Feldsteine, flüsternd, einen exakten Bericht vom Mord an seinem Vater.

Überwältigt vor Zorn und Trauer eilte Lug nach Tara, wo der Sieg über die Fomorier gefeiert wurde, und stellte die Söhne Tuirinns, die sich als Helden ausgezeichnet hatten, vor versammeltem Volk in der Festhalle, Teach Miodhchuarta. Vorsichtigerweise gaben sie den Mord nicht direkt zu, erklärten sich aber bereit, Wiedergutmachung, *eiric* für ihn zu leisten. Lug verlangte drei Äpfel, eine Schweinehaut, einen Speer, zwei Pferde mit Wagen, sieben Schweine, ein Hundebaby, einen Bratspieß, und daß die Söhne Tuirinns dreimal einen Schrei auf dem Hügel in Lochlainn ausstoßen müßten.

Erst nachdem die drei Mörder, erleichtert, so billig davonzukommen, sich mit allen Eiden an die Beschaffung der Genugtuung gebunden hatten, klärte sie Lug über deren wahres Wesen auf. Er forderte die Äpfel der Hesperiden, die sterbenden Kriegern das Leben zurückgaben, die Schweinehaut aus dem Besitz des Königs von Griechenland, die jeden Verwundeten heilte, sobald er sie berührte, den Speer, der dem König von Persien gehörte, eine Waffe, die in einem Kessel kalten Wassers aufzubewahren war, da sich sonst der Palast entzündet hätte, Pferde und Wagen aus den Ställen des Königs von Sizilien – das Gefährt vermochte sich zu Land und zu Wasser mit derselben Leichtigkeit fortzubewegen. Der junge Hund lebte am Hof von Norwegen, war ein Hund bei Nacht und ein Schaf bei Tag – wurde er auf der Jagd losgelassen warf sich das Wild zu Boden und streckte alle Viere von sich. Der Bratenspieß war Teil der Küchenausrüstung der Kriegerinnen von Fincara, und diese Heldenweiber hatten noch nie zuvor etwas von ihrem Besitz abgegeben, ohne daß es zum tödlichen Kampf gekommen wäre. Über den Hügel von Lochlainn wachte der Riese Miodhchaoin, der es auf den Tod nicht leiden konnte, wenn jemand auf seinem Gebiet herumbrüllte. Überdies waren er und seine beiden Söhne Cians Busenfreunde gewesen.

Bereits die magischen Eigenschaften der zu beschaffenden Dinge verrät, daß es sich, trotz einer Anzahl realer, geographischer Namen, im Grunde um Raubzüge in die **Anderswelt** handelt. Bestätigt wird dies dadurch, daß die Söhne Tuirinns ihre Aufgaben nur mit Hilfe von **Manannáns** Boot bewältigen können. Es lag im **Boyne**, auf der Höhe des **Bruig na Bóinne**. Hierher begleitete die Schwester Eithne ihre drei Brüder und nahm wehklagend Abschied von ihnen.

Das Boot, auf den ersten Blick winzig klein, bot genügend Platz für die Helden, ihre Waffen und den Proviant, und es fand den Weg von selbst, ohne Steuer und Ruder. Die Brüder behielten eine Eigenschaft der Tuatha Dé Danann-Götter: sie waren mächtige Magier und konnten sich in jede beliebige Gestalt verwandeln. So stahlen sie denn die Hesperidenäpfel als schnelle Falken und flohen vom Tatort als schimmernde Schwäne, erfolglos gesucht von des Königs Töchtern in Greifengestalt. Eintritt in die Burg des Griechenkönigs verschafften sie sich als Dichter aus Irland, in der Absicht, die Schweinehaut als Lohn für ihre Gedichte zu fordern. Brian brachte zwar einige Verse zusammen, aber der König durchschaute den Betrug und es half nur noch das Schwert, um die Beute in Sicherheit zu bringen.

Am Hof des Königs von Persien bedienten sich die Brüder desselben Tricks, mit dem Unterschied, daß Brian dem König mit solcher Wucht den vierten Hesperidenapfel vor die Stirn schoß, daß dieser tot umsank. Mit dem Flammenspeer flüchteten sie sich auf Manannáns Boot. Mit dieser Wunderwaffe ließen sie sich als nächstes vom König von Sizilien als Söldner anwerben. Nach einiger Zeit schenkte er ihnen so viel Vertrauen, daß er ihnen seine wunderbaren Pferde und den unvergleichlichen Wagen zeigte. Auch hier verlangte Brian die Zauberdinge als Lohn für geleistete Dienste. Sprachlos vor Wut griff der König zu den Waffen und es entspann sich ein furchtbarer Kampf zwischen den Leibwächtern und den Kindern Tuirinns. Brian wandte ihn zu ihren Gunsten, indem er in den Wagen sprang und den König mit dem Flammenspeer in vollem Lauf niederstach.

Eine schwerbewaffnete Armee und ein überaus erzürneter Monarch empfing die drei Brüder am Strand des Landes der goldenen Säulen, denn ihr Ruf als Königsmörder war den Kindern Tuirinns vorausgeeilt. Brian entschuldigte sich, so gut er konnte: hätten die Fürsten die magischen Dinge im Guten herausgerückt, so hätte er sie nicht umzubringen brauchen.

König Assal sah dann auch die Logik dieses Satzes ein und zog die Konsequenzen: er überließ ihnen kampflos die Zauberschweine. Brian versprach ihm, daß die großmütige Geste ewig von den Dichtern Irlands besungen würde. Erfreut darüber bot der König sogar seine Hilfe bei der Beschaffung des Welpen an, da der König von Norwegen, der den

Hund besaß, sein Schwiegersohn war. Trotz aller Diplomatie des alten Königs kam es zum Kampf zwischen Brian und dem Norweger. Mit Macht hieben sie aufeinander los, bis es Brian gelang, seinen Widersacher mit starken Armen festzuhalten. Er ließ nicht eher los, als bis er den Hund als Lösegeld erhielt.

Lug hatte nicht mit dem Erfolg der Kinder Tuirinns gerechnet. Er schickte ihnen daher einen Zauber nach, der ihnen die letzten zwei, noch bevorstehenden Aufgaben, aus dem Gedächtnis auslöschte. Froh eilten sie also nach Tara zurück und wurden als siegreiche Helden behandelt, bis Lug die peinliche Frage nach diesen Verpflichtungen stellte. Bedrückt begaben sich die Kinder Tuirinns erneut auf die Suche. Im eigenen Boot – Manannán hatte das seinige zurückgenommen – trieben sie lange Zeit ziellos auf dem Meer. Die Insel Fincara gehörte zu Tír fa thonn, der Anderswelt unter den Wellen. Endlich wies ihnen ein alter Mann, vielleicht sogar Manannán selbst, die Stelle, wo sie lag. Brian zog darauf sein »Wassergewand« und seinen »Helm aus Kristall« an und ließ sich in die grünen Wellen hinunter. Nach längerer Suche fand er die Insel und trat dort sofort in das größte Haus ein. Er befand sich in einem großen Raum handarbeitender Frauen, die ihn sprachlos, voller Bewunderung anstarrten. Mitten in der Halle lag ein hellblitzender Bratspieß. Mit einem Sprung bekam ihn Brian zu fassen. Zu seinem Glück nahmen dies die Andersweltdamen mit Humor. Lachsalven stiegen auf – sie lachten über seine Tollkühnheit und Unbekümmertheit. Hätte ihm eine einzige übel gewollt, er hätte ihren Kreis nicht lebend verlassen... Sie schenkten ihm den Spieß, nicht ohne ihn über ihre Stärke und Macht aufzuklären.

Was am einfachsten schien – der Schrei auf dem Hügel in Lochlainn – sollte sich als das Schwierigste entpuppen. Zwar besiegten die Brüder den Riesen Miodhaoin und seine zwei Söhne in heldenhaftem Kampf, aber sie wurden dabei so stark verwundet, daß sie wie tot liegenblieben. Mit größter Mühe richteten sie sich auf und ließen, schwach und kaum hörbar, dreimal ihren Ruf über den Hügel erschallen. Brian stützte je einen Bruder links und rechts, und Schrittchen für Schrittchen begaben sie sich aufs Schiff zurück. Das Meer trieb die drei Richtung Irland und sie atmeten auf, als sie Binn Éadair von **Howth** am Horizont aufsteigen sahen. Von weiter nördlich grüßte die glänzende Festung ihres Vaters Tuirinn herüber. Die beiden jüngeren Brüder waren zu schwach, um den Kopf zu heben und den Anblick zu genießen. Brian richtete sie auf und lehnte ihre Häupter an seine Schultern – das perfekte Bild des dreiköpfigen Gottes, wie er auf ehemals keltischem Gebiet überall vorkommt.

In einem mehrstrophigen Gedicht wünschten sich die Brüder, die mythologisch bedeutsamen Orte des Ostens wiederzusehen: die Ebene von **Brega**, **Teltown** am Blackwater, Bruig na Bóinne, den Liffey-Fluß, Baile Átha Cliath, das heutige **Dublin**, und die Königsresidenz **Tara**: ihr Anblick würde entweder ihre Lebenskräfte zurückkehren lassen oder ihnen einen sanften Tod schenken.

Einer allein konnte sie noch retten und das war Lug, der im Besitz der Äpfel und der Schweinehaut war. War auch keine Liebe zwischen ihnen – Lug war gerecht, alle seine Bedingungen hatten sie schließlich erfüllt.

Brian sandte seinen Vater zu Lug mit der Bitte um einen der Hesperidenäpfel, aber er wurde abgewiesen. Darauf schleppte er sich mit letzter Kraft nach Tara, und bat um die Haut, aber Lug ließ sich nicht erweichen. Den Brüdern blieb nichts anders übrig, als sich hinzulegen und zu sterben. Sie hörten alle drei im selben Augenblick zu atmen auf. Vater Tuirinn und Schwester Eithne hielten die Totenklage, bevor sie selbst tot über ihnen zusammenbrachen. Alle fünf wurden ins gleiche Grab gelegt und darüber wurde ein imposanter Hügel aufgeschüttet.

# Oengus Traum
## *Aislinge Oenguso*

»Oengus Traum« ist, was man, etwas altmodisch, aber treffend, als »wundersame Erzählung« bezeichnen könnte. Sie handelt von der Liebessehnsucht des ehemaligen inselkeltischen Gottes der Jugend und der Liebe. In der jetzigen Form stammt sie aus dem 9./10. Jh. n. Chr. und ist, wie viele, oberflächlich an den *Táin* angehängt worden, enthält aber sehr altes Material, wie beispielsweise Frauen, die sich in Schwäne verwandeln, die Unabhängigkeit der weiblichen Hauptgestalt, *Samhain* als Zeitpunkt von Verwandlung und Liebeserfüllung.

Eines Nachts sah **Oengus** in seinem Palast in **Bruig na Bóinne** eine junge Frau von solcher Schönheit an sein Lager treten, wie er noch keine jemals in ganz Irland gesehen. Er wollte ihre Hand ergreifen, sie auf sein Lager ziehen, aber da war sie verschwunden. Bis zum Morgen floh ihn der Schlaf, die Schöne kam ihm nicht aus dem Sinn. Am folgenden Tag verspürte er keinen Hunger, er vermochte nichts zu sich zu nehmen. In der Nacht erschien sie wieder, spielte *timpán* für ihn, sprach aber kein Wort.

Nacht für Nacht dasselbe – Liebeskummer warf Oengus aufs Krankenlager. **Conchobars** Arzt Fergne, »der aus dem Rauch, der von einem Haus aufsteigt« diagnostizieren konnte, »wieviele Kranke sich darin befinden«, sagte ihm sofort auf den Kopf zu, daß ihn »die Liebe zu einer Abwesenden« dem Tod nahe brächte. Er weihte Oengus Mutter **Boand** ein und bat sie, ganz Irland nach der schönen Unbekannten abzusuchen. Ein Jahr war sie unterwegs – erfolglos. Sein Vater, der **Dagda**, wurde miteinbezogen, mit dem gleichen Ergebnis, obwohl er doch der »Allvater« war. Etwas besser fuhr **Bodb Derg**, der mächtige Elfenfürst von **Munster** und Halbbruder von Oengus in der Sache. Zwar suchte auch er ein Jahr lang allüberall, aber schließlich fand er die Traumgestalt im See Béal Draco, in den **Galtee Mountains**.

Oengus wurde nun ins **Síd ar Femen**, Bodbs berühmten Palast auf dem sagenumwobenen **Slievenamon** gebracht und nach einem dreitägigen Festgelage suchte er mit Bodb den Bergsee auf. Da stand sie, die er so sehr herbeigesehnt hatte, umgeben von 150 schönen Mädchen, die sie jedoch um Hauptesläng überragte. Je zwei der Mädchen waren durch ein Silberkettchen verbunden, die Traumgeliebte aber trug ein silbernes Halsband mit goldenen Ketten. Auch wenn Bodb ein mächtiger Andersweltfürst war, mehr als den Anblick der Geliebten konnte auch er Oengus nicht verschaffen. Immerhin kannte er ihren Namen, **Caer Ibormait**, Eibenbeere, und er wußte, daß sie die Tochter von Ethal Anbuáil aus dem Síd Uamain in **Connaught** war. Oengus, Dagda, Boand und Bodb besprachen darauf die Lage in Bruig na Bóinne. Das Mädchen sei aus Connaught, daher solle man **Ailill** und **Medb** fragen, meinte Bodb. Das königliche Paar bewirtete in **Cruachan** den Dagda als Brautwerber zwar glänzend, konnte aber nichts weiter tun als den Elfenvater Ethal Anbuail her zu zitieren. Der weigerte sich zu erscheinen, und erst recht, dem Sohn des Dagda seine Tochter zu geben, bis ihm die Connaughter zusammen mit dem Dagda, die Elfenburg anzündeten und die Köpfe rollen ließen. Großartige Ergebnisse zeitigte das jedoch auch nicht. Ethal gab zu, daß er im Grunde keine Macht über seine Tochter besaß. Sie lebte jeweils ein Jahr in Vogel-, das nächste in Menschengestalt. Wann und wo der Wechsel stattfand, wollte der Alte erst auch nicht verraten, bis Ailill drohte, ihnen einen Kopf kürzer zu machen. Widerwillig gab er als Zeitpunkt *Samhain* an und als Ort eben denselben See.

Wie sich Oengus dort einfand, glitten 150 große, weiße Vögel mit Silberketten und zu Krönchen getürmten, goldenen Haarflechten über das spiegelglatte Wasser. Vom Ufer rief Oengus seine Angebetete mit

Karte zur Geschichte:
»Oengus Traum«

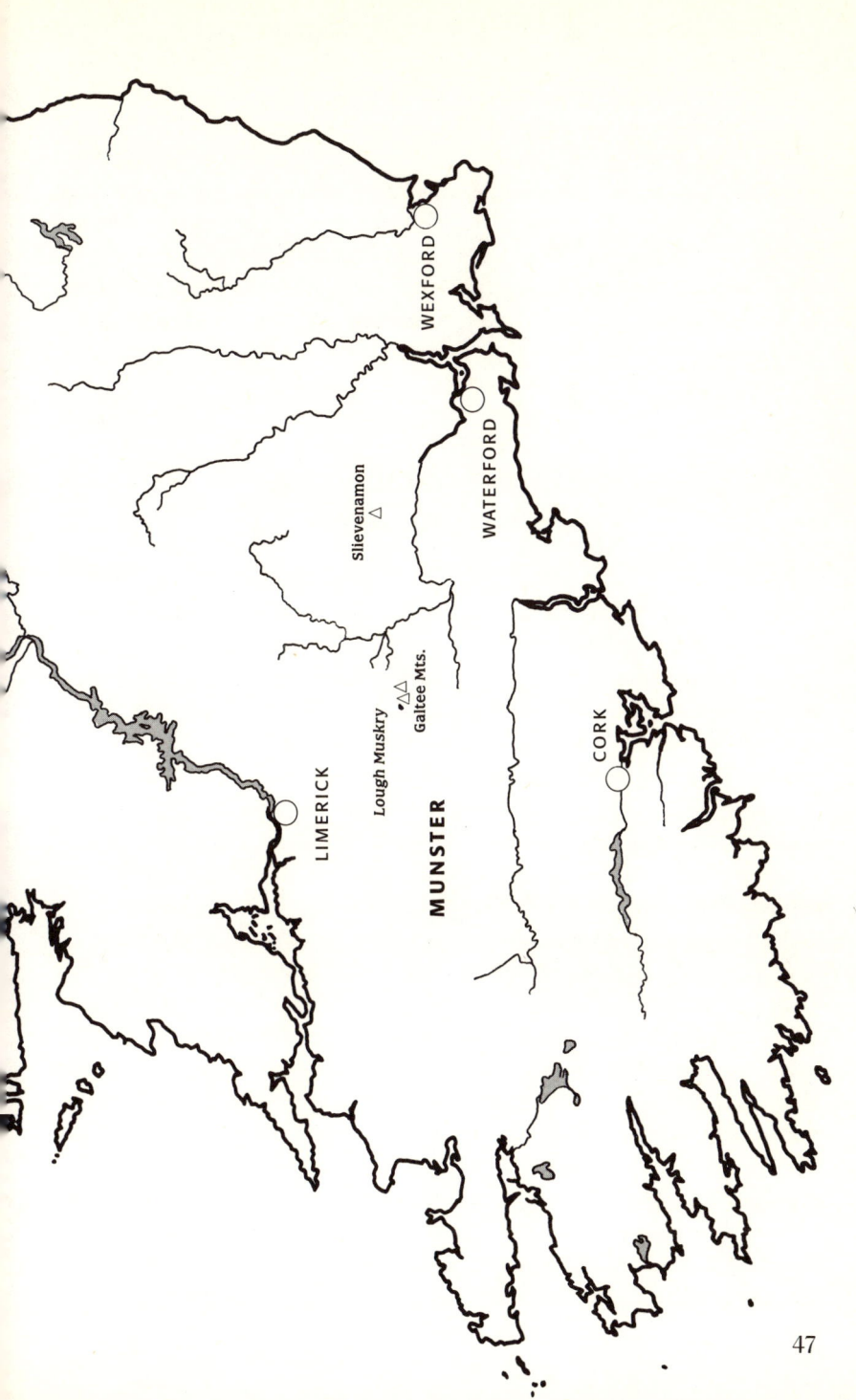

Namen an. Sie antwortete, näherte sich ihm aber erst auf das Versprechen hin, daß sie wieder ins Wasser zurückkehren dürfe. Selig schlang er die Arme um die Traumgeliebte und wurde in der Umarmung selbst zum Schwan. In Schwanengestalt umschwammen die beiden Liebenden dreimal den See, als Schwäne flogen sie singend gegen Osten, zum Bruig na Bóinne. Wer ihrem Gesang lauschte, versank drei Tage und drei Nächte in einen wunderbar tiefen Schlaf. Caer Ibormait blieb für immer bei Oengus in seinem herrlichen Palast am Boyne.

So ist die Freundschaft zwischen Ailill, Medb und Oengus entstanden. Zum Dank für den Liebesdienst unterstützte Oengus die Connaughter beim *Táin*.

## Das Werben um Étain
### *Tochmarc Étain*

Die Erzählung von *Étain*, der schönen Menschenfrau, die den Fürsten der **Anderswelt**, *Midir*, heiratet, ihm abhanden kommt und, wiedergeboren, zum zweiten Mal begegnet, gehört zum mythologischen Sagenzyklus. Sie war einzig im *Lebor na hUidre*, in einem lückenhaften Manuskript überliefert, bis 1937 in Cheltenham, England, auf ein paar losen Seiten, die, wie sich herausstellte, zum *Gelben Buch von Lecan* gehörten, zufällig ein vollständiger Text zum Vorschein kam. Auch in der verstümmelten Handschrift schlug der Zauber und der poetische Grundton dieser einmaligen Erzählung durch, aber der Inhalt hatte gelitten, da gewisse Zusammenhänge fehlten.

»Das Werben um Étain« ist die unwillkürlich ergreifende Geschichte einer Liebe, die sich außerhalb menschlicher Dimensionen bewegt. Sie überdauert nicht etwa nur Jahre oder Jahrzehnte, Midir bemüht sich über 1000 Jahre um seine geliebte Étain. Abgesehen davon ist es eine Erzählung, die die Kraft der Liebe an sich verherrlicht, als die Kraft, die alles überdauert, die aus Krankheit und Vergänglichkeit errettet und Körper schafft, in denen sich die Seelen auf die Wanderung in die Welt begeben können. Es ist eine der wenigen Geschichten, in denen nicht nur die Verwandlung, von einem Zustand in den anderen, oder die Seelenwanderung, durch alles Belebte hindurch, sondern auch die Reinkarnation, die Wiederverkörperung, als inselkeltische Vorstellungen nachzuweisen ist.

Boyne-Quelle, »Trinity Well« (Gr. Offaly).

Oengus, der helle, lichte, trickst den Dagda aus und behält Bruig na Boinne. Lichtstrahl im Ganggrab von Newgrange (Gr. Meath).

In mancher Hinsicht ist es die keltischste aller Sagen, da sie sich ganz in der zyklischen Zeit abspielt, und da wir es auch hier mit der typischen Dreiecksgeschichte zu tun haben, dürfte dieser Erzählung der Mythos der großen, königlichen Mutter zwischen ihren beiden Gatten zu Grunde liegen. Sie ist wie ein Dreiakter gegliedert, mit einem Vor- und Nachspiel, wobei letzteres den Ausgangspunkt zu ersterem herstellt, so daß die ganze Geschichte von vorne beginnen könnte.

Der große **Dagda** hatte sich in **Elcmars** Frau, **Boand**, verliebt. Sie liebte ihn wieder, fürchtete aber »die dunkle Macht ihres Gatten«. Dagda sandte ihn mit einer Botschaft zu **Bres mac Elathan** nach **Mag Inis**, heute Lecale-Halbinsel, so daß sie sich ungestört ihrer Liebe hingeben konnten. Vorausssehend hielt der Dagda die Sonne an und so vergingen neun Monate wie ein Tag. Am Abend desselben gebar ihm Boand einen Sohn, den sie *Oengus* nannten. Elcmar merkte nichts davon; er wunderte sich bei seiner Heimkehr bloß, daß es bereits Herbst geworden war.

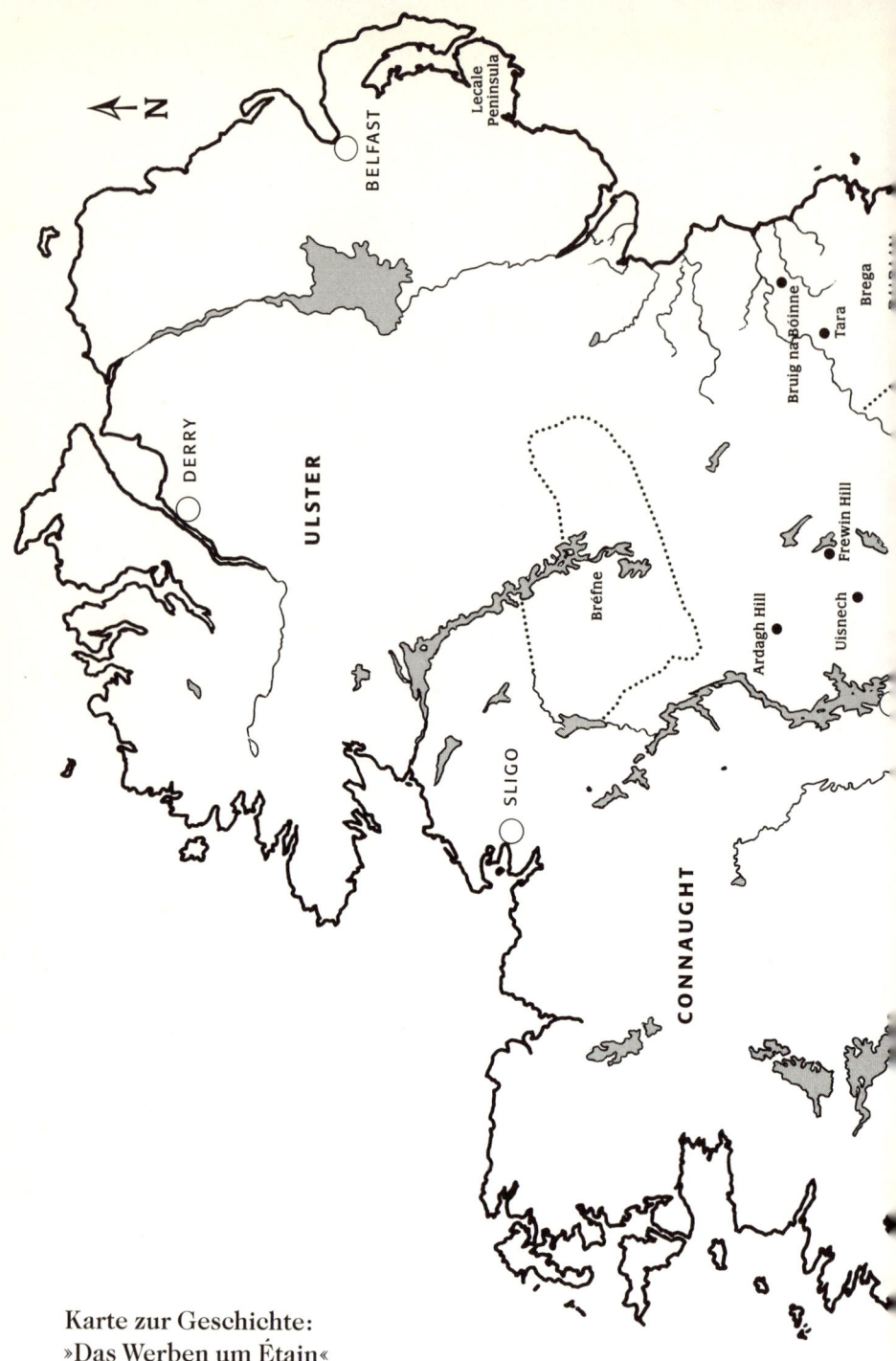

Karte zur Geschichte:
»Das Werben um Étaín«

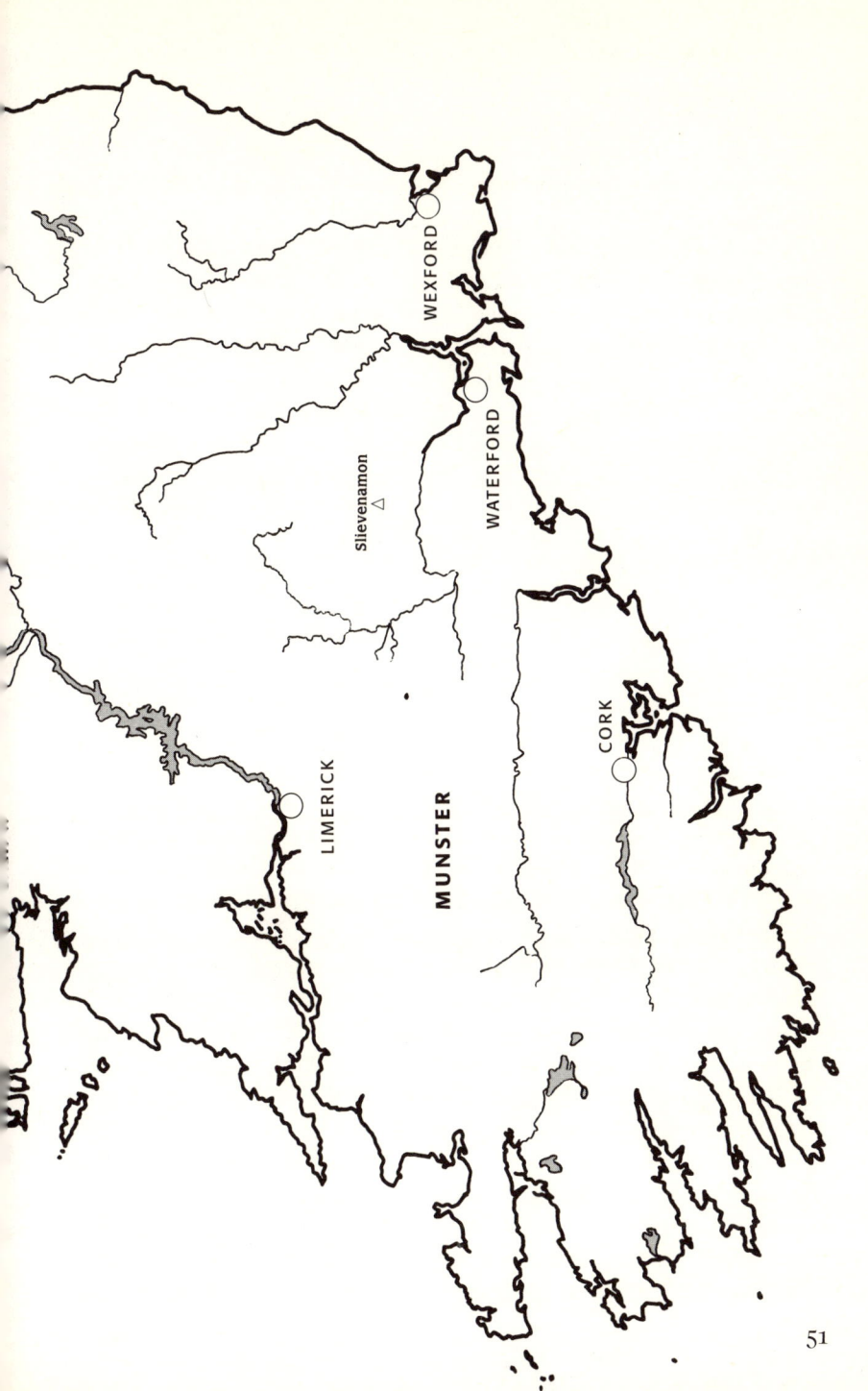

Midir vom *síd* von Brí Léith, heute Slieve Golry oder **Ardagh Hill**, nahm Oengus als Ziehsohn auf. Er war ein aufgeweckter, heller Junge, den Midir sehr lieb gewann. So sehr, daß Oengus ihn für seinen Vater hielt. Es war für ihn daher ein großer Schock, als ein Spielgefährte, im Streit, damit auftrumpfte, von ihm kenne man ja weder Vater noch Mutter. Unter Zornestränen rannte Oengus zu Midir, der ihn aufklärte und gleich zum Dagda mitnahm, der eben die Versammlung auf dem Hügel von **Uisnech** eröffnet hatte. Er anerkannte Oengus als seinen Sohn und gab ihm leutselig einen Wunsch frei. Der Junge bat um das *síd* von **Bruig na Bóinne**, aber mit dieser Größenordnung hatte der Allvater nun doch nicht gerechnet. So bettelte Oengus, denn wenigstens einen Tag und eine Nacht darin verbringen zu dürfen, was ihm gestattet wurde. Der Dagda sollte es nie wieder zurückerhalten. Sein Sohn machte nämlich geltend, daß er ihm das *síd* auf immer abgetreten habe, denn Tag und Nacht sind der Prototyp der Zeit, die Zeit an sich. Es sei in Tag und Nacht, worin die Welt vergehe, entgegnete er seinem Erzeuger am Ende der 24 Stunden und blieb in Irlands prächtigstem Andersweltpalast sitzen.

In einer anderen Fassung ist es Elcmar, der auf diese Weise, zu *Samhain*, ausgetrickst wird. Im folgenden Jahr kam Midir bei Oengus zu Besuch. Der Frieden war wieder hergestellt, Elcmar/Dagda hatte das *síd* von **Cleitigh** bezogen. Damit endet die Vorgeschichte.

Der erste Akt erzählt, wie Midir in einen Streit der Jungmannschaft geriet, bei dem ihm versehentlich ein Auge ausgestoßen wurde. Oengus zog den Arzt und Heiler **Dian Cécht** hinzu, der Midirs Augenlicht wieder herstellte; rein rechtlich stand ihm darüber hinaus Wiedergutmachung zu. Er forderte einen Streitwagen im Wert von 7 *cumal*, was immerhin dem Ehrenpreis eines Königs entsprach, Neueinkleidung, wie sie ihm zustand, und obendrein die schönste Frau Irlands. Dies ist die liebreizende **Étain Echraide**, die Tochter von Ailill von Mag Inis, einem König von **Ulster**. Ihrem Wert entsprechend mußte Oengus den Brautpreis entrichten: zwölf Ebenen, u. a. **Mag Muirthemne**, mußten gerodet, zwölf Flüsse so umgeleitet werden, daß die Menschen davon profitieren konnten. Mit Hilfe des Dagda ließ sich all das ausführen. Und nachdem Oengus die Prinzessin überdies mit Gold und Silber aufgewogen hatte, brachte er sie Midir, der überglücklich mit der schönen Frau die Nacht verbrachte. Noch viele sollten dieser folgen, denn das Paar verbrachte ein ganzes Jahr, sozusagen ein Flitterjahr, im Bruig bei seinem Gastgeber, bevor es nach Brí Léith zurückkehrte. Dort erwartete sie **Fuamnach**, Midirs erste Frau, und Fuamnach, die Magierin, war nicht begeistert von der Neuen – sie platzte vielmehr fast vor Eifersucht. Bei der ersten Gelegenheit verzauberte sie die Rivalin in eine Wasserlache. Unter der Einwirkung der anderen Elemente entwickelte sich daraus eine Raupe und aus dieser ein wunderbarer Schmetterling. Er war purpurrot, verströmte einen betörenden Wohlgeruch und wenn er seine Flügel bewegte, erklang bezaubernde Musik. Midir erriet, wer der Schmetterling in Wirklichkeit war und behielt ihn bei sich, wohin auch immer er ging. Er nahm sich keine andere Frau, solange das samtglänzende Insekt bei ihm war. Schlief er, bewachte der Schmetterling sein Lager und weckte ihn, wenn sich jemand näherte, der ihm »keine Liebe entgegenbrachte«.

Als Fuamnach hörte, daß die zwei noch immer unzertrennlich aneinanderhingen besuchte sie ihren Gatten, zur Sicherheit in Begleitung dreier mächtiger Andersweltgestalten. Diesmal beschwor sie einen Zauberwind herauf, der Étain in Schmetterlingsgestalt aus dem *síd* von Brí Léith hinauswirbelte, dem Meere zu, wo das zarte Tierchen sieben Jahre lang Wind und Wellen ausgesetzt war. Einst wehte ein sanftes Lüftchen landeinwärts und brachte den erschöpften Schmetterling zum Bruig, wo er direkt auf Oengus Brust zu landen kam. Dieser wußte sogleich, wen er vor sich hatte und schlug eine Mantelfalte zum Schutz um die »Purpurfliege«. Er rüstete für sie sein gläsernes Sonnenhaus um, so daß es portabel wurde, tat Kräuter und duftende Blumen hinein und kümmerte sich so liebevoll um die verzauberte Étain, daß sie sich rasch erholte »und an Körper zunahm«. Als Fuamnach vernahm, wie gut es der Verhaßten ging, plante sie den nächsten Winkelzug. Unter dem Vorwand, sich mit Oengus aussöhnen zu wollen bat sie Midir, diesen nach Brí Léith zu bestellen. Sie selbst betrat heimlich, in Abwesenheit des Hausherrn, den Bruig, öffnete das Sonnenhaus und ließ Étain zum zweiten Mal von einem magischen Windstoß davontragen. Sie wurde hoch in die Luft gewirbelt, wo sie von einer Strömung ergriffen und nach Norden entführt wurde. Étain wurde über dem Haus eines Kriegers in **Inber Cíchmaine**, in **Brega**, fallengelassen. Dort war eben ein Trinkgelage im Gange und der Schmetterling landete im Becher von Étars Frau. Nichtsahnend verschluckte sie das Insekt und kam neun Monate später mit einer Tochter nieder, Étain II.

Eintausend und zwölf Jahre nach Étains erster erfolgte ihre zweite Geburt. Sie hieß nun Étain, Tochter Étars, und wußte von ihrer früheren Existenz nichts. Sie wuchs zu einem strahlendschönen Mädchen heran. Als sie einst mit ihren Gespielinnen in der Flußmündung badete, kam ein Krieger der **Tuatha Dé Danann** im grünen Mantel auf einem braunen, tänzelnden Pferd dahergeritten. Er war so beeindruckend, daß alle jungen Fürstentöchter sich sogleich in ihn verliebten.

Er war aber offensichtlich nur gekommen um Étain an ihre Vergangenheit zu erinnern, denn in einem fünfstrophigen Gedicht machte er Anspielungen auf ihr früheres Leben. Einige ihre Zukunft betreffende fügte er auch hinzu, aber Étain verstand damals weder die einen noch die anderen.

Wie Oengus Fuamnach nicht bei seinem Ziehvater vorfand ahnte er Schlimmes. Er eilte zum Bruig zurück und fand das mit soviel Sorgfalt zugerüstete Sonnenhaus leer. Aufgebracht verfolgte er die Spur der Zauberin bis zum Haus des Druiden Bresal und schlug ihr den Kopf ab.

Der zweite Akt handelt von Étains Leben mit ihrem Gatten in der Menschenwelt. Als **Eochaid Airem** Hochkönig wurde war er noch ein junger Mann und lebte unbeweibt in **Dún Frémain**, heute Frewin. Seine Untertanen setzten ihn unter Druck, denn sie weigerten sich, sich bei einem König ohne Königin zum Fest von **Tara** zu versammeln. Da aber bei dieser Versammlung Rechte und Pflichten – beispielsweise auch Steuern – festgesetzt wurden, hieß das im Klartext, daß dem König die Einkünfte gesperrt wurden. Eochaid sandte darauf Boten in alle vier Provinzen, um die passende Braut für sich zu finden, und natürlich war es Étain, die Tochter Étars. Die Wahl fiel auf sie, nicht nur ihrer großen Schönheit wegen, sondern weil sich, Ironie des Schicksals, Eochaid eine Frau wünschte, die »noch keinem Manne Irlands angehört habe«. Ahnungslos wurde er so zum Rivalen Midirs, der Étain noch immer nicht aufgegeben hatte.

Schon am Fest von Tara hatte sich Eochaids Bruder, Ailill, so heftig in die schöne Étain verliebt, daß er ernsthaft erkrankte. Erst als er im Sterben lag – Eochaid hatte seine Gattin gebeten, sich um den Schwager zu kümmern, und ihm ein würdiges Begräbnis zu rüsten, falls der Tod eintrete, während er sich auf einem Rundgang durch Irland befand – wagte Ailill Étain, bei einem ihrer täglichen Besuche, den Grund seiner Krankheit zu offenbaren.

Liebe als lebensrettende Maßnahme war laut *Brehon-Gesetz* auch Verheirateten nicht verwehrt. In ihrer Güte und Großherzigkeit war Étain gerne bereit, sie ihm zu schenken, nur nicht, aus Rücksicht auf ihren Gatten, in dessen Haus. So verabredete sie sich mit Ailill für die kommende Nacht auf dem Hügel hinter dem Palast.

Vor lauter Vorfreude konnte Ailill keinen Schlaf finden und verschlief die Stunde des Stelldicheins. Statt seiner fand Étain einen Mann vor, der

Ailill völlig glich und mit ihr über seine Schwäche als Folge seiner Krankheit sprach, aber er kam ihr irgendwie fremd vor.

Ailill erwachte verwirrt als sie zurückkam und war unglücklich über die verpaßte Gelegenheit. Étain vertröstete ihn auf die nächste Nacht. Aber da ging es ihm auch nicht besser, obwohl er alles tat, um sich wachzuhalten. Und Étain fand wieder Ailills Doppelgänger vor.

Beim dritten Mal stellte Étain den Mann, »der sich in das Treffen mit dem Schwager hineindrängte« zur Rede, worauf er sich zu erkennen gab. Es war Midir. Er erinnerte Étain daran, daß sie seine Gattin gewesen, damals, als sie Étain Echraide hieß. Er habe Ailills Verliebtheit, aber auch dessen Verschlafen verursacht, um sie ungestört zu sprechen. Ob sie denn nicht wieder mit ihm in sein Land zurückkehren wolle, in das Land der ewigen Jugend? Ein Golddiadem würde sie dort tragen, täglich frische Milch und Schweinebraten zu sich nehmen. Ewig würde ihr Haar die Farbe der Primel behalten, nichts könne dort den Glanz ihrer perlgleichen Zähne verderben, nichts das sanfte Rosa ihrer Wangen verändern... Nur mit der Erlaubnis ihres Gatten, sagte Étain. Im Palast fand sie Ailill, gesund und munter vor und beide waren sie froh, daß er geheilt wurde, ohne daß sie sich kompromittieren mußten.

Der dritte Akt beginnt an einem prächtigen Sommermorgen. Eochaid hatte sich früh erhoben und machte einen Rundgang über die Wälle Taras. Wie er so über das weite Land von Meath schaute, stand plötzlich, wie aus dem Boden gewachsen, ein Krieger in einem roten Mantel vor ihm, ein junger Mann mit bis über die Schultern fallenden Locken – Midir. Er war gekommen, um mit Eochaid *fidchell* zu spielen. Davor hätte sich der Hochkönig lieber gedrückt, aber sein Besucher konterte seine Entschuldigung, das Spiel befinde sich im Gemach der Königin, die sich noch nicht erhoben habe, damit, daß er sein eigenes hervorzog. Es war aus Silber und an jeder Ecke funkelte ein Edelstein, der mit seinem Schein das Brett erleuchtete. Die Figuren waren aus Gold.

Dreimal gewann Eochaid fabelhafte Einsätze, 50 Pferde, dieselbe Anzahl Eber, rotohriger Kühe und »dreiköpfiger, dreihorniger Schafe«. Überdies stellte er Midir schwierige technische Aufgaben zur Verbesserung der Infrastruktur seines Landes: er solle Meath von Steinen befreien, das Gebiet von **Tethba** mit Binsen trockenlegen, das Moor von Lamrige mit einem Knüppeldamm versehen und **Bréfne** aufforsten. Wie mächtig dieser Herr der **Anderswelt** ist läßt sich daraus ersehen, daß er mit Hilfe der Tuatha Dé Danann diese Aufträge in einer Nacht erfüllt. Trotz strengem Verbot wird er vom eigens von Eochaid hingeschickten Verwalter beobachtet und so erfahren die Menschen, daß das Schulterjoch für Ochsen weitaus leistungsfähiger ist als das Stirnjoch, das bis dahin in Irland verwendet wurde. Midir selbst mußte sich auch kräftig ins Zeug legen. Am Morgen erschien er, in zerknitterter Kleidung und ausgesprochen übellaunig. Er warf Eochaid seine unmäßigen Forderungen und seinen Ungehorsam vor und verlangte finster noch einmal ein Spiel, diesmal mit ungenanntem Einsatz: der Gewinner sollte nach Belieben fordern dürfen. Diesmal gewann Midir. Er wünschte sich, Étain umarmen und küssen zu dürfen. Nach kurzem Überlegen sagte Eochaid zu – was blieb ihm anderes übrig? Midir solle seinen Gewinn in einem Monat zur selben Stunde abholen.

Für diesen Besuch war Eochaid gut vorbereitet: ein dreifacher Kordon der besten Kämpfer Irlands umgab den Palast. Um das Königspaar standen weitere Soldaten, Schulter an Schulter, in dichten Reihen. Und trotzdem stand Midir plötzlich mitten unter ihnen, beeindruckender, glänzender denn je. Überdeutlich klangen seine Worte in der atemlosen Stille, er sei gekommen, um abzuholen, was ihm gebühre. Er erinnerte Étain daran, daß sie sich einverstanden erklärt habe, mit ihm zu gehen, aber nur mit dem Einverständnis ihres Gatten, verbesserte ihn die schöne Frau. Eochaid stellte darauf fest, daß davon nie die Rede gewesen sei: ein Kuß und eine Umarmung seien ausgemacht worden. Midir nahm darauf die Waffen von der rechten Hand in die linke, legte die Rechte um Étain, küßte sie auf den Mund und entschwebte mit ihr durch die Dachluke. Als sich die Zeugen dieser Szene so weit gefaßt hatten, daß sie ins Freie treten konnten, waren nur zwei weiße Schwäne zu sehen, die auf Síd ar Femen, auf dem Slieve na mBan, **Slievenamon**, zuhielten.

Das Nachspiel folgt aus Eochaids Weigerung, den Raub seiner Gattin zu akzeptieren. Er versammelte seine Krieger und marschierte zum Andersweltpalast von Femen. Sie gruben sich bis zum Eingang hinunter, bis ihnen eine Andersweltgestalt die Fruchtlosigkeit ihrer Bemühungen vor Augen führte: Étain und Midir waren schon längst nicht mehr da. Daraufhin griff Eochaid jeden Andersweltpalast an, zerstörte und plünderte die grünen Hügel Irlands. Schließlich kam er nach Brí Léith, und auch dort gingen die Leinstermänner mit soviel wilder Entschlossenheit vor, daß bald kein Stein auf dem anderen geblieben wäre, hätte ihnen Midir nicht Einhalt geboten. Er beklagte sich über die Unrechtmäßigkeit dieser Aktion, versprach aber, Étain am folgenden Tag herauszugeben, um weiterer Zerstörung zu entgehen. Andertags erschien nicht nur eine Frau auf Tara, sondern es erschienen deren fünfzig, die sich glichen wie ein Ei dem anderen. Étain in fünfzigfacher Ausführung! Eochaid war vor die Aufgabe gestellt, die richtige herauszufinden – wie sollte er sie nur erkennen?

Étain unterschied sich von allen Frauen Irlands in der besonders vollkommenen Art, wie sie Getränke ausschenkte. So ließ der König die Frauen, zu Paaren, aus einem großen Kessel schöpfen – aber bei jeder schüttelte er den Kopf, bis auf die zweitletzte. Diese erinnerte ihn stark an Étain, und doch war ihre Art zu kredenzen nicht ganz dieselbe! Eochaid nahm sie zu sich, aber, wie sich herausstellen sollte, war es die falsche. Als Midir Étain entführte, erwartete sie ein Kind, Eochaids Tochter. Und eben diese hatte sich Eochaid erwählt! Bis er von diesem Tatbestand erfuhr erwartete diese wiederum ein Kind, wiederum ein Mädchen.

Mit diesem Kind, das gleichzeitig Eochaids Tochter und Enkelin war, wollte der Hochkönig von Tara jedoch nichts zu tun haben, es wurde ausgesetzt. Dadurch ließen sich aber die Pläne des Schicksals noch lange nicht durchkreuzen. Dieses aus Inzest geborene Mädchen, **Mes Buachalla**, wird die Mutter eines der bedeutendsten Sagenkönige Irlands, von *Conaire Mór*, der Hauptgestalt aus: »Die Festhalle Da Dergas...«

## Die tragische Geschichte der Kinder Lirs
### *Oidheadh Chlainne Lir*

Jeder irische ABC-Schütze kennt die Geschichte von Lirs Kindern, die in Schwäne verwandelt wurden. Das Motiv findet sich überall im Land, auf Pub-Schildern, Fassadenmalereien, in der Reklame, als Brosche in Sterlingsilber, auf Wandteppichen, in der Malerei, auch wunderschöner Glasmalerei im Franziskanerkloster von Multyfarnham oder im Ulster Museum in Belfast, und als Skulptur, die berühmteste ist wohl »Lirs Kinder« von Oisín Kelly in **Dublins** Garden of Remembrance, dem Denkmal für den Osteraufstand von 1916. Die drei großen Windräder auf **Rathlin Island** heißen nach den drei Schwanenjungen Aedh, Conn und Fiachra, und die vier Schwäne tauchen sogar auf einer Briefmarke und einer Telefonkarte der Republik auf.

Dabei ist die Erzählung, wie sie heute vorliegt, verhältnismäßig jung. Nach sprachlichen Merkmalen kann sie kaum vor dem 15./16. Jh. aufge-

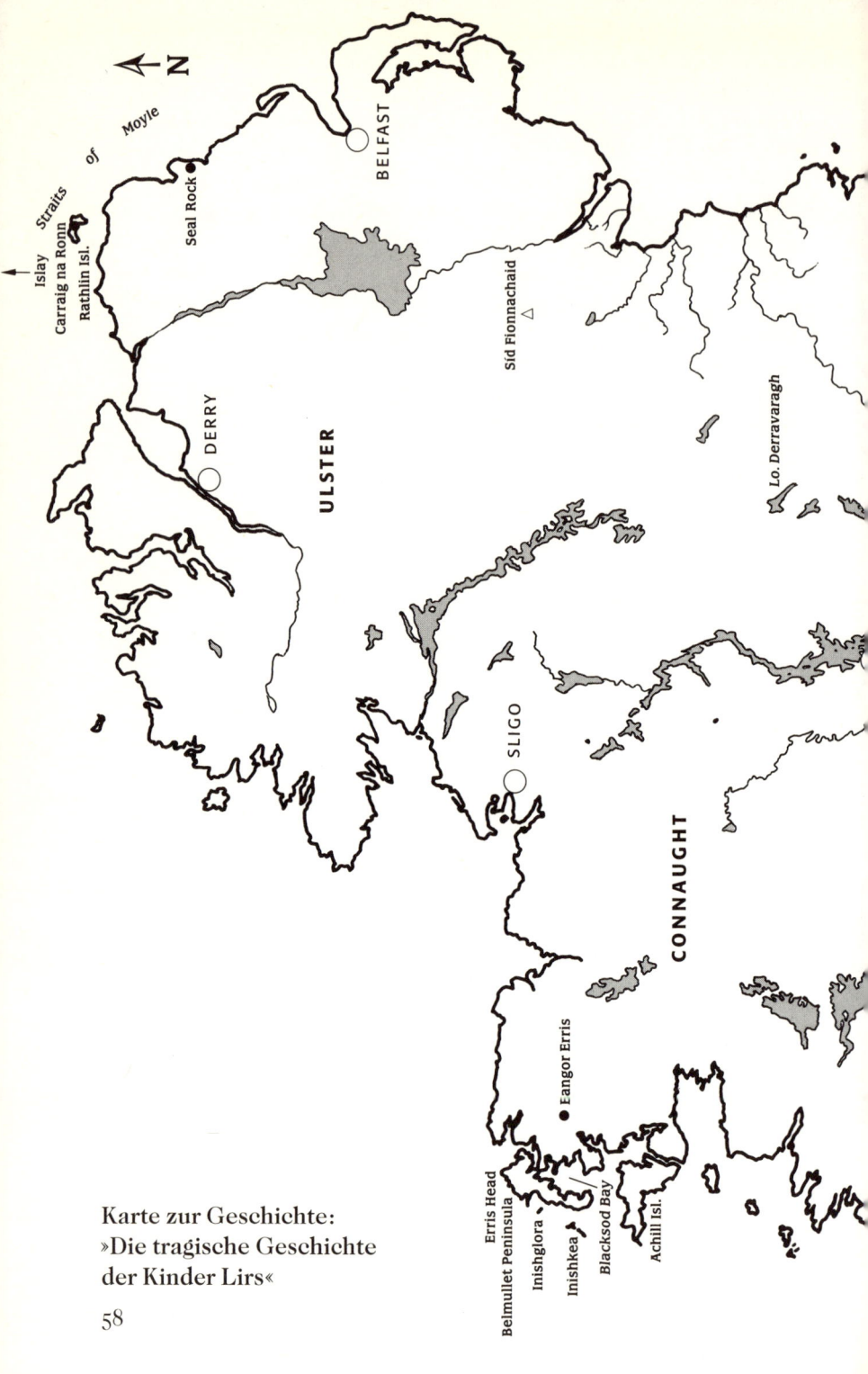

Karte zur Geschichte:
»Die tragische Geschichte der Kinder Lirs«

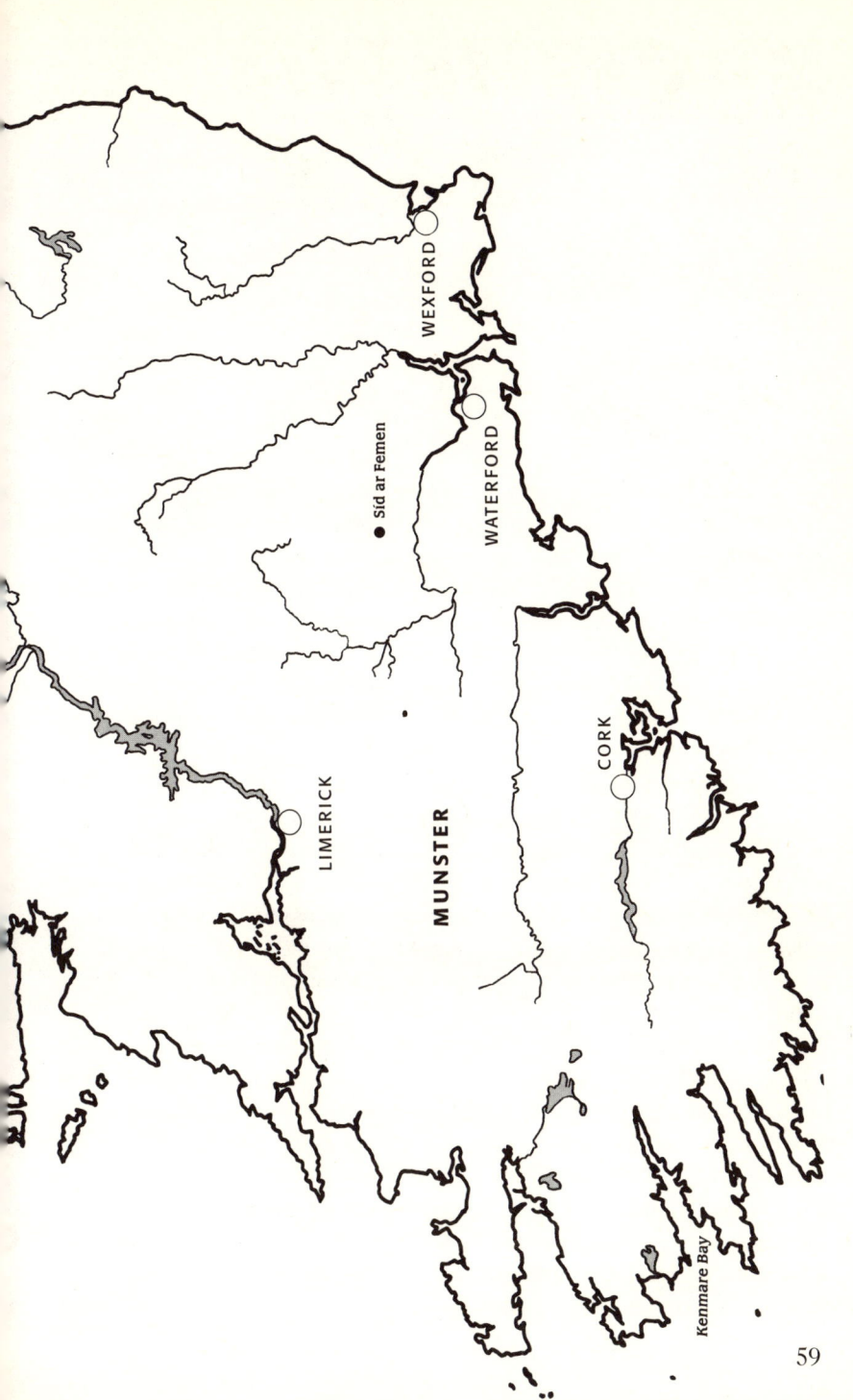

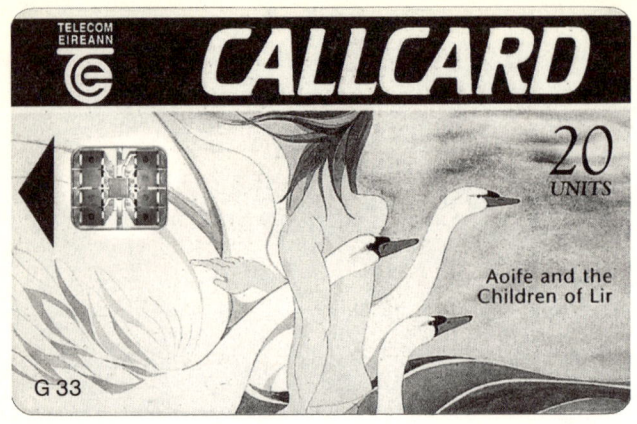

Irische Telefonkarte mit dem Motiv »Aoife und die Kinder Lirs«.

schrieben worden sein. Sie enthält dennoch alte, mythologische Versatzstücke: Menschen werden zu Wasservögeln ohne ihre Sprache und Denkweise zu verlieren, Zauber und Prophezeiung regeln das Leben, übernatürliche Wesen, die ehemaligen Götter, treten auf.

Diese Geschichte gehört in die dichterische Kategorie der »drei mitleiderregenden Erzählungen Irlands«, zusammen mit den tragischen Geschichten »vom Tod der Kinder Tuirinns« und »vom Tod der Kinder/Söhne Uisnechs«. Sie ist Teil des mythologischen Zyklus.

Sie ist die anrührendste unter den sanften keltischen Sagen: wehmütig und gefühlvoll, ohne sentimental zu werden.

Sie spielt am Übergang vom heidnischen zum christlichen Zeitalter, wobei deutlich wird, wie ganz und gar diesseitsgerichtet ersteres doch war. Die **Tuatha Dé Danann** leben in ihrer **Anderswelt** im Hier und Jetzt, während das Christentum sein Paradies in ein Jenseits verlagert. Für den Christen kann es kein wirkliches Glück auf dieser Erde geben, aber deswegen trauert der Einsiedler doch ganz offen um seine gefiederten Freunde und bedauert, daß die Zeit, die sie zusammen verleben durften, zu Ende ist.

In der Schlacht von Tailtiu, dem heutigen **Teltown**, brachen die **Milesier** die Macht der Tuatha Dé Danann, worauf diese beschlossen, sich unter einem eigenen König unter die grünen Feenhügel zurückzuziehen. **Lir** war so enttäuscht, daß die Wahl auf **Bodb Derg** und nicht auf ihn fiel, daß er sich ohne Abschied davonmachte, was ihm die anderen Tuatha Dé Danann · Fürsten sehr verübelten. Als Denkzettel gedachten sie sogar, seinen Wohnsitz, **Síd Fionnachaid**, dem Erdboden gleich zu machen. Bodb hielt sie nicht nur davon ab, sondern er tat auch sein bestes für den ehemaligen Rivalen: als kurz danach dessen Ehefrau starb, bot er ihm eine seiner drei Ziehtöchter an. Lir nahm sich die älteste, Aeb, die ihm zweimal Zwillinge schenkte, aber bei der zweiten Geburt starb.

Lirs Kummer war möglicherweise noch größer als beim Verlust seiner ersten Frau. Um ihn aus seiner Schwermut herauszuholen, gab ihm Bodb die mittlere Ziehtochter, *Aoife*, zur Frau. Aber mehr noch hielt ihn die Liebe zu seinen Kindern, dem Mädchen Fionula und den drei Jungen Aedh, Fiachra und Conn, am Leben. Anfangs sorgte sich die Stiefmutter rührend um sie. Auch dem König waren sie lieb, lieber als seine eigenen Kinder, und die Besuche zwischen **Síd ar Femen** und **Síd Fionnachaid** spielten sich mit schönster Regelmäßigkeit ein. Lirs Liebe zu den Kindern wuchs von Tag zu Tag, er ließ sich sogar sein Lager neben den Betten der Kinder aufschlagen, so daß er sie vor dem Einschlafen als letztes, vor dem Erwachen als erstes sehen konnte.

Aoife fühlte sich immer mehr vernachlässigt. Eifersucht warf sie ein volles Jahr aufs Krankenlager. In der Zeit reifte der Plan heran, sich der Kinder zu entledigen. Unter dem Vorwand Bodb Derg zu besuchen, hieß sie die Kinder eines Morgens ihren Wagen besteigen. Fionula wäre lieber daheim geblieben. Sie hatte in der Nacht schlecht geträumt, aber ihrem Schicksal konnte sie nicht entrinnen.

Unterwegs gab Aoife den Wagenlenkern den Befehl, die Kinder umzubringen, was sie aber, trotz lockender Versprechung ablehnten. Zornig ergriff sie selbst ein Schwert, brachte es dann aber doch nicht über sich, den schlummernden Kindern ein Leid anzutun. Auf der Hälfte des Weges, am **Lough Derravaragh**, ließ Aoife anhalten. Der Tag war heiß und staubig – ob die Kinder nicht baden wollten? Kaum waren sie im Wasser, berührte sie Aoife mit ihrem Zauberstab und da schwammen, statt der vier Kinder, vier weiße Schwäne im klaren Wasser.

Fionula erfaßte das Geschehene als erste und machte der Stiefmutter die bittersten Vorwürfe. Sie brachte sie wenigstens dazu, die Wirkung des Zaubers, die sich nicht mehr aufheben ließ, zeitlich zu begrenzen. Wenn Largnen, der Königssohn aus dem Norden, Decca, die Königstochter aus dem Süden, heimführt, würden auch sie wieder Menschen. Bis dahin würden allerdings 900 Jahre verstreichen. Sie müßten 300 davon auf dem See von Derravaragh, 300 in den Straits of **Moyle** und 300 in Erris, insbesondere der Insel **Inishglora**, als Vögel leben. Das Läuten eines Glöckleins sollte ihnen das Ende ihrer Verbannung, aber auch die Verbreitung eines neuen Glaubens in Irland anzeigen.

Aoifes Reue kam zu spät. Nicht einmal die Tuatha Dé Danann, die doch gewaltige Magier waren, vermochten den Zauber unwirksam zu machen. Um ihr Los wenigstens etwas zu erleichtern, beließ sie den Schwänen nicht nur die Menschensprache und das Denken, sondern gab ihnen wundervolle Stimmen, mit Stimmen, wie sie noch nie zuvor in Irland zu hören gewesen waren.

Lange konnte Aoife Lir und Bodb ihr Verbrechen nicht verheimlichen. Wie sie erfuhren, was sie den Kindern angetan hatte, kannte ihr Zorn keine Grenzen. Sie verwandelten die Zauberin in einen »grauen Geier«, »einen Dämonen der Lüfte«. Solchergestalt sollte sie bis zum jüngsten Tag ziellos umherirren.

Der Schwanengesang von Lirs Kindern zog Tuatha Dé Danann, Milesier und die gewöhnlichen Sterblichen Irlands magisch an. Abend für Abend kamen sie ihm zu lauschen – ein ganzes Zeltlager entstand am See. Die ersten dreihundert Jahre verliefen daher ohne allzugroße Entbehrungen für die Schwanenkinder, denn sie blieben mit Familie und Freunden vereint.

Als die Zeit um war verabschiedeten sie sich schweren Herzens von allen, die ihnen lieb waren, und flogen Richtung Norden. Bodb Derg, der König der Tuatha Dé Danann, erließ daraufhin ein Gesetz zum Schutz der Schwäne in Irland.

Nach so viel Geselligkeit am Lough Derravaragh lastete die Einsamkeit der Meerenge doppelt schwer auf Lirs Kindern: Robben, Fische und Vögel waren die einzigen Lebewesen. Auch bei gutem Wetter ist der Nordkanal allen Winden preisgegeben. Zur Zeit der Herbst- und Winterstürme fegten eisige Böen die Küste entlang. Einst beobachtete Fionula sorgenvoll, wie sich schwarze Wolken hoch auftürmten. Eben hatte sie noch Zeit, die Brüder zu warnen und als Treffpunkt **Carricknarone**, den Seehundsfels, auszumachen, da riß schon der erste Windstoß die vier auseinander und wirbelte sie davon. Die ganze Nacht waren sie hilflos Wind und Wellen preisgegeben.

Im Morgengrauen fiel der Sturm in sich zusammen und Fionula hielt, kaum noch fähig die Flügel zu gebrauchen, auf den großen, wasserumtosten Fels zu. Keiner ihrer Brüder war da, sie war ganz allein. Vor ihr erstreckte sich das Meer so weit das Auge reichte. Verzweifelt stimmte die Schwanenschwester einen Klagegesang für die Totgeglaubten an, in dem sie auch ihr eigenes Los bitterlich beweinte. Nach langer Zeit entdeckte sie Conn, der am Horizont mit schwerem Flügelschlag auf sie zusteuerte. Er war halb erstarrt, und die Schwester nahm ihren Bruder unter den rechten Flügel. Wenig später landete Fiachra so erschöpft, daß er nicht mehr sprechen konnte. Fionula barg ihn unter den linken Flügel. Endlich erschien auch Aedh, und sie deckten den Zitternden mit ihren Brustfedern zu. Die Winter waren schlimm und Fionula mußte das Überleben der kleinen Brüder immer wieder auf diese Art sichern. Mit dem Schneetreiben kam der Hunger zur Kälte hinzu. In einer Nacht froren die Schwäne am Carricknarone fest und mußten am Morgen die »Haut ihrer Füße und die Spitzen ihrer Flügel« darauf zurücklassen.

Einen Lichtblick brachte der Besuch ihrer Onkel, der Söhne von Bodb Derg. Lange Jahre hatten sie Irland nach den Kindern Lirs abgesucht, nun fanden sie die vier Schwäne in der Mündung des **Bann**. In einem langen, wehmütigen Gedicht verglich die Schwanenschwester ihren jetzigen Zustand mit dem Glück im Palast von Síd Fionnachaid: ehemals gingen die Kinder in Pelz und Purpur gekleidet, jetzt drang der Eiswind durch ihr dünnes Gefieder. Einst speisten sie im Überfluß und tranken Haselnußwein aus goldenen Bechern, jetzt suchten sie ihre Nahrung unter sandigen Algen zusammen und tranken das schwarze Wasser der Straits of Moyle. Einst ruhten sie bei Harfenklang auf weichen Polstern in ihres Vaters Palast, jetzt fanden sie Unterschlupf in feuchten Felsenhöhlen, und das Tosen der Wellen begleitete sie in den Schlaf.

Einerseits waren die Schwäne glücklich, Freunde und Verwandte wiedergesehen zu haben, andererseits brachten sie ihnen die Trennung umso schmerzlicher zum Bewußtsein.

Einmal waren jedoch auch diese 300 Jahre herum und die Schwanenkinder machten sich auf die Reise nach Westen. Auf und um Erris Head, auf der **Belmullet**-Halbinsel, waren die klimatischen Verhältnisse erst auch nicht viel besser. In einer Nacht gefror die gesamte Blacksod Bay und eine Eisdecke erstreckte sich von Belmullet bis Achill Island. In der höchsten Not folgte Fionula ihrer inneren Eingebung und stellte sich und die Brüder in den Schutz des »höchsten Gottes, der Himmel und Erde gemacht hat«, woraufsich der Frost legte und sie von da ab »weder Kälte noch Sturm noch schlechtes Wetter« mehr heimsuchte.

In Erris lernten die vier Schwäne einen jungen Bauern kennen, der durch ihr Singen auf die wunderbaren Vögel aufmerksam wurde. Sie erzählten ihm ihre Geschichte, die er natürlich nicht für sich behielt. So wurden die Schwäne wieder in ganz Irland bekannt.

Endlich war die Verbannung im Westen zu Ende. Die vier zog es mit allen Fasern nach Hause zum Síd Fionnachaid. Wie entsetzt waren sie aber, als sie die Stätte menschenleer und den Palast ihres Vaters zerfallen, von Nesseln überwuchert, wiederfanden. Ihrer Enttäuschung machten die Schwanengeschwister durch drei langgezogene Klagelaute Luft. Was diese Veränderungen bewirkt hatte, konnten sie nicht verstehen.

Blick von Belmullet, der Klostersiedlung St. Brendans, auf Inishglora (Co. Mayo).

Wie sich Fionula in traurigen Versen ausdrückte: »alle, die wir gekannt haben, sind tot, wir aber sind hier. Es ist seltsam.«

Am frühen Morgen verließen sie den Ort ihrer Kindheit wieder und suchten sich eine Bleibe auf der Belmullet vorgelagerten Insel Inishglora. Dort ließen sie sich auf einem kleinen See nieder. Ihr Gesang lockte Vögel aus allen Himmelsrichtungen an, so daß sie sich, wie ehemals die Menschen um Lough Derravaragh, in Schwärmen darum versammelten. Seither heißt er »Loch na hÉn«, »See der Vögel«. Alle Gefiederten mußten sich jedoch tagsüber ihre Nahrung an der Küste entlang suchen, auf der Nachbarinsel Inishkea, »wo der einsame Kranich«, eines der Wunder des alten Irland, lebte, auf Achill, oder noch weiter südlich, auf **Teach Duinn**, am äußersten Ende der Kenmare Bay, dort wo **Donn** seine Anderwseltwohnung hat. Alle, auch die Schwäne, kehrten abends nach Inishglora zurück.

Einst wurden die vier Kinder Lirs nach verspäteter Rückkehr noch vor Tagesanbruch aus dem Schlaf gerissen: fremd klang das Geläut eines Glöckchens durch die Stille. In ihrer Abwesenheit hatte St. Mochaemóg, ein christlicher Mönch, den das Schicksal der Schwanenkinder dauerte, ein Hüttchen gebaut, und sang nun die erste Morgenmesse auf der Insel.

Erst fürchteten sich die Schwäne vor dem »dünnen Ton«, aber der Heilige sprach begütigend auf sie ein, bis sie ihm Ihr Vertrauen schenkten. Sie wurden Freunde und sie baten ihn, sie im christlichen Glauben zu unterweisen. St. Mochaemóg machte für sie zwei feine, glitzernde Silberkettchen, mit denen er Fionula und Aedh, Conn und Fiachra verband, so daß sie nie wieder getrennt sein sollten. Die großen, weißen Wasservögel waren beständig um den Menschen und nachts schliefen sie in des Einsiedlers Hütte.

Zu diesem Zeitpunkt erfüllte sich Aoifes letzte Prophezeiung: **Largnen**, der Prinz vom Norden, heiratete Decca, die Prinzessin vom Süden. Sie hatte von den wunderbaren Schwänen gehört und verlangte sie nun als Brautpreis. St. Mochaemóg weigerte sich jedoch, seine Schützlinge auszuliefern und blieb bei seinem Entschluß, auch als der junge König wutentbrannt selbst auf Inishglora auftauchte. Der Einsiedler hatte die vier Kinder Lirs um den Altar seines Kirchleins versammelt, aber Largnen kümmerte sich keinen Deut um den kirchlichen Schutz, packte die erschrockenen, sich sträubenden Vögel an den Silberketten und schleppte sie davon. Umgehend bemerkte er, daß er sich im wahrsten Sinne des Wortes vergriffen hatte: das Gefieder fiel von den Gefangenen herunter und statt der vier schneeweißen Schwäne bot sich dem entsetzten König der Anblick von drei uralten, verschrumpelten Greisen und einer hinfälligen, ausgemergelten Alten. Wie von Furien verfolgt hetzte der unfreiwillige Entzauberer davon.

Fionula fühlte den Tod nahen und auf ihre Bitte taufte der Heilige die Geschwister, bevor sie alle vier verschieden. Er begrub sie in derselben Stellung, in der sie so oft den Winterstürmen getrotzt hatten: Conn zu Fionulas Rechten, Fiachra zur Linken, Aedh vor seiner Schwester. Und obwohl St. Mochaemóg sie zum Himmel aufsteigen sah, war er betrübt über den Verlust seiner Freunde und trauerte dem kurzen Glück mit ihnen nach.

Schließlich schüttete er einen großen, schönen Grabhügel über ihnen auf und setzte einen Stein darauf. Darauf schrieb er die Namen der Kinder Lirs in *Ogham*-Schrift.

# Die Entstehung von Lough Neagh

Die Landkarte weist **Lough Neagh** als größten See der britischen Inseln aus, *in natura* ist es jedoch nicht so leicht, sich davon zu überzeugen, denn er liegt so flach in der Ebene, daß nur etwa ein halbes Dutzend Punkte am Uferrand eine ausgedehnte Sicht gestatten, ganz abgesehen davon, daß Schilf auf weite Strecken den Blick auf die Wasserfläche versperrt.

Den besten Überblick genießt man beim Landen oder Abheben vom Belfaster Flughafen Aldergrove aus. Bei den in allen Blautönen spielenden Wassermassen fragt man sich unwillkürlich, wie dieser See überhaupt an diese Stelle kommt. Wir heutigen sind nicht die ersten, die diese Frage stellen – bereits das Buch *Lebor na hUidre* weiß Antwort darauf in Form der Sage »Die Zerstörung von Eochaid mac Maireadha«, die nun gewöhnlich unter dem obigen, einfacheren Titel erscheint. Diese Erzählung ist ein gutes Beispiel für das Ineinandergreifen von vorchristlichen und christlichen Vorstellungen.

Der König von **Munster**, Mairidh, besaß zwei gänzlich ungleiche Söhne, den bedächtigen **Ríb** und den Draufgänger **Eochaid**. Wegen unüberlegter Handlungen war dieser schon öfter mit dem Vater zusammengestoßen. Jetzt hatte er sich überdies in seine schöne, junge Stiefmutter, **Eibhlin**, verliebt. Sie war eine Ziehtochter von **Oengus** vom **Bruig na Bóinne**, und sie verlieh ihren Namen der Bergkette, **Slieve Felim**, Sliabh Eibhlinne, bei Tipperary. Heimlich beschloß Eochaid auszuwandern und sein Glück anderswo zu suchen. Ihres alten Gatten überdrüssig hatte Eibhlin nichts dagegen, sich von dem jungen Prinzen entführen zu lassen. Nur Ríb war gegen den Plan, aber als er den Auszug dem Bruder, trotz kluger Verzögerungstaktik, nicht auszureden vermochte, gab er schließlich nach und schloß sich mit seinen Leuten, tausend Mann mit Frau und Kind, den Ausreißern an. Auf der Höhe von **Athlone** bestimmten jedoch die **Druiden**, daß die Brüder getrennter Wege zu gehen hätten, worauf sich Ríbs Schar Shannonaufwärts bewegte. Ihr erstes Lager wurde nächtlicherweile von einer hervorbrechenden Quelle überschwemmt, so daß Ríb mit all seinen Getreuen ertrank und ein See entstand. Er heißt **Lough Ree** nach dem Anführer Ríb.

Eochaid zog mit den Seinen bis zum Bruig na Bóinne, wo sie erschöpft vor Oengus Palast lagerten. Sie schliefen so fest, daß sie erst am Morgen bemerkten, daß ein Unbekannter alle ihre Pferde getötet hatte. (Nach einer Version war es ein Agent des Vaters.) Damit saß der Zug fest, aber Oengus wußte Rat. Er führte ihnen ein riesenhaftes, vollständig aufgezäumtes, magisches Pferd zu, das mühelos ihre Bündel und Ballen, nebst den müden Wanderern, tragen konnte. Eine Bedingung war allerdings daran geknüpft: das gewaltige Tier mußte immer in Bewegung gehalten werden, stände es still, wäre das ihr Tod.

Als sie zur »Ebene der grauen Leiche«, ein gutes Stück weiter nördlich, kamen, beschlossen sie, sich da niederzulassen. Glücklich, die beschwerliche Reise hinter sich gebracht zu haben, achtete niemand mehr auf das Zauberpferd. Prompt blieb es stehen. Nach der, möglicherweise von den Mönchen bereinigten Fassung, entsprang unter seinem mächtigen Huf eine Quelle, nach der wohl ursprünglichen Fassung ließ es in einem solchen Sturzbach Wasser, daß eine Quelle hochschoß. Wie dem auch sei, Eochaid, der offensichtlich schneller reagierte als sein Bruder Ríb, behielt die Lage vorerst in der Hand, indem er rasch ein Brunnenhaus bauen und mit einem Deckel verschließen ließ. Er stellte eine Wächterin an, nach einer Version seine eigene Tochter, **Lí Ban**, die das unruhige Wasser Tag und Nacht zu bewachen und besonders darauf zu achten hatte, daß das Brunnenhaus nach jedem Wasserholen verschlossen wurde. Einst, erschöpft vom unablässigen Wachen, vergaß sie es, und das Wasser flutete unaufhaltsam über die Ebene, bis Lough Neagh, »Eochaids Lough, Lough Necca«, entstanden war. Außer Lí Ban überlebte niemand die Überschwemmung. Ein Jahr lang blieb sie wunderbarerweise mit ihrem Schoßhund unter den Wellen sitzen. Schließlich wurde ihr die Zeit lang und sie wünschte sich, ein getupfter, beweglicher Lachs zu sein. Darauf wuchs ihr ein Fischschwanz – sie war zur Meerjungfrau geworden – und ihr Hündchen wurde zum »cú uisce«, dem »Wasserhund«, d. h. einem Otter. Solchergestalt ließen sie sich vergnügt durch die flaschengrünen Wellen treiben und fanden den Weg ins offene Meer. 300 Jahre lang wurden sie dieses Lebens nicht müde und der Otter begleitete Lí Ban wo immer sie sich auch hinwandte.

In dieser Zeitspanne hatte sich das Christentum in Irland fest verankert. Klöster waren entstanden, wie zum Beispiel **Bangor**, nordöstlich von Belfast. Dessen Abt, St. Comgall, unterhielt eine rege Beziehung zum Festland und schickte eben den Mönch, St. Beoc, als Boten nach Rom. So kam es, daß dieser, irgendwo in der irischen See, der singenden Meerjungfrau begegnete. Es entspann sich ein Dialog über das woher und wohin der beiden, in dem sich aber auch herausstellte, daß Lí Ban auf den Heiligen gewartet hatte. Er sollte sie, über Jahr und Tag, in Inver Ollarba, dem heutigen **Larne**, wiedersehen und aus dem Wasser heben.

Karte zur Geschichte:
»Die Entstehung von Lough Neagh«

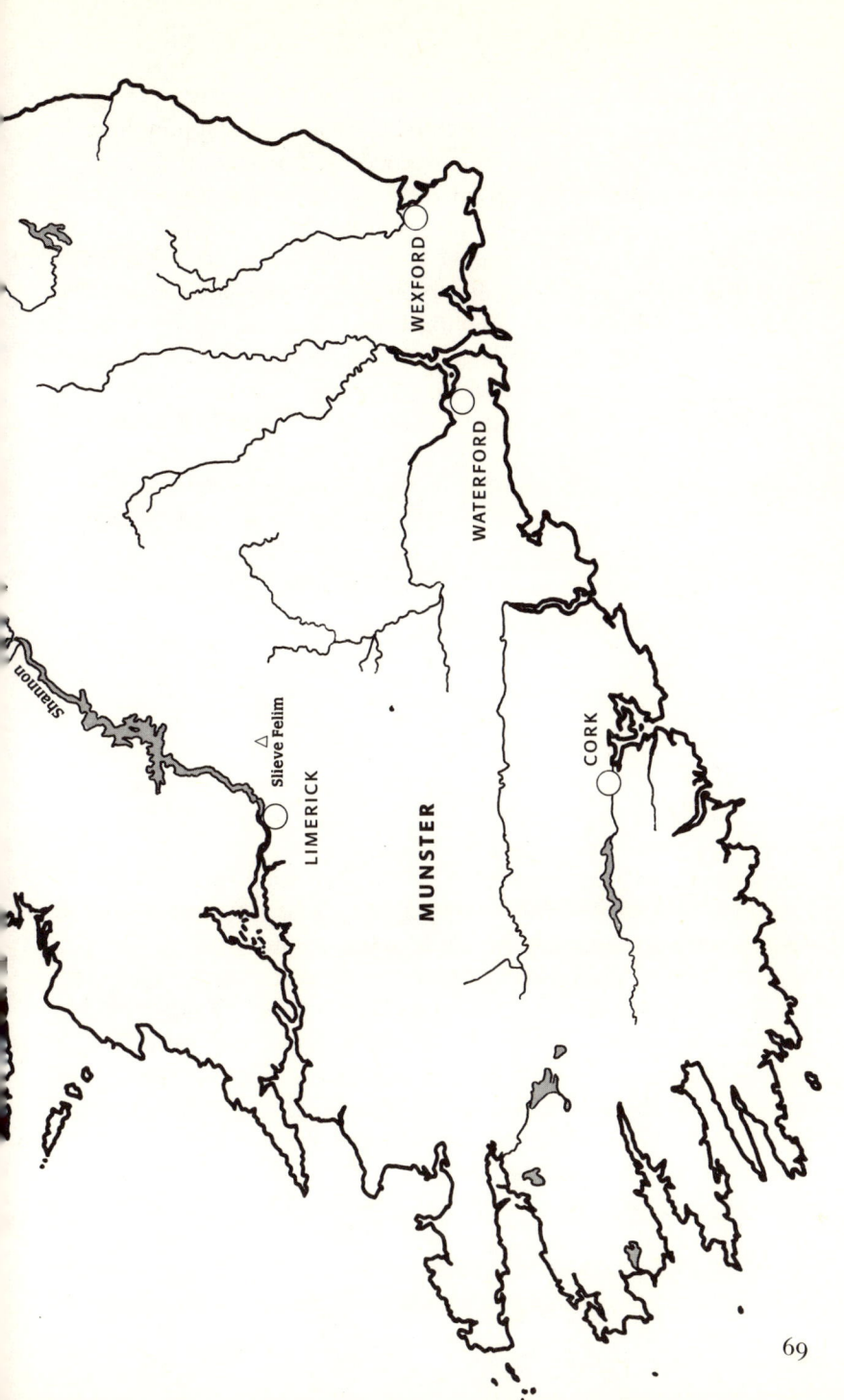

Im Gegenzug bat er sie darum, dereinst im selben Grab mit ihr ruhen zu dürfen.

Übers Jahr zogen der Abt und die Mönche von Bangor nach Larne und einer der Mönche, Fergus, fischte Lí Ban aus der Flußmündung. Es fehlte nicht viel und es wäre zum Streit gekommen über die Frage, wem die Seejungfrau gehören solle, zumal der Abt darauf pochte, daß sie aus seinem Territorium komme, Fergus betonte, er habe sie aus dem Wasser gehoben und Beoc daran erinnerte, was sie ihm versprochen hatte. Nach langem Fasten und Beten gab ihnen ein Engel den Rat, auf zwei Hirsche zu achten, die dem Grabhügel von Lí Bans Schwester Airiu entsteigen würden. Vor einen Wagen gespannt würden sie Lí Ban an den vorbestimmten Ort und damit zum rechtmäßigen Besitzer bringen. Das geschah und die Hirsche trabten auf direktem Weg zu St. Beocs Kirchlein. Der Heilige stellte die Meerjungfrau vor die Wahl, entweder gleich nach der Taufe zu sterben und in den Himmel zu kommen oder weitere 300 Jahre auf Erden zu weilen und danach die ewige Seligkeit zu erlangen. Lí Ban zog vor, sogleich zu sterben, und erhielt in der Taufe den Namen »Murgen«, das heißt »die Seegeborene«. Seither ist manches Wunder durch sie gewirkt worden.

## Conles Abenteuer
### *Echtra Conli*

»Abenteuer«, im modernen Irisch »eachtra«, hatte im alten Irland eine ganz bestimmte Bedeutung: eine Erzählung, bei der die **Anderswelt** als Gefilde immerwährender Seligkeit im Mittelpunkt steht, ein echt mythologisches Motiv. Die Sage von **Conle** dürfte im 8. Jh. niedergeschrieben worden sein und wurde ins *Lebor na hUidre* aufgenommen. Conle ist der Überlieferung nach einer der Söhne von **Conn** »der hundert Schlachten« von **Tara**, dem Ahnherrn der Connaughter, der laut Annalen im 2. Jh. n. Chr. lebte und von 123 bis 158 regierte. Conles Bruder **Art** bekam den Zunamen »der Einzige«, nachdem ihn die Schöne aus der Anderswelt entführt hatte.

Conn und Conle, Vater und Sohn, standen einst auf dem Hügel von **Uisnech**, als der junge Mann plötzlich eine wunderschöne, prächtig gewandete Frau auf sich zuschreiten sah. Er wollte wissen, woher sie komme, worauf sie als ihre Heimat Tír na mBéo, das »Land der Lebenden« nannte, das Land, in dem es »weder Alter noch Tod, Sünde noch Untat gibt«. Streit und Zwietracht kenne man dort auch nicht, immerfort währe dort Frieden. Der König war tief beunruhigt. Für alle, außer seinen Sohn, war die Sprecherin unsichtbar. Er verlangte von ihm Auskunft, wer sie denn sei. An des Prinzen Stelle antwortete die melodische Stimme, er spreche mit einer hochgeborenen, schönen jungen Frau, die weder Alter noch Tod unterworfen sei. Sie habe sich in Conle verliebt und wolle ihn mit sich nehmen. Dann nahm sie ihr Gespräch mit dem jungen Mann wieder auf und bat ihn, sie in ihre Heimat zu begleiten. Käme er mit, nie würde er seine Jugendfrische verlieren, nie würden ihn Spuren des Alters zeichnen.

Die körperlose, schmeichelnde Frauenstimme verunsicherte den Vater zutiefst. Er hieß seinen Druiden, Corán, mit Zaubergesängen dagegen angehen. Die Unsterbliche verschwand darauf tatsächlich, nicht jedoch ohne Conle einen Apfel aus der Anderswelt zuzuwerfen.

Einen Monat lang blieb dieser des Prinzen einzige Nahrung, er wurde dabei aber nicht kleiner, sondern blieb rund und glänzend, wie am ersten Tag. Der Gedanke an die schöne Andersweltfrau beherrschte Conle Tag und Nacht.

Wiederum einen Monat später kam sie, auf der Ebene am Meer, auf ihn zu und lud ihn erneut ins Land der ewigen Jugend ein – er solle dort König werden. In Panik ließ Conn den Druiden rufen, aber die Schöne warnte ihn, daß die Zeit der Druiden abgelaufen sei und ein anderer kommen werde, um Recht zu sprechen.

Dem König war nicht entgangen, daß sein Sohn unansprechbar war, solange er die Stimme der Geliebten vernahm. Sobald sie verstummte, fragte er, voll banger Ahnung, welche Wirkung die Lockung aus der Anderswelt auf ihn habe. Conle fühlte sich hin- und hergerissen. Er liebte die Heimat, sein Volk und seine Familie. Andererseits konnte er der Stimme nicht widerstehen. Die Sehnsucht nach der schönen Unsterblichen überwog jedoch, nachdem sie ihm in einem bilderreichen Gesang die Freuden der Anderswelt nocheinmal geschildert hatte: eine Insel im Westen, im Sonnenuntergang, ein Land des immerwährenden Sommers, voller schattiger Täler, heller Bäche, grüner Ebenen und wohin man blicke schöne Frauen und anmutige Mädchen – das Land der ewigen Jugend, der Liebe und der Wahrheit.

Begeistert sprang Conle mit einem Satz in das gläserne Boot seiner Andersweltgeliebten und ruderte mit ihr aufs Meer hinaus, dem Lande, »welches das Gemüt eines jeden, der dahin geht, entzückt«. Seither hat die beiden niemand jemals wieder gesehen.

Karte zur Geschichte:
»Conles Abenteuer«

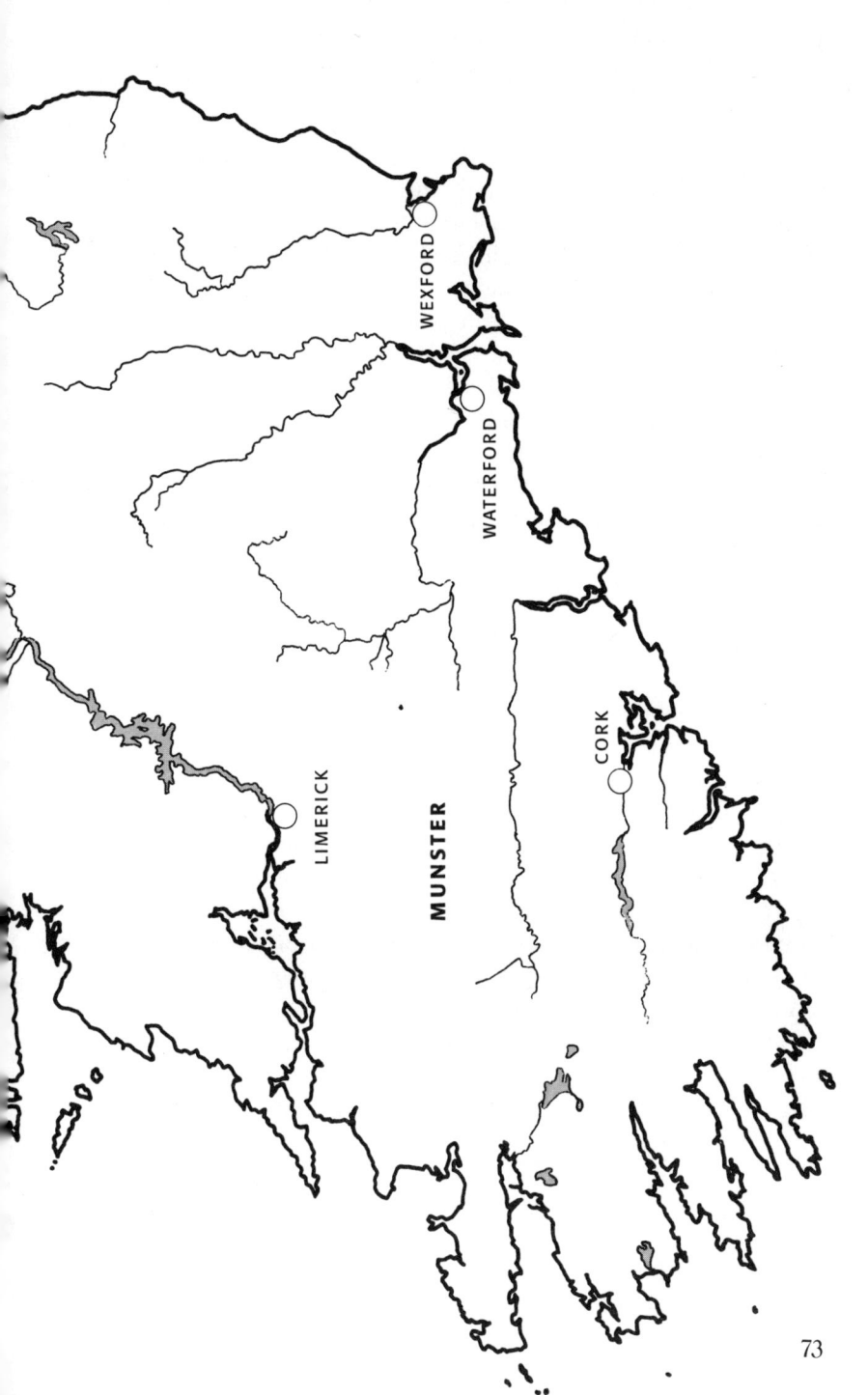

# Die Geschichte von Mac Da Thós Schwein
## *Scél Mucce Maic Dathó*

Vor einiger Zeit hat *An Gum*, Irlands staatlich unerstützter Verlag zur Verbreitung irischsprachiger Literatur, die Geschichte von *Mac Da Thós Schwein* in einem von einem Kenner der keltischen Verhältnisse pfiffig illustrierten Kinderbuch herausgegeben – meines Wissens die jüngste Version dieser Geschichte, die damit seit rund 1200 Jahren in dieser Sprache schriftliche Verbreitung gefunden hat (ganz abgesehen davon, daß sie im Internet ist). Die Vorstellungen, die Sitten und Bräuche darin, sind jedoch um vieles älter. Die Geschichte spiegelt die Kultur der eisenzeitlichen Kelten wider und war, wenn auch vielleicht nur in Episoden, jahrhundertelang mündlich im Umlauf. Zwei solcher Elemente lassen sich ganz konkret festmachen, da klassische Autoren sie bereits als eine Besonderheit der »galli«, der Festlandkelten schildern. Dabei spielt es keine Rolle, ob die Erzählung in der jetzigen Form als Satire auf den *Táin* zusammengestellt wurde, wie einige jüngere Forscher vermuten, oder als spannende Erzählung aus der heroischen Zeit betrachtet werden darf, wie es ältere Kritiker befürworten.

Der Motor des Ganzen ist der Streit um *curad-mír*, den Heldenanteil, d.h. das beste Stück Braten, womit der größte Held bei einem Gastmahl ausgezeichnet und von allen Anwesenden anerkannt wurde.

Klassische Schriftsteller wie Poseidonius oder Diodorus Siculus beschreiben die Feuerstellen in einer Bankettalle, die großen Kessel zum Fleischsieden, die Spieße mit den mächtigen Bratenstücken und kommen auch auf das Benehmen der Gäste zu sprechen: sie machen sich gegenseitig das Recht auf *curad-mír* streitig, indem sie ihre eigene Tapferkeit herausstreichen und den Gegner ins Lächerliche ziehen. Ist mit einem Wortgefecht nichts zu erreichen, fordern sie sich zum Zweikampf heraus – nach Athenaeus »früher« ein Kampf auf Leben und Tod.

Der zweite Berührungspunkt mit den Festlandkelten ist die eingehende Beschäftigung mit dem Kopf des gefallenen Feindes. Nach einer ganzen Reihe festländischer, antiker Berichterstatter waren die Kelten überzeugte Kopfjäger – der Kopf wurde als Sitz des Unsterblichen im Menschen verstanden. Daher schläft ein **Conall Cernach** keine Nacht ohne den Kopf eines Connaughters unterm Knie.

Die politischen Querelen, die dynastische Propaganda, hier will sich offensichtlich **Leinster** auf Kosten von **Connaught** und **Ulster** profilieren, sind dem heutigen Leser wohl eher nebensächlich, dafür dürfte ihn das uralte, zeitlose, ach so menschliche Motiv von den zweien, die sich streiten und dem Dritten, der sich freut, umso mehr unterhalten.

**Mac Da Thó**, der König von Leinster, besaß einen fabelhaften, in ganz Irland berühmtgewordenen Hund namens **Ailbhe**. Dieser schützte seine Ländereien ohne jede weitere Hilfe, wie der sagenhafte Hund von **Culann**, dem Schmied, der **Cúchulainn** zum Namen verhalf. **Ailill** und **Medb**, aber auch **Conchobar** hatten ein Auge auf das Wundertier geworfen, und der Zufall wollte, daß die königlichen Boten von Connaught und Ulster gleichzeitig im *bruiden*, der Gästehalle von Leinster, eintrafen, um den Hund als Geschenk für den jeweiligen König zu erbitten. Sieben Türen führten in diese Halle, sieben Feuerstellen mit sieben riesigen Fleischsiedekesseln befanden sich darin, nebst bequemen Ruhebetten für die Gäste. Die Abgesandten wurden nacheinander Mac Da Thó vorgeführt, um ihre diplomatische Mission zu erfüllen. Fürstliche Geschenke sollte der König von Leinster erhalten, falls er den Hund Ailill und Medb gäbe, 160 Milchkühe und einen Streitwagen mit den besten Pferden Connaughts, falls Conchobar ihn erhielte, jetzt gleich Juwelen und Vieh »und noch einmal so viel davon am Jahresende«. Damit sah sich Mac Da Thó vor ein Problem gestellt, dem er nicht gewachsen war, konnte er es sich doch nicht leisten, aus Furcht vor deren Rache, einen der beiden Großen vor den Kopf zu stoßen.

Mac Da Thó versank in tiefer Depression. Er sprach nicht mehr, er nahm weder Speise noch Trank zu sich. Nachts wälzte er sich schlaflos auf seinem Lager. Zwei Tage und zwei Nächte sah sich seine Frau das schweigend mit an, dann wollte sie wissen, was ihren Gemahl so belaste. Der gequälte Ehemann erinnerte sich zwar der weisen Worte des Hochkönigs **Crimthan** von **Howth**, einer Frau niemals ein Geheimnis anzuvertrauen, und kleidete diese Erkenntnis auch in ein Gedicht, war aber erleichtert, daß er ihr seine aussichtslose Lage schildern konnte. Sie aber wußte Rat. Warum verspreche er nicht beiden Parteien den Hund, die könnten sich dann um ihn schlagen! Mac Da Thó fühlte sich wie erlöst. Nacheinander, in geheimer Audienz, ließ er die beiden Boten wissen, daß Ailill und Medb beziehungsweise Conchobar den Hund erhalten sollten und daß er im Triumphzug abzuholen sei. Natürlich bestellte er den Hof beider Provinzen auf denselben Tag, zur selben Stunde, in seine Festhalle.

Wie dann die von Ulster und Connaught einander ansichtig wurden, waren die Mienen alles andere als heiter – seit »300 Jahren v. Chr.« waren die zwei Parteien miteinander verfeindet – auch wenn sich der Leinsterkönig in bester Gastgebermanier nicht genug über den Zufall

Karte zur Geschichte:
»Die Geschichte von Mac Da Thós Schwein«

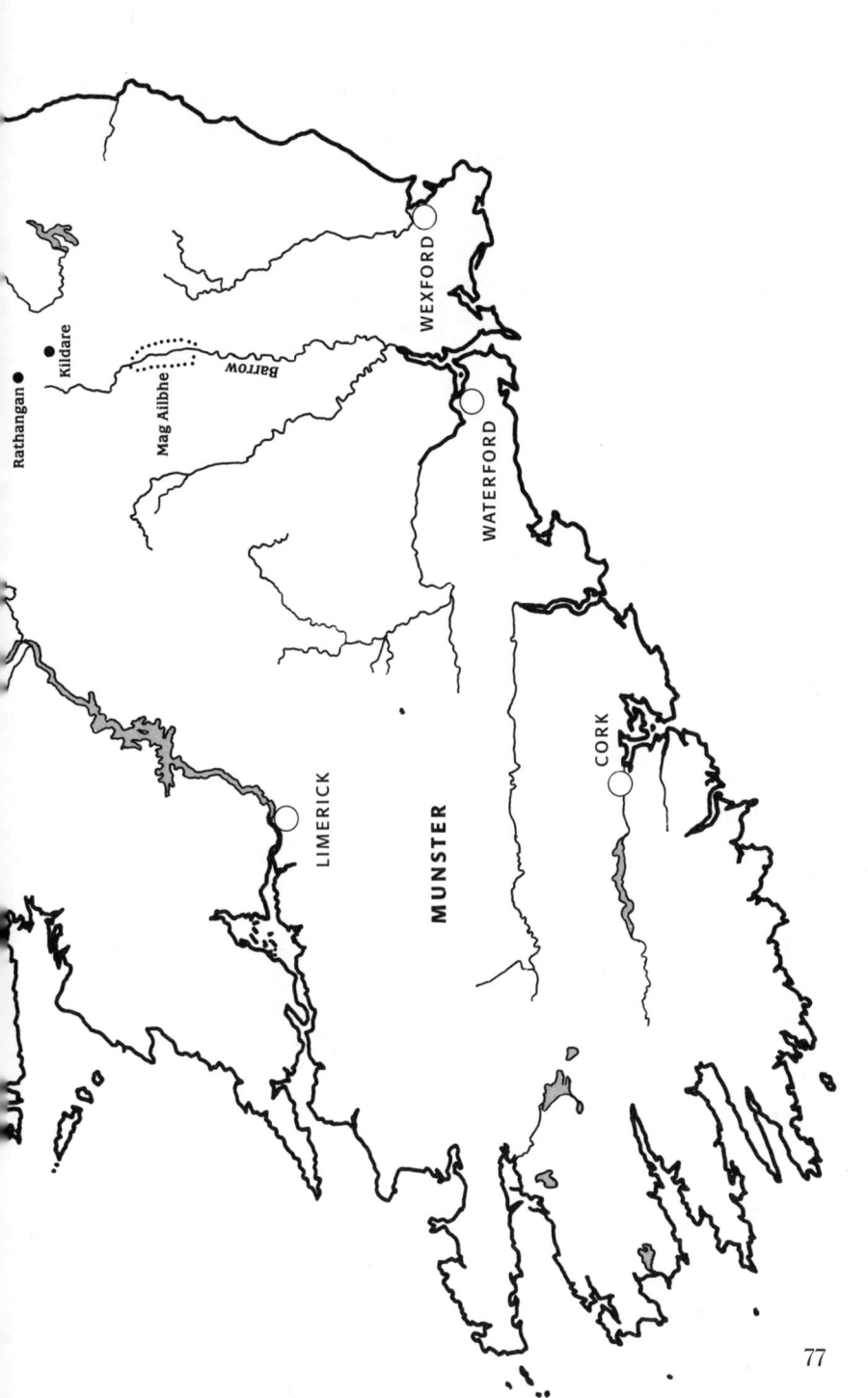

wundern konnte, daß sie gleichzeitig angerückt seien, und sie aufs freundlichste in seine Halle bat. Er setzte ihnen sein bereits legendäres Schwein vor – sieben Jahre war es mit der Milch von 60 Kühen großgezogen worden, »bis der Speck sechs Zoll auf seiner Schnauze stand«. **Bricriu** schlug scheinheilig vor, die Ehre des Zerlegens solle dem größten Helden teilwerden, wobei er doch genau wußte, daß die Meinungen darüber auseinandergingen. So überschrieen sich schon bald die Krieger beim Prahlen mit ihren Waffentaten. Als der gewaltige Connaughter **Cet mac Maghach** ostentativ seine Waffen höher hing als die der anderen und sich auf den Sitz des Zerlegers niederließ, wurden die Ulstermänner still. Cet hatte fast jeden der Anwesenden schon einmal in irgendeiner Weise geschädigt und beschämt: **Loegaire Buadach**, den »Siegreichen« hatte er einst mit dem Speer durchbohrt und ihm Wagen und Pferd abgenommen, Oengus Vater verlor durch ihn eine Hand, **Eogan** das eine Auge, der Vater von Menn eine Ferse, **Celtchair** machte sein Lanzenstoß zeugungsunfähig, Cúscraid zum Stammler und **Muinremor** erschlug er den Sohn. Die von Ulster sahen sich bereits geschlagen.

In dem Augenblick erschien Conall Cernach in der Halle: Cet und er begrüßten sich in Versen voller feindlicher Hochachtung vor den Heldentaten des anderen.

Wie Conall schwört, seit er waffenfähig sei, habe er keinen Tag verstreichen lassen, ohne einen Connaughter umzulegen, und keine Nacht, ohne mit dem Kopf eines solchen unter dem Knie zu schlafen, hat Cet dem nichts mehr entgegenzusetzen. Widerstrebend läßt er sich auf den zweiten Platz drängen und bedauert, daß Anlúa nicht im Hause sei, der hätte Conall schon den Meister gezeigt. Mit dem Ausruf »aber da ist er ja« zog Conall den abgeschlagenen Kopf des Genannten aus dem Gürtel und warf ihn Cet so wuchtig gegen die Brust, daß dieser Blut spuckte.

Conall zerteilte nun ungehindert das Schwein, zog den Fettschwanz, neun Männer hätten daran zu tragen gehabt, genüßlich ein, zerteilte für die Ulstermänner nach Rang und Stand und überließ den Connaughtern nur die Vorderfüße.

Auf diese Beleidigung hin ging der Kampf los und die Leichenhaufen türmten sich. Mac Da Thó ließ überdies den Hund Ailbhe von der Leine, da er neugierig war, für wen dieser Partei ergreifen würde. Ailbhe schlug sich auf die Seite von Ulster und verfolgte die Connaughter, die in wilden Haufen davonstoben. Im Tal des **Barrow** verbiß er sich in die Deichsel von Ailills und Medbs Wagen, worauf ihm der Wagenlenker Fer Loga den Kopf vom Rumpf trennte. Seither heißt die Ebene, durch die der

Fluß läuft, nach ihm **Mag Ailbhe**. Die Flucht der Connaughter verlief nach Norden, nach **Kildare** und über **Rathangan** nach Meath. Dort ließ sich Fer Loga ins Heidekraut fallen, schnellte aber im nächsten Augenblick dem sie verfolgenden König Conchobar hinten auf den Wagen und umklammerte dessen Kopf mit beiden Händen. Dieser mußte, um sein Leben zu retten, Fer Loga einen Wunsch erfüllen. Er wollte nach **Emain Macha** mitgenommen werden und alle unverheirateten Frauen und heiratsfähigen Mädchen dort sollten sich jede Nacht versammeln und ein Liebeslied mit den Worten »Fer Loga ist mein Geliebter« anstimmen.

Wie schmählich das ist, kann nur ermessen, wer in ***Conchobar*** den ehemaligen keltischen Vater- und Fruchtbarkeitsgott erkennt, der sogar noch in vermenschlichter, christianisierter Form, als König von **Ulster**, das Recht auf jede Frau in seinem Reich hatte...

Es ist begreiflich, das Conchobar seinen ungebetenen Gast übers Jahr mit Freuden wieder loswurde und ihn fürstlich beschenkt mit zwei Pferden mit goldenem Zaumzeug wieder nach Connaught zurückschickte.

# Das Abenteuer von Art, Sohn des Conn
## *Echtra Airt Maic Cuinn*

»Das Abenteuer von Art, Sohn des **Conn**«, aus dem *Buch von Fermoy*, dürfte im 13. Jh. entstanden sein. Der ursprüngliche Titel wird heute gern durch »Bécuma« oder »Die Geschichte Bécumas« ersetzt, nach der Heldin beziehungsweise Antiheldin, der schönen Ehebrecherin aus der **Anderswelt**. Es handelt sich um eine Episode aus dem Leben König Conns der hundert Schlachten von **Tara**, und zwangsläufig von dessen Sohn **Art**, dem Bruder **Conles**, der mit der Unsterblichen aus Tír na mBéo auf Nimmerwiedersehen verschwand.

So wie diese Geschichte überlebt hat ist sie reichlich kurios. Die **Tuatha Dé Danann** werfen eine *in flagranti* erwischte Ehebrecherin aus der Anderswelt hinaus und schicken sie nach Irland, »denn sie haßten die Iren, weil sie sie unter die grünen Hügel vertrieben hatten«. **Bécuma** ist überaus reizend, aber ein falsches, lüsternes, betrügerisches Geschöpf, dem es um ein Haar gelingt, Conns bis dahin untadelige Königsherrschaft ins Chaos zu stürzen und Art aus lauter Launenhaftigkeit zu verderben. Bécuma hat offensichtlich die ganze Wucht des christlich-

Karte zur Geschichte:
»Das Abenteuer von Art, Sohn des Conn«

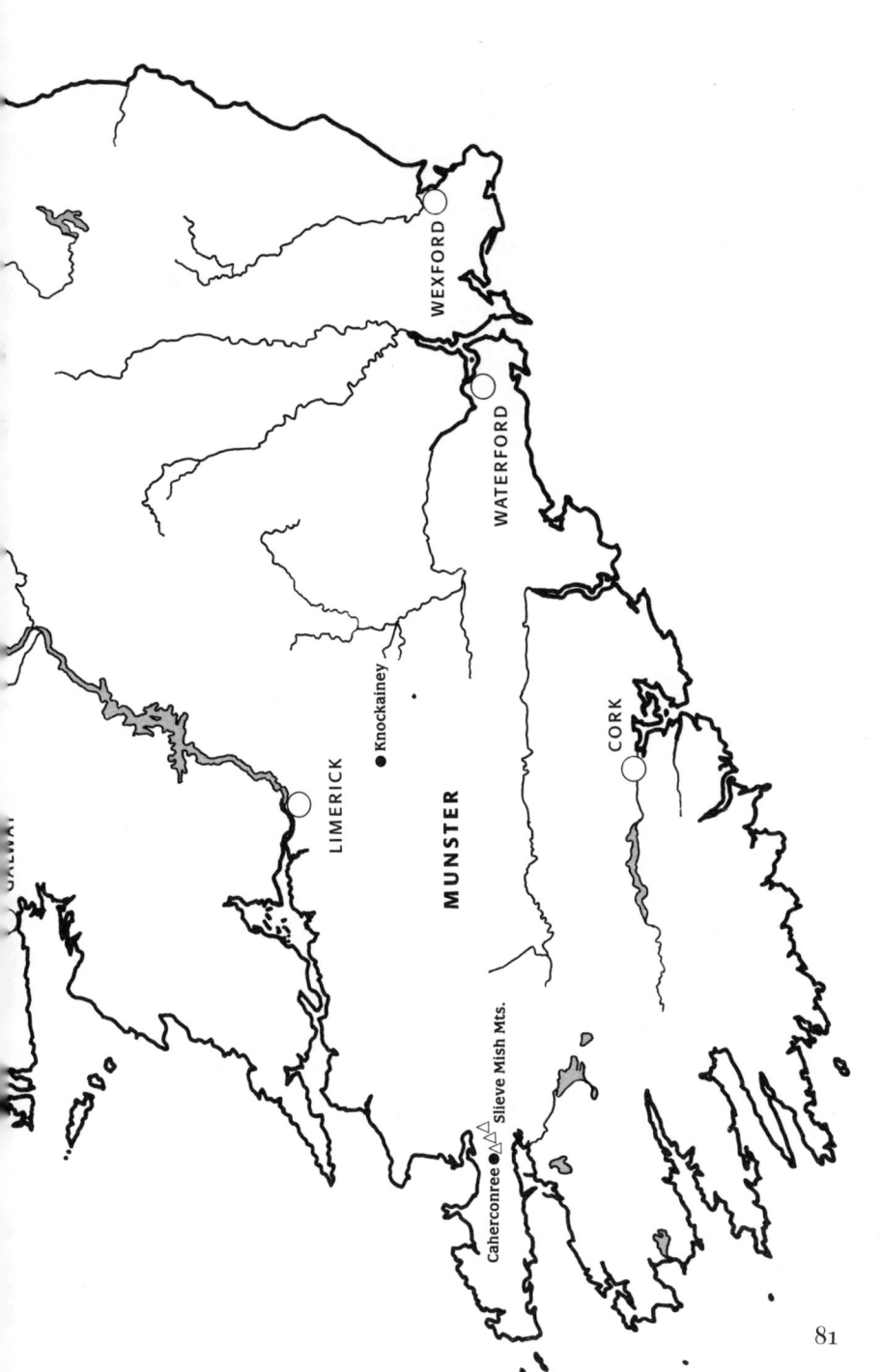

klösterlichen Mißtrauens der Frau gegenüber zu spüren bekommen, denn sie steht in einem auffallenden Gegensatz zu jenen außerhalb jeder Moral stehenden Vertreterinnen der Anderswelt, die in ewiger Glückseligkeit ihren Instinkten und Neigungen nachgehen und die Anderswelt als Land der Wahrheit, Gerechtigkeit und der sündenlosen Liebe preisen.

Widersprüche dieser Art können nicht ausbleiben, wenn mit christlich-alttestamentarischen Ethikvorstellungen an die keltische Sinnenfreude, die positive Haltung gegenüber Liebe und Sexualität angegangen wird, die in der Überzeugung verankert ist, daß die höchste göttliche Manifestation sich in der Fruchtbarkeit, in den Lebenskräften selbst, ausdrückt.

Immerhin bleibt dieser Erzählung ein grundlegend keltischer Zug: sie ist eine Fallstudie zur druidischen Lehre, daß die rechtmäßige Herrschaft, die den Einklang des Königs mit den göttlichen Mächten und den Lebensimpulsen sichert, nur auf der Basis von Wahrheit, Aufrichtigkeit und Gerechtigkeit aufrecht zu erhalten ist. Nicht nur muß der König körperlich makellos sein und es auch bleiben, sondern auch sein sittliches Verhalten darf von den festgelegten Wertvorstellungen nicht abweichen. Und all das gilt natürlich auch für diejenigen, mit denen er sich umgibt, besonders für seine Gattin.

Als Conn »der hundert Schlachten«, dem König von Tara, seine Gemahlin, Eithne, die Tochter des Königs von **Lochlainn**, durch den Tod entrissen wurde, zerfiel für ihn die Welt. Er begrub sie in allen Ehren in **Teltown**, aber die Trauer wich nicht von ihm. Als er seinen Hof um sich herum nicht mehr ertrug, begab er sich ganz allein zur Halbinsel **Howth**, um seinen Tränen freien Lauf zu lassen. Zur selben Zeit landete dort ein kleines Boot im Hafen. Bécuma, aus dem Volk der Tuatha Dé Danann, die Frau von Labraid »der die Hand schnell ans Schwert legt«, entstieg ihm. Sie war von den Ihren ausgestoßen worden, da sie des Ehebruchs mit dem Sohn von **Manannán mac Lir** überführt worden war. Bei ihrer Verurteilung waren Stimmen laut geworden, die verlangten, daß sie verbrannt werden solle, aber die Mehrzahl sprach sich dafür aus, sie in ein Schiffchen zu setzen und nach Irland zu schicken. Daß sie dort Unfug anrichten würde, war miteinkalkuliert, denn die Tuatha Dé Danann wollten den Iren heimzahlen, daß sie sie unter die grünen Hügel verbannt hatten.

Bécuma war keineswegs zerknirscht. Schon lange hatte sie sich, vom Hörensagen, in Art, Conns Sohn, verliebt. Die Reise nach Irland kam ihr gerade recht.

Conn traute seinen Augen nicht, als die junge Frau, »hellhäutig, goldgelbhaarig, mit schwarzen Augenbrauen, grauen Augen, schneeweißen Zähnen und dünnen, roten Lippen« sich ihm näherte. Sie stellte sich unter falschem Namen vor. Sie gab vor, **Delbchaem**, die Tochter Morgans aus der Anderswelt zu sein und begann ein vertrauliches Gespräch mit dem einsamen König. Von Anfang an ließ sie durchblikken, sie sei aus Liebe zu Art aus der Anderswelt hergekommen, wobei sie geschickt eine Konkurrenzsituation zwischen Vater und Sohn schuf. Diese ging zu Gunsten des Älteren auf Kosten des Jüngeren aus, denn Bécuma erklärte sich nur bereit, Conns Gattin zu werden unter der Bedingung, daß er Art auf ein Jahr von Tara verbanne.

Als der Vater mit der neuen Frau auf Tara ankam, spielte Art *fidchell*, Schach, mit dem **Druiden** seines Vaters. Dieser sagte ihm aus der Art und Weise seines Spiels die Verbannung voraus, und als ihn Conn darauf ansprach, verließ er den Palast, ohne ein Wort zu verlieren. Der ganze Hof war empört darüber, daß der Prinz der Stiefmutter wegen weggeschickt wurde. Auf Conns und Bécumas Verbindung lag kein Segen: ein Jahr lang gab es weder Milch noch Korn im Land. Die Druiden fanden heraus, daß Conns neue Frau den Fluch über Irland gebracht hatte. Allein das Blut des Sohnes eines sündenlosen Paares könne die Fruchtbarkeit des Landes wiederherstellen.

Conn machte sich auf die Suche nach dem Knaben. Er nahm den Weg über Howth, wo er Bécumas Boot fand. Anderthalb Monate trieb er von einer Insel zur anderen. Schließlich gelangte er zur Insel der Verheißung, Tír Tairngire, wo er die gesuchte Familie fand: die Königin **Rigrú** »mit den großen Augen«, ihren Gatten, Dáire, den Wunderbaren, und Ségda, den Sohn. In deren Haus wuschen unsichtbare, dienstbare Geister dem König die Füße, stellten erlesene Speisen vor ihn hin und drückten ihm ein gefülltes Trinkhorn in die Hand. Bevor er auf einem weichen Lager in tiefen Schlaf versank, bereiteten sie ihm ein Bad in einer kristallenen, goldbereiften Wanne. Die Mahlzeit am nächsten Tag nahm er mit dem Jungen ein, denn es war *geis* für Conn, alleine zu essen. Es fiel ihm schwer, dessen Eltern zu bitten, ihn als Opfer nach Tara mitnehmen zu dürfen. Sie schlugen es ihm zuerst auch rundweg ab: Ségda war ihr einziger, die Frucht der einzigen Nacht, die sie je miteinander verbracht hatten. Der Junge bestand jedoch darauf mitzugehen, denn man dürfe dem König von Irland keinen Wunsch abschlagen. Conn konnte den Eltern zwar Bürgen für die Sicherheit ihres Kindes bieten, aber nur solange er verhindern könne, daß ihm ein Leid geschehe.

Aber auch als die Druiden dem Kind aus der Anderswelt eröffneten, sein Blut solle die Erde Taras wiederbeleben, zeigte Ségda dieselbe Entschlossenheit. Im entscheidenden Augenblick bahnte sich eine Fremde einen Weg durch die Menschenmenge, die sich auf Tara um das Kind und die Druiden angesammelt hatte. Sie führte eine Kuh mit sich, die sie den Weisen mit Bestimmtheit als Ersatzopfer anbot. Es war Rigrú, die ihren Sohn zurückholte. Auf ihre Anordnung hin wurden die »Hauttaschen« an den Seiten des Opfertieres geöffnet, worauf ein ein- und ein zwölfbeiniger Vogel herausflogen. Sie bekämpften sich in den Lüften, bis der einbeinige siegte. Nach Rigrús Auslegung stand der zwölfbeinige für die Männer Irlands, der einbeinige für ihren Sohn. Er gewann, weil er, als unschuldiges Kind, das Recht auf seiner Seite hatte.

Bevor sie mit ihrem Sohn die Versammlung verließ, ermahnte die Königin vom Land der Verheißung Conn, von Bécuma zu lassen, und klärte die Anwesenden über deren wahre Identität und deren Vergehen auf. Solange diese Verbindung andaure werde Irland ein Drittel weniger Korn und Milch hervorbringen. Conn sah sein Fehlverhalten ein, vermochte aber nichts dagegen zu unternehmen.

Art war nun schon eine Weile zurück am Hof, wich aber der Stiefmutter aus. Schließlich verlangte sie, *fidchell* mit ihm zu spielen. Art gewann das erste Spiel und belegte die Frau seines Vaters mit dem *geis*, **Cú Roi mac Daires** Zauberstab herzubringen, mit dem er sich zum »Herrn der Welt« gemacht hatte. Die Answeltdame wußte, wo sich die nötigen Auskünfte für dieses Unterfangen finden ließen: sie ging von *síd* zu *síd*, vom **Bruig na Bóinne** bis **Knockainey**, um zu erfahren, wo sich der Zauberstab befand. Ihre Ziehschwester, *Áine*, die Königin der **Munster**-Feen, wies sie zu Cú Rois Festung, **Caherconree** in den **Slieve Mish Mountains** von Kerry, und tatsächlich brachte sie ihn von dort mit nach Tara.

Wiederum forderte sie Art zum Schach auf und diesmal gewann sie, aber auch nur, weil sie falsch spielte und irgendwelch lumpiges Feenvolk Spielfiguren für sie verschwinden ließ. Der Prinz bemerkte den Schwindel, aber er hielt sich an die Regeln und ließ sich durch sie das *geis* auferlegen, Morgans Tochter Delbchaem, eben jene, für die sie sich ausgegeben hatte, aus der Anderswelt zu holen.

Art fand in Inber Colptha, der **Boyne**-Mündung ein Boot und ließ sich, wie sein Vater, von Insel zu Insel treiben. Alle waren sie voller vielfarbener Vögel und blühender Apfelbäume, aber auf der größten wohnten auch Scharen schöner Frauen und junger Mädchen. Er war in Tír mBan gelandet. Sie hießen ihn liebreich willkommen. Die schönste von allen, Creide Fiarlainn, küßte ihn dreimal und schenkte ihm einen goldbestickten Mantel. Sie ging mit ihm die Strategie für seine Suche in allen Einzelheiten durch. Gewässer und dunkle Wälder lägen vor ihm, Seeungeheuer würden ihm auflauern und endlich würde ihn ein Bergpfad zu einem Haus führen, in dem ihn sieben Hexen mit einem Bad voll geschmolzenem Blei erwarteten. Morgans Sohn »Ailill mit den schwarzen Zähnen« ließe sich nur im Ringkampf überwinden, denn er sei gegen jede Waffe gefeit. Delbchaems zwei Hexenschwestern würden ihm einen Becher Wein und einen Becher Gift anbieten – er müsse den rechten wählen.

Delbchaems Mutter, Coinchenn, Hundskopf, sei von ihren Druiden gewarnt worden, sie müsse sterben, wenn ihre Tochter einen Freier erhöre. Um dem vorzubeugen habe sie alle umbringen lassen. Auf den bronzenen Zaunpfählen, die die Festung von Delbchaem umgeben, stäken die Köpfe dieser Unglücklichen, nur ein einziger sei noch nicht besetzt.

Wie zu erwarten überwindet Art alle Fährnisse nach dem Plan von Creide, erschlägt schließlich auch Morgan und am Ende ist es Coinchenns Kopf, der auf dem Art zugedachten Pfahl steckt.

Art gewann die schöne, tugendhafte Delbchaem zusammen mit der Andersweltinsel, dem Land der Wunder. Sein Schiff brachte sie beide zurück nach Howth. Da hieß Delbchaem ihren jungen Gatten, Tara aufzusuchen, um Bécuma fortzujagen. Statt ihrer zog Königin Delbchaem »Schöne Form« zum Segen aller in Tara ein.

# Neras Abenteuer
## *Echtra Nerai*

Diese Gespenstergeschichte, die im 8. Jh. aufgeschrieben und im 10. zu einer Vorgeschichte des *Táin* umgearbeitet wurde, dürfte auch heute noch ihre Wirkung nicht verloren haben, wenn sie im schwächerwerdenden Licht eines Spätherbstabends auf einem der Friedhöfe von **Rathcrogan** vorgelesen oder erzählt wird. **Neras** Abenteuer spielt zu *Samhain*, dem Ende des keltischen Jahreszeitenzyklus, das zugleich den Anfang in sich birgt: dazwischen liegt eine Nacht unbestimmbarer Zeit, Ewigkeit, in der sich die sinnliche und die übersinnliche Welt gegeneinander öffnen. Es ist die Nacht, in der Gespenster umgehen...

Der Hof von **Connaught** war hinter den schützenden Palastmauern von Rathcrogan ums Feuer versammelt, auf dem das Nachtmahl leise vor sich hinköchelte. Es würde nicht mehr lange dauern, bis das Essen fertig sein würde, da forderte König **Ailill** durch das Versprechen verlockender Geschenke seine Helden dazu heraus, auf dem Richtplatz einem am Vortag Gehängten einen Weidenring am Bein zu befestigen. Außer Nera, dem des Königs eigenes Schwert mit Goldknauf in Aussicht stand, stahlen sich alle so schnell als möglich wieder davon. Nera bereitete es einige Mühe, den Weidenring festzumachen. Wie er zum dritten Mal wieder absprang, machte ihn der Gehenkte darauf aufmerksam, daß eben ein tüchtiger Pflock durch die Schlaufen zu stecken sei. Für diesen guten Rat soll ihn Nera, auf dem Rücken, ins nächste Haus tragen. Ihn dürste, er sei ja bereits durstig gehenkt worden. Das erste Haus konnte das Gespenst nicht betreten. Es war von einem Feuergraben geschützt, da seine Bewohner allnächtlich das Herdfeuer sorgfältig zudeckten. Auch das zweite profitierte vom Abwehrzauber seiner Insassen. Ein Wassergraben umgab es, da in diesem Haus Schmutzwasser immer sofort weggegossen wurde. Im dritten, wo der volle Abwassereimer noch stand, kam das Gespenst mühelos hinein, trank, sprühte aber den letzten Schluck über die schlafende Familie. Dadurch würden deren Mitglieder nie mehr erwachen.

Nera brachte das Gespenst zum Galgen zurück. Auf dem Rückweg sah er plötzlich den Palast von Rathcrogan in hellen Flammen stehen, abgeschlagene Köpfe lagen herum und die Andersweltbewohner, die den Anschlag verübt hatten, zogen sich eben in die Höhle von Cruachan zurück. Auch Nera drängte sich durch **Oweynagat**. Der Feenkönig nahm ihn auf und quartierte ihn bei einer Witwe ein, die für ihn sorgen sollte. Als Gegenleistung brauche er nur täglich eine Ladung Brennholz in seinen Palast zu bringen. Mit der Feenfrau verstand sich Nera auf Anhieb so gut, daß er sie heimlich heiratete.

Auf seinem täglichen Gang kam er an einem Blinden vorbei, der einen Lahmen zur Quelle trug, und hörte jedes Mal die Frage: »Ist sie noch da?«, die unweigerlich mit »Ja, gewiß« beantwortet wurde. Neras Frau deutete ihm, was ihm unverständlich war. Es handelte sich um zwei königliche Kontrolleure, die sich vergewissern mußten, ob das Golddiadem des Königs noch in der Quelle liege. Weiterhin klärte sie ihn auf, daß die Zerstörung von **Ailills** und **Medbs** Palast in Wirklichkeit noch gar nicht stattgefunden habe, sondern als Vorschau auf kommenden *Samhain* zu verstehen sei. Das Ereignis werde stattfinden, falls er das königliche Paar nicht warne. Diesem sei vorausbestimmt, den Feenhügel zu zerstören und das Diadem zu erbeuten. In diesem Jahr werde sie ihm einen Sohn schenken, und er möge sie doch vor dem Angriff der Menschen rechtzeitig warnen, damit sie sein Vieh und das Gesinde retten könne. Auch wenn ihm schiene, daß schon drei Tage vergangen seien, die von Rathcrogan säßen noch immer um ihren Kessel und warteten auf das Nachtmahl. Medb und Ailill solle er zur Bestätigung seiner Geschichte Lauch, Schlüssel- und Butterblumen aus dem *síd* mitbringen.

Wie Nera zurückkehrte, war alles, wie es die Andersweltfrau beschrieben hatte – nichteinmal der Kessel war vom Feuer genommen worden. Nera erzählte sein Abenteuer dem versammelten Hof und Ailill gab ihm das versprochene Schwert. Übers Jahr wollen sie sich den Feenhügel von Cruachan vornehmen.

Kurz vor dem folgenden Jahresende kehrte Nera zu seiner kleinen Familie in die **Anderswelt** zurück, trug auch wieder Holz für den Feenkönig, was ihm seine Frau unter dem Vorwand, er sei krank, während seiner Abwesenheit abgenommen hatte. Dafür sollte ihr Mann nun einmal selbst seine Kühe hüten, von denen die Feenfrau eine dem Söhnchen Neras geschenkt hatte. Nera war auch willig, schlief aber dabei ein, so daß die Göttin **Morrígan** eine Kuh, ausgerechnet diese, wegtreiben konnte. Sie brachte sie mit dem **Donn** von **Cooley** zusammen. Abends, Nera hatte eben seiner Nachlässigkeit wegen allerhand zu hören bekommen, kam sie trächtig zurück. Sie brachte ein Stierkalb zur Welt, das mit Ailills Stier **Finnbennach** anbändelte und dabei zugrunde ging. Bevor es starb, brüllte es noch einmal laut auf und Medb wollte wissen, was das zu bedeuten habe. Ihr Hirte übersetzte, was Donns Sprößling sagen wollte: wäre sein Vater anwesend gewesen, er hätte Finnbennach das Laufen gelehrt und ihn über die ganze Ebene von Cruachan gejagt.

Karte zur Geschichte:
»Neras Abenteuer«

Medb war nun so erpicht darauf, die beiden Superstiere miteinander kämpfen zu sehen, daß sie schwor, »bei den Göttern, bei denen ihr Stamm schwor«, bis zu dem Zeitpunkt »weder auf Flaum noch Polster zu schlafen«, ihre Kosmetik zu vernachlässigen und keine alkoholischen Getränke zu sich zu nehmen.

Zu *Samhain* plünderten und zerstörten König und Königin von Connaught den Feenhügel von Cruachan und erbeuteten das Diadem, wie es vorausgesagt worden war. Zuvor jedoch hatte sich Nera mit seiner Familie, seinem Haushalt und seinem Vieh in Sicherheit gebracht. Er hätte zu den Menschen zurückkehren können, blieb aber in der Anderswelt – er hatte dort eine Heimat gefunden.

## Bricrius Bankett
### *Fled Bricrenn*

»Bricrius Bankett« gehört noch heute zum Grundstock irischer Sagensammlungen. Diese Popularität hat sicher damit zu tun, daß die Geschichte, in Thurneysens Worten, »flott geschrieben« ist, aber auch damit, daß dieses Portrait der keltischen Kriegeraristokratie so schön menschelt, worüber gelacht werden darf. Die Erzählung wurde im 8. Jh. zu Pergament gebracht, schildert jedoch um 1000 bis 1200 Jahre ältere Sitten, wie sie bereits bei den Festlandkelten beobachtet worden waren.

Die älteste erhaltene Abschrift gehört zum *Lebor na hUidre*. Die ernsthafte Seite der Erzählung befaßt sich mit der Bestimmung von dem, was Heldentum zu sein hat, und weist auf die hochentwickelte Moral dieser heroischen Gesellschaft hin: nicht dem Tapfersten, dem größten Haudegen, fällt automatisch der Ehrenplatz beziehungsweise *curad-mír*, der Heldenanteil, zu, sondern Tapferkeit muß sich mit Ehrenhaftigkeit verbinden: beides zusammen zeichnet den Helden aus.

Grundkeltisch ist die Wendung, daß es letztlich **Bricriu**, dem Unruhestifter, zu verdanken ist, daß der echte Held gefunden wird. Eigentlich gab er das Festmahl doch nur, um die soziale Ordnung durcheinander zu bringen, um die Männer und Frauen **Ulsters** so richtig gegeneinander aufzuhetzen. Aber wie, nach keltischer Auffassung, das Dunkel das Licht in die Welt setzt, so entläßt auch das Chaos die Ordnung. Kräfte, wie Bricriu, sind also dazu da, erstarrte Formen aufzubrechen und neue Entwicklungen einzuleiten.

Ein ganzes Jahr dauerten die Vorbereitungen zu einem Festmahl, zu dem Bricriu die Helden von Ulster einzuladen gedachte. In Dún Rudraige, dem heutigen **Dundrum**, erstellte er ein palastartiges Haus für seine Gäste, nach dem Modell von Craebrua in **Emain Macha** und Teach Miodhchuarta in **Tara**. Allein der kostbaren Baumaterialien wegen, Rotgold, Silber und Edelsteine, übertraf es die anderen Festhallen bei weitem. Für sich hatte Bricriu ein ebenfalls prächtiges *grianán*, ein Sonnenhaus mit gläsernen Fenstern, anbauen lassen. So konnte er von seinem Lager aus den Festsaal überschauen, denn ihm war bewußt, daß ihn die Ulsterkrieger beim Gastmahl nicht unter sich dulden würden, da sein Ruf als Friedensbrecher sattsam bekannt war. Nicht umsonst hieß er »Giftzunge«.

Die Ulstermänner zeigten nicht die geringste Lust, seiner Einladung Folge zu leisten. So setzte sie Bricriu massiv unter Druck: kämen sie nicht, würde er Zwist ins Land bringen, die Edlen gegen den König aufwiegeln, Sohn gegen Vater und Tochter gegen Mutter aufhetzen. Als dies noch immer keinen Eindruck auf die Ulstermänner machte, fand er eine Steigerung: Zwischen den beiden Brüsten einer jeden Ulsterfrau würde er Zwietracht säen, so daß sie sich gegenseitig zerschlügen und verfaulten. Da diese Drohung die Lebensgrundlage des ganzen Stammes traf, bequemten sich die Fürsten, aber nur unter der Bedingung, daß sich Bricriu verbürge, nach der zeremoniellen Eröffnung des Banketts, unter der Eskorte von acht bewaffneten Kriegern, die Festhalle zu verlassen. Bricriu ging bereitwillig darauf ein – er hatte bereits einen Plan gefaßt, wie er die Helden trotzdem gegeneinander aufbringen könnte.

Der Zug der Ulsterhelden war noch nicht vollständig in Dún Rudraige angekommen, da nahm Bricriu **Loegaire** schon zur Seite und begrüßte ihn in den feinsten rhetorischen Wendungen als den größten unter ihnen, dem von Rechts wegen der Heldenanteil von Emain Macha zustünde. Gewänne er das Heldenstück seines Hauses, so fiele ihm auch dasjenige der Provinz zu. Das seinige sei auch nicht schlecht: ein Kessel, so groß, daß drei Ulsterkrieger darin aufrecht stehen könnten, voll unverdünntem Wein, einen siebenjährigen Eber und eine ebenso alte Kuh, die zeitlebens nur mit den besten Ingredienzen gefüttert worden seien, dazu 100 in Honig gebackene Kuchenbrote. Sein Wagenlenker solle nur *curad-mír* für ihn fordern – ihm würde es gewiß nicht verwehrt. Nach soviel Schmeichelei war Loegaire von seinen überragenden Fähigkeiten überzeugt, **Conall Cernach** und **Cúchulainn** jedoch nicht minder, nachdem sie die gleiche Behandlung von Bricriu erfahren und noch höhere Lobeshymnen zu hören bekommen hatten. Wie aus-

Karte zur Geschichte:
»Bricrius Bankett«

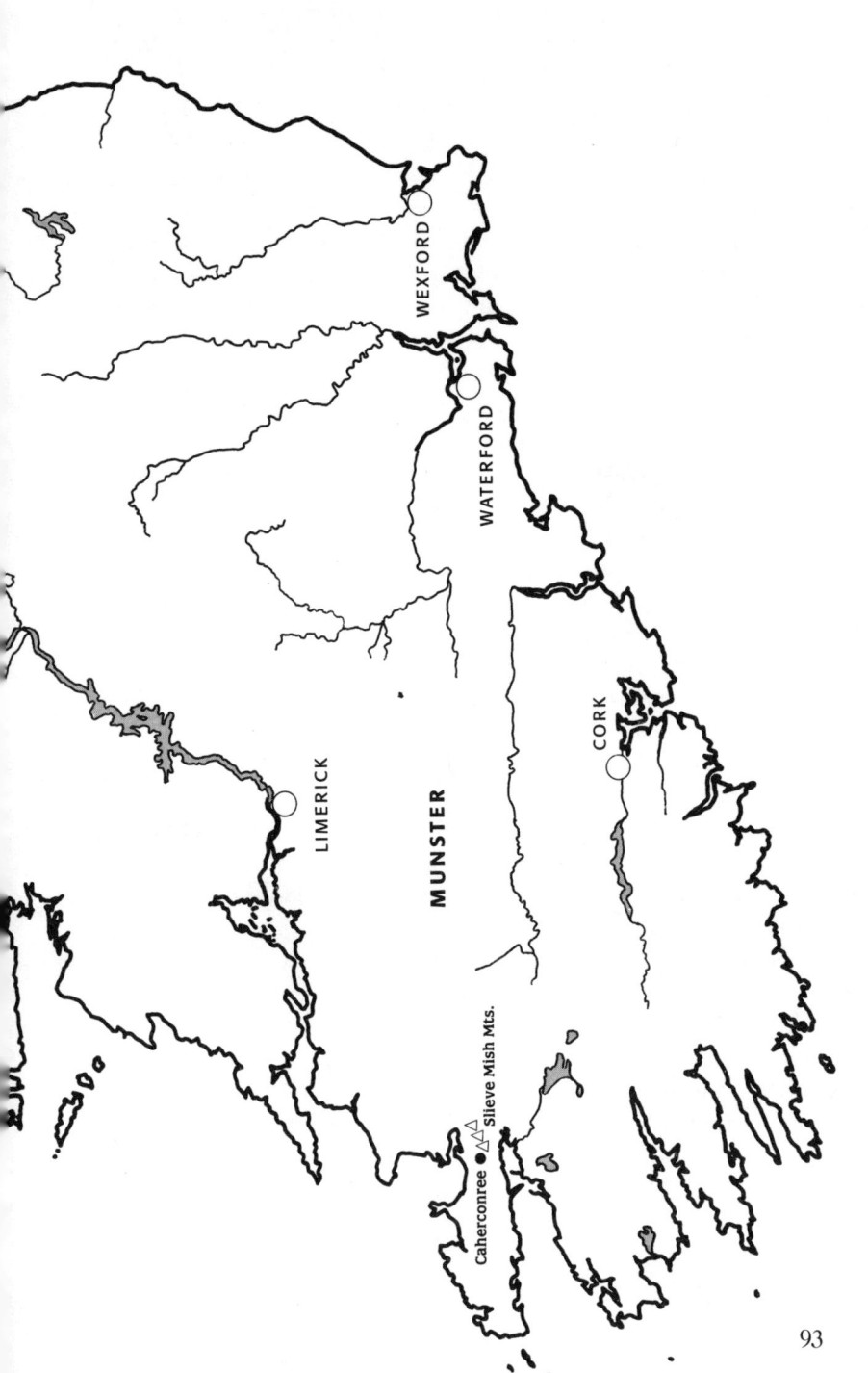

gemacht verzog sich Bricriu, nach der Eröffnung, in seinen Anbau, nicht ohne jedoch noch einmal alle aufzufordern, das Heldenstück doch ja dem größten Helden zu geben.

Es kam wie es kommen mußte: alle drei Wagenlenker beanspruchten *curad-mír* gleichzeitig für ihren Herrn, und Loegaire, Conall und Cúchulainn rissen Schwert und Schild von den Wänden und gingen aufeinander los, und zwar mit solcher Wucht, daß »das Email in Flocken von den Schilden sprang, wie ein weiß-glänzender Vogelschwarm«. Der König selbst trat schließlich zwischen die Kämpfenden, und **Sencha**, der Weise, riet, die drei sollten **Medb** und **Ailill** von **Connaught** als Schiedsrichter anrufen und für diesmal das Heldenstück unter den Anwesenden aufteilen.

Erst jetzt konnte die Festversammlung Speise und Trank mit unvermindertem Genuß zusprechen, besonders letzterem, wobei sie immer lustiger wurde. All das hatte Bricriu von seinem gläsernen Ausguck mitverfolgt und dabei fieberhaft überlegt, wie sich nun das gute Einvernehmen der Damen von Ulster stören ließe.

Eben entschlossen sich die Gattinnen von Loegaire, Conall und Cúchulainn eine Runde beim Trinken auszulassen und traten mit je fünfzig Frauen vor die Halle. Bricriu machte sich an die drei Gemahlinnen, Fedelm, Lennabair und ***Emer*** heran und behandelte sie in gleicher Manier wie die Männer. Jeder machte er klar, daß auf Grund ihrer vorzüglichen Eigenschaften, ihres Ranges und Standes und ihres Gatten, ihr der Vorrang vor allen anderen gebühre. Ausdruck dessen sei das Recht, die Festhalle als erste zu betreten.

So sehr mit sich selbst beschäftigt, daß keine der drei merkte, daß derselbe Floh noch in zwei anderen Ohren saß, trafen sich die drei Damen in einigem Abstand vor der Halle und machten sich gemeinsam auf den Rückweg.

Sie kamen würdig, gemessenen Schrittes daher, schlugen aber auf halbem Weg, wie auf Kommando, eine schnellere Gangart an, bis sie schließlich das letzte Stück mit bis über die Hüften gerafften Röcken dahergaloppierten, denn jede wollte natürlich die erste sein. Dabei machten sie soviel Lärm wie fünfzig herandonnernde Streitwagen, so daß die Männer, im Glauben an einen feindlichen Überfall, zu den Waffen griffen.

Da Sencha Blutvergießen befürchtete, ließ er im letzten Augenblick das Tor verrammeln. Empört begehrten die ausgeschlossenen Heldengattinnen dagegen auf. Sencha schlug ihnen jedoch »einen Kampf mit Worten, nicht mit Waffen« vor, um die Vortrittsfrage zu klären.

Nun stellten sie sich und ihre Gatten in poetischen Reden so glänzend dar, daß jeder der Männer, überzeugt von der Überlegenheit der eigenen Ehefrau, der seinigen Zutritt zu verschaffen suchte. Loegaire und Conall brachen je einen Balken als Durchschlupf aus der Wand, Cúchulainn aber hob die ganze Hausseite an, so daß Emer als erste darunter durchschreiten konnte. Als auch die Dienerinnen alle endlich in der Halle waren, ließ er das angehobene Ende mit solcher Wucht fallen, daß es tief in die Erde fuhr und Bricriu aus seinem Sonnenhaus auf den Misthaufen katapultierte.

Den zur Unkenntlichkeit Verdreckten ließen sie in die Halle hinein. Erst seine lautstarken Klagen über sein übel zugerichtetes Haus klärte die Anwesenden über seine Identität auf. Bricriu belegte nun die Ulstermänner, erbittert, mit dem *geis*, weder zu schlafen noch zu essen, bis sein Prachtbau wieder dastünde wie zuvor. Aber wie sehr die Männer auch daran herumhievten, die Wand bewegte sich nicht, bis Cúchulainn in einem seiner berüchtigten Wutanfälle die Hausseite wieder in die richtige Lage brachte. Darauf jonglierte Cúchulainn den Ulsterdamen mit neun Äpfeln, neun Speeren und neun Messern vor und vergaß darüber beinahe die anstehende Fahrt nach **Cruachan**. Vom Wagenlenker ermahnt, raste er mit solcher Geschwindigkeit über Sliabh Fuait, die **Fews Mountains**, und die Ebene von **Brega**, daß er als dritter vor dem Palast von Ailill und Medb ankam. Sein von den beiden magischen Pferden, **Liath Macha** und **Dubh Sainglenn** gezogener Wagen verursachte ein solches Donnergeräusch, daß sich Medb über das Gewitter trotz wolkenlosem Himmel wunderte.

**Finnabair** begab sich auf den Wachtposten über dem Palasttor und schilderte begeistert, in rhythmischen, alliterierenden Wendungen die heranstürmenden Pferde **Loegaires**, beispielsweise: »feurige Falben, gleich in Form und Farbe, Vortrefflichkeit und Siegessicherheit, Schnelligkeit und Sprungkraft, scharfohrig, hochköpfig, temperamentvoll, wild, sehnig, schmalnüstrig, flattermähning, breitbrüstig, über und über gefleckt, engflankig, breitrückig, angriffslustig, mit lockigen Mähnen und Schwänzen«, Wagen wie Conall Cernachs »aus Fichte und Flechtwerk, mit Messingrädern, die Schäfte aus reinem Silber, ein hoher, knarrender Aufsatz, ein stolz geschwungenes Joch und Zügel mit knallgelben Fransen«, und die Helden – hier die berühmte Beschreibung Cúchulainns, »dem melancholisch-dunklen Mann, dem schönsten Irlands. Er trägt ein schönes, purpurfarbenes Obergewand, das eine goldverzierte Brosche über seiner weißen, erregt atmenden Brust zusammenhält. Acht Karfunkel in seinen Augen. Seine hellscheinenden, blutroten Wangen entsenden Flammendunst und Flammenstrahlen. Auf seinem Wagen vollführt er den Heldenlachssprung, ein Kunststück, wozu es sonst neun Mann bedarf.«

Die Königin befürchtete, daß die Helden in ihrer durch die rasende Fahrt gesteigerten Kampfeswut wahllos den ganzen Hof erschlagen würden und schickte ihnen dreimal 50 Frauen »oben ohne« entgegen und hielt drei große Kessel voll kaltem Wasser bereit, um sie abzukühlen. Jeder der Helden bekam ein eigenes Haus zugewiesen und so viele der Mädchen, wie er sich wünschte. Cúchulainn bekam obendrein noch Finnabair zugeteilt.

Drei Tage genossen sie die Gastfreundschaft von Ailill und Medb, dann brachte Sencha die Bitte vor das königliche Paar, in Sachen Heldentum zu entscheiden. Damit war Ailill überfordert, so daß er sich drei Tage Bedenkzeit erbat. Die Ulstermänner nahmen an und ließen ihre Kandidaten in Cruachan zurück. Zur Abendmahlzeit, die den Herren in ihren Häusern serviert wurde, sorgte Ailill dafür, daß die »Zauberkätzchen von Cruachan«, greuliche Andersweltbestien aus **Oweynagat**, ihren Weg dorthin fanden. Ihr Anblick genügte, damit sich Loegaire und Conall Cernach auf die Dachsparren flüchteten, während diese ihr Abendbrot verschlangen. Cúchulainn dachte nicht daran, zu fliehen. Er blieb sitzen und begnügte sich damit, jedesmal, wenn das Untier einen langen Hals machte, um an sein Essen heranzukommen, ihm mit dem Schwert eins über den Schädel zu ziehen. Dieses glitt ab, als sei das Tier aus Stein, und Cúchulainn kam weder zum Essen noch zum Schlafen. So fand ihn denn Ailill am Morgen, in übler Laune, aber noch am selben Ort, während die anderen beiden Herren von den Dachsparren heruntergrüßten. Damit glaubte Ailill den Wettkampf entschieden. Loegaire und Conall Cernach waren anderer Meinung – gegen Zauberwesen kämpften sie nicht, nur gegen Menschen...

Es belastete Ailill, daß seine elegante Lösung solcherart umgangen wurde; er versank in düstere Gedanken und verweigerte drei Tage lang jede Nahrung, bis ihn Medb einen Schwächling nannte und die Sache selbst in die Hand nahm. Sie sah deutlich, daß sich Loegaire von Conall so unterschied wie Bronze von Weißgold, und Conall von Cúchulainn wie Weiß- von Rotgold. So wurden die drei Helden je mit einer Trinkschale zum Zeichen ihres Ranges verabschiedet und nach Emain Macha entlassen: Loegaires Trinkschale war aus Bronze mit einem Vogel aus Weißgold, Conalls aus Weißgold mit einem Vogel aus Rotgold und Cúchulainns aus Rotgold mit einem Vogel aus Edelstein. Wie Cúchulainn seine Trophäe in Emain Macha vorzeigte, war sich der

Ulsterhof einig, daß Ailill und Medb auf diese Weise seine Stellung als größten Helden bestätigten, einig, bis auf die zwei Rivalen, die sie anfochten mit der Begründung, er habe sie durch Bestechung erlangt. Natürlich ließ Cúchulainn darauf das Schwert nicht in der Scheide. Conchobar trennte die Kämpfenden und sandte sie zur endgültigen Entscheidung zu **Cú Roi mac Daire**, dem Herrn der Felsenfestung von **Caherconree** in den **Slieve Mish Mountains** von Kerry. Dieser mächtige Fürst besaß alle königlichen Tugenden, insbesondere diejenige der gerechten Rechtsprechung.

Er pflegte lange Reisen in den Osten zu unternehmen und war nicht zu Hause, als die Helden in der Felsenfestung ankamen, hatte aber seiner Frau, Bláthnad, genaue Anweisungen hinterlassen, da er den Besuch vorausgesehen hatte. Die Hausherrin versorgte sie also aufs Beste, richtete aber auch aus, daß jeder die Festung eine Nacht zu bewachen habe, angefangen mit Loegaire. Zwar schützte **Cú Roi** seine Festung nächtlich, indem er, wo auch immer er sich befand, einen Zauber darüber sprach, so daß sich die Mauern schnell wie Mühlsteine drehten und kein Eingang zu finden war, aber in dieser Nacht erwartete er wohl eine außergewöhnliche Störung. Nach zäh dahinschleichenden Stunden erschien diese in Gestalt eines riesenhaften Schattens, ein Schatten, der den Raum zwischen Meer und Himmel ausfüllte. Er hielt Eichenstämme, bündelweise, in den Händen, und schmiß damit nach Loegaire, der sein Bestes tat, auszuweichen. Als er genug von dem Spiel hatte, streckte er einen unendlich langen Arm nach dem Menschlein aus, hob Loegaire wie einen Einjährigen hoch, zwirbelte ihn zwischen den Handflächen und warf ihn schließlich, mehr tot als lebendig, über die Festungsmauer, so daß er sich auf dem Abfallhaufen vor Cú Rois Palast wiederfand. Alle kamen herausgelaufen und bewunderten ihn sehr, glaubten sie doch, er sei mit einem Satz darübergesprungen.

Conall Cernach erging es in der nächsten Nacht nicht besser, auch er landete auf dem Mist. Dann war Cúchulainn dran. Für diese Nacht hatten sich gleich dreimal drei Wesen aus der Anderswelt verabredet, um »Cú Rois Stadt« zu zerstören. Um Mitternacht mußte sich Cúchulainn also mit neun Geistern herumschlagen, und als er sich müde neben die erbeuteten Waffen und Köpfe niederlassen wollte, brach ein Ungeheuer mit Donnergetöse aus dem See, um Mensch und Tier in der Festung zu verschlingen. Cúchulainn war erschöpft, als er schließlich dessen Kopf auf die anderen legte und wenig erbaut, als er dann noch, im Morgengrauen, den gräßlichen Schatten zwischen Himmel und Meer sich abzeichnen sah. Wie dieser den Arm nach ihm ausstreckte, schnellte er sich mit dem Heldenlachssprung in die Höhe und drehte sich mit gezücktem Schwert wie ein Kreisel, über dessen Scheitel. Was blieb dem Schatten übrig, als Cúchulainn die Erfüllung dreier Wünsche zu versprechen? Cúchulainn hatte sie kaum genannt – endgültige Anerkennung als Ulsters größten Helden, das Recht auf das Heldenstück auf immer und Vortritt für seine Frau vor allen Damen Irlands – da verschwand der Schatten auch schon.

Auch Cúchulainn lebte im Glauben, seine Kameraden hätten die Festungsmauer im Sprung überwunden, und bewunderte ihre Geschicklichkeit. Er fühlte sich nach dieser Nacht nicht mehr in bester Form und zwei seiner Versuche schlugen fehl. Der Jammer packte ihn beim Gedanken, möglicherweise seine Stellung wieder einzubüßen, nach allem, was er dafür durchgemacht hatte. Zornig rannte er vor der Mauer hin und zurück, wobei er, ohne es zu merken, jedes Mal etwas höher sprang, bis er schließlich über die Umwallung hinübersetzen konnte und vor dem Palast, auf den Füßen, landete. Sie hinterließen Abdrücke auf der Steinplatte, wo sich einst der Burgeingang befand. Diese sind heute noch zu sehen. Vor Genugtuung aufseufzend trat Cúchulainn vor Bláthnad, die daran seine siegreiche Heimkehr erkannte, was von Cú Roi bestätigt wurde, der die Beutestücke von Cúchulainns nächtlichen Abenteuern mit sich brachte und ihn als größten Helden **Ulsters** begrüßte. Darüber hinaus sprach er ihm die Heldenportion auf alle Zeiten zu sowie seiner Frau den Vortritt vor allen Ulsterdamen. Und zur Belohnung seiner Heldentaten schenkte er ihm Gold und Silber im Wert von sieben *cumal*. Loegaire und Conall beugten sich Cú Rois Entscheidung, aber nur so lange, wie sie sich auf seinem Territorium aufhielten. Kaum in Emain Macha zurück sprachen sie Cúchulainn das Heldenstück wieder ab. Cúchulainn verzichtete resigniert. Es hatte ihm mehr Schererein als Vergnügen gebracht. Vorläufig wurde es am Ulsterhof nicht mehr ausgeteilt.

Viel später, als niemand mehr an diese Geschichte dachte, betrat ein seltsamer Besucher gegen Abend die Halle von Emain Macha. Riesengroß und häßlich war er. Er trug ein schäbiges altes Fell unter einem zerschlissenen Mantel und sein Haarschopf glich einem struppigen Busch, unter dem 30 Kälber Unterstand gefunden hätten. Er schleppte einen Block und ein enormes, haarscharfes Beil mit sich heran. Mit fürchterlicher Stimme ließ er den Hof von Ulster wissen, was er hier suche, etwas nämlich, was er auf der ganzen Welt sonst nirgends gefunden habe: faires Spiel! Er schlug nun vor, irgendeinen der Anwesenden um einen Kopf kürzer zu machen, andertags dürfe dieser ihm dieselbe

Behandlung angedeihen lassen. Loegaire, Conall und Cúchulainn waren abwesend, so daß **Munremor** hervortrat und auf das umgekehrte Verfahren bestand. Nachdem er sich zur Revanche am folgenden Abend verpflichtet hatte, schlug er dem Riesen den Kopf ab. Blut spritzte über die ganze Feuerstelle, dumpf schlug der Kopf am Boden auf – da erhob sich der Kerl, als wäre nichts geschehen, raffte Kopf, Beil und Block zusammen und verließ die Halle.

Am folgenden Abend war er wieder da – dafür fehlte Munremor. Der Unheimliche ließ es bei einigen sarkastischen Bemerkungen bewenden und Loegaire nahm in dieser Nacht seine Herausforderung an. Am nächsten Tag zog er es jedoch auch vor, abwesend zu sein. Conall benahm sich bei der nächsten Gelegenheit nicht besser: er brach seinen Schwur und ließ sich nicht blicken.

Am vierten Abend war Cúchulainn zurück und bekam die Verachtung des Riesen zu spüren, der sich über die Tapferkeit der Ulstermänner lustig machte. Cúchulainn tat sein bestes, die Herausforderung gar nicht erst anzunehmen. Als ihn dieser aber wegen Todesfurcht hänselte, schlug er ihm den Kopf mit solcher Gewalt vom Rumpf, daß er bis zu den Dachbalken hochflog.

Als der nächste Abend anbrach, waren die Ulstermänner einerseits neugierig, wie sich Cúchulainn verhalten würde, andererseits bangten sie um ihn, da ihr besonderer Held keinerlei Anstalt machte, dem sicheren Tod auszuweichen. Sterben müsse er ja wohl doch einmal, dann also lieber ehrenvoll, ließ er sie wissen.

Wie der Kerl erschien, legte er, ohne auf dessen Sticheleien zu achten, den Kopf auf den Block, reichte aber kaum bis zur Mitte. Er mußte sich erst auseinanderstrecken, »bis der Fuß eines Kriegers zwischen jeder Rippe Platz gehabt hätte«, damit er dem Riesen ein annehmbares Ziel bieten konnte. Dann sauste das furchtbare Beil aus großer Höhe herunter, landete aber sanft, mit der stumpfen Seite auf Cúchulainns Nacken. Jetzt hieß ihn der Kerl aufstehen und beglückwünschte ihn mit lauter Stimme. Er erklärte ihn zum größten Helden Irlands, da ihm keiner an Mut, Geschicklichkeit und Ehre gleichkomme.« Hinfort gehöre ihm das Heldenstück und seiner Frau der Vortritt in die Banketthalle vor allen Damen Ulsters. Wer immer ihm diese Rechte streitig machen wolle, habe sein Leben verwirkt. Damit war der Riesenkerl verschwunden. Cú Roi hatte in dieser Gestalt seine Versprechen eingelöst.

# Die Trunkenheit der Ulstermänner oder die tolle Fahrt der Ulstermänner nach Temair Luachra
## *Mesca Ulad*, oder
## *Baethréim Ulad con Temair Luachra*

Diese Erzählung mit dem ungewöhnlichen Doppeltitel fällt auch noch in anderer Hinsicht aus dem Rahmen. Allein schon die Überlieferungssituation ist einzig. Die Geschichte ist in zwei Bruchstücken auf uns gekommen, das eine, ungefähr vom 1. Viertel des 12. Jh. steht im *Lebor Laignech*, das 2., ca. 9. Jh. im *Lebor na hUidre*. Das jüngere gibt den Anfang ab, das ältere den Schluß. Sie überlappen sich etwas in der Mitte.

Der Inhalt besteht aus den gegensätzlichsten Elementen. Was anfangs wie die Aufzeichnung eines historisch-politischen Disputs aussieht, schlägt unerwartet in wilde Komik um: die Ulsterhelden sind so sternhagelvoll, daß sie auf ihrer nächtlichen Wagenfahrt ein paar hundert Kilometer über das Ziel hinausschießen und obendrein im tiefen Schnee steckenbleiben, während die **Druiden** von **Temair Luachra** mit Glanz Dick und Doof vorwegnehmen. Unmerklich gleitet dies in eine unheimlich bedrohliche Atmosphäre hinein, bis zur akuten Lebensgefahr: die Ulstermänner werden in ein eisernes Haus gesperrt, das rotglühend gemacht wird. Dieses rotglühende Haus – wohl eine Nachahmung der untergehenden Sonne – ist unzweifelhaft ein mythologisches Überbleibsel. Der Keltologe Jean Markale, der schon manchen Denkanstoß geliefert hat, sieht im Eingeschlossenwerden im Feuerhaus ein Wiedergeburtsritual, wie es in der keltischen Welt für den Frühlingsanfang belegt ist. Was unbeachtet bleibt, ist, daß im keltischen Weltbild alles, wirklich alles, positive und negative Vorzeichen annehmen kann, also lebenserhaltend oder -zerstörend ist, je nach den Umständen. Und diese Geschichte trägt sich an *Samhain* zu, der Jahreszeit, in der die Todeskräfte in den Vordergrund treten, nicht an *Beltene*, das die Lebenskräfte feiert. Muß dieser Stelle schon ein kultischer Charakter zugeordnet werden, so eher der des rituellen Königsmords, im sympathischen Zusammenhang mit dem Sommerende, dem Abnehmen des Lichtes und der Drosselung der Lebenskräfte in der Natur. So bleibt, trotz allem Humor, das Grauen über geheime, schicksalhafte, unbegreifliche und ungreifbare Manipulationen, das die alte Prophezeiung und die geheuchelte Gastfreundschaft noch weiter verstärken.

Ebenso unvermittelt nimmt nun die Erzählung farcenhafte Elemente auf. **Cúchulainn** ist, auch wenn er zu Anfang ein Drittel **Ulsters** regiert, kein König. Er denkt nicht im Traum daran, die Opferrolle des Sakralkönigs anzunehmen. Er ist ein Held, Vorbild und Führer seines Volkes, wobei dieses hehre Konzept mit unübersehbarem Grinsen verhohnepipelt wird. Cúchulainns Geburtsname, **Setanta**, bedeutet, »derjenige, der den Weg weiß«, aber erstens haben sich die Ulstermänner seinetwegen so heillos verfahren, und zweitens ist er schuld daran, daß sie alle in der Falle sitzen.

So haben denn seine Befreiungsversuche etwas Übertriebenes: sie sehen nach dem Übereifer dessen aus, der es endlich richtig machen will, und auch ohne den Heldenlachssprung auf die Firstbalken ist klar, daß sich die Krieger der **Erainn** nicht in guter Absicht vor der Tür versammeln! Statt aber den Ernst der Lage zu erfassen, streiten sich die von **Bricriu** angestachelten Herren und Cúchulainn turnt herum.

Der Schlußkampf bringt eine gewisse Erleichterung · endlich benehmen sich alle wieder wie es sich für normale Sagengestalten gehört.

Die letzte Episode könnte auf einem christlichen Mißverständnis beruhen, ebensogut jedoch eine Satire sein auf die rituelle Vereinigung des obersten Gottes, **Dagda**, mit der großen Muttergöttin, **Morrígan**, wie sie zu *Samhain* geschehen muß, damit das Leben weitergeht.

Die Erzählung eröffnet die Erklärung, warum es dauernd zu Streit unter den Ulstermännern kam. Die **Milesier** hatten die **Tuatha Dé Danann** ausgetrickst, indem sie ihnen die »unterirdische Hälfte Irlands« überließen, während sie die »oberirdische« für sich beanspruchten. Diese aber rächten sich, indem sie in jeder Provinz fünf der ihren zurückließen, um Zwietracht unter den Milesiern zu säen. In Ulster saßen diese Unruhestifter in den Hügeln von **Brega**, in der Ebene von **Mag Itha**, den Bergen von Edlikon, in **Cruachan** und auf dem **Ben Bulben**. Sie waren schuld daran, daß Ulster zu König **Conchobars** Zeiten in drei Teile zerfallen war, und der König und seine zwei Ziehsöhne, *Cúchulainn* und Fintan, Sohn des Niall von **Dún Da Bend**, je über ein Drittel geboten. Ein Jahr hatte dieser Zustand schon angehalten und Conchobar rüstete ein großes Fest, zu dem er hundert Fässer der besten Getränke heranschaffen ließ. **Leborcham** schickte er, alle Edlen Ulsters einzuladen. Als sie nach **Dún Dealgan** kam, war Cúchulainn voll damit beschäftigt, sein Fest für seine Leute vorzubereiten. Er ärgerte sich über die Einladung, und hätte Emer keinen Einspruch erhoben er hätte diese ignoriert. So bequemte er sich dann doch, **Emain Macha** aufzusuchen, um die Lage mit Conchobar zu besprechen.

Karte zur Geschichte:
»Die Trunkenheit der Ulstermänner«

Kaum war er von seinem Streitwagen abgestiegen, begrüßte ihn **Sencha** mit soviel blumigen Redewendungen, daß Cúchulainn sofort verstand, daß er etwas von ihm wollte. Wie üblich gewährte er großzügig das Begehren, ohne zu wissen, worum es sich handelte, stellte aber sicherheitshalber, gleich eine Gegenbitte. Um die Erfüllung zu gewährleisten, stellten sie sich gegenseitig Bürgen. Sencha, **Conall Cernach**, Conall Anglonnach und **Loegaire Buadach**, Cúchulainn, **Cormac Conloinges**, Mes-Deda und Eochaid, den Sohn **Cealtchairs**.

Sencha erbat sich nun die Rückgabe von Cúchulainns Gebiet an Conchobar, wenigstens auf ein Jahr. Der Held war einverstanden unter der Bedingung, daß es dabei der Provinz besser gehe. Wenn nicht, wolle er es in einem Jahr zurückhaben. Nun kam Fintan angefahren und das Zwiegespräch zwischen Sencha und ihm wiederholte sich Punkt für Punkt. Auf Fintans Seite waren die Bürgen übrigens die Söhne **Uisnechs**. Und auch Fintan gab sein Drittel ab für eine Gegenforderung. Als er Conchobars Halle betrat, sprach Cúchulainn eben die seinige aus: Conchobar, der Alleinherrscher, solle ihm die Ehre antun, *Samhain* mit ihm, bei seinem Gelage zu verbringen. Da Fintan aber denselben Antrag stellen wollte, reagierte er mit einem Zornausbruch und die Bürgen fielen übereinander her, daß es Tote gab. Sencha brachte sie, indem er seinen Friedenszweig schüttelte, zur Vernunft, mit dem Vorschlag, doch abzuwarten, bis Conchobar ein Jahr als Alleinherrscher beendet habe. In dieser Zeit müßte doch eine friedliche Lösung zu finden sein.

Übers Jahr war die Provinz von Lathaine, heute **Larne**, bis Knock Uachtair Forcha, dem Hügel von Uisnech und wieder zurück nach Trá Baile, dem Strand von **Dundalk**, in einem Zustand, wie er besser nicht sein konnte. Emer erinnerte ihren Gatten daran, das Conchobar von nun an auf immer Alleinherrscher sein werde, und daß er für ihn besser ein Königsgelage bereiten solle. Cúchulainn brachte ebenfalls hundert Fässer zusammen und begab sich nach Emain Macha, um den König persönlich einzuladen. Er schlug Fintan, der in derselben Angelegenheit herkam, wieder um eine Nasenlänge, und brachte seine Einladung vor, als dieser eben bei Conchobar eintrat. Wiederum gerieten Helden und Bürgen aneinander und zwar so ernsthaft, daß ihnen Conchobar fluchtartig die Halle überließ. Es war nun ein Kind, das mehr Verstand hatte, als die ehrbesessenen Erwachsenen. Furbaid, des Königs Söhnchen weinte jämmerlich wegen des Streites, denn erstens hing er an seinem Ziehvater Cúchulainn und zweitens sah er, daß die Helden im Begriff waren, eine blühende Provinz durch Zwist zu zerstören. Conchobar schickte das Kind tränenüberströmt in die Halle, weil er hoffte, daß dessen Kummer Cúchulainn zu Herzen gehen werde. Die Annahme erwies sich als richtig – die Kämpfenden hielten inne, als sie von den Befürchtungen des Jungen erfuhren, so daß Sencha die Stille zu einem gerechten, wenn auch nicht eben üblichen Vorschlag nutzen konnte: warum nicht den ersten Teil der *Samhain*-Nacht bei Fintan und den zweiten bei Cúchulainn feiern? Beider Ehre wäre damit gerettet.

Umgehend wurde die ganze Provinz nach Dún Da Bend geladen, »jeder Unterkönig mit seiner Königin, jeder Edle mit seiner Dame, jeder Musiker mit seiner Begleitung«. Es ging hoch her, denn auch hier herrschte an geistigen Getränken kein Mangel.

Cúchulainn behielt jedoch trotzdem die Zeit im Auge und schickte Laeg mac Ringabra nach draußen, um am Sternenstand Mitternacht abzulesen. Als es soweit war, erhob sich Conchobar zeremoniell mit seinem hellscheinenden Trinkhorn, aber da es *geis* für den König von Ulster war, vor seinem Druiden das Wort zu ergreifen, fiel erst dessen gemessene Frage «Was möchtest du sagen, o Conchobar, edler Hochkönig von Ulster?» in die tiefe Stille, die mitten im festlichen Stimmengewirr entstanden war. Es sei Zeit für Cúchulainns Gelage in Dún Dealgan. Frauen und Kinder, Alte und Schwache wurden vorsichtshalber zurückgelassen bei der rasenden Fahrt, denn Cúchulainn war auf seinen Wagen gesprungen und losgefahren. Die anderen sausten hinterher, wie die wilde Jagd. Sie fuhren Berge platt, rissen Täler auf, mähten Wälder um, stauten das Wasser in den Bächen und das Hufgeplansche ihrer Pferde ließ manche Furt trocken zurück. Über die Ebene von **Emain Macha** gings, über Sliabh Fuait, die **Fews Mountains**, die Ebene von **Muirthemne**, den **Boyne**, die Ebene von **Brega**, über den **Brosna**, zwischen den Bernagh Mountains und **Slieve Felim**, über den Fluß Cathbad und die Ebene von **Munster**, ins Land von *Cú Roi mac Daire* hinein.

Jetzt dämmerte es auch durch den dicksten Alkoholnebel, daß sie noch nie, zwischen Dún Da Bend und Dún Dealgan, so lange unterwegs gewesen waren, und daß sie sich nicht mehr in der Provinz Ulster befanden. Cúchulainn gelang es, sich zu orientieren, und er wies ihnen die silberhelle Fläche der Shannonmündung bei **Limerick**, **Cenn Abrat** und Sliabh Cain im Süden, Slieve Felim im Nordosten. Sie standen auf **Knockainey**. Plötzlich fing es in dichten, schweren Flocken zu schneien an und bald staken sie bis zur Schulter im kalten, feuchten Schnee. Notdürftig bauten sie einen Windschutz für ihre Pferde, wovon die Steinsäulen heute noch stehen.

Die meisten waren zu diesem Zeitpunkt so weit ernüchtert, daß sie sich gerne Cúchulainn angeschlossen hätten, der sich anerbot, sie nach

Hause zu führen. Einige – Chauvinismus ist so alt wie die Welt – beharrten darauf, einen Tag und eine Nacht in der Fremde zu bleiben, zum Zeichen, daß sie niemanden fürchteten. **Temair Luachra**, die Königsburg der Érainn, lag in der Nähe, und die Herren hätten, nach all den Strapazen, doch gerne etwas geruht. Aber Temair Luachra beherbergte bereits Besucher. **Ailill** und **Medb** von **Connaught** feierten dort den Umstand, daß ihr Söhnchen den ersten Monat bei seinem Ziehvater, Cú Roi mac Daire, gut überstanden hatte.

Auf den Wällen der Festung standen, Ausschau haltend, Medbs Druiden, Crom Deróil und Crom Daráil. Plötzlich fuhr der erstere erschrocken hoch und fragte seinen Amtsbruder, ob er auch sähe was er sehe. Ein Heer von Kriegern, nämlich, mit roten Waffen.

Der etwas phlegmatische Crom Daráil versuchte ihm dies auszureden: das wären nur Eichenbäume, an denen sie schon gestern vorbeigekommen wären.

— Warum ständen diese denn auf Streitwagen?
— Das seien keine, nur fürstliche Ringwälle.
— Wenn das nur Ringwälle seien, warum gäbe es denn all die herrlich glänzenden Schilde darin?
— Ach was, Schilde, gekalkte Torpfosten seien das!
— Wenn Torpfosten, warum denn dieser Wald von Speerspitzen?
— Sind's ja nicht, nur Hörner und Geweihspitzen von wilden Kühen und Hirschen.
— Warum ließen denn die Pferdehufe soviele Erdschollen auffliegen, daß der Himmel darüber schwarz erschiene, ja, warum wohl?
— Das seien keine Pferde. Nur Vieh, Schafe, Schweine, die aus den Ställen und Gehegen freigelassen worden seien und auf deren Weiden Vögel verschiedenster Art!

Über soviel Besserwisserei verbiestert, zitierte Crom Deróil eine ganze Abfolge von Strophen, in denen er, unter absurder Beweisführung, auf der Richtigkeit seiner Beobachtung beharrte.

— Wären es Vögel, hätte jeder einen vielfarbenen Mantel mit einer goldenen Brosche um den Hals hängen? Wäre es ein Hain voller Erlenbüsche, würden sie keinem gewundenen Pfad folgen, sie wären dann nämlich leblos.

Mit solch verblüffender Logik geht es noch eine ganze Weile weiter.

Cú Roi, der den Streit mitangehört hatte, bemerkte, daß die beiden Druiden wohl nicht so ganz im besten Einvernehmen ständen, gab aber Crom Deróil in einem Gedicht recht. Mittlerweile war die Sonne aufgegangen, was wohl Crom Daráils Sicht nachhalf: Es war ein Heer, das anrückte. Die Ulstermänner zogen nun mit solchem Getöse vor Temair Luachra auf, daß die Waffen an den Wänden klirrten und die beiden Druiden ohnmächtig herunterstürzten, der eine vor, der andere hinter dem Wall. Als erster erwachte Crom Deróil, wagte vorsichtig ein Auge und spähte über die Umwallung auf die ganze Heldenschar. Der Schnee schmolz vom kriegerischen Feuer, das durch ihre Adern rollte, im Umkreis von neun Metern.

Erst hielten sie die Druiden für Männer von Übersee, nach und nach kam es ihnen aber, daß es Iren, Ulstermänner, sein mußten. Pflichtgetreu meldeten sie Cú Roi, Ailill und Medb, wer da draußen stand, und beschrieben die Edlen Ulsters, wie Conchobar, Loegaire, Conall, Sencha, Cúchulainn, aber auch Romit, den Hofnarren, Triscatail Trenfér, Conchobars nur mit einer Lederschürze bekleideten »starken Mann«, sein Bodyguard, und sogar Anderweltgestalten, die sich, an sich unsichtbar, unter die Schar gemischt hatten, wie Delbeth, **Oengus** und den großen **Dagda**.

Auf Medbs Fragen verkündete ihr alter, blinder Wahrsager, daß man auf diese Schar, einer alten Prophezeiung wegen, schon lange gewartet und alle notwendigen Vorkehrungen dafür getroffen habe: ein Haus aus Eisen, mit einer Verkleidung, innen und außen, als Holzbau getarnt, stehe bereit. Es ließe sich unterirdisch aufheizen...

Cú Roi von Munster und das königliche Paar von Connaught hießen nun die Helden von Ulster willkommen. Diese versicherten, daß sie ohne kriegerische Absicht gekommen seien · sie hätten in ihrer Trunkenheit nur den Weg verfehlt! Ihre Gastgeber zeigten volles Verständnis dafür und ließen ihnen freie Wahl des Gästehauses. Cúchulainn nahm das größte, das eiserne.

Es dauerte noch eine Weile, bis sie davon etwas merkten. Erst wurden sie bis zum Essen aufs beste unterhalten und danach fürstlich bewirtet. Keinem fiel auf, daß sich die Diener gegen Abend, einer nach dem anderen, verdrückten und hinter ihnen die Tür verrammelt wurde. Mit sieben Eisenketten wurde das Eisenhaus gesichert. Dreimal 50 Schmiede brachten das Feuer im Gewölbe, unter dem Haus, mit Blasebälgen zum Lodern. Hitze stieg vom Boden auf. **Bricriu** wunderte sich, warum die Fußsohlen brannten und ihm, dem »ein Geflüster mehr sagte als einem anderen ein Gebrüll«, wurde deutlich, daß sie alle verbrannt werden sollten »von unten und von oben«, und daß das Haus verschlossen war. Cúchulainn stieß sein Schwert in die Wand und entdeckte den eisernen Kern. Bricriu machte Cúchulainn Vorwürfe, und es sah so aus, als ob er mit Genuß einen Streit vom Zaun brechen wollte. Mit seinem Heldenlachssprung katapultierte sich Cúchulainn auf den Firstbalken des Hauses und schwang sich von da auf denjenigen des nächsten. Jetzt konnte er die Kopf an Kopf stehende Menge der Angreifer übersehen. Ailill erschien in seinem Blickfeld, der mit seinen sieben Söhnen, den **Maine**, die Tür verteidigte, um die Gäste zu schützen. Cúchulainn ließ sich wieder ins Haus hinunter und trat wütend gegen die Tür, so daß sein Bein bis zum Knie durchfuhr. Ein zweiter, mächtiger Fußtritt brachte den ganzen Rahmen zum Einstürzen. Auf Senchas Rat stellten sich die Eingeschlossenen mit dem Rücken zur Wand und erwarteten mit der blanken Waffe in der Hand jeden Eindringling. Das erste halbe Dutzend der einzeln Eintretenden fällte Triscoths böser Blick, »so daß sie tot hinschlugen und ihre Fußsohlen leichenblaß wurden«. Dann machte sich eine Gruppe bereit, das Eisenhaus zu stürmen, aber die Ulstermänner kippten im Hau-ruck-Verfahren eine Wand nach außen und erschlugen damit 300 Érainn. Unter Wutgeheul hob das allgemeine Kämpfen an, das bis zum folgenden Mittag andauerte. Da sah es so aus, als müßten die Ulsterhelden der Übermacht weichen. Nun ließ Ailill Hohn und Spott auf sie herunterregnen, um ihre Kampfeslust anzuspornen. Cúchulainn geriet in Raserei und schlug die Érainn nach dreimaligem Anlauf in die Flucht. Die Ulstermänner verschonten Ailill und seine Söhne, die treu zu ihren Gästen gehalten hatten, auch wenn sie nicht mit ihnen befreundet waren, zerstörten und plünderten aber die Königsburg von Kerry, so daß sie nie wieder bewohnt wurde.

**Crimthan Nia Náir**, einer der Könige der Érainn, befand sich unter den Fliehenden. Am **Laune**, der bei **Killarney** ins Lough Leane fließt, begegnete er seiner Ziehmutter, Riches, einer Dichterin vom Schlag der Leborcham. Da ihr Sohn auch im Kampf gefallen war, versprach sie Crimthan Rache an Cúchulainn. An einer Furt in der Grafschaft Limerick holten sie den Helden ein. Wie zuvor ausgemacht, näherte sich ihm Riches nackt, so daß Cúchulainn verschämt die Augen niederschlug – der Augenblick für Crimthans Angriff. Laeg mac Ringabra, der Wagenlenker rettete seinen Herrn, indem er die gefährliche Frau mit einem Steinbrocken erschlug. Jetzt hob Cúchulainn den Blick und rechnete mit Crimthan ab, mit dessen Kopf, als Beute, er den Heimweg antrat. In Dún Dealgan fand endlich das unfreiwillig verschobene Fest statt. Volle 40 Tage und Nächte bewirtete Cúchulainn seine Gäste. Ailill und seine Söhne waren miteingeladen. Der König von Connaught erhielt »die Breite seines Gesichtes in Gold und Silber« und jeder seiner Söhne 7 *cumal*, den Ehrenpreis für einen König.

# Die Zerstörung der Festhalle Da Dergas
## *Togail Bruidne Da Derga*

Die Erzählung von der »Zerstörung der Festhalle Da Dergas« hat den unerbittlich näherkommenden, unabwendbaren Tod des eben noch in jeder Beziehung mustergültigen Königs, **Conaire Mór**, zum Thema. Er war mit ziemlicher Sicherheit eine historische Persönlichkeit aus den letzten Jahrzehnten des ersten vorchristlichen Jahrhunderts und diese Geschichte dürfte tatsächlich eine Auseinandersetzung zwischen zwei Stämmen, den **Leinster**männern und den zum Teil vorkeltischen *Érainn* um die Königsherrschaft widerspiegeln, aber irgendwann verlor das an Wichtigkeit. Stattdessen legte sich ein immer dichteres Sagengewebe um die Figur von Conaire Mór. Er nahm die Züge des sich opfernden Gottes oder Helden an, er wurde zum Inbegriff des Sakralkönigs, dessen Amt die Absetzung in sich trägt, da der Alterungsprozeß, dem jeder Mensch unterworfen ist, einmal die physische Makellosigkeit zunichte macht. Und wieviele können der Machtfülle jahrelang widerstehen und lassen sich nicht moralisch korrumpieren? Und als ob das nicht ausreichen würde sind zusätzlich *gessa* in das Amt eingebaut, deren Nichtbeachtung den Tod nach sich ziehen. Jeder Held, jeder König erreicht einmal den Punkt, an dem ihn die Umstände zwingen, seine *gessa* zu übertreten. Dadurch wird der historische Conaire Mór zu einer zeitlosen tragischen Figur – doppelt tragisch, weil er den ersten moralischen Fehltritt, der die Katastrophe einleitet, aus Nachgiebigkeit und Gutherzigkeit begeht. Er fällt den parteiischen Richtspruch, daß alle Räuber und Mörder, mit Ausnahme seiner Ziehbrüder, gehenkt werden sollen, wird sich dessen bewußt und wandelt das Todesurteil für alle in Verbannung um, obwohl er damit gegen das von ihm selbst erlassene Gesetz verstößt.

Es ist daher nicht von ungefähr, daß Conaire Mór zu *Samhain* stirbt, und die ersterbende Natur bildet den passenden Rahmen für den Tod des Königs. Der Keltologe Thurneysen setzt Conaire Mór an den Anfang der Sagengestaltung, in die erste Hälfte des 8. Jh. - wir haben es hier also mit ältestem Sagenmaterial zu tun. Erhalten geblieben sind knappe, ungeordnete Notizen aus dem verlorenen *Buch von Druimsnecht*, heute Drumsnat, in Monaghan. Die Fassungen im *Lebor na hUidre* und im *Gelben Buch von Lecan* sind jünger und wesentlich erweitert. Letztere ist mit ziemlicher Sicherheit eine Arbeit des Kompilators, der den *Táin* in eine zusammenhängende Abfolge brachte. Neben dem *Táin* ist es die an Einzelheiten reichste Geschichte der frühen Sage.

Karte zur Geschichte:
»Die Zerstörung der Festhalle Da Dergas«

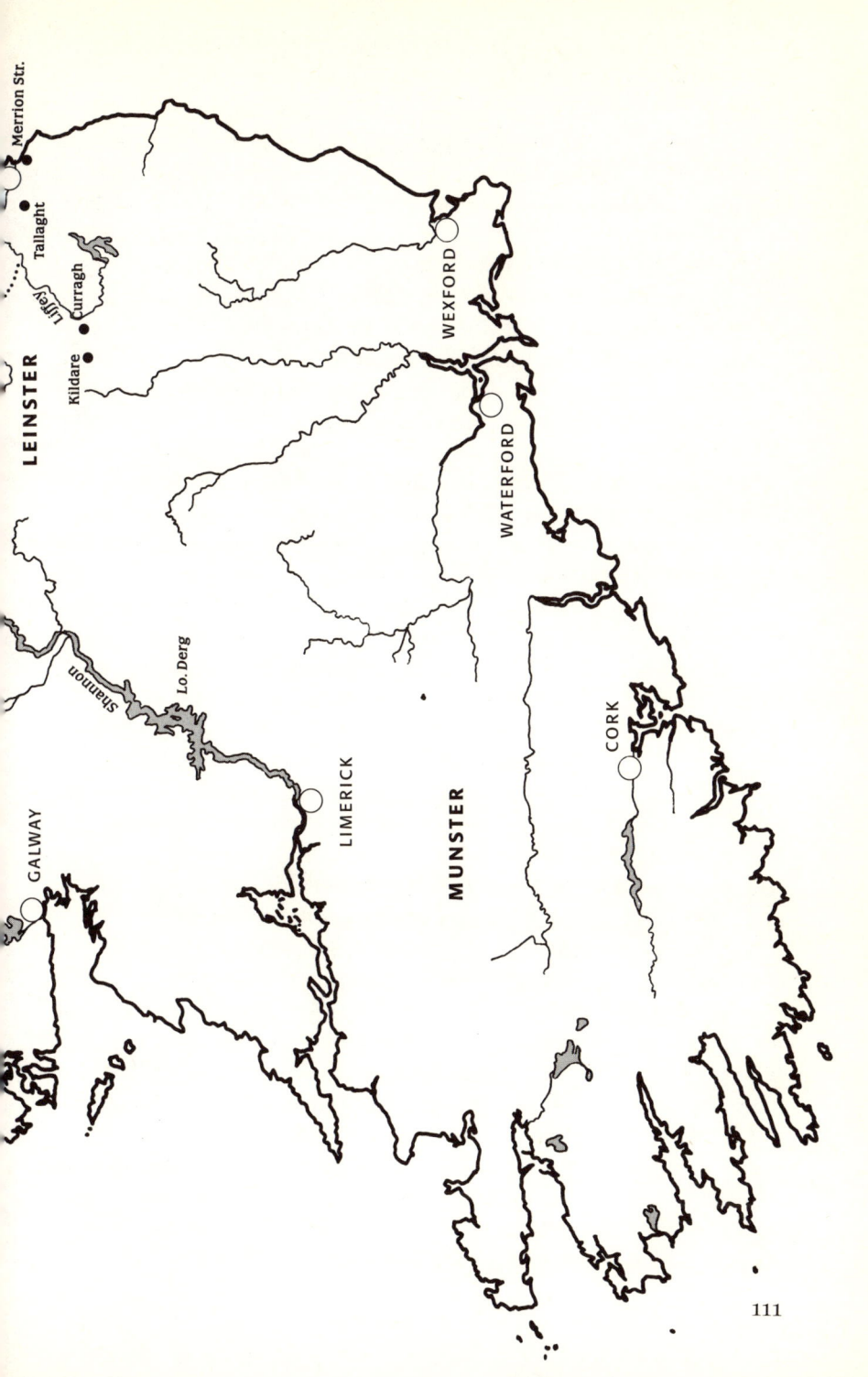

*Étain* von **Brí Léith** war die Vorfahrin von Conaires Mutter, *Mes Buachalla*, »Zögling der Hirten«. Sie heißt so, weil die Hirten König *Eterscéles* von **Tara** das aus Inzest stammende, ausgesetzte Kind retten und aufziehen. Es wuchs zu einer großen Schönheit heran, die der König für sich beanspruchte. Überdies sollte ihm, der unfruchtbar war, nach alter Prophezeiung eine Frau »unbekannter Abstammung« einen Sohn schenken. Er plante, Mes Buachalla entführen zu lassen, aber in der Nacht davor flog ein großer, schöner Vogel durch das Oberlicht der Hütte, in der die junge Frau schlief, legte sein Gefieder ab und wohnte ihr bei. Der Vogelmann sagte ihr voraus, sie werde seinen Sohn zur Welt bringen. Sie sollte ihn Conaire nennen und er dürfe, unter keinen Umständen, Vögel jagen... Andertags wurde Mes Buachalla aus ihrem fensterlosen Haus geraubt, zum König gebracht und mit ihm in aller Form verheiratet.

Der Knabe Conaire wuchs mit drei Ziehbrüdern, den Söhnen von Don Désa, auf, mit denen er alles teilte. Alle vier trugen gleiche Kleider, Waffen und ritten Pferde von derselben Farbe. Er liebte sie so sehr, daß er jeden der dreien eine seiner übernatürlichen Gaben lehrte – scharfes Hören, den Blick in die Ferne, das genaue Abschätzen. Aus den Knaben waren junge Männer geworden, da starb Eterscéle und *tarbfeis*, »Stierfest«, eine druidische Zeremonie zur Auffindung des von den Göttern vorbestimmten Königs, mußte abgehalten werden. Technisch ging das so, daß ein durch und durch vertrauenswürdiger Mann, gewöhnlich ein Druide, bis zur Übersättigung vom Fleisch und der Brühe eines zu diesem Zweck eigens zubereiteten Stieres aß, sich dann in die Haut des Tieres wickelte und unter Beschwörungen und Gebeten einschlief. Im Traum erschien ihm der zukünftige König. Was der rituelle Schläfer diesmal sah, war eher ungewöhnlich: ein völlig nackter, sehr junger, nur mit einer Steinschleuder bewaffneter Mann schritt auf Tara zu.

Um diese Zeit vergnügte sich Conaire mit seinen Ziehbrüdern auf dem **Curragh** von **Kildare** beim Wagenrennen. *Tarbfeis* war jedesmal ein Volksfest und alles strömte nach Tara. Auch Conaire war aufgefordert, mitzukommen, zeigte aber keine Eile. Er komme später nach ... fuhr aber genau in die entgegengesetzte Richtung, nämlich Liffeyabwärts. Irgendwo scheuchte er große, gesprenkelte Vögel auf, denen er begeistert nachjagte, blieb aber immer eine Speerlänge hinter ihnen zurück. Auf der Höhe von **Dublin** verfolgte er sie zu Fuß, mit seiner Steinschleuder, bis Trá Fuirbthenn, den **Merrion Strand** auf der Südseite der Bucht. Als sich die Vögel auf dem Wasser niederließen, warf er seine Kleider von sich und folgte ihnen nach. In dem Augenblick legten

sie ihr Federkleid ab: eine Schar bewaffneter Männer wandte sich zeitgleich und erzürnt gegen Conaire Mór. Zu seinem Glück stellte sich einer der Vogelmenschen schützend vor ihn und klärte ihn darüber auf, daß er vom Vater her mit all diesen Vögeln verwandt sei. Er untersagte ihm mit Nachdruck, jemals wieder auf Vögel zu schießen und schickte ihn auf eine Art, die keine Widerrede zuließ, nach Tara. Er sei der vorbestimmte neue König. Der Vogelmensch entließ Conaire mit den *gessa*, die er als Monarch zu beachten hatte. Niemals dürfe er
— rechts an Tara und links an **Brega** vorbei,
— »die krummen Tiere von Cerna« jagen,
— neun Nächte hintereinander Tara fernbleiben,
— in einem Haus übernachten, dessen Feuerschein nach außen dringt und in das man hineinsehen kann,
— »drei Roten ins Haus eines Roten« folgen,
— in seinem Reich darf kein Raub geschehen,
— keine einzelne Frau, kein einzelner Mann, darf ihn nach Sonnenuntergang besuchen,
— niemals darf er den Streit zweier Untertanen außerhalb Taras schlichten.

Unverzüglich tat Conaire wie ihm geheißen, und so kam es, daß ein nackter, junger Mann mit seiner Steinschleuder im Morgengrauen auf der Straße nach Tara gesichtet wurde. Seine Ziehväter erwarteten ihn bereits an den wichtigen Kreuzungen und warfen ihm die königlichen Gewänder über. Das Volk war jedoch nicht begeistert von dem bartlosen Jüngling. Conaire pochte auf sein Recht vom Vater und Großvater her, gewann aber mehr durch sein Versprechen, »er werde Weise befragen, um selbst weise zu werden.«

Conaire war eindeutig der rechtmäßige Herrscher. Er besaß die Königstugenden, war weise, gerecht und tapfer, so daß sich die Lebens- und Fruchtbarkeitskräfte mit ihm verbündeten. Seine Herrschaft war fast überreich gesegnet. Die Fische standen Kopf an Kopf in den Flüssen, die Eichelmast im Herbst war knietief, im ganzen Land hörte der Totschlag auf, die Menschen waren friedlich und freundlich, der große **Dagda** selbst wurde Conaires Küchenmeister. »Von Mitte Frühling bis Mitte Herbst bewegte kein Wind den Schwanz einer Kuh«, Gewitter und Stürme gab es nicht. Alle waren zufrieden, nur Conaires Ziehbrüder fanden ein Haar in der Suppe. Sie stammten von Söldnern ab, aber auch für sie galt das Raub- und Mordverbot. Heimlich gingen sie trotzdem ihren üblen Gewohnheiten nach und provozierten den König, indem sie mal da ein Schwein und dort eine Kuh entwendeten. Beschweren sich die

Bestohlenen beim König, schüchterten sie diese mit Morddrohungen ein. Sie wußten ganz genau, daß sie sich nicht ein zweites Mal an den König wenden würden – er war beliebt, und niemand wünschte, ihn bloßzustellen. So wurden die Ziehbrüder immer unverschämter und schlossen sich mit Gleichgesinnten zu einer Bande zusammen. Und natürlich überspannten sie den Bogen. Sie wurden wegen Raubmords gefaßt und dem König vorgeführt. Aber Conaire fällte ein falsches Urteil...

Auf hoher See, in der Verbannung, schlossen sie sich einer britischen Seeräuberbande unter Ingcél »dem Einäugigen« an und verpflichteten sich, erst in Britannien, dann im Gegenzug in Irland zu rauben. Es ergab sich so, daß sie in der ersten Runde Ingcéls Familie, Vater, Mutter und sieben Brüder erschlugen. Nun wartete Ingcél voll Ungeduld auf die Revanche in Irland.

Noch ging eine Weile alles gut. Dann brach ein Streit zwischen zwei von Conaires Leuten in Nordmunster aus. Da sie sich weigerten, nach Tara zu kommen, fuhr Conaire zu ihnen, um zu schlichten. Er blieb insgesamt zehn Tage weg und hatte somit zwei *gessa* gebrochen. Als sie auf dem Heimweg am Hügel von **Uisnech** vorbeizogen stand das ganze Gebiet in hellen Flammen und überall bekämpften sich die Menschen heftig. Krieg war ausgebrochen, ein sicheres Zeichen, daß des Königs Autorität schwand. Sie mußten nach Nordosten ausweichen, so daß Tara rechts und Brega links von ihnen zu liegen kam. Die Männer waren hungrig und machten Jagd auf alles, was sich bewegte, ohne sich viel Gedanken zu machen. Erst im Nachhinein erkannten sie, daß sie die »krummen Tiere von Cerna« gejagt hatten. Durch das Verfolgen der Tiere waren sie vom Weg abgekommen und hatten die Orientierung verloren. Gegen Abend fanden sie sich auf der uralten Fernstraße, **Slige Chuala**, die der Küste entlang nach Süden führt. Sie brauchten dringend eine Unterkunft für die Nacht und Conaire erinnerte sich plötzlich an seinen alten Freund, **Da Derga**, den Roten, ein Leinstermann, der auf der Südseite des heutigen Dublin eine königliche Herberge, einen *bruiden*, unterhielt. Man weiß, daß diesen das Flüßlein Dodder durchfloß, und man kann annehmen, daß er sich bei **Bohernabreena** befand. Conaire hatte Da Derga bei einer Gelegenheit wahrhaft fürstlich beschenkt und durfte mit einem freundlichen Empfang rechnen. Der König sandte **Mac Cécht** voraus, um ihre Ankunft vorzubereiten und ein Feuer zu entzünden. Die Erleichterung, dieses Problem gelöst zu haben, hielt nicht lange an – vor ihm ritten plötzlich drei rote Reiter auf drei roten Pferden: alles war rot an ihnen, die Haare, die Augenbrauen, und sogar die Zähne. Conaire schickte seinen Sohn, um sie aufzufordern, hinter der königlichen Schar zu reiten, aber so sehr auch der Junge sein Pferd anspornte, sie blieben immer einen Speerwurf weit voraus. Alle bittenden Rufe, alle Versprechungen, nutzten nichts. Ab und zu verstanden die Hinterherhastenden Sprachfetzen, unheimliche Sprüche: sie seien die Reiter des Donn Detsorach, »des Dunklen mit dem Zahnausfall«, sie seien die lebenden Toten, und hin und wieder Anspielungen auf Mord, Schlachtengetümmel, Gewalt, zerhauene Waffen. Mit Grauen stellt Conaire fest, daß ihn »alle seine *gessa* heute überwältigt« hätten. Die eine Fassung erzählt nun, wie kurz vor der Ankunft im *bruiden* der König von einem ungeschlachten, häßlichen, einäugigen Kerl eingeholt wird. Sein Haar steht ihm vom Kopf wie Igelstacheln. Schüttete man Äpfel darüber, sie würden einzeln aufgespießt. Er nennt sich Fer Caille, hält in der Hand einen gegabelten Eisenstock und trägt auf dem Rücken ein schwarzborstiges, fortwährend quiekendes Schwein. Er begrüßt Conaire überschwenglich, um ihm wie eine Klette anzuhängen. Seine Frau, Cichuil, ist noch unappetitlicher: die Unterlippe hängt ihr bis über die Brust. Auch sie läßt sich nicht abschütteln, so daß Conaire wieder gegen ein *geis* verstößt.

In der Zwischenzeit waren die Seeräuber in Irland angelangt. Auf der Höhe der Halbinsel **Howth** ließen sie die Segel herunter. Zu neunt erklommen sie Binn Éadair, um das Land auszuspähen. Dabei wurden sie auf den König und sein Gefolge aufmerksam, das auf dem Südufer der Bucht *bruiden*wärts zog.

Schon seit einer Weile hatten die Räubereien in Irland wieder angefangen. Banden hatten sich gebildet. Auch **Medbs** und **Ailills** sieben Söhne, die **Maine**, zogen plündernd durchs Land und damit war auch dieses Gebot übertreten. Ingcéls Räuberschiff fuhr nun mit solchem Getöse auf Trá Fuirbthenn, dem Merrion Strand auf, daß die Festhalle Da Dergas wackelte und die Waffen an den Wänden klirrten. Conaire fand Bilder aus dem Szenario für den Weltuntergang für all das Unerklärliche und wünschte sich, die geliebten Ziehbrüder bei sich zu haben, damit sie ihm beistehen könnten.

Die andere Fassung führt eine noch widerlichere Erscheinung als Cichuil ein. Kaum hatte Conaire den *bruiden* betreten und ist, wie erhofft, von Da Derga mit Begeisterung empfangen worden, begehrt eine langbeinige, dürre Alte Einlaß, eine **Caillech**, »die den Mund auf der einen Seite des Gesichts trägt« und »deren Schamhaare bis unters Knie reichen«. Längst war die Sonne untergegangen, aber sie packte den König bei der Ehre, so daß er sie nicht wegschicken konnte, auch wenn er wiederum ein *geis* verletzte. Conaire erkannte sie als Seherin und bat sie, ihm die Zukunft vorauszusagen. Die wenig erfreuliche Auskunft lautete, weder Haut noch Fleisch von ihm werde aus diesem Haus herausgelangen, mit Ausnahme dessen, was die Vögel in ihren Krallen davontrügen. Nach dem Namen gefragt rasselte sie in der magischen Stellung, »auf einem Fuß und mit einer Hand«, mehr als ein Dutzend weitere herunter, wovon der verständlichste »**Badb**, Schlachtenkrähe«, war.

Mac Cécht hatte unterdessen ein mächtiges Feuer entzündet, dessen Schein die Räuber zum *bruiden* lockte. Durch die Speichen von Wagenrädern verfolgten sie die Ereignisse in der Festhalle. Ingcél, als Fremder, wurde von den Iren über die Insassen der verschiedenen Schlafabteile unterrichtet. Gleichzeitig wurde das Schicksal jedes einzelnen im bevorstehenden Kampf vorausgesagt; Größen, wie **Cormac Conloinges, Conall Cernach** und Mac Cécht werden bis in die Einzelheiten beschrieben.

Die Beschreibung Conaires artet in einer wahren Lobrede aus – als ob er schon tot wäre. Er ist der »glänzendste, ausgezeichnetste, bestaussehende, mächtigste König, der jemals diese Erde betrat, der freundlichste, mildeste und gleichzeitig anspruchloseste, er, Conaire Mór, Sohn Eterscéles, Hochkönig von Irland!«

An Gestalt, Erscheinung und Kleidung makellos war er noch immer voller jugendlicher Anmut. Eine silberne Decke lag über ihn gebreitet, sein Mantel schillerte in allen Farben, wie ein Mainebel, und eine goldene Brosche, ein wahres Sonnenrad, reichte ihm vom Kinn bis zum Nabel.

Der Berichterstatter täuscht sich jedoch nicht darüber hinweg, daß der in Friedenszeiten so sanfte Mann durchaus im Stande wäre, bei einem Angriff den *bruiden* ganz allein zu halten, wenigstens bis Nachschub käme aus den entferntesten Winkeln Irlands, von Tonn Chlina bis Tonn Essa Rua – es sei denn, man würde ihm alles Trinkbare vorenthalten.

Tatsächlich stellt sich dann beim unvermeidlichen Kampf heraus, daß Conaire nicht zu besiegen war, während links und rechts die Seeräuber fielen. Erst als ihm die feindlichen Druiden einen unstillbaren Durst anzauberten, hielt er erschöpft im Kämpfen inne. Er bat Mac Cécht, der als sein Leibwächter fungierte, um einen Trunk. Vergebens. Alles Wasser war aufgebraucht worden beim dreimaligen Löschen der Festhalle. Sogar im Dodder war kein Tropfen mehr. Es war ja schließlich nicht Mac Céchts Aufgabe, aber weil der König ernstlich Gefahr lief zu verdursten, ließ er sich dessen goldenen Becher geben – er ist so groß, daß man einen Ochsen darin sieden konnte – schlug sich durch bis zum Ausgang und ging auf die Suche nach Wasser, vom **Boyne** bis zum **Shannon**, vom **Lough Derg** bis zum **Lough Ree**. Endlich fand er Wasser in Úrán Garaid, auf der Ebene von **Rathcrogan**, »dieses Wasser konnte sich nicht vor ihm verbergen«.

Noch vor Morgengrauen war er wieder im *bruiden* Da Dergas, eben rechtzeitig, um zwei Männer zu erledigen, die im Begriff waren, dem inzwischen verdursteten König den Kopf abzuschlagen. Rasch leerte er den Becher in Conaires Schlund. Zum Dank sprach der Kopf lobend das Gedicht:   Ein braver Mann, Mac Cécht!
 Willkommen zurück, Mac Cécht!
 Bringt Trunk einem König!
 Tut recht!
Darauf stürzte Mac Cécht den fliehenden Seeräubern nach. Drei Tage lang lag Conall Cernach unter den Verwundeten. Eine daherkommende Frau bat er, für ihn nachzusehen, ob sich in einer seiner Wunden eine Mücke oder eine Ameise verbissen habe. In Wirklichkeit war es ein Wolf mit langer Mähne, der sich bis zur Schulter hineingefressen hatte. Die Frau zog das Raubtier am Schwanz heraus und rettete so dem Helden das Leben. Conall Cernach suchte nach dem Kampf in Da Dergas Herberge erschöpft das Haus seines Vaters **Amergin** in **Teltown** auf. Er war mit Wunden bedeckt, sein Schild war zerhauen, Schwert und Speer nur noch halb so lang wie beim Ausmarsch. Amergin, der alte Held, wollte von seinem Sohn wissen, wie der Kampf im *bruiden* ausgegangen sei, und ob Conaire noch lebe? Wie Conall dies verneinte, bekam er zu hören, nur ein Feigling ließe seinen Herrn im Stich. Conall zeigte ihm seinen von dreimal fünfzig Speeren zerfetzten Speerarm, an dem die Hand nur eben noch von Sehnen gehalten wurde. Jetzt mußte auch der alte Kämpfer zugeben, daß »diese Hand in der Nacht gekämpft habe«. Jawohl, versicherte ihn Conall, er habe manchem den Todestrunk eingeschenkt, dort, am Eingang zum *bruiden* Da Dergas.

# Der Kampf um Howth
## *Cath Étair*

Der Dichter, *file*, nahm in der inselkeltischen Gesellschaft eine wichtige Stellung ein: er besaß Macht über das gesprochene Wort, das in sich magische Kräfte trug. Er wußte, wie diese in Lobgedicht oder Satire eingesetzt werden mußten, damit sie positiv oder negativ wirkten. Wenn die moralische Währung dieser Gesellschaft die Ehre war, so war der Dichter ihr Verwalter, ihr Bankier, der jeden Kontostand genau verfolgte, zufügte oder abzog, je nach dem Verhalten des Betreffenden. Entsprach etwa ein König der keltischen Wertvorstellung, war er freigebig, tapfer, gerecht, körperlich und sittlich ohne Fehl, so stellte ihm der Dichter öffentlich dieses Zeugnis aus und schuf damit den Grundstock für seine Königsherrschaft. Bei jeder Versammlung, bei jedem Festmahl, kam dieser Mechanismus zum Zuge, d.h. der Dichter lieferte einen laufenden Kommentar über Tun und Lassen des Herrschers, wobei er Ideal und Wirklichkeit miteinander verglich. Hielt ein Edler andererseits nicht was er seiner sozialen Stellung schuldete, machte auch hier der Dichter die Verfehlung publik. Der *file* konnte also den Ruf und damit die Ehre eines Menschen aufbauen oder ruinieren. Letzteres führte nicht selten zum Tod, nicht etwa durch Selbstmord, sondern weil die Betroffenen die Schande nicht überlebten.

Ein solches System funktionierte natürlich nur, solange der Dichter selbst, moralisch über jeden Zweifel erhaben war. Mißbrauchte er seine Macht, nutzte er sie zu selbstsüchtigen Zwecken, hatte er ein Mittel in der Hand, womit er jeden Bessergestellten erpressen konnte. Nachdem das Christentum die **Druiden** als Klasse abgeschafft hatte fielen manche ihrer Funktionen, aber auch ihrer Privilegien, an die Dichter. Damit ging eine Lockerung der moralischen Ansprüche einher. Die Folge war, in manchen Fällen Dichter, die die Gesellschaft regelrecht tyrannisierten. Sie stellten unverhältnismäßige Forderungen und ließen darauf ihren dichterischen Redestrom, giftig, ätzend, tödlich, auf die Bevölkerung los. Es wird beschrieben wie die Opfer mit »Beulen der Schmach« und »Pusteln der Schande« im Gesicht darauf reagierten, bevor sie, in ganz ernsten Fällen, tot umfielen.

In **Athirne**, dem Dichter, um den es sich im Kampf um **Howth** dreht, haben wir ein Exemplar dieser Gattung. Er ist jähzornig, geizig, selbstsüchtig, böswillig, gierig und mitleidslos. Diese Anhäufung darf man zum Teil dem christlichen Schreiber anlasten, denn die Erzählung hat

Lough Derg. Athirne verlangt das einzige Auge von Eochaid mac Luctra.

einen betont christlichen Einschlag, und manchen Kirchenmännern waren die *filí* (***file***) mit ihrer starken Anlehnung an die vorchristliche Überlieferung, ein Dorn im Auge.

»Der Kampf um Howth« stammt aus dem 11. Jh., verarbeitet jedoch viel älteres Material, wie die tyrannische Figur des Dichters selbst und einen Fall von Kopfjägerei, komplett mit dazugehöriger Ideologie. Interessant ist, daß letztlich »dieser lästige Dichter« für die Gründung **Dublins** verantwortlich gemacht wird. Dublins irischer Name ist »Baile Átha Cliath Cualann«, »Siedlung an der Furt aus Reisigbündel-Hürden«. An dieser Furt entstand das erste Grüppchen Hütten, der Beginn der heutigen Millionenstadt. Und diese Furt wurde Athirnes Beute wegen zum festen Flußübergang ausgebaut. Behauptet wenigstens das *Dindsenchas*, die Sammlung von Ortsnamenerklärungen aus dem 12. Jh., die als »mythologische Geographie Irlands« bezeichnet worden ist.

Der Dichter Athirne von **Ulster** machte mit König ***Conchobars*** Einverständnis einen Rundgang durch Irland. Als Dichter stand ihm dieses an sich königliche Privileg zu. Allerdings hätte kein inselkeltischer König jemals seine Runde linksherum begonnen, gegen den Lauf der Sonne, auf die unglückbringende, herausfordernde Seite. Aber Athirne

Karte zur Geschichte:
»Der Kampf um Howth«

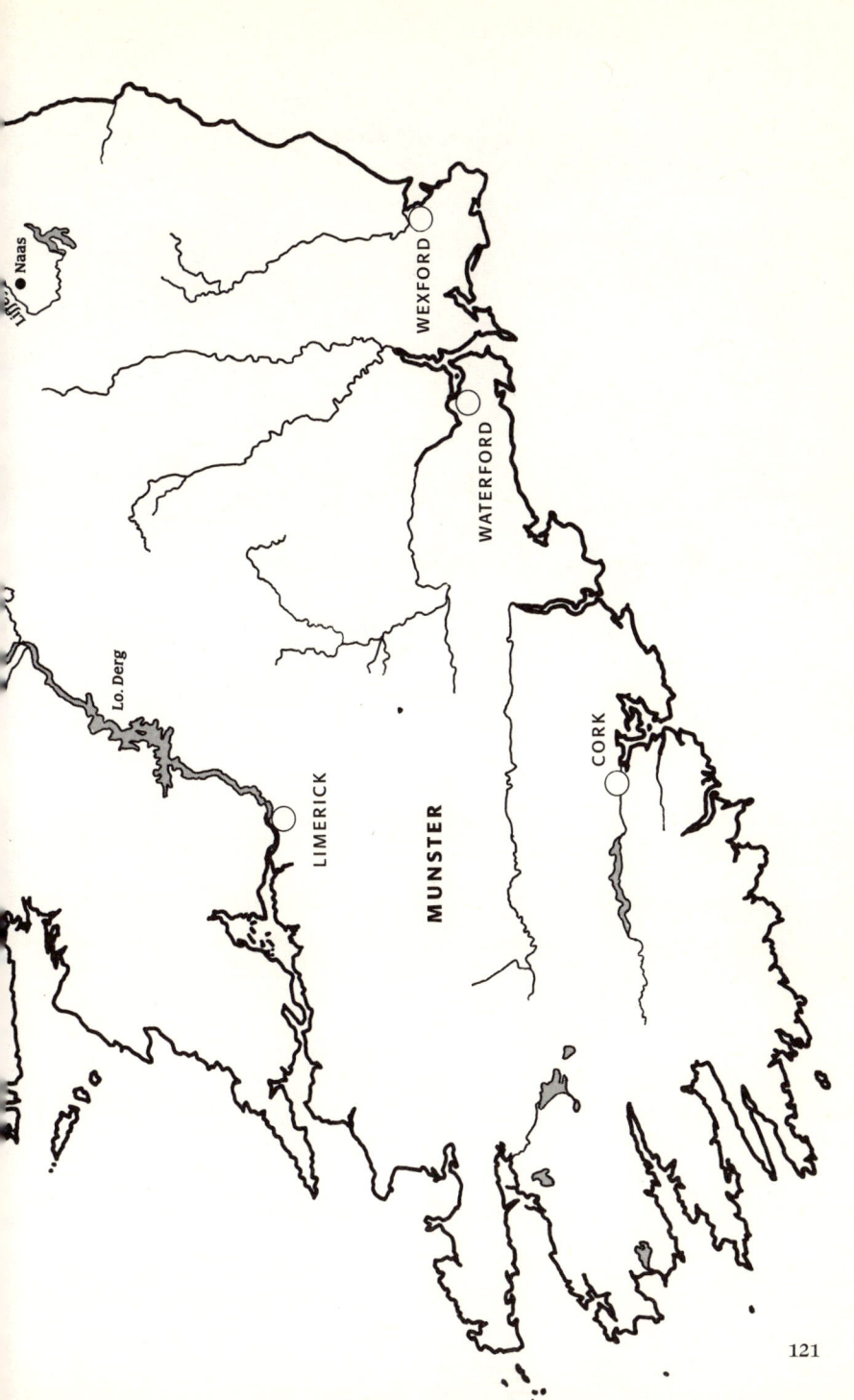

## Detailkarte: »Der Kampf um Howth«

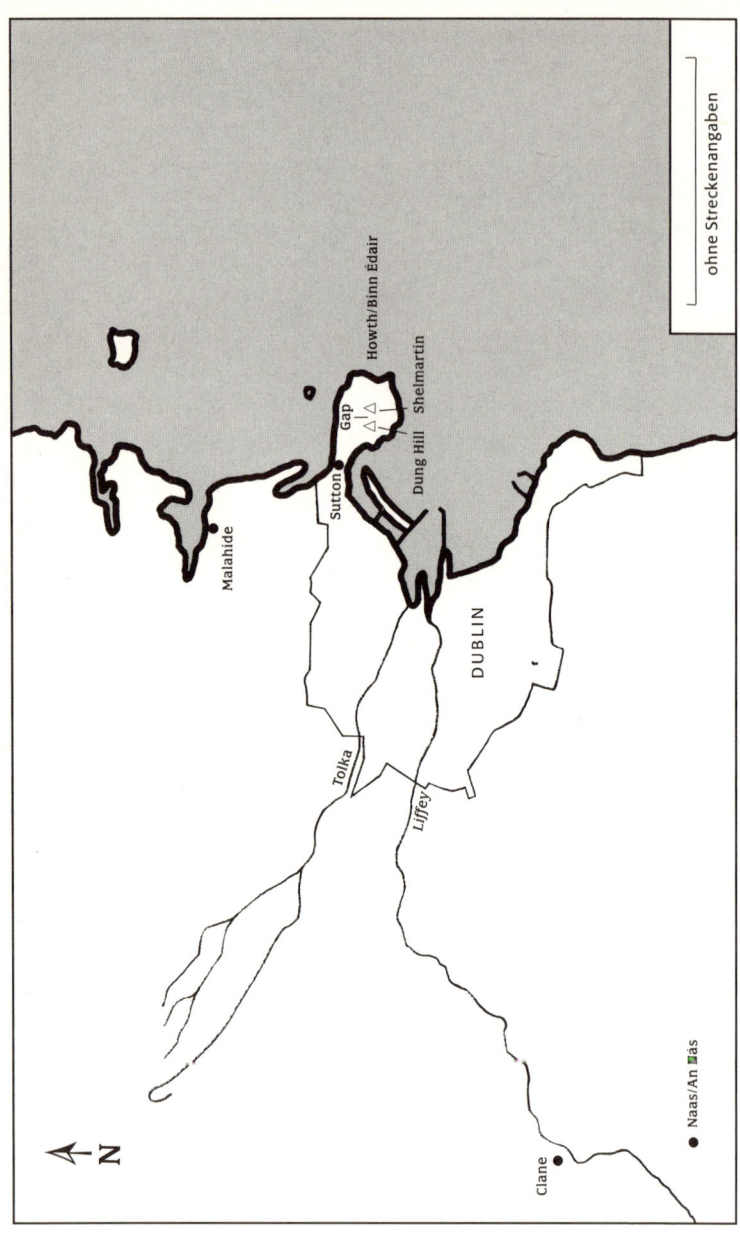

nahm sich so etwas heraus, wohl um anzuzeigen, wie mächtig er sei und wie wenig er sich um geheiligte Bräuche scherte...

Er begab sich als erstes nach Süd-**Connaught** zu **Eochaid mac Luchta**, einem in jeder Beziehung mustergültigen, jedoch einäugigen König. Großzügig gab er Athirne die Wahl unter all seinen Schätzen frei. Diese interessierten den Dichter gar nicht. Er forderte einzig und allein das, was seinen Gastgeber am meisten schmerzen mußte, sein einziges Auge. Ohne ein Wort des Widerspruchs klaubte sich dieser jedoch das Auge aus seiner Höhle und bot es dem Dichter auf der Handfläche. Sein Diener mußte den nun Blinden zum See führen, damit er sich das Antlitz waschen konnte. Dabei erlaubte sich seine Stütze die Bemerkung: »Wie ist das Loch,»derc«, doch rot, »dearg«. Seither trägt der See den Namen Loch Dercderg, anglisiert »**Lough Derg**«. Zum Lohn für solch königliche Selbstüberwindung schenkte Gott Eochaid mac Luchta zwei gesunde Augen...

Darauf suchte Athirne den König von **Munster**, Tigerna Tétbuillech, auf und verlangte seine Gattin für die Nacht, obwohl sie eben ein Kind zur Welt gebracht hatte. Dann wandte er sich **Leinster** zu. Das ganze Volk von Südleinster bot ihm Kostbarkeiten an, als *protection-money*, Schutzgeld, nur damit er der Gegend fernbleibe. Um die Männer von Südleinster zu beschämen dachte sich Athirne einen Wunsch aus, den sie ihm garantiert nicht erfüllen konnten: »das prächtigste Schmuckstück unter dem Hügel, das niemand kennt«. Da die Männer von Südleinster in diesem Landstrich bereits gute Christen waren, griffen sie nicht zu den Waffen, um ihre Ehre zu schützen, sondern beteten zu Gott um Hilfe. Da schleuderte ein Pferd beim Springen über den hügeligen Rasen plötzlich eine Erdscholle hoch, die dem König von Südleinster in den Schoß fiel. Sie war auffallend schwer, enthielt sie doch eine massive, goldene Mantelbrosche. Athirne behauptete, sie habe einst dem Bruder seiner Mutter gehört, der in der Schlacht von Brestine gefallen und hier begraben sei, und steckte sie ein. Beim König der ganzen Provinz, *Mesgegra*, dem Bruder **Mac Da Thós**, forderte er frech dessen Gemahlin, Buan, für die Nacht. Auch mit dieser unverschämten Forderung fühlte er sich ganz sicher, denn wer sich an ihm vergriff, verlor seine Ehre und obendrein würden die Ulstermänner Rache an ihm nehmen. Mesgegra ließ sich jedoch nicht aus der Ruhe bringen: die Ulsterkrieger waren ihm einerlei und seine Frau würde er sonst keinem aus Ulster geben. Überdies würde sie niemals mit einem Ulsterkrieger mitgehen. Athirne versicherte ihm nun boshaft, er werde das seinige dazu beitragen, daß ein Ulsterheld des Königs Kopf und dessen Gattin wegführen werde! Auch das nahm Mesgegra gelassen hin.

Auf diese Weise sammelte Athirne 150 edle Gattinnen, die er mit nach Hause zu nehmen gedachte, zusammen mit all den anderen Dingen, die er zusammengebettelt, gefordert und erpreßt hatte. Er schickte Boten nach Ulster, man solle ihm eine Eskorte schicken. Er konnte sich an den Fingern abzählen, daß die Krieger von Leinster versuchen würden, ihm die Beute abzujagen, in dem Augenblick, da er sich nicht mehr als Gast in ihrem Land aufhielt. Erst brachte er seine Herde Frauen, Kühe und Schafe sicher über die Liffey-Furt, die die Leinstermänner mit Reisigbündeln befestigt hatten. Nordöstlich der Tolka verabschiedeten sie sich frostig von ihm, nur auf die Gelegenheit wartend, hinter ihm herzujagen... In dem Moment erschienen die Ulstermänner und es entspann sich ein heftiger Kampf, in dem letztere den Kürzeren zogen. Sie wurden dem Meer entlang zurückgedrängt, auf der Küstenstraße zwischen **Malahide** und Sutton, bis auf die Halbinsel Howth. Es war keine Kunst, den dünnen Hals vor dem Kopf der Halbinsel abzuriegeln und die Festung von Binn Éadair zwischen den beiden Hügeln Dung Hill und Shelmartin zu belagern. Acht Tage lang blieben die Ulstermänner in der Festung eingeschlossen und hatten nichts zu Essen und Trinken als Lehmerde und Salzwasser. Athirne zeigte sich von der übelsten Seite: lieber ließ er die Milch seiner siebenhundert Kühe über die Felsen ins Meer laufen als einem Verwundeten auch nur einen Tropfen abzugeben. König **Conchobar** verdankte sein Überleben der Dichterin **Leborcham**, die täglich von Emain Macha Essen herschleppte.

Tag und Nacht wurde um die Festung gekämpft. Mit seinem Körper schloß **Cúchulainn** eine Lücke im Festungswall, die bis vor kurzem noch als »the Gap«, »die Lücke«, in Howth bekannt war. Sein junger Ziehsohn, Mes-Deda, vollbrachte wahre Wundertaten – stündlich erlegt er 9 Leinstermänner – erlag aber selbst der Übermacht von 300 Kriegern. Sein letzter, gellender Schrei alarmierte Cúchulainn, dem war, als »ob der Himmel einstürze, die See über die Ufer trete oder die Erde bebe«. Wie er aber die Zusammenhänge erfaßte, machte er, voller Wut und Schmerz, mit seinen besten Kameraden einen Ausfall, mit dem sie die Leinstermänner in die Flucht schlugen.

**Conall Cernach** hatte zwei Brüder im Kampf um Howth verloren und auf Rache brennend verfolgte er den Leinsterkönig über Nás, heute Naas, bis zur Furt von Casán Claontra, heute **Clane**. Mesgegra fehlte, seit einem Streit mit seinem Wagenlenker, eine Hand. Als es zum Zweikampf mit Conall Cernach kam bestand der Leinsterkönig daher darauf, daß dieser sich die eine Hand an die Seite anbinden lasse, sonst seien die Kampfbedingungen ungerecht. Trotzdem färbte sich die Furt rot von den Streichen, die sich die beiden, auch nur mit einer Hand, verabreichten. Mesgegra unterlag schließlich, empfahl vor seinem Tod jedoch seinem Gegner, er solle seinen Kopf auf dessen eigenen setzen, seine Würde zu dessen eigener Würde tun. Conall schlug ihm den Kopf ab und ließ diesen über seinen Rücken rollen. Dadurch wurde dieser, der zuvor krumm gewesen war, wieder gerade. Dann packte Conall Cernach den Kopf in Mesgegras Wagen, stieg selbst zu und bedeutete dem Wagenlenker, mit seinem Gefährt nachzufahren. Damit erfüllte sich der erste Teil von Athirnes hämischem Wunsch: einer von Ulster führte den Kopf des Königs von Leinster davon. Aber auch der zweite sollte eintreten: wenig später traf Conall auf Buan, Mesgegras Königin, die eben von den Leinstermännern aus Athirnes Gewalt befreit worden war. Sie müsse nun mit ihm kommen, sagte ihr Conall, und zeigte ihr zum Beweis den Kopf vor. Dieser wurde bald rot, bald blaß – er erinnerte sich, daß er Athirne gegenüber erklärt hatte, seine Frau ließe sich von keinem Ulsterkrieger davonführen. Buan hielt nun ihrem Gatten mit so viel Inbrunst die Totenklage, daß ihr Herz darüber brach und sie tot zur Erde fiel. Der Wagenlenker vermochte Mesgegras Kopf nicht einmal hochzuheben. Conall ordnete an, man solle ihn mit Buan zusammen begraben, zuvor jedoch das Gehirn entnehmen und mit Kalk zu einem Ball verkneten. Dieser wurde als Trophäe in Emain Macha ausgestellt. Damals war nicht abzusehen, daß der große König Conchobar mac Nessa, durch diesen Ball den Tod finden würde.

# Fraechs Rinderraub
## *Táin Fraech*

Die Erzählung von **Fraech mac Fidaig** zählt im weiteren Sinne zu den Vorgeschichten, *remscéla*, des *Táin*, da **Ailill** und **Medb** den **Connaught**erhelden und künftigen Schwiegersohn zu diesem Kriegszug anwerben. Fraech ist dann auch der erste, der im Zweikampf mit **Cúchulainn** fällt und in **Carnfree** (eigentlich Carn Fraech, Steinhaufengrab des Fraech) begraben wird.

Der Titel der ältesten Fassung (8. Jh.), aus dem *Buch von Leinster*, bezieht sich auf den Rinderraub, der in der Sage, sozusagen als zweiter Teil, angehängt worden ist. Dort holt Fraech seine entführte Familie sowie sein eigenes, ihm zuvor geraubtes Vieh, aus dem »Land hinter den Alpen«, also der **Anderswelt** zurück. Dies geschieht, nachdem er sich um die Königstochter **Finnabair** bemüht hat, was nach dem *Brehon*-Gesetz nicht ganz so widersprüchlich ist, wie es scheint. Es erlaubte neben einer Haupt- Nebengattinnen. Ehekontrakte »auf Zeit« waren in den oberen Schichten üblich.

Möglicherweise sind hier zwei Geschichten unter einem Titel vereint worden. Hier soll nur die erste vorgestellt werden. Sie zeichnet sich durch besonders liebevolle Schilderungen aus und spielt sich im wirklichen Irland ab, im Gegensatz zur zweiten, einfacheren, die märchenhafte Züge in den Vordergrund stellt und die Geographie unscharf läßt.

Fraech mac Fidaig gehörte als Sohn von Bé Find und Neffe der **Boand** halb zum Volk der Feenhügel, den *síd*. Seine Mutter schenkte ihm zwölf weiße Kühe mit roten Ohren, die typisch magischen Tiere der **Anderswelt**, und sah zu, daß es ihm unter den Sterblichen an nichts fehlte. Er war der schönste Krieger Irlands, sollte jedoch nicht alt werden. Finnabair verliebte sich bereits vom Hörensagen in ihn, so daß er beschloß, die Burg von **Rathcrogan** aufzusuchen. Zuvor ließ er sich und seine 49 Kameraden von Mutter und Tante aufs prächtigste ausstatten, mit 50 blauschillernden Mänteln mit dunkelgrauen Enden und je einer rotgoldenen Brosche, 50 Hemden, weiß wie Schnee, und goldenen Tierstickereien, 50 Paar silberbestickten Purpurschuhen, 50 Schilden mit Goldrand, 50 Lanzenspitzen aus Edelstein, 50 Apfelschimmeln mit Goldtrensen und silbernen Brustharnischen mit Goldglöckchen, purpurnen, silbergewirkten Satteldecken und bronzenen Hufeisen, sowie sieben Hornbläsern mit langem, goldgelbem Haar in vielfarbenen Mänteln, drei Hofnarren, drei Harfenspielern in fürstlicher Tracht und sieben Hunden an Silberketten. Den Wächter auf dem Festungstor berauschte der bloße Anblick dieser »schönen Schar« so, daß ihm vorkam, »sein Kopf stäke in einem Weinbottich«.

Alles strömte aus der Burg, den Fremden entgegen. In dem wilden Gedränge kommen sechzehn Menschen ums Leben. Die anderen sahen staunend zu, wie die Hunde sieben Hirsche, sieben Füchse, sieben Hasen und sieben Eber herantrieben und sieben Fischotter aus dem Bré apportierten.

Die jungen Männer wurden nun in aller Form angemeldet und vom Herrscherpaar willkommen geheißen, wobei sich Ailill von Fraech sehr beeindruckt zeigte.

In Ailills und Medbs Palasthalle besetzten sieben Reihen mit je sieben Abteilen den Raum zwischen Wand und Feuer. Deren Vorderteile waren aus Bronze, die Seiten aus besonders verzierter roter Eibe. Um den Fuß liefen drei Bronzestreifen. Vom Mittelpfosten stiegen sieben Kupferverstrebungen auf, die die Decke stützten. Die sechzehn Fenster des Gebäudes ließen sich durch Kupferläden schließen und ein Gitter aus demselben Material saß im Oberlicht. Mitten im Haus befand sich Ailills und Medbs Abteil, dessen bronzeverzierte Kupfersäulen einen Baldachin aus vergoldetem Silber trugen. Das silberne Kopfende ihres Lagers reichte fast zum Firstbalken hoch.

Bei Harfenklängen, die Harfner waren Fraechs Kusins aus dem *síd*, Goltraige, Gentraige und Suantraige, Klage-, Lach- und Schlafweise, vertieften sich Gäste und Gastgeber ins *fidchell*-Spiel. Der Tag kam der Königin sonderbar lang vor, bis sie gewahr wurde, daß sie beim Schein der zu gewinnenden Edelsteine, drei Tage und Nächte durchgespielt hatten, ohne die Besucher zum Essen zu bitten. In einem dreitägigen Gelage holten sie das Versäumte nach. Danach sprachen sie Fraech auf den Grund seines Kommens an, aber dieser mochte nicht so recht damit herausrücken. Ihn ärgerte, daß er Finnabair nie zu Gesicht bekam. Schließlich traf er die Prinzessin, zufällig, in aller Morgenfrühe an der Quelle, ergriff ihre Hand und sprach gleich vom Entführen. Sie verhehlte ihm ihre Zuneigung nicht, verlangte aber, da sie schließlich eine Königstochter sei und er ein wohlhabender junger Mann, daß er nach Recht und Sitte den angemessenen Brautpreis für sie entrichte. Sie schenkte ihm einen Daumenring, den ihr der Vater gegeben hatte. Sollte er danach fragen, würde sie ihm erzählen, daß sie ihn verloren habe.

Mittlerweile beunruhigte die königlichen Eltern der Gedanke, der schöne junge Mann können am Ende die Tochter entführen. Wie sie

Karte zur Geschichte:
»Fraechs Rinderraub«

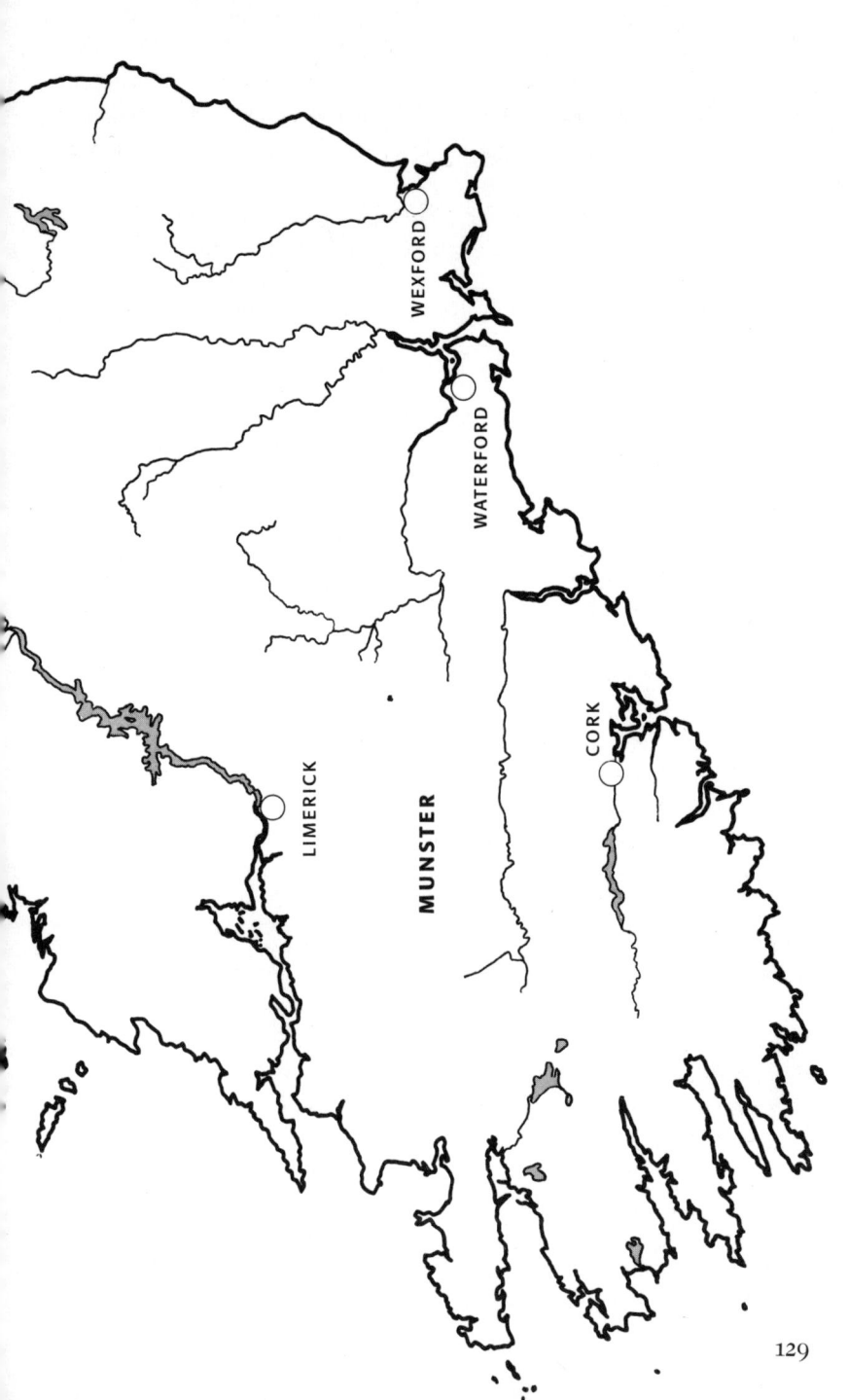

sich eben zur Beratung zurückgezogen hatten, platzte Fraech herein und hielt um Finnabair an. Wohl im Hinblick auf den *Táin* forderte Ailill einen überrissenen Brautpreis: die Andersweltkühe und -pferde nebst Gefolgschaft beim Rinderraub. Fraech verließ empört den Beratungsraum mit der Bemerkung, diese Summe würde er nichteinmal für Medb persönlich entrichten.

Nun befürchtete Ailill eine Entführung, mehr denn je, und überlegte, wie er den unwilligen Schwiegersohn Fraech unauffällig loswerden könne. Das Baden in einem See, auf dessen Grund ein Untier schlummerte, schien ihm eine wirkungsvolle Lösung. Wie Fraech im Tümpel schwamm, durchstöberte der König dessen Kleider, fand den Ring und warf ihn ins Wasser. All das beobachtete Fraech aus den Augenwinkeln und darüber hinaus, daß ein Lachs den Ring verschluckte. Er schnappte sich den Fisch und verbarg ihn am Ufer. Wie er Anstalten machte, das Wasser zu verlassen, bat ihn Ailill, ihm Zweige des Vogelbeerbaumes vom anderen Ufer zu bringen, was Finnabair zu einem Begeisterungsausbruch hinriß: der weiße, untadelige Körper des Schwimmers im dunklen Wasser, die roten Vogelbeeren neben seinem gutgeschnittenen Gesicht, die blitzenden Augen... Kaum hatte Fraech den Zweig abgegeben, verlangte Ailill einen zweiten. Diesmal war das Untier erwacht und griff den Schwimmer an. Fraech rief nach seinem Schwert, aber niemand wagte, es ihm zu bringen, aus Furcht vor Ailill – bis auf Finnabair. Sie entledigte sich ihrer Kleider und schwamm mit dem Schwert dem Geliebten zu Hilfe, obwohl ihr der Vater seinen Speer nachschickte, der aber nur durch ihre Haarflechten fuhr. Fraech, vom Untier umklammert, sandte ihn zurück, so daß er Ailill in Mantel und Unterkleid schnitt. Nach heftigem Kampf zerteilte Fraech das Monster in zwei Hälften. Seither heißt der Teich im Suck »Dublinn Fraich«, »Fraechs schwarzer Tümpel«.

Ailill bereute seine Tat – dafür richtete sich jetzt seine Wut gegen seine Tochter – und ließ dem geschwächten Krieger ein Heilbad und Lager bereiten. Noch hatte er nicht darauf Platz genommen, da erschienen dreimal 50 schöne Anderweltdamen, laut klagend um ihren Liebling, und nahmen ihn mit in den Feenhügel von **Cruachan**. Anderntags brachten sie ihn geheilt zurück.

Fraech, dem Ailills Verhalten nicht geheuer war, schickte einen Jungen den Lachs holen, Finnabair sollte ihn zubereiten. Beim abendlichen Gelage entlädt sich das väterliche Gewitter: alle haben schon tüchtig getrunken, da fällt es Ailill ein, seine Juwelen auszustellen und bewundern zu lassen. Finnabair möge doch den Daumenring, zur Vervollständigung, dazutun. Mit der Antwort, sie habe keine Ahnung wo er hingekommen sei, bringt die Tochter ihren Erzeuger zur Weißglut: falls sie ihn nicht finde, müsse sie sterben! Fraechs Anerbieten, Finnabair mit seinen Kostbarkeiten loszukaufen, weist er ab – gerade weil er weiß, daß der Ring unauffindbar ist, besteht er darauf. Finnabair darf nicht einmal den Raum verlassen, sondern muß eine Dienerin auf die Suche schicken. Tief verletzt sagt sie sich auf alle Zeiten von ihrem Vater los, denn es gibt außer ihm schließlich ja noch jemand, der sie in Schutz nehmen wird. Die Magd kommt zurück mit dem fein zubereiteten Lachs auf einer großen Schüssel – zuoberst funkelt der goldene Daumenring.

Ailill muß zugeben, daß er ihn ins Wasser geworfen hat, argwöhnend, Finnabair habe ihn Fraech geschenkt. Fraech deckt seine Lebensretterin und Geliebte mit der halben Wahrheit: er habe den Ring auf dem Hof gefunden, worauf ihm Finnabair ihre Liebe als Finderlohn auf ein Jahr versprochen habe. Er klärt die staunenden Anwesenden auf, daß der Fisch auf der Schüssel und der Fisch, der den Ring verschluckte, ein und derselbe sei. Nun steht der Verlobung nichts mehr im Wege. Wenn Fraech mit seinem Vieh zurückkommt, um am *Táin* teilzunehmen, darf er mit Finnabair das Lager teilen.

## Die Verbannung der Söhne Uisnechs
*Longas mac n-Uisnig*

Der Titel »Die Verbannung der Söhne Uisnechs« läßt eher eine politische Anekdote oder eine historische Begebenheit erwarten als eine der großen, tragischen Liebesdichtungen der frühen irischen Literatur, eine der drei »mitleiderregenden Geschichten Irlands« aus dem Ulsterzyklus. Die Heldin, **Deirdre**, die inselkeltische *femme fatale*, wird nicht erwähnt, und somit fehlt der Grund, warum die Söhne **Uisnechs** ihre Heimat verlassen müssen.

Es handelt sich um eine der typisch keltischen Dreiecksgeschichten vom alten König und seiner jungen Braut/Frau, dem ein ihr altersmäßig entsprechender Rivale den Rang abläuft. Das junge Paar flieht, verfolgt von der Rache des Alten...

Diesem Ablauf liegt ein Muster zu Grunde, das sich bereits in dem von J. J. Hatt rekonstruierten Mythos der großen, gallischen Muttergöttin abzeichnet. **Rigani** ist die Gattin des weisen, alten Himmelskönigs.

Karte zur Geschichte:
»Die Verbannung der Söhne Uisnechs«

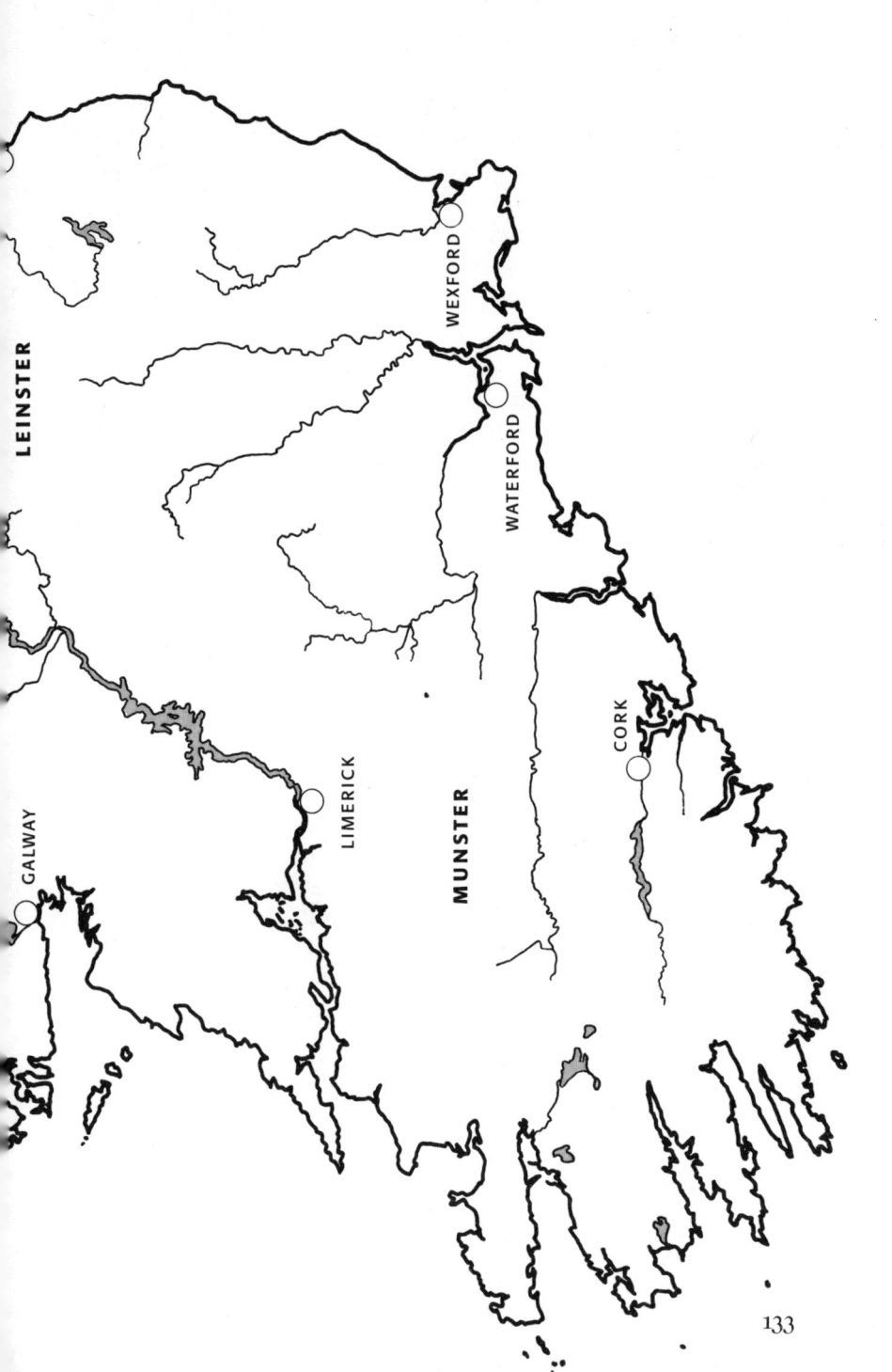

Mitten im Winter verläßt sie ihn, um ihren irdischen Geliebten, den Vegetationsgott **Cernunnos** zu heiraten, damit neues Leben auf Erden entstehen kann. Die Erzählung von der »Verbannung der Söhne Uisnechs«, wie sie in einer Abschrift aus dem 8./9. Jh. im *Buch von Leinster, Lebor Laignech,* erhalten blieb – die eingestreuten Verse dürften sogar noch älter sein – hat sich schon um einiges von dieser Vorlage entfernt. Deirdres Verhalten diktiert nun nicht mehr der Jahreszeitenzyklus, sondern ein unergründliches Schicksal, das, einmal eingestellt, wie ein Uhrwerk abläuft. Die ganze Erzählung besteht aus nichts anderem als der Erfüllung, Punkt für Punkt, der Weissagung des Druiden **Cathbad**.

Als Nebenprodukt liefert die Erzählung den Grund, warum **Fergus mac Roich** mit seiner Gefolgschaft, im *Táin,* auf der Seite der Königin **Medb** von Connaught mitkämpft und nicht auf derjenigen **Ulsters**, wo er eigentlich hingehörte.

Bei Fedlimid, König **Conchobars** Geschichtenerzähler, ging ein Gelage zu Ende. Die Helden hatten sich sattgegessen und befanden sich in jener feucht-fröhlichen Laune, die bald dem Schlaf Platz macht. Die Gastgeberin, Fedlimids Frau, war trotz vorgerückter Schwangerschaft den ganzen Abend auf den Beinen gewesen und als sie wenig später durch die nun stille Festhalle schritt, um sich selbst zur Ruhe zu begeben, schrie das Ungeborene in ihrem Leib so gellend auf, daß die Männer hochfuhren und sich um die Frau scharten. Da sich niemand dieses unheimliche Ereignis zu deuten wußte, bat sie den Druiden um Rat, und dieser sagte in zwei langen Gedichten die Zukunft des Kindes voraus. Es werde ein Mädchen werden und zur schönsten Frau Irlands heranwachsen, zu einer Schönheit »mit gelocktem, gelbem Haar und schönen graugrünen Augen, Wangen von der zartrosanen Farbe des Fingerhuts, mit schneeweißen, ebenmäßigen Zähnen und glänzenden, scharlachroten Lippen. Ihretwegen würde es in Ulster zu Kämpfen kommen, wobei viele Helden, auch Conchobars Sohn, **Cormac**, ihr Leben lassen müßten. Andere würden dadurch ins Exil getrieben. Wie zur Bestätigung bewegte sich das Kind ungestüm, als der Weise die Hand auf den Leib der Schwangeren legte. »Deirdre«, »die Tobende« werde es heißen, viel Unheil werde seinetwegen über die Ulstermänner hereinbrechen.

Der Hof stimmte dafür, das Mädchen gleich nach der Geburt zu töten – Conchobar war dagegen. Diese außerordentliche Schönheit wünschte er zu besitzen: das Kind solle großgezogen und dereinst seine Frau werden.

Deirdre wuchs von aller Welt abgeschieden auf, niemand durfte sie sehen. Abgesehen von ihren Zieheltern hatte nur die alte Dichterin **Leborcham** Zutritt zu ihr und das auch nur, weil ihr niemand zu widersprechen wagte.

Einst beobachtete das nun heiratsfähige Mädchen wie ein Rabe im Schnee das Blut eines frischgehäuteten Kalbes trank. Die Farben schwarz, rot, weiß ließen in ihr das Bild des Mannes aufsteigen, den sie sich wünschte: Haare, so schwarz wir Rabengefieder, Wangen so rot wie Blut, einen Leib, so weiß wie Schnee. Die Sehnsucht nach einem solchen Geliebten vertraute sie Leborcham an, die ihr gleich Hoffnungen machte, daß ein solcher zu finden sei. Die Beschreibung passe auf **Naoise**, einen der Söhne **Uisnechs**, der mit seinen Brüdern Ardán und Ainnle am Hof von **Emain Macha** lebte, also ganz in der Nähe. Erst wenn sie den jungen Helden zu Gesicht bekommen habe werde sie wieder gesund sein, war Deirdres Antwort. Die Söhne Uisnechs waren berühmte Sänger – hörten Kühe sie so gaben sie zwei Drittel mehr Milch, waren es Menschen, so wurden sie freundlich und friedfertig. Dennoch waren sie erprobte Helden, kämpften sie Rücken an Rücken waren sie unbesiegbar. Bei der Jagd übertrafen sie alle anderen, rannten sie doch schneller als das Wild.

Nicht lange danach stand Naoise allein, singend, auf den Wällen von Emain Macha. Von seiner Stimme angezogen stahl sich Deirdre hinaus und ging an ihm vorbei, wobei sie vorgab, ihn nicht zu bemerken. Offensichtlich erkannte sie der junge Mann nicht sogleich, sonst hätte er sich nicht scherzhaft erkundigt, was für eine hübsche Färse denn daherkomme. In Bildern aus dem Hirtenleben entspann sich darauf ein Zwiegespräch zwischen den beiden, bis Deirdre damit herausplatzte, daß ihr so ein junger Stier wie Naoise lieber wäre als der »Stier der ganzen Provinz«, König Conchobar. Darauf erwähnte Naoise Cathbads Prophezeiung, was die junge Frau, wie beabsichtigt, als Zurückweisung empfand. Gekränkt stürzte sie sich auf Naoise, packte ihn bei den Ohren und erklärte sie zu »Ohren der Schmach und der Schande«, falls er sie nicht entführen würde.

Damit machte sie Naoises Entscheidung zur Ehrensache und die Entführung zu einer Herausforderung für die Söhne Uisnechs, der sie sich nicht entziehen konnten, auch wenn ein schlimmes Ende abzusehen war. Noch in derselben Nacht zogen Deirdre und die drei Brüder bei den Wasserfällen von **Assaroe** über den Erne und überschritten die Grenze von Ulster. Sie wandten sich gegen Südosten und gelangten schließlich, immer auf der Flucht vor Conchobar, nach **Howth**. Als sie da ihres

Lebens nicht mehr sicher waren, setzten sie nach Schottland über, wo sie einen Sommer lang ein herrlich freies Leben in den Bergen führten. Als mit dem Winter die Jagdbeute knapp wurde und sich die Brüder am Vieh der Bauern vergriffen, rotteten sich diese gegen die Fremden zusammen, so daß sie Schutz beim König suchen und sich als Söldner anwerben lassen mußten. Alles ging vorerst gut, da sie Deirdre versteckt hielten, bis der König von ihrer Existenz erfuhr und sich in sie verliebte. Täglich ließ er ihr Anträge durch seinen Verwalter überbringen, aber was sie bei Tag erfuhr erzählte sie nachts ihrem Geliebten. Mit der Zeit wurde dem König klar, daß er auf diese Weise Deirdre nicht gewinnen konnte. Er suchte nun die Söhne Uisnechs loszuwerden, indem er sie auf gefährliche Missionen schickte, erreichte mit dieser Taktik jedoch das Gegenteil. Ihr Ruhm verbreitete sich umso mehr, und ihr Ruf drang in ihre Heimat zurück. So in der Erwartung getäuscht plante der König schließlich die Ermordung der drei Fremden. Deirdre bekam Wind davon und warnte die Brüder rechtzeitig, so daß sie sich in der Nacht auf eine Insel im Nordkanal absetzen konnten. Als diese Neuigkeit in Emain Macha ankam drängte der Hof König Conchobar, Deirdre und die Söhne Uisnechs in Gnaden wieder aufzunehmen – sollten Irlands größte Helden, einer tollen Frau wegen, etwa in der Fremde sterben?

Conchobar gab sich versöhnlich und gestattete den drei Brüdern sogar Bürgen ihrer Wahl: **Fergus**, Dubthach und sein eigener Sohn, **Cormac**. Gleichzeitig sann er auf Verrat. Es war ihm ein Leichtes, die Sicherheitsmaßnahmen zu umgehen, wußte er doch, daß es für Fergus *geis* war, die Einladung zu einem Gelage auszuschlagen. Er brauchte nur seinen Verbündeten, Boarach von Dún Sobhairce, dem heutigen **Dunseverick**, anzuweisen, Fergus mit einem Gastmahl aufzuhalten. Die Brüder lehnten Deirdres Vorschlag ab, das Bankett auf **Rathlin Island** abzuwarten; ebensowenig wollten sie davon wissen, bei **Cúchulainn**, in Dún Dealgan, dem heutigen **Dundalk**, Schutz zu suchen. Die Brüder belächelten Deirdres böse Ahnungen als weibliche Schwäche. Sie vertrauten auf ihre Waffen, und außerdem hatte Fergus die Bürgschaft auf seinen Sohn, Fiachna, übertragen und sandte ihn mit ihnen zu Conchobars Palast. Aber der junge Mann konnte nicht verhindern, daß Naoise, gleich bei der Ankunft in Emain Macha, auf Anordnung des Königs vom Speer von **Eogan mac Durthach** tödlich getroffen zusammenbrach. Seine Brüder fielen durch die Hand von Söldnern. Dieser dreifache Mord war der Auftakt zu schweren Kämpfen, die, nachdem Fergus dazugestoßen war, in ein allgemeines Gemetzel ausarteten. Dreihundert aus dem königlichen Haushalt waren schon gefallen und Fergus raste immer noch weiter. Voll Schmerz und Zorn steckte er, gegen Morgen, den Palast in Brand, bevor er mit seiner ganzen Gefolgschaft zu Ailill und Medb von Connaught überlief. Von dort aus verübte er die nächsten sechzehn Jahre, allnächtlich, Raubzüge nach Ulster, um sich für Conchobars Wortbruch zu rächen.

Deirdre wurde als Gefangene vor Conchobar gebracht. Ein ganzes Jahr lang würdigte sie ihn keines Blickes, so sehr sich der König auch um sie bemühte. Sie lächelte nicht, sie aß und schlief kaum, und sie »färbte sich auch nicht mehr die Fingernägel rot«. Sie saß nur da, den Kopf auf den Knien, und ihre Gedanken kreisten um Naoise und das Leben mit den Söhnen Uisnechs in Freiheit, in den Wäldern Schottlands. Wurde sie angesprochen antwortete sie entweder gar nicht oder in Lobeshymnen auf die Söhne Uisnechs und in Klagen um den Geliebten.

Erbittert über soviel Widerstand wollte Conchobar am Ende des Jahres von Deirdre wissen, wen sie am meisten hasse. Ihn, selbstredend, und Eogan mac Durthach, Naoises Mörder. Und genau diesem gab nun Conchobar Deirdre auf ein Jahr! Andertags fuhren sie zu dritt zur Versammlung von Emain Macha, Deirdre zwischen Eogan und Conchobar auf dem Wagen. Der König spottete, sie mache Augen wie ein Schaf zwischen zwei Widdern. Deirdre hatte gelobt, niemals zwei Männern zur gleichen Zeit zu gehören. Am Weg stand ein Felsbrocken. Beim Vorbeifahren ließ sie ihren Kopf daran zerschellen. Sie war sofort tot.

# Der Rinderraub von Cooley
## *Táin Bó Cuailnge*

»Der Rinderraub von Cooley« ist die längste Sage aus dem Ulsterzyklus und wird allgemein als das irische Nationalepos angesehen. Dutzende Einzelepisoden sind in eine fortlaufende Erzählung hinein verwoben worden, die schildert, wie Königin **Medb** von **Connaught** einen Raubzug nach **Ulster** unternimmt, um den schwarzen Stier von **Cooley** zu erbeuten. Da die Männer von Ulster an einer mysteriösen Krankheit darniederliegen, tritt ihr einzig **Cúchulainn** entgegen und versucht, sie am Vormarsch zu hindern, wenigstens so lange, bis die Ulsterkrieger wieder genesen sind.

Bereits Thurneysen hat darauf hingewiesen, daß der *Táin* eine literarische Schöpfung ist, die sich über Jahrhunderte entwickelte und klassische sowie auch biblische Elemente mitaufnahm. Ihre Wurzel ist die mündliche, zum Teil sehr alte Überlieferung: ein Ur-*Táin*, mit Cúchulainn als Helden, dürfte zum ersten Mal im 7. Jh. aufgeschrieben worden sein, wobei die ältesten Elemente möglicherweise bereits im 6. Jh. zu Pergament gebracht wurden, wohingegen ein Sagenkranz mit *Táin*-Material, dem wiederum noch ältere Einzelerzählungen vorausgingen, schon 300 Jahre früher im mündlichen Umlauf gewesen sein kann.

Der Text aus der ältesten Sammelhandschrift, *Lebor na hUidre*, wohl aus dem 7./8. Jh., ist nachträglich überarbeitet worden. Ganze Abschnitte wurden ausradiert und neu geschrieben. Ein Manuskript aus dem 14. Jh., im *Gelben Buch von Lecan*, benutzte eine Vorlage aus dem 7. Jh. Ein in der griechischen Mythologie bewanderter Gelehrter bemühte sich, der einheimischen Überlieferung nach klassischem Vorbild eine würdige Form zu geben.

Im 12. Jh. brachte der »Kompilator« eine gefällige, poetische Fassung des *Lebor na hUidre* – Textes zustande, der gegen Ende allerdings zu Wiederholung und Schwulst neigt und im *Lebor Laignech* enthalten ist.

Auch wenn heute der *Táin* vermehrt als bewußte, literarische Schöpfung und weniger als eine über Jahrhunderte gleichgebliebene Überlieferung betrachtet wird, und wenn daher die Fiktion statt der historischen Realität betont wird, darf man nicht vergessen, daß die literarische Komposition eben doch aus Splittern der eisenzeitlichen La Tne-Kultur, aus mythologischen, geschichtlichen und gesellschaftlichen Mosaiksteinchen besteht. Deren Zusammensetzung, Einbettung und die Handlungsabläufe, entsprechen mit Sicherheit der absoluten Wirklichkeit nicht, aber ganze Szenen und Szenen folgen aus dem Leben der Sagengestalten, Sitten, Gebräuche, Gesetze, Denkweisen, Gebrauchsgegenstände, Häuser, Waffen, Werkzeuge, Kleidungstücken, Nahrungsmittel, Berufe, Klassen, Künste, religiöse Anschauungen und Wertvorstellungen sind so wiedergegeben, daß sie als festland- oder inselkeltisch erkannt werden und zum Beispiel an klassischen Kommentaren, irischen Gesetzestexten, Bodenfunden oder Ortsnamen überprüft werden können. Schon am Titel läßt sich das zeigen: »Táin Bó«, das Wegtreiben von Rindern, war kein individueller Titel, sondern eine dichterische Erzählkategorie neben anderen, wie Reisen, Abenteuer, Liebesgeschichten, Brautwerbungen, Versammlungen, Kämpfe, Zerstörungen, Invasionen, Bankette, Ereignisse in Höhlen, Plünderungen, Visionen und Tragödien.

»Rinderraub« gehörte zu den beliebtesten Themen, was nur möglich ist in einer Gesellschaft, bei der das Vieh hoch im Kurs steht, ein Tatbestand, den die irische Gesellschaft vollumfänglich erfüllte. Sie lebte von Ackerbau und Viehzucht, war durch und durch ländlich ausgerichtet. Bis zur Ankunft der Wikinger gab es weder Städte noch eine Zentralregierung, weder Münzwesen noch Verwaltung. Der Grundstock der Wirtschaft war die Kuh, und die Sklavin, *cumal*, war die maßgebende Einheit für den Tauschhandel. *Cumal* war das höchste gesetzliche Zahlungsmittel und entsprach sechs *sét*, also drei Milch- oder sechs Trockenkühen. Die Gesellschaft, von der Sklavin bis zum König, war streng hierarchisch gegliedert und jedem ihrer Mitglieder wurde, nach Rang, Stand und Bildung ein in diesen Einheiten ausgedrückter Wert zuerkannt: einem Stammeskönig beispielsweise 7 *cumal* oder 42 *sét*, seiner Gemahlin die Hälfte.

Das *Brehon*-Gesetz regelte jeden Verstoß, von der leichten Verfehlung bis zum Verbrechen, auf Grund der Wiedergutmachung, die sich nach eben diesem »Ehrenpreis« des Betroffenen richtete. Viel Vieh bedeutete daher mehr als Reichtum, denn Vieh war eng mit Ehre verknüpft, mit Macht und sozialer Stellung. Gab es daher etwas Einträglicheres für diese Aristokratenkrieger, als dem Rinderraub zu frönen, bis weit ins christliche Mittelalter hinein? Er hielt in Form, schädigte den Gegner und mehrte den eigenen Ruhm, denn wenn das Wegtreiben von Rindern auch zu allen Zeiten strafbar war, so galt es als Kavaliersdelikt oder gar als Heldentat. Das erklärt einmal die Beliebtheit der *Táin*-Geschichten – Thurneysens Sagensammlung allein listet ein Dutzend davon. *Táin Bó Cuailgne* übertrifft jedoch alle anderen, denn hier geht es um das Vieh allen Viehs, um magische Rinder, um den weißen Stier **Finnbennach** und den schwarzen, **Donn**.

Karte zur Geschichte:
»Der Rinderraub von Cooley«

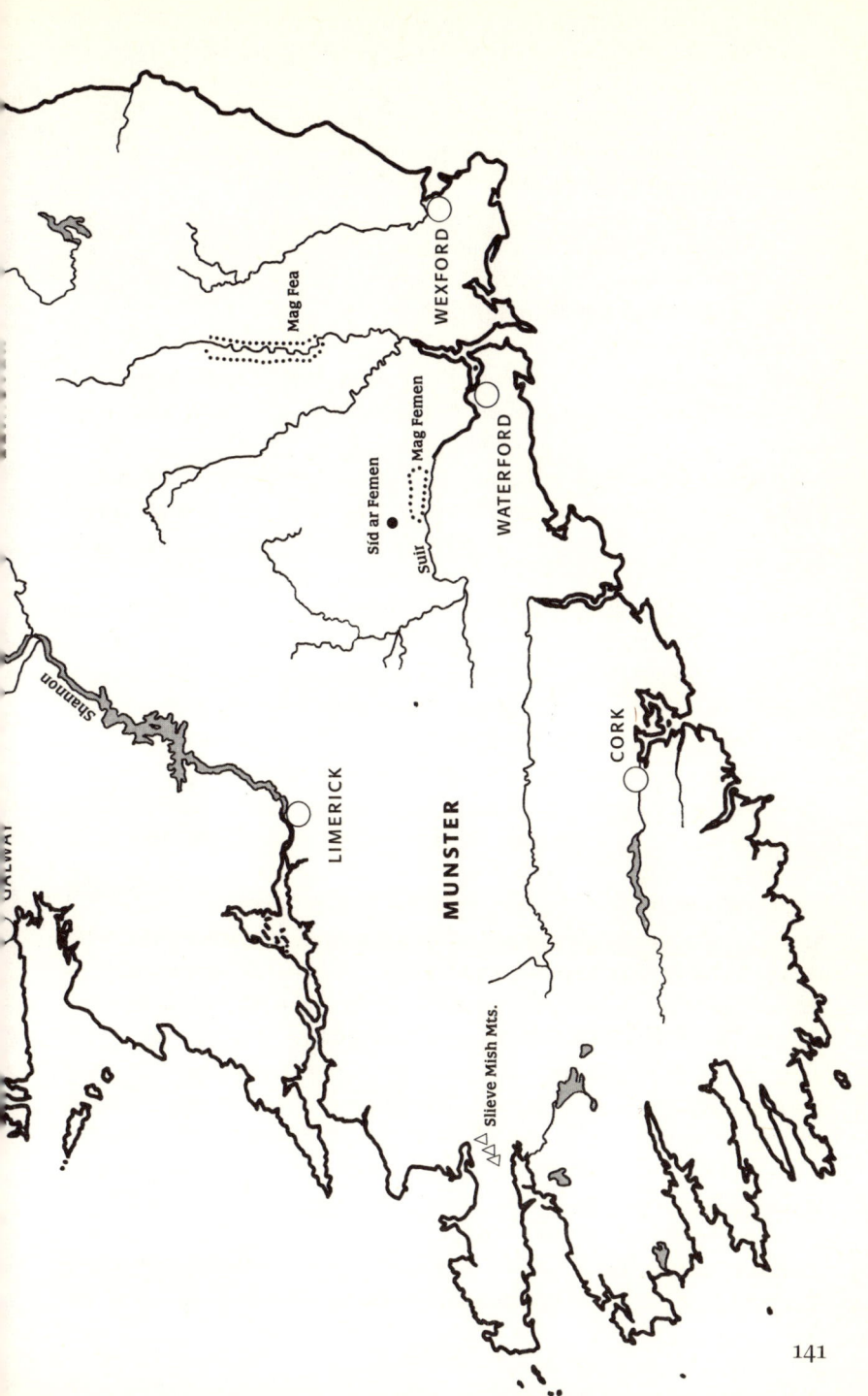

Daß Übersinnliches im Spiel ist, verraten die *remscéla*, die Vorgeschichten zum *Táin*. Viele Erzählungen sind im Laufe der Zeit in den Bann dieses Epos gezogen worden, aber
— Conchobars Empfängnis,
— Der Schwächezustand der Ulstermänner,
— Die Verbannung der Söhne Uisnechs,
— Cúchulainns Empfängnis,
— Das Werben um Emer und Cúchulainns Lehre,
— Der Tod von Aoifes Einzigem,
— Vom ... der zwei Schweinehirten,
— Die Offenbarung des Táin
gehörten seit langem schon zum Kern, weil sie Zusammenhänge herstellen und Erklärungen abgeben für Dinge, die im Hauptteil einfach »so sind«.

Zu diesen Dingen, die »so sind«, gehört Medb, die Königin von Connaught, die unbedingt den schwarzen Stier in ihren Besitz bringen muß: sie verdiente nun, wahrhaftig auch eine Vorgeschichte. Damit wäre aber der klösterliche Schreiber überfordert gewesen. Er hätte sie ohnehin aus seinem christlich-patriarchalischen Gottes- und Weltverständnis heraus zensurieren müssen, denn Medb ist keine andere als die große, königliche Muttergöttin, deren Wurzeln bis in die Steinzeit reichen. Sie verkörpert die Fruchtbarkeit, die Kräfte, die Leben schenken, nähren und schützen. Die Indoeuropäer faßten sie ins Bild der göttlichen Kuh, die ersten Ackerbauern und Viehzüchter erklärten den Stier zu ihrem heiligen Tier. Die Inselkelten sahen sie im Land – sie war das Land, Mutter Erde. Medb verkörpert darüber hinaus den Aspekt der Oberhoheit Irlands. Ihr Name verrät es. Er hängt mit »meduos«, »trunken, berauschend«, zusammen. Die Oberhoheit des Landes wählt sich den König; keiner wird rechtmäßiger Herrscher von **Tara**, ohne die heilige Hochzeit mit ihr zu vollziehen und ohne den berauschenden Trank, der die Machtfülle symbolisiert, aus ihren Händen entgegenzunehmen ...daher die wechselnden Gatten und zahlreichen Liebhaber der Medb. Ohne den mythologischen Hintergrund bleibt genau das von Medb übrig, was der brave Mönch in ihr sah – ein machtbesessenes, mannstolles Weib, das sich aus Geltungsbedürfnis die Führung von Männern, auch noch Kriegern, anmaßt und aus einer Laune heraus zwei Provinzen Irlands zu Grunde richtet.

Diese älteste Schicht des *Táin*, von Medb und den beiden Stieren, könnte einst eine ganz andere Bedeutung gehabt haben. Eine zweite, ehemalige, große Muttergöttin, **Brigit**, die das Christentum als **St. Bri-**

## Detailkarte: »Der Rinderraub von Cooley«

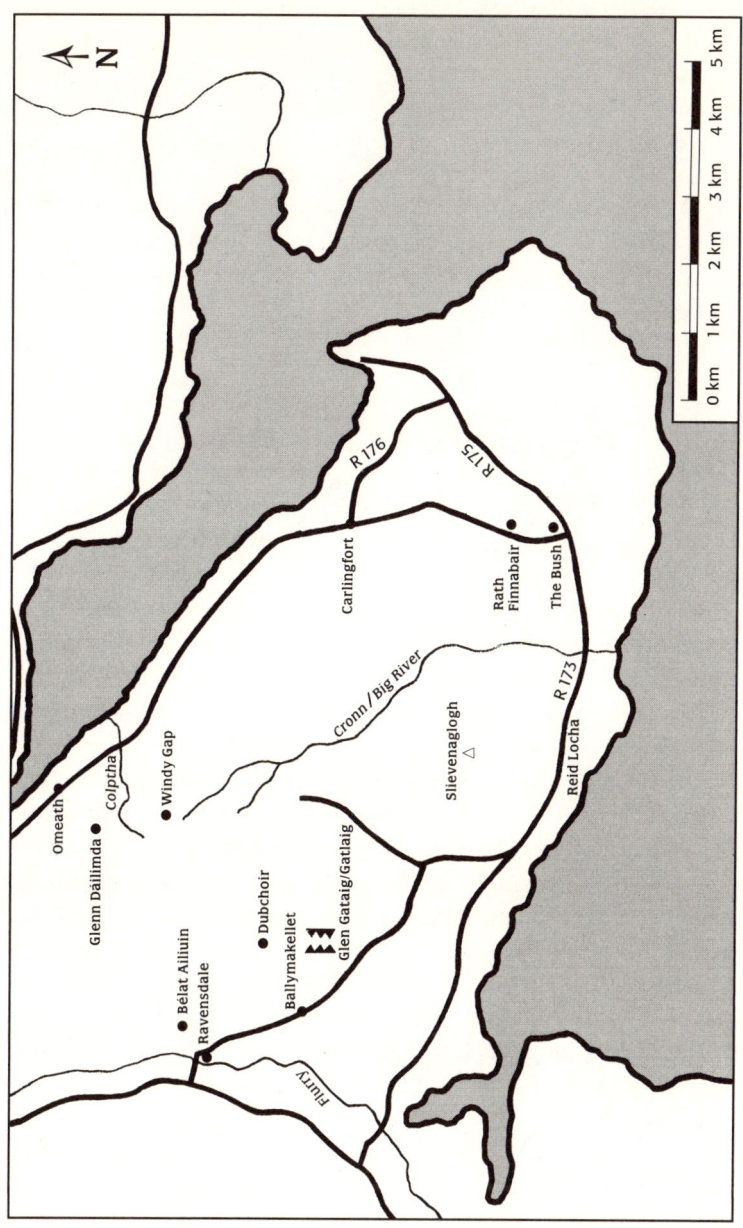

*gid* übernahm, besaß zwei magische Ochsen, Fea und Femen, nach denen jeweils eine Ebene, d. h. Ackerland, **Mag Fea** und **Mag Femen** in der Grafschaft Carlow bzw. Tipperary hießen. Bei sogenannten »primitiven Völkern« ist noch heute das Namengeben gleichbedeutend mit dem Erschaffen der Welt. Im *Táin* ist es mit dem Tod des weißen Stieres verknüpft. Der schwarze tötet den weißen und wandert mit Finnbennach auf den Hörnern durch Irland, wobei er überall Stücke des Besiegten fallen läßt: die Lende, das Rückgrat, das Schulterblatt, die Leber. Jedesmal ergibt das Wort für den heruntergefallenen Teil den topographischen Namen. Haben wir es hier vielleicht mit dem allerletzten Überbleibsel eines Welterschaffungsmythos zu tun? Opferte die Muttergöttin ihre heiligen Tiere zum Wohl der Menschen?

## Die Vorgeschichten · *Remscéla*

### Conchobars Empfängnis · *Compert Chonchobuir*

Die Sage, unter welchen Umständen der berühmteste Ulsterkönig, **Conchobar**, sein Leben begann, ist in wenigstens fünf Handschriften, in einer jüngeren und einer älteren Fassung erhalten. Die ältere dürfte aus dem 8. Jh. stammen und gibt einen Einblick in den weitgespannten Aufgabenbereich der **Druiden**, wenigstens am Hof König Conchobars.

Prinzessin **Ness**, Tochter von Eochy Sálbuide, saß mit ihren Frauen vor dem Palast von **Emain Macha**, als der Hofdruide, **Cathbad** von **Mag Inis**, vorbeiging. Die junge Frau wollte von ihm wissen, wozu dieser Tag und diese Stunde besonders günstig seien. »Um einen König mit einer Königin zu zeugen,« war die Antwort. Der Druide bekräftigte mit einem Eid, daß der Name des zu diesem Zeitpunkt empfangenen Knaben in Irland immer lebendig bleiben werde. Da weit und breit kein anderer Mann zu sehen war, nahm die Königstochter den Druiden zu sich. Drei Jahre ging sie schwanger mit dem wunderbaren Kind. Sie nannte es **Conchobar mac Nessa**, Conchobar, Nessas Sohn.

**Fergus mac Roich**, der damalige König von **Ulster**, hielt um Ness an, nachdem sie, Witwe geworden, manches Jahr allein gelebt hatte. Sie war bereit ihn zu erhören, unter der Bedingung, daß ihr Siebenjähriger die Königsherrschaft auf ein Jahr übernehmen dürfe, »so daß sich seine Söhne ›Prinzen‹ nennen könnten«. Fergus war einverstanden. Dieses

Jahr nutzte sie geschickt zu Propagandazwecken. Sie führte den Ulstermännern vor, was echte Großzügigkeit, die wichtigste Königstugend, sei, indem sie ihren Sohn und den Haushalt von dessen Zieheltern anwies, die eine Hälfte der Provinzbewohner heimlich zu berauben und damit die andere Hälfte zu beschenken. Außerdem verschenkte sie all ihre eigenen Schätze, ihr Gold und Silber, an die Krieger von Ulster. Übers Jahr überstieg Conchobars Beliebtheit diejenige von Fergus bei weitem. Überdies ärgerten sich die von Ulster, weil sie ihr König, sozusagen als Brautgeschenk, weggegeben hatte. Sie entschieden, was er verkauft habe, solle so bleiben, und was er erkauft habe ebenfalls – sie wollten Fergus nicht mehr als König. Conchobar wurde an seiner Statt König von Ulster.

### Der Schwächezustand der Ulstermänner · *Noiden Ulad*

Es gibt zwei ganz verschiedene Erklärungen für den Namen der Königsresidenz von **Ulster, Emain Macha**. Beiden ist jedoch gemeinsam, daß mit Macha unverkennbar die große, keltische Muttergöttin gemeint ist, einmal mehr vom Aspekt der Oberhoheit her, und in der vorliegenden Erzählung mit der Betonung auf der Mütterlichkeit. Sie ist im *Lebor Laignech* enthalten und berichtet, wie die Göttin von einer Kriegerelite beleidigt wird und wie sie sich rächt. Und eben diese Rache ist Schuld daran, daß die Ulsterhelden ein halbes Jahr darniederliegen und nichts gegen Königin **Medb** auszurichten vermögen!

Crunniuc mac Agnomain war ein wohlhabender Bauer mit einigem Land, der zusammen mit seinen Söhnen in den Hügeln von Armagh lebte. Seine Frau war ihm schon lange weggestorben. Einst war er allein im Haus, da trat eine junge Frau herein »und sie dünkte ihn schön«. Ohne ein Wort ging sie den notwendigen Arbeiten einer Bäuerin nach, bereitete das Essen für Familie und Gesinde, molk das Vieh und deckte nachts, vor dem Schlafengehen, das Feuer nach dem notwendigen Ritual mit Asche zu. Danach legte sie sich neben den Hausherrn aufs Lager. Vom Augenblick ihres gemeinsamen Lebens gedieh alles aufs beste auf Crunniucs Hof.

Als die Ulstermänner ihre Versammlung abhielten, schärfte ihm seine Frau ein, sie dort mit keinem Wort zu erwähnen, sonst sei es mit ihrer Zweisamkeit vorbei. Selbstverständlich versprach es ihr Mann.

Wie nun die Pferde des Königs ein Rennen nach dem anderen gewannen und die Menge, von ihrer Unschlagbarkeit überzeugt, beigeistert brüllte, behauptete Crunniuc, seine Frau sei schneller. Eine Version der Sage erklärt diese Behauptung durch Crunniucs Erfahrung: am Vorabend, bevor die Fremde zu ihm kam, ging ein fürchterliches Gewitter nieder. Im grellen Licht der Blitze sah der Bauer eine schöne, wilde Frau leichtfüßig von Hügel zu Hügel springen ... es war dieselbe, die anderntags bei ihm eintrat.

Auch wenn bei anderen Fassungen dieser Zusammenhang fehlt, das Ergebnis ist dasselbe. König Conchobar läßt ergrimmt den vorlauten Landmann festnehmen und schickt Boten, die Frau herzuholen. Sie soll den Beweis erbringen. Die Entschuldigung, sie sei hochschwanger, wird nicht angenommen – leistet sie dem Aufgebot nicht Folge, stirbt ihr Mann. Auf dem Rennplatz setzen die Wehen ein und die Frau bittet noch einmal König und Zuschauer inständig um Aufschub – wenigstens bis das Kind geboren ist, dann will sie ja mit den Pferden um die Wette laufen. Vergebens. So rennt sie denn gegen des Königs Streitwagen, bricht am Ziel jedoch zusammen. Einen schrecklichen Schrei ausstoßend brachte sie Zwillinge zur Welt: Emain Macha, die Zwillinge Machas. Mit letzter Kraft verfluchte sie die Ulstermänner. Jeder, der ihren Aufschrei hörte, sollte so schwach werden, wie eine Wöchnerin im Kindbett, und über neun Generationen sollte jedesmal, wenn die Ulstermänner in größter Not sind, eben dieser Zustand eintreffen. Ausgenommen davon waren Kinder, Frauen und **Cúchulainn**. Medb kannte natürlich das Handicap der Ulstermänner, sonst hätte sie nicht den Zeitpunkt der Schwäche für ihren Feldzug gewählt.

### Cúchulainns Empfängnis · *Compert Cúchulainn*

**Cúchulainn**, der Star unter den Ulsterhelden, kommt nicht nur unter besonderen Umständen zur Welt, er braucht dafür auch einen dreimaligen Anlauf. Überdies besitzt er zwei Väter, einen göttlichen und einen irdischen. Cúchulainns Empfängnis ist eine der ältesten Sagen, die wir besitzen. Sie wurde aus dem verlorengegangenen *Buch von Druimsnecht* (1. Hälfte des 8. Jh.) abgeschrieben. Davon gibt es eine ältere und eine jüngere Fassung. Letztere stellt ausdrücklich die Identität zwischen **Dechtire** und ihren Frauen und dem Vogelschwarm her, der die Helden zum **Boyne** lockt. Dechtire ist **Lugs** Gemahlin und Cúchulainn ist der Sohn des Paares. Die ältere Fassung lebt mehr von Andeutungen und gelegentlich fehlt ein logisches Bindeglied, aber eben das gibt ihr einen stärkeren **Anderswelt**charakter.

Immer wieder ließ sich ein Vogelschwarm auf der Ebene von Emain nieder und fraß alles ratzekahl: »weder Wurzeln noch Stengel noch Blatt« blieben übrig. Die Ulstermänner waren über den Schaden verärgert, und als die Gefiederten das nächste Mal erschienen, setzten sie ihnen in ihren Streitwagen nach. *Conchobar* ließ sich von seiner Tochter/Schwester Dechtire chauffieren, und hinter ihnen folgten die Ulsterhelden, Blai, **Sencha, Conall, Loegaire, Fergus, Amergin** und sogar **Bricriu**.

Die Vögel flogen gegen Süden, über die **Fews Mountains** und die Ebene von **Brega**. Sie waren herrlich anzusehen und ihr Gesang war köstlich. Neunmal zwanzig waren es, je zwei und zwei mit Silberkettchen verbunden. Gegen Abend flogen drei der Vögel zum **Bruig na Bóinne**. Die Nacht brach herein, es fing in schweren Flocken an zu schneien. Ein einzelnes, neu aussehendes Haus stand allein auf weiter Flur. Die Ulsterhelden baten um Nachtquartier und ein Ehepaar hieß sie willkommen. Obwohl das Haus so klein aussah, war mehr als genug Platz für alle. Nachdem sie die Tür zur Vorratskammer entdeckt hatten, schmausten die Ulsterhelden und sprachen vergnügt dem Alkohol zu. Wie sie so in vorgerückter Simmung waren meldete der Hausherr, seine Frau sei in den Wehen. Dechtire ging zu ihr und betätigte sich als Hebamme. Die Gastgeberin kam mit einem Jungen nieder. Gleichzeitig brachte die Stute vor der Tür zwei Fohlen zur Welt. Die beiden Pferdchen wurden dem Kind zum Geschenk gemacht. Dechtire liebte es, als ob es ihr eigenes wäre und legte es an die Brust.

Anderntags wachten die von **Ulster** im Freien auf – das Haus und das Ehepaar waren verschwunden, nur der Säugling und die Fohlen erinnerten an die Ereignisse der Nacht. Beides nahmen sie mit nach **Emain Macha**. Dechtire kümmerte sich um den Säugling, aber zu ihrem großen Schmerz starb ihr Schützling im Kleinkindalter. Durstig von der Totenklage setzte sie einen Becher Wasser an die Lippen, aber jedesmal, wenn sie trinken wollte, versuchte ein winziges Tier in ihren Mund zu schlüpfen. Schließlich verschluckte sie es. Im Traum erschien ihr der pankeltische Gott, **Lug**, und übernahm die Verantwortung für die Expedition zum **Boyne**. Das Kindchen, das sie umsorgt habe, sei sein Sohn gewesen. Nun sei er in ihren Schoß eingegangen und sie solle ihn unter dem Namen **Setanta** zur Welt bringen. Für ihn seien die Fohlen großzuziehen.

Das Volk munkelte von Inzest; es war verlautet, daß Conchobar in der Nacht am Boyne kaum mehr nüchtern gewesen war... Um dem Gerede zu entgehen verheiratete der König **Dechtire** mit **Sualdam** *mac Roich*, der als Cúchulainns irdischer Vater betrachtet wird. Die junge Frau mochte allerdings in diesem Zustand das Lager nicht mit ihrem Gatten teilen und brach die Schwangerschaft ab. Sie empfing jedoch sogleich wieder und diesmal wurde Lugs Sohn, Setanta, auch geboren.

Das Kind war kaum auf der Welt da ging schon der Streit am Ulsterhof los, wer sein Ziehvater sein dürfe. Jeder der Helden hielt sich selbst natürlich für am besten geeignet, das wunderbare Kind zu erziehen. Sencha pochte auf seine Weisheit – er habe den Vorrang vor allen anderen im Rate des Königs, Blai auf seinen Reichtum – er könne alle Männer Irlands eine Woche lang ernähren, Fergus auf seine Kraft und Tapferkeit - er unterdrücke die Starken und beschütze die Schwachen, Amergin, der sowohl Dichter als auch Fürst war, machte geltend, er brauche niemandem Rechenschaft abzulegen als dem König selbst. Der weise Richter Morann fällte schließlich ein wahrhaft salomonisches Urteil: alle sollten sie für Setanta sorgen, je nach Befähigung und Wohlstand. Conchobar solle ihn an seinen Hof nehmen, **Finnchaem**, die Mutter Conall Cernachs und Schwester Conchobars, seine Ziehmutter sein und ihn mit ihrer Milch nähren, Sencha ihn in der wohlgesetzten Rede unterweisen, Blai ihn mit allem Notwendigen ausstatten, Fergus ihn auf den Knien reiten lassen, Amergin ihm geheimes Wissen vermitteln. Sie würden das Kind gemeinsam erziehen und es gemeinsam liebhaben. Eines Tages würden die Rollen vertauscht, dann werde Setanta für sie alle eintreten. Solange er noch ein Baby war, lebte der zukünftige Held bei Finnchaem und Amergin in Dún Imrith in der Ebene von **Muirthemne**.

## Das Werben um Emer · *Tochmarc Émire*

Die Idee, **Cúchulainn** zu vermählen, ist alt, Ansätze dazu gibt es seit dem 8. Jh. Der Text aus dem *Lebor na hUidre* wurde im Laufe der Zeit immer wieder verändert, Passagen wurden ausradiert, neue Blätter eingeheftet. Was verblüfft, ist, daß bei diesem Prozeß kein klischeebeladenes Heldenweib entsteht, sondern ein sehr differenziertes Frauenbild. **Emer** hat ihre Vorzüge und ihre Fehler. Sie ist schön, klug, großzügig, aber nicht frei von Eifersucht. Ihr Heldengatte funktioniert nur deshalb so gut in der Außenwelt, weil sie ihn treu umsorgt, ihm Informationen hinterbringt und ihm gute Ratschläge erteilt. Hält er sich nicht daran, kommt es zur Katastrophe, wie im Falle **Conlais**. Hier sind wir

Cúchulainn rast auf seinem Streitwagen zu Emer. Szene auf der Rückenlehne der Kline von Hochdorf.

zwar erst bei der ersten Begegnung mit Emer, aber all diese Züge sind in dieser ersten Erzählung bereits angelegt.

Zwar bewunderten die Ulstermänner ihren jungen Helden, aber es war ihnen doch nicht ganz recht, daß er ihren Frauen und Mädchen den Kopf verdrehte. Sie fanden, es wäre sicherer, Cúchulainn zu verheiraten. Einerseits wollten sie verhindern, »daß er ihnen die Liebe ihres Frauenvolkes stahl«, andererseits befürchteten sie, er könne jung und ohne Nachkommen sterben.

*Conchobar* ließ ein Jahr lang das Land nach einer geeigneten Braut durchsuchen aber Cúchulainn war nicht begeistert vom Ergebnis. Da versuchte er sein Glück auf eigene Faust, zog sein bestes Gewand an und fuhr forschen Stils, unter Donnergetöse zusammen mit Laeg vor der Festung seiner Angebeteten in **Luglochta Logo** vor. Sie hieß Emer, war die Tochter Forgall Monachs, eine große Schönheit, mit angenehmer Stimme, keusch, d. h. wählerisch im Umgang mit Männern, bewandert im Sticken und der wohllautenden Rede, und klug, so klug, daß sie mühelos die scharfsinnige Rätselrede, womit Cúchulainn einige Seiten füllt, nicht nur verstand, sondern ebenso geistreich parierte. Cúchulainn hatte zu diesem Mittel gegriffen, um sein Werben vor den anderen

Mädchen und sogar seinem Wagenlenker geheimzuhalten. Er benötigt danach den ganzen Heimweg nach Emain Macha, um für diesen das Zwiegespräch in die Alltagssprache zu übersetzen.

In dieser dunklen Sprache beschrieb Cúchulainn zum Beispiel den Weg, den er von Emain Macha genommen hatte, wie er die **Fews Mountains** durchfuhr und sich danach links vom **Slieve Gullion** hielt, die Ebene von **Muirthemne** und den Lehmboden von **Grellach Dollach** überquerte, über Druimne Breg, den Rücken von **Brega**, rollte, den Umweg über **Bruig na Bóinne** machte und das **Nanny Water** durchfuhr und über den Ailbine, heute **Delvin**, setzte, bevor er in Luglochta Logo ankam.

Während ihres vertraulichen Gesprächs dürfte sich Emer wohl etwas vorgebeugt haben, denn Cúchulainn vermochte kaum die Augen vom »Doppelhügel ihrer Brüste« zu wenden: dreimal wiederholte er sehnsüchtig, in dieser Landschaft möchte er seine Waffen ruhen lassen. Emer ließ ihn die Bedingungen wissen, unter denen sie einen Mann durch diese Landschaften ziehen ließe: einhundert müsse der an den Furten zwischen dem Delvin und dem Boyne erschlagen, einschließlich ihrer zauberkräftigen Tante, die ihm in verschiedener Gestalt nach dem Leben trachte. Er müsse über alle drei Wälle ihrer Festung hinwegsetzen können, acht Männer auf einen Streich enthaupten und überdies sie, Emer, und ihre Ziehschwestern aus der Burg rauben und sie mit Gold und Silber aufwiegen, ohne ihren Brüdern ein Haar zu krümmen. Er müsse fähig sein, von *Samhain* bis *Imbolc* und von *Beltene* bis *Lugnasa* ohne Schlaf auszukommen. Cúchulainn versprach ihr alles zu erfüllen. Ahnte er wohl, daß er die Genügsamkeit im Schlafen bald unter Beweis stellen mußte? Im *Táin* wird er für eben diese Fähigkeit berühmt.

Emers Vater war von einem Cúchulainn als Schwiegersohn keineswegs entzückt und trachtete danach, die Verbindung schon im Anfangsstadium auseinanderzubringen. Als gallischer Gesandter verkleidet verschaffte er sich Zutritt zu Conchobars Hof und ließ dort verlauten, die perfekte Ausbildung für einen jungen Helden sei nur in Alba, Schottland, zu bekommen, in der Hoffnung, Cúchulainn werde von da nie mehr zurückkehren. Wie erwartet zögerte Cúchulainn nicht, in die Fremde zu gehen, traf sich vor der Abfahrt jedoch noch einmal heimlich mit Emer. Sie klärte ihn über die List ihres Vaters auf, die einzig darauf abzielte, sie voneinander fernzuhalten.

Sie gaben sich ein gegenseitiges Keuschheitsversprechen, was für Cúchulainn offensichtlich nur Ehelosigkeit bedeutete, hatte er doch eine ganze Reihe von Abenteuern im Reich der **Scáthach**, seiner zukünftigen Lehrmeisterin, die nicht nur kriegerischer Art waren. Es ist offensichtlich nicht das geographische Schottland, es ist wirklich die **Anderswelt**, die Cúchulainn für sein Studium betritt. Öfter gerät er in Lebensgefahr, schreckliche Untiere, schwierige Übergänge, unwegsame Wege, schlüpfrige, schmale Brücken über gräßliche Abgründe, gefährliche Wesen, wie Scáthach selbst, die erst bezwungen werden muß, bevor sie seine Trainerin in der Waffenkunst wird, gehören zum Inventar dieses Landes oder begegnen ihm überraschenderweise. Eine solche Begegnung, die Folgen hatte, war diejenige mit der Kriegerin **Aoife**. Sie schenkte ihm einen Sohn, **Conlai**, der als Halbwüchsiger seinen Vater in Irland aufsuchen wird. Er steht unter dem *geis*, niemals, unter keinen Umständen, einer einzelnen Person seinen Namen zu nennen...

Bevor Scáthach Cúchulainn entließ sagte ihm diese mächtige Zauberin die Zukunft voraus: in einem Gedicht, das zu den ältesten, erhaltenen Fragmenten gehört, beschrieb sie ihm den Kampf zwischen dem weißen und dem schwarzen Stier, **Medbs** Kriegszug nach **Ulster**, seine eigenen Heldentaten und seinen frühen Tod, ebenso wie den Tod seines Sohnes Conlai. Sie schenkte ihm, als dem einzigen all ihrer Schüler, den *gae bulga*, die Geheimwaffe, die ihn unschlagbar machen sollte.

Es war nicht etwa so, daß Cúchulainn nach seiner Lehre vor Forgalls Fort in Luglochta Logo kam, sah und siegte. Im Gegenteil: ein Jahr lang fuhr er ergebnislos um die Festung herum, die einfach zu gut bewacht war. Schließlich ließ er seinen *carpat serrda*, seinen Sichelwagen anspannen, und mähte die Wächter nieder, so daß er endlich die Heldentaten vollbringen konnte, die Emer von ihm erwartete. Wie geplant entführte er schließlich Emer und brachte sie in der Abenddämmerung nach **Emain Macha**. Voller Stolz stellte er sie König Conchobar und dem Ulsterhof vor, aber es hätte nicht viel gefehlt und **Bricriu** hätte wieder einmal alles verdorben. Er erinnerte nämlich Conchobar, mitten im Trubel der Ankunft, an seine Verpflichtung, die erste Nacht mit jeder Braut in seinem Reich zu verbringen. Cúchulainn geriet darüber in solchen Zorn, daß er am ganzen Leibe zitterte. Das Sitzkissen barst unter ihm und Flaumfedern flogen durch die Luft. Sogar **Cathbad** wußte nicht sogleich Rat: einerseits durfte der König sein *geis* nicht verletzen, andererseits würde Cúchulainn jeden umbringen, der sich an seiner Auserwählten vergreifen würde, und wäre es der König selbst. Zur Ablenkung schickte Conchobar seinen Helden, das Wild von den Fews Mountains herunterzuholen. Kurze Zeit später trieb Cúchulainn in der

Manier eines Berserkers Wildschweine, Hirsche und allerlei geflügeltes Getier auf der Grünfläche vor der königlichen Festung zusammen. Damit war der größte Teil seiner Wut verraucht. In einer Krisenberatung am Hof kam ein Kompromiss zustande: Emer mußte zwar mit Conchobar das Lager teilen, aber Fergus und Cathbad legten sich auch dazu, »um Cúchulainns Ehre zu schützen«. Conchobar bezahlte anderntags den Brautpreis für Emer und Cúchulainn erhielt obendrein eine Kompensation für »Gefährdung der Ehre«. Von da an verbrachten Emer und Cúchulainn ihr Leben zusammen und trennten sich nicht mehr bis zum Tod.

### Der Tod von Aoifes Einzigem · *Aided Oenfir Aife*

Das Motiv vom Vater, der unwissentlich seinen Sohn im Zweikampf tötet, ist international und bereits aus der Sanskritdichtung bekannt. In der keltischen Sage taucht es wieder auf, aber mit einer kulturellen Variante: Cúchulainn weiß im Grunde ganz genau, wen er in dem jungen Fremdling vor sich hat, schließlich hat Emer seine Identität erraten, aber er hört nicht auf sie. Er weist sie barsch ab, mit dem Hinweis, daß es sich um eine Männerangelegenheit handle, eine Angelegenheit, die Frauen nicht verstünden. Es geht hier um die Ehre des Kriegers. Und diese Ehre geht über alles – sogar über den gesunden Menschenverstand. Die Sage ist im 9. Jh. aufgeschrieben und ins *Gelbe Buch von Lecan* aufgenommen worden.

Cúchulainns Sohn, **Conlai**, wuchs bei seiner Mutter, **Aoife**, in Schottland, bzw. der **Anderswelt**, auf, bis der vom Vater zurückgelassene Goldring an seinen Daumen paßte. Wie vereinbart schickte ihn Aoife dann nach Irland, nicht ohne ihm noch einmal die von Cúchulainn ausgesprochenen *gessa* in Erinnerung zu rufen: der Junge dürfe seinen Namen keiner einzelnen Person nennen und er müsse jeden Zweikampf annehmen.

Die Ulstermänner waren am Strand versammelt. In der einen Sagenfassung auf Trá Esi, in einer anderen auf Trá Baile, auf jeden Fall in **Muirthemne**, Cúchulainns heimatlichem Territorium. Sie beobachteten mit Erstaunen, wie ein Bronzeschiffchen mit goldenen Rudern auf sie zuhielt. Ein Junge saß darin, der sich die Zeit damit vertrieb, mit seiner Steinschleuder Seevögel vom Himmel zu holen, ohne sie zu töten. Er sandte einen Stein hoch, der ein solch starkes, sirrendes Geräusch von sich gab, daß die Vögel betäubt herunterfielen. Er ließ sie wieder fliegen

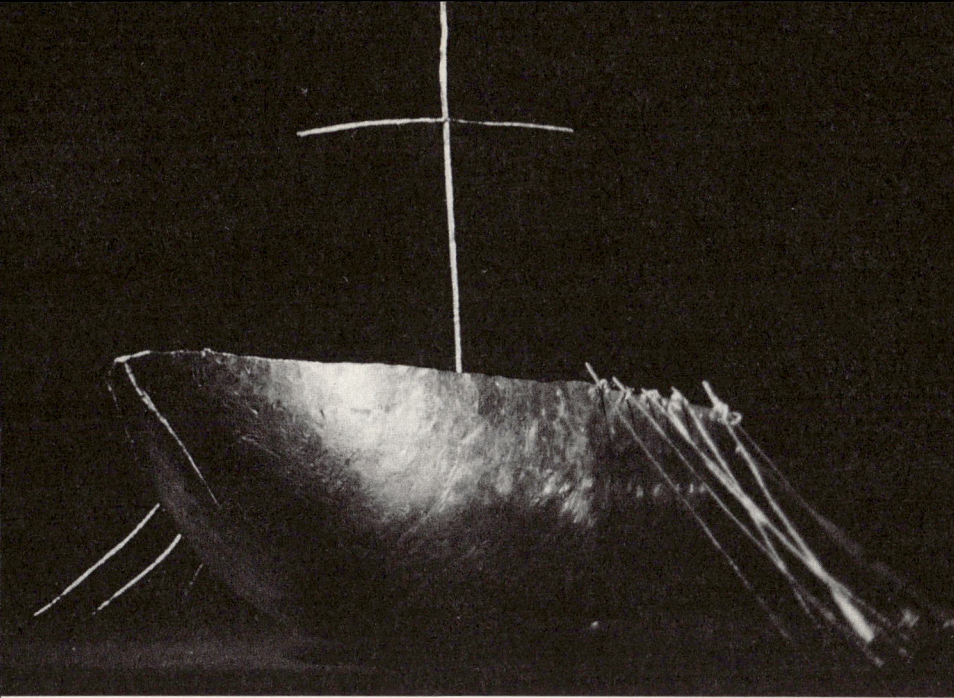

Goldboot von Broighter. Conlai erscheint in einem Bronzeschiffchen mit Goldrudern.

und holte sie zum zweiten Mal, nur durch den Klang seiner Stimme, herunter.

Solche Geschicklichkeit beeindruckte die Ulstermänner. Conchobar sprach aus, was alle anderen dachten: wenn ein Halbwüchsiger schon so viel vermochte, was könnten da erst die Männer dieses Stammes ausrichten? Sie würden die Ulsterhelden in Grund und Boden stampfen. Jedenfalls solle man den Jungen nicht landen lassen. Sie schickten dem Fremdling den Helden Condre entgegen, um ihn auszuhorchen. Aber getreu seinem *geis* war er nicht gewillt, einem Einzelnen seinen Namen zu verraten. Condre warnte ihn, halb gutmütig, aber mit der Überlegenheit eines Andersweltwesens drehte der Junge den Spieß um: hätte Condre auch die Kraft von hundert Männern, er ließe sich nicht aufhalten. Condre war so verblüfft über die Antwort, daß er es aufgab, den Fremden am Landen zu hindern. **Conall Cernach**, immer auf die Ehre Ulsters bedacht, ärgerte die Unverschämtheit des Dreikäsehochs. Er bewegte sich drohend auf ihn zu und erfuhr dieselbe Behandlung wie die Vögel: der aufsteigende Schleuderstein erfüllte die Luft mit solch gewaltigem Sirren, daß Conall, der große Ulsterheld, betäubt hinschlug. Flink fesselte ihm der Knirps mit dem Schildriemen die Hände. Das Hohngelächter seiner Kameraden wollte nicht enden!

Jetzt näherte sich Cúchulainn, Kunststücke vollführend, dem Jungen. Emer, die längst begriffen hatte, daß nur Cúchulainns eigener Sohn die Ulsterhelden zum Gespött machen könne, legte beschwichtigend die Arme um den Hals ihres Gatten und bat ihn, inständig, die Herausforderung seines Sohnes nicht anzunehmen. Er solle auf sie hören und umkehren, solle an die Worte der **Scáthach** denken. Sie spreche aus gesundem Menschenverstand, schließlich wüßten sie ja alle den Namen des Fremden. Er sei Conlai, **Aoifes** Einziger! Aber für Cúchulainn zählte in dem Augenblick allein der Ehrenkodex der Krieger und er wies sie, poetisch, doch in aller Schärfe, zurück. Sie hätte zu schweigen, bei diesem Werke brauche er die Hilfe einer Frau nicht! Die Ehre Ulsters stehe auf dem Spiel. Blut müsse fließen, auch wenn es das seines eigenen Sohnes wäre! Geflissentlich überhörte er, daß der Junge mehreren Kriegern seine Identität enthüllen dürfe und bestand darauf, daß er ihm seinen Namen nennen oder sterben solle. Es ging ihm ums Prinzip!

Der junge Fremde zeigte dieselbe Entschlossenheit zu kämpfen. Wohl war Cúchulainns Sohn, das Kind einer Lehrmeisterin der Kriegskunst aus der Anderswelt, von wundersamer Geschicklichkeit: mit seinen präzisen Schwerthieben scherte er den väterlichen Schädel kahl und warf seinen Erzeuger beim Ringen dreimal auf den Boden, obwohl er dazu auf Steine steigen mußte, da er Cúchulainn nichteinmal bis zum Gürtel reichte. Aber Scáthach hatte ja ihrem Musterschüler Cúchulainn eine Geheimwaffe gegeben. Nachdem Conlai seinen Vater zweimal um ein Haar ertränkt hätte, benutzte dieser den *gae bulga*, der dem Halbwüchsigen die Eingeweide herausriß.

Cúchulainn nahm den Sterbenden auf den Arm und legte ihn am Strand den Ulstermännern vor die Füße. Hier, sein Sohn! Conlai bedauerte, daß ihm keine fünf Jahre unter ihnen vergönnt gewesen seien. Gemeinsam hätten sie sich »die Krieger der Welt« untertan machen und die Herrschaft bis nach Rom ausdehnen können. Er bat, jedem Krieger vorgestellt zu werden, ließ sich ihre Namen und Heldentaten aufzählen und verabschiedete sich von jedem mit einer Umarmung, bevor er starb. Cúchulainn begrub seinen Sohn eigenhändig. Er schüttete einen stattlichen Grabhügel auf und setzte einen Stein darauf. Zum Zeichen der Trauer durfte in Ulster drei Tage lang kein Kalb zum Muttertier.

# Vom... der zwei Schweinehirten · *De chompur in da mucado*

Der Titel dieser Geschichte ist korrumpiert und die exakte Bedeutung von »chompur« brachte auch Thurneysen nicht heraus. Andere Keltologen schwanken zwischen »Wettstreit«, »Empfängnis« oder auch »Geburt«. Die Erzählung ist einmal im *Lebor Laignech* und einmal in einer modernen Abschrift vom Ende des 18. Jh. auf uns gekommen. Obwohl manches fehlt ist leicht erkennbar, daß es sich um die komplizierte Inkarnation der beiden magischen Stiere, **Finnbennach** und **Donn**, handelt. Ist schon ein gewisser Aufwand nötig, wenn sich ein Gott in einem Menschen manifestieren will, wie beispielsweise **Lug** in **Cúchulainn**, so steht das in keinem Vergleich zu den Metamorphosen, die die beiden Anderweltwesen **Rucht** und **Runce**, in anderer Fassung Rucht und Friuch, durchlaufen, bis sie endlich zu den Boviden gehören.

Rucht und Runce waren die Schweinehirten der Feenkönige von **Munster** beziehungsweise von **Connaught**. Rucht diente **Bodb** vom **Síd ar Femen**, Runce Ochall vom *síd* in **Rathcrogan**. Die Herren als auch die Knechte lebten in gutem Einvernehmen miteinander. War im Herbst die Eichelmast im Norden gut, lud Runce seinen Freund mit seiner Herde ein, war es umgekehrt, konnten sich seine Schweine, im Süden, die Bäuche vollschlagen. Unbekannte suchten das Freundschaftsverhältnis zu zerstören. Da beide Hirten in Zauberkünsten bewandert waren, versuchten sowohl die Connaughter als auch die von Munster herauszufinden, welcher von den beiden mächtiger sei. Vom Wettbewerbsdenken angesteckt sprach Rucht, als er im folgenden Jahr in Munster weilte, einen Zauberspruch über Runces Schweine. Jetzt mochten sie fressen, soviel sie wollten, sie wurden nicht fett. Im Gegenteil, vor Schwäche konnten sie kaum den Rückweg nach Norden antreten. Alle lachten den anscheinend saumseligen Hirten aus. Im folgenden Jahr spielte Runce Rucht denselben Streich. Diesmal blieben dessen Schweine klapperdürr. Zwar war nun der Beweis erbracht, daß beide Schweinehirten gleich viel Macht besaßen, aber sie wurden beide wegen Pflichtvergessenheit von ihren Anderweltherren gefeuert.

Seither waren sie sich gram und suchten jede Gelegenheit zur Auseinandersetzung. Erst verfolgten sie sich zwei Jahre lang in Gestalt zweier Raubvögel. Ein Jahr bekämpften sie sich über dem Palast von **Cruachan**, ein Jahr über dem Palast von Síd ar Femen. Eines Tages stand ein Grüppchen Munstermänner zusammen und beobachtete die lärmenden Vögel, da wurden diese plötzlich wieder zu Schweinehirten, die üble Prophezeiungen ausstießen und sich vor ihren Augen in Wassertiere verwandelten. Das eine lebte ein Jahr im **Shannon**, das andere im Suir, wobei sie sich in Abständen besuchten, mit der Absicht, sich gegenseitig zu verschlingen. Darauf wurden sie wieder, in zweijährlichen Abständen, zu Hirschen, zu Kriegern, Gespenstern, Drachen, »die sich gegenseitig Schnee auf ihr Land warfen«, und schließlich zu zwei Würmern. Der eine ließ sich in der Quelle, Úrán Garaid von **Rathcrogan**, nieder, der andere im Bach Glais Cruinn auf der **Cooley**-Halbinsel. Den einen verschluckte eine Kuh aus der Herde der Königin *Medb* beim Saufen, den anderen eine Kuh von Dáire mac Fiachna, bei derselben Tätigkeit. Beide Kühe brachten gleichzeitig ein Kalb zur Welt, ein schwarzes und ein weißes, *Finnbennach* von Cruachan und *Donn* von Cuailgne. Als sie noch Schweinehirten waren hießen sie Rucht und Runce, als Raubvögel Ingen (Kralle) und Eite (Flügel), als Meerestiere Bled (Wal) und Blod (Seetier), als Krieger Rinn (Spitze) und Faebur (Schneide), als Gespenster Scáth (Schatten) und Sciath (Schild), als Würmer Crunniuc und Tuinniuc und als Stiere Finnbennach und Donn.

### Die Offenbarung des Táin · *Dofallsigud Tána Bó Cuailgne*

»Die Offenbarung des Táin« gehört auch zu den *remscéla*, obwohl sie nichts zur Hauptgeschichte beiträgt. Sie beschäftigt sich mit der Überlieferung, der literaturhistorischen, oder besser, wenn man so sagen darf, literaturmythologischen Seite des *Táin*. Sie gehört nicht zu den ältesten Erzählungen, dürfte aber beliebt gewesen sein. Aus dem 12. Jh. gibt es zwei Fassungen, eine kurze und eine erheblich längere, alle beide im *Lebor Laignech*. Es geht darum, daß sich im 7. Jh. niemand mehr in Irland findet, der den *Táin* in seiner ganzen Länge kennt, bis **Fergus mac Roich** kurzfristig von den Toten aufersteht und den Dichtern Érainns das vollständige Epos vorträgt. Die zweite Fassung verwikkelt **St. Ciaran** von **Clonmacnois** in die Suche nach dem *Táin*, so daß in der langen, komplizierten Erzählung, die sich im 15. Jh. daraus entwickelte, dieser Heilige den Text von Fergus auf das Pergament aus seiner berühmten Schwarzbraunen diktiert bekommt. Die älteste noch erhaltene Sammelhandschrift heißt *Lebor na hUidre*, »Buch der dunkelfarbigen Kuh«. Es wurde in Clonmacnois geschrieben und enthält Fragmente des *Táin*!

Einen literaturhistorischen Anflug haben diese Erzählungen ja doch. Wenn auch verschwommen und konfus, dürfte es sich um Erinnerungen an den Übergang von der mündlichen zur schriftlichen Überliefe-

Clonmacnois (Gr. Offaly). St. Ciorans Klosterstadt, wo der Táin auf Pergament aus seiner schwarzbraunen Kuh aufgeschrieben wird.

rung im 7./8. Jh. n. Chr. handeln. Dies bestärkt die Vermutung, daß der *Táin* wohl als lose zusammengefaßte Einzelsagen, bereits vor der Niederschrift, mündlich in Umlauf war. Es ist möglich, daß der Dichter, **Senchán Torpéist**, tatsächlich diesen Sagenkranz in eine Abfolge brachte, im Prinzip so, wie wir ihn heute noch vor uns haben.

Einst versammelte Senchán Torpéist, der Dichterfürst, alle Dichter Irlands, um herauszufinden, ob noch einer unter ihnen den ganzen *Táin* rezitieren könne, aber sie kannten alle nur Bruchstücke daraus. Da man in der Bretagne eine vollständige Quelle vermutete, fragte der *ollam*, wer von seinen Schülern, um seines Segens willen, die Reise unternehmen wolle. Zwei meldeten sich, Emine, Enkel des Ninéne, und sein eigener Sohn, Muirgen. Die Burschen wanderten südwärts und kamen am Grab des Helden, Fergus mac Roich am **Finnlough** vorbei. An den Grabstein gelehnt versank Muirgen in tiefe Gedanken, während sein Gefährte ein Nachtquartier suchte. In dem jungen Dichter drängten sich poetische Ideen zu einem Gedicht, das er an den Grabstein richtete. Es schloß mit den Worten, wäre dieser nicht einfach nur ein Stein, er, Muirgen, würde ihm den Táin entlocken. Plötzlich umhüllte ihn dichter Nebel. Fergus, der Fergus aus dem Ulsterzyklus, der Held mit dem vollen, braunen Haarschopf, schritt fürstlich gekleidet und prächtig bewaffnet, grimmig und zugleich ehrfurchtgebietend, auf den jungen Dichter zu. In einer dreitägigen Sitzung erzählte er ihm, »wie sich alles zugetragen, von Anfang bis Ende«, das ganze, lange Epos. Als sich der Nebel lichtete und eine Suchmannschaft Muirgen wiederfand, eilten alle beglückt zu Senchán zurück. Andere sagen, Senchán habe den *Táin* von Fergus persönlich erzählt bekommen, nachdem er gegen die Heiligen aus Fergus Linie gefastet habe.

## Die Hauptgeschichte: *Táin*

Das sogenannte »Kopfkissengespräch« eröffnet den eigentlichen *Táin*. **Ailill** und **Medb** von **Connaught** plauderten vor dem Einschlafen auf ihrem königlichen Lager, wie das unter Eheleuten eben so üblich ist. Irgendwann kam Ailill auf die Vermögensverhältnisse zu sprechen und mit einem Anflug von Selbstgefälligkeit machte er seine Frau darauf aufmerksam, wie viel bessergestellt sie seit ihrer Heirat mit ihm doch sei. Ohne ihn sei es ihr auch nicht eben schlecht gegangen, gab Medb mit gewisser Schärfe zurück, worauf er die Unvorsichtigkeit besaß, sie an die nachbarlichen Plünderungen zu erinnern, denen sie als alleinstehende Frau ausgesetzt gewesen sei. Das ärgerte die Königin und mit wachsender Erregung setzte sie ihm ihren Rang und ihre gesellschaftliche Stellung und die dazugehörigen Implikationen auseinander: als Tochter des Hochkönigs von Irland, als stolzeste und gebildetste von sechs Schwestern, als Oberbefehlshaberin einer eigenen Armee von einigen tausend Mann, Besitzerin der Provinz Connaught, habe sie, Medb, die Könige von **Leinster, Tara** und **Ulster** abgewiesen, da diese ihren Ansprüchen nicht genügt hätten. Sie habe sich ihn, Ailill, den Prinzen von Leinster, zum Gatten genommen, weil er die königlichen Tugenden besitze und weder Geiz, Furcht noch Eifersucht kenne. Letzteres sei besonders wichtig, da bei ihr immer der nächste Mann im Schatten des Gegenwärtigen gewartet habe... Sie erinnerte ihn an die gewaltige Mitgift, die sie in die Ehe gebracht habe und daß, ganz im Gegenteil, er von ihrem Gut lebe: juristisch sei er ein »Mann auf Weibergut«, jawohl!

Das wiederum ließ Ailill nicht auf sich sitzen und so verfiel das königliche Paar, mitten in der Nacht, darauf, seinen Besitz, Stück für Stück, zu vergleichen: Kessel, Eimer, Eisentöpfe, Goldschmuck, Gewänder »purpurn, blau, schwarz, grün, gelb, vielfarben, kariert, gestreift, die Schaf-,

Rathcrogan (Gr. Roscommon). Hier steht Medbs und Ailills Palast.

Schweine-, Pferde- und Rinderherden sind gleichwertig bis auf eine Ausnahme. Ailill besitzt den mächtigen Stier **Finnbennach**, eigentlich ein Kalb aus Medbs Herde, der sich, ausgewachsen, jedoch weigerte, »von einer Frau geführt zu werden«. Medb wird nun alles daran setzen, das Gegenstück zu erlangen, zumal sie weiß, daß Dáire mac Fiachna ein solches besitzt, den schwarzen Stier von **Cooley**. Sie schickte Boten mit angenehmsten Versprechungen dorthin, die den Stier auf ein Jahr ausborgen sollten. Falls Dáire persönlich mit dem Stier erscheine, solle er ein Stück der **Rathcrogan**-Ebene haben, einen Streitwagen von 7 *cumal* und obendrein »die Gunst von Medbs Schenkeln«. Es ist zu verstehen, daß Dáire vor Freude auf- und niederhüpfte, »bis die Nähte seines Sitzkissens platzten«. Er versorgte die Boten so wohl, daß sie im Suff ihr Geheimnis ausplauderten: hätten sie den schwarzen Stier **Donn** nicht freiwillig bekommen, so würden sich ihn die Connaughter mit Gewalt holen! Jetzt war Feuer unterm Dach. Die Boten wurden mit Schimpf und Schande nach Hause geschickt. Medb zog ein Riesenheer zusammen und da, laut den Druiden, wenigstens sie heil aus dem ganzen Abenteuer heimkehren würde, wartete sie nur auf ein günstiges Omen für den Auszug... Mittlerweile hielt sie Truppeninspektion ab: **Cormac Conloinges** war eben mit den 3 000 prächtig gekleideten und hervorragend gerüsteten Exil-Ulsterern eingerückt. Wie sie sich ihrem Streitwagen zuwandte fiel ihr eine junge Frau auf. Sie entsprach von den blonden Haarflechten, wovon zwei als Krone auf ihrem Kopf saßen, während die dritte bis zur Wade hinunterhing, bis zu den »karmesinroten, sorgfältig geschnittenen, gerundeten scharfen Fingernägeln«, dem damaligen Schönheitsideal. Unter ihren Händen entstand als Brettchengewebe eine Borte aus Goldfäden, aber auf ihrem Wagen lagen Waffen. Es war Fedelma, Dichterin und Seherin. Begierig die Zukunft zu erfahren, drängte Medb sie, eine Prognose für ihre Armee zu stellen. Weil ihr die Königin einfach nicht glauben wollte, wiederholte Fedelma dreimal, sie sähe rot... beim vierten Mal fügte sie hinzu: sie sähe blutrot... Medb ließ sich aber dadurch nicht von ihrem Raubzug abhalten. Sie vertraute auf den Schwächezustand der Krieger von **Emain Macha** und verbannte *Cúchulainn* aus ihren Gedanken, obwohl ihr die Seherin seine Heldentaten voraussagte.

Am Montag nach *Samhain* setzte sich der Heerzug in Bewegung. Auch wenn von den 67 genannten Ortsnamen zwischen Rathcrogan und Cooley die meisten nicht auszumachen sind, läßt sich die Richtung des Hin- und Rückzugs rekonstruieren.

Wie langsam Heer und Troß vorankamen – »jeder Unterkönig reiste mit seiner Königin« und seinem Hofstaat – zeigt sich an der ersten Etappe: das erste Nachtlager wurde in Cúil Silinne unweit von **Tulsk** aufgeschlagen.

Die Königin war unzufrieden mit ihren Galleoin, Söldnern aus dem Norden Leinsters, weil sie sich vor allen anderen hervortaten. Ihr Quartier war bezugsbereit, als die andern gerade anfingen Zelte aufzuschlagen, und sie genossen ihre Freizeit, als die anderen noch in der Suppe rührten. Nahm sie nun diese Gesellen mit, so würden sie den ganzen Kriegsruhm einheimsen, ließ sie sie zurück, mußte sie befürchten, sie könnten sich, hinter ihrem Rücken, an ihrem Territorium vergreifen. *Fergus* hielt sie mit Mühe davon ab, sie alle, sicherheitshalber, umzubringen. Sie bestand darauf, sie wenigstens auf die 17 anderen Abteilungen zu verteilen. So büßte die Königin ihren Stoßtrupp gleich zu Anfang ein.

Bei **Móin Coltna**, am **Shannon**, stieß der Zug anderntags auf Wild. Vorrat war zu ergänzen bevor sie über den Fluß setzen konnten. Auf **Mag Trego**, der Ebene östlich von Longford, blieben sie die nächste Nacht. Hier verursachte Dubthachs Vision von Cúchulainns Heldentaten den Soldaten Alpträume von der Kriegsdämonin, *Nemain*.

Fergus, der Medbs Heerzug anführte, warnte heimlich seine Landsleute durch Boten von **Granard** aus und zog auf einem großen Umweg durchs Land, um den Ulstermännern Zeit zu lassen. Cúchulainn wagte sich als Späher bis Iraird Cuillen, heute **Crossakecl**, vor und schickte von da seinem Vater Nachricht von Medbs Vormarsch. Er selbst war in dieser Nacht unabkömmlich, er war mit Fedelm Noichride, einer Tochter Conchobars, verabredet. Bevor er sich jedoch von seinem Posten entfernte legte er eine Kuhfessel über einen Steinpfeiler am Weg, den die Armee nehmen mußte, und schnitt eine Botschaft in *Ogham* auf deren Holzverschluß. Auch ohne diese gelesen zu haben verstand Fergus, daß ihnen Cúchulainn verbot, weiterzuziehen.

Es fing an zu schneien. Bald lag der Schnee auf Gürtelhöhe. Mit einer warmen Abendmahlzeit war nichts, da sich kein Feuer machen ließ. Es wurde eine ungemütliche Nacht für die Connaughter in Cúil Sibrille, dem heutigen **Kells** und im Morgengrauen brachen sie wieder auf. Cúchulainn machte sich Vorwürfe, nachdem er reichlich spät von seinem Stelldichein zurückgekehrt war – Medbs Heerzug hatte ihn glatt umgangen. Auf einer Abkürzung eilte er zum Mattock und setzte dort eine drastischere Warnung ins Bachbett: eine Astgabel mit den abgeschlagenen Köpfen von vier Connaughter Helden. Seither heißt sie »**Ath Gabla**«, »Gabelfurt«. Fünfzehn Anläufe brauchte Fergus anderntags, um das Hindernis aus dem Weg zu räumen. Dabei ließ er es sich nicht entgehen, die Krieger von Connaught mit den Jugendtaten Cúchulainns bekannt zu machen, – zwecks Abschreckung, denn wenn schon der Siebenjährige – er hieß damals noch *Setanta* – Großartiges leistete, was war denn dem jetzt Siebzehnjährigen nicht alles zuzutrauen!

Als er in diesem zarten Alter seiner Ziehmutter, **Finnchaem**, in den Ohren lag, sie möge ihn an König Conchobars Hof ziehen lassen, meinte sie, er müsse auf Begleitung warten. Das daure ihm aber zu lange, sie solle ihm einfach die Richtung weisen. Er trabte drauflos, mit Kinderschild und Bubenspeer, immer auf die **Fews Mountains** zu. Wo es gerade ging trieb er mit seinem Hurlingstock einen Ball vor sich her und kam so wohlbehalten in **Emain Macha** an. Er wollte gleich auf dem Spielfeld der Jugendlichen mitspielen, hatte er doch keine Ahnung, daß am Hof gewisse Sitten galten und er die jungen Spieler um Schutz hätte bitten müssen. So flogen 150 Speere gefolgt von der gleichen Anzahl von Bällen und Stöcken dem Neuankömmling um die Ohren. Darüber geriet Setanta in seine, später berühmte, »Wutverzerrung«. Die Haare schossen ihm senkrecht vom Kopf, ein Auge verschwand fast, während das andere napfgroß heraustrat. Er riß den Mund auf, daß der Schlund bis unten sichtbar wurde und »der Heldenmond ging über seiner Stirne auf«. So stürzte er sich auf die Knaben, die kreischend davonstoben.

Fergus und Conchobar spielten *fidchell*, als die wilde Jagd an ihnen vorbeistürmte und der Verfolger über ihr Spielbrett hinwegsetzte. Der König griff sich das Bürschlein und wollte seinen Namen und den Grund für sein ungebührliches Betragen wissen. Setanta machte ihm klar, daß er den Sohn seiner Schwester vor sich habe und entschuldigte sich formvollendet mit seiner Unkenntnis der Hofetikette. Er bat Conchobar um dessen Schutz und rannte nach der Zusicherung gleich den anderen nach – denen wolle er jetzt seinen Schutz anbieten! Auf dem Spielfeld waren etliche Zieheltern damit beschäftigt, die von Setanta umgerannten Schützlinge wieder auf die Füße zu stellen. Setanta blieb an Conchobars Hof und erwarb sich die Hochachtung aller. Der König konstruierte ihm eigenhändig ein Bett, mit einem Steinblock als Kopf- und Fußende, nachdem er sich über Schlafschwierigkeiten auf unebener Matratze beklagt hatte. Er mochte es nicht leiden, geweckt zu werden, und schlug deshalb einem Mann mit der bloßen Hand den Schädel ein. Von da ab ließ man ihn ausschlafen.

Ein andermal nahm er es mit der ganzen Jungmannschaft auf: erst als er 50 Knaben bewußtlos niedergestreckt hatte, flüchtete er sich unter Conchobars Bett. Als er unerwartet aufstand, katapultierte er die dreißig daraufsitzenden Krieger in die Mitte des Saales. Conchobar und Fergus bemühten sich gemeinsam darum, den Frieden unter den Knaben wieder herzustellen.

In der Schlacht gegen **Eogan mac Durthach** zogen die von Ulster den kürzeren. Conchobar und einer seiner Söhne lagen wie tot auf dem Schlachtfeld. Setanta zog seinen Onkel nicht nur unter einem Erdhaufen hervor, er schleppte auch Vater und Sohn allein nach Hause, ohne sich auf dem Weg von Gespenstern, wilden Männern oder der **Badb** beeindrucken zu lassen.

**Conall Cernach** steuerte darauf die Geschichte bei, wie Cúchulainn zu seinem Namen kam. Der Schmied **Culann** hatte Conchobar zum Festmahl in seine Festung geladen. Setanta spielte eben noch und wollte später nachkommen. Der Schmied besaß einen riesenhaften Hund, der sein ganzer Stolz war, denn er bewachte, wie derjenige von **Mac Da Thó**, dessen Hab und Gut. Als die Gäste versammelt waren ließ Culann das gefährliche Biest von der Leine, denn niemand dachte an Setanta. Nach dem Gelage ergingen sich die Herrschaften auf den Festungswällen. Plötzlich stockte ihnen der Atem. Da kam, über die Ebene von **Muirthemne**, ein ballspielender Junge dahergelaufen und auf ihn zu rannte der Höllenhund mit gefletschten Zähnen. Aber als der Hund sein Maul aufriß stopfte ihm Setanta seinen Ball in den Rachen und schmetterte das große Tier gegen eine Steinsäule. Ein Schrei entrang sich den Kehlen der Ulsterhelden. Sie brachten den Jungen im Triumph zu Conchobar. Einzig Culann war unglücklich über den Verlust des Hundes, der ihm »Leben und Ehre« geschützt habe. Der junge Held versprach dem Schmied, die Arbeit des Hundes zu übernehmen, bis er einen Welpen derselben Rasse großgezogen habe. Wie ein braver Hund wolle er Culanns Vieh auf der Ebene von Muirthemne hüten. **Cathbad** gab ihm darauf einen neuen Namen: Cúchulainn solle er heißen, Hund des Schmiedes Culann.

Fiacha mac Fir Febe gab nun zum besten, wie Cúchulainn die Waffen des Erwachsenen erhielt. Er bekam zufällig die Antwort mit, als ein Schüler Cathbad fragte, wozu der Tag gut sei. Der **Druide** lehrte, daß jeder, der an diesem Tag die Waffen erhalte, in Irland auf ewig einen Namen habe. So pflanzte sich der noch nicht einmal Halbwüchsige vor Conchobar auf und verlangte die Ausrüstung des Kriegers. Auf die Frage, wer ihn denn dazu ermächtigt habe, antwortete er mit Bestimmtheit, »Cathbad«. Keine der fünfzehn Waffengarnituren, die ihn der König ausprobieren ließ, hielten seinem Ungestüm stand. Einzig dessen eigene Waffen zerbrachen nicht in seiner Hand. Cathbad drückte sein Erstaunen aus, als er Cúchulainn gerüstet vorfand, und Conchobar wollte ungehalten wissen, warum ihn der Bengel belogen habe. Cúchulainn verteidigte sich würdevoll. Er habe Cathbad die Prophezeiung sprechen hören und sei gleich zum König gelaufen, und habe um Waffen gebeten. Dieser Tag würde ihm Ruhm und Ehre bringen – und ein kurzes Leben, gab ihm Cathbad zu bedenken. Das sei ein fairer Handel, meinte der Junge, solange er zu Ruhm und Ehre komme, kümmere es ihn nicht, auch wenn er nur noch einen einzigen Tag zu leben hätte. Mit den Streitwagen wiederholte sich Ähnliches. Alle, außer dem königlichen, gingen unter dem jungen Helden zu Bruch.

So ausgerüstet wollte Cúchulainn gleich den Dienst auf den Fews Mountains, an Ulsters Grenzen, übernehmen. Er stieß dort auf den regulären Grenzschutz, Conall Cernach, der gewillt war, ihm, unter seiner Aufsicht, das Revier zu zeigen – für alles andere sei er zu jung.

Sie waren noch nicht weit gekommen, da schoß ihm der Junge mit der Steinschleuder absichtlich – unabsichtlich die Deichsel entzwei – er habe nur seine Treffsicherheit überprüfen wollen! Widerwillig mußte der Ältere zurück, um die Panne reparieren zu lassen und Cúchulainn hatte freie Bahn. Als erstes fuhr er mit Ibor, Conchobars Wagenlenker, Sliabh Moduirn, die Mourne Mountains bis zum Finncarn hoch. Weit konnte man in die Ebene von **Brega** sehen, bis nach **Tara** und **Kells** hinein. Dann tötete Cúchulainn seine ersten drei Feinde, die drei Söhne der Nechta Scéine, allesamt greuliche **Anderswelt**geschöpfe und nahm ihre Köpfe als Trophäen mit. Vor dem wütenden Geheul der sie verfolgenden Mutter rasten sie davon, so schnell, daß Cúchulainn seine abgeschossenen Schleudersteine einholte. Irgendwie fanden sie sich in den Fews Mountains wieder. In seinem Abenteuerrausch fing Cúchulainn einen lebenden Hirsch, »wildes Viehzeug«, das er noch nie gesehen hatte und von dem der Wagenlenker behauptete, solches würde immer nur tot nach Hause gebracht. Cúchulainn band den seinen, ein Prachtexemplar mit weitausladendem Geweih, am Wagen fest. Dann holte er ein Dutzend Schwäne, ebenfalls lebendig, vom Himmel herunter und befestigte sie an Leinen, arrangierte seine drei Beuteköpfe auf dem Wagen, zwang den Hirsch durch seinen hypnotischen Blick stillzuhalten, so daß Ibor zusteigen konnte, und los ging's, Emain Macha zu. Soviel Erfolg, verbunden mit der rasenden Fahrt, verwirrte dem Jungen die Sinne. Er befand sich in einem Kriegstaumel, in dem er Freund und Feind nicht mehr unterscheiden konnte. Nach Blut lechzend und mit der herausfordernden, beleidigenden Wendung nach links fuhr er vor dem Palast vor. Dort hatte man seinen Zustand registriert und Gegenmaßnahmen ergriffen. Die edlen Frauen Ulsters, mit der Königin Mugain an der Spitze, traten ihm mit entblößten Brüsten entgegen. Der Held war plötzlich wieder Kleinkind, zum Liebhaber war er ja noch viel zu jung. Verwirrt und verlegen schlug er den Blick nieder. Da packten ihn Männerfäuste und steckten ihn nacheinander in drei Fässer kalten Wassers, um sein Mütchen zu kühlen. Im ersten kochte das Wasser auf, so daß die Dauben barsten, im zweiten bildeten sich faustgroße Blasen und im dritten wurde es noch immer angenehm warm. Die Königin hüllte darauf Cúchulainn in einen prächtigen blauen Mantel. Er ließ sich an Conchobars Knie nieder, seither sein Stammplatz.

Cúchulainns Jugendtaten verfehlten ihre Wirkung nicht. Sehr viel nachdenklicher setzten sich die Connaughter wieder in Bewegung. Der ganze Zug mußte auf **Mag Muceda**, »dem Feld der Schweinehirten«, anhalten. Ein Eichenbaum lag quer über dem Weg. Cúchulainn hatte ihn gefällt und mit einer Warnung in *Oghum* versehen: keiner dürfe vorbei, es sei denn, es gelinge ihm, mit dem Wagen im ersten Anlauf darüberzusetzen. Dreißig Pferde stürzten, dreißig Wagen gingen zu Bruch. »**Belach nAne**« hieß die Stelle von da ab, »Paß des Darüberfahrens«. Es blieb den Connaughtern keine andere Wahl, als die Zelte aufzuschlagen.

Anderntags ging **Fraech Mac Fidaig** auf Medbs Drängen den ersten Zweikampf eines Connaughterkriegers mit Cúchulainn ein. Er überraschte den Ulsterhelden, wie er sich in der Furt, Ath Fuait, wusch, und die beiden rangen im Wasser miteinander. Cúchulainn hätte Fraech gern das Leben geschenkt, aber dieser ließ es nicht zu und ertrank. Seine Kameraden brachten ihn zum Lager zurück, wo plötzlich schöne, grüngekleidete Andersweltdamen auftauchten, um ihren Liebling ins Síd Froich, heute **Carnfree**, zu bringen. Seither heißt die Furt nach ihm, Ath Froich.

Nun fuhr Fergus auf das Hindernis zu und überflog den Eichenbaum in einem Bogen. Cúchulainn verlegte sich auf Guerillataktik und schoß, was ihm vor die Schleuder kam, sogar Medbs Schoßhund Baiscne, wonach der Hügelzug Druim Baiscne zu heißen kam. Wutentbrannt setzte sie ihm so ungestüm nach, daß mehrere Wagendeichseln brachen. Anderntags beobachtet Cúchulainn einen Wagenlenker in einer Lichtung, der blind und taub für alles andere neue Stangen zurechtmachte. Erst hielt er ihn für einen Krieger von Ulster und schwankte zwischen Bewunderung für soviel Mut und Ärger über soviel Tollkühnheit im feindlichen Gebiet. Aber es stellte sich heraus, daß er der Wagenlenker von Orlám, einem der Söhne von Medb und Ailill war. Beiläufig ließ er fallen, sie hätten gestern »diesen wilden Rehbock von einem Cúchulainn« gejagt und dabei die Wagen zu Bruch gefahren und forderte seinen neuen Bekannten zur Mithilfe beim Ausbessern auf. Ob er lieber die Deichsel schneiden oder sie glätten wolle?

Wie er sah, daß Cúchulainn die Stämmchen einfach durch die Faust zog und so in einem Gang entrindete und entastete, traten ihm die Augen aus den Höhlen und als er darauf Cúchulainns Namen hörte, packte ihn das Grausen. Der Ulsterheld beruhigte ihn: mit Wagenlenkern habe er keinen Streit. Stattdessen machte er seinen Herrn einen Kopf kürzer und lud diesen dem Wagenlenker auf den Rücken. Er erteilte ihm strenge Instruktionen, ihn nicht abzusetzen, bis er sich in Medbs Lager befände. Ansonsten würde er ihm einen Schleuderstein nachschicken. Der Wagenlenker lief, aber ein ziemliches Stück vor den ersten Zelten traf er auf Ailill und Medb und nahm seine Bürde vom Rükken. Da sirrte auch schon ein Stein durch die Luft und traf ihn am Kopf, »so daß ihm das Gehirn aus den Ohren spritzte«. Orlám wurde zwischen Deel und Glyde begraben, die Stelle hieß von da an **Talachtai Orláim**, »Orláms Grabstätten«.

Sechs Männer, die drei Brüder Gárach und ihre Wagenlenker, die Orlám rächen wollten, besiegte Cúchulainn an der Furt, **Ath maic Gárach**, am Glyde.

Als am selben Tag Ailill und Medb noch einen Sohn und den Hofnarren verloren und Cúchulainn überdies der Königin das zahme Eichhörnchen von der Schulter schoß, befahl Ailill, bis Cooley durchzumarschieren, Tag und Nacht. Bei einer solchen Verlustrate fehlten ihnen sonst bald zwei Drittel ihrer Leute.

Die Connaughter waren bereits so nervös, daß sie die druidischen Harfenspieler von **Assaroe**, die das Lager besuchen wollten, nicht erkannten und sie als Ulsterspione angriffen. Die Harfenspieler entflohen nach Norden in Gestalt eines Rudels Rehe. Lethan fiel an der Furt des Níth, wo er Cúchulainn auflauerte. Daher wurde sie »Ath Lethan« genannt, heute **Dundalk Harbour**. Ab dieser Furt bewegte sich Medbs Zug auf Ulsterboden.

Seit Mag Breg war ihnen die **Morrígan** in Gestalt eines schwarzen Vogels gefolgt. Sie ließ sich nun auf einem Steinpfeiler in **Cooley** nieder und warnte den schwarzen Stier in dunklen, poetischen Anspielungen vor der herannahenden Gefahr. Aufgeschreckt warf das mächtige Tier die 150 auf seinem breiten Rücken spielenden Knaben herunter, wobei manche zu Tode kamen, und warf, wild stampfend, einen riesigen Erdwall auf. Mit 50 Färsen und dem Hirten wechselte er hinüber ins Gebiet des **Slieve Gullion**. Seit Cúchulainn seinen Posten als Heckenschütze auf **Slieve Cuinciu**, heute Slievenaglogh, bezogen hatte, ging Medb nur noch unter einem Schutzdach von hundert Schilden vors Zelt. Weil sie ihrer Herrin ähnlich sah, erschoß Cúchulainn die Sklavin, Locha, irrtümlicherweise beim Wasserholen. Die Ebene bis zum Meer hinunter wurde nach ihr »Réid Locha« genannt.

Medb ließ nun alles Volk und Vieh der Halbinsel im **Ráth Finnabair** zusammentreiben, aber das Objekt ihrer Begierde, der schwarze Stier, war natürlich nicht dabei... Ungehalten befahl sie ihrem Hirten, Lothar, den Stier herzuschaffen. Er schickte seine Leute ins Glen Gat, heute **Glen Gataig**, um den Stier aus seinem Versteck, dem Dubchoir, »Schwarzkessel«, auf der Nordseite zum Ráth Finnabair hinunterzutreiben. Sie brachten ihn tatsächlich dorthin, aber da ging er auch schon mit gesenkten Hörnern auf Lothar los und riß ihm die Eingeweide heraus. Dann machte er sich wieder Richtung Slieve Gullion davon. Medb drängte darauf, noch am selben Abend die Halbinsel zu verlassen, aber der Cronn, heute **Big River**, schwoll an »bis auf die Höhen der Baumwipfel«. Die anderen Flüsse in Cooley, ob Colptha oder Gatlaig, taten es ihm in den nächsten Tagen gleich; sie »erhoben sich« gegen Medbs Heerzug, wobei Soldaten in Mengen weggeschwemmt wurden. Medb hätte den Big River an der Quelle überschreiten können, verfiel dann aber auf die Idee, den Ulstermännern zum Hohn auf ewig ihre Spur auf dem Berg zu hinterlassen. Sic ließ die Connaughterkrieger drei Tage und Nächte schuften, um einen Durchgang durch die Bergspitze zu graben – so ist Bernas Bó Cuailgne, »der Paß des Stiers von Cooley«, heute **Windy Gap**, entstanden. Er führt hinüber ins Glenn Dáilimda, das Hochtal über Omeath.

Der Rückzug erfolgte über **Bélat Ailiuin**, einer Furt über den Flurry in Ravensdale. Die Nacht verbrachten sie auf der Grenze zwischen Cooley und Tír Conaille, Conall Cernachs Gebiet. Sie stellten dort Schutzmauern für ihre Kälber, die Liasa Liac, auf, etwa beim heutigen **Ballymakellett**. Medb und Ailill waren sich einig, daß ihnen dieser Raubzug viel zu teuer zu stehen komme. Die Soldaten wagten schon nicht mehr, zu zweit oder zu dritt auszutreten, sondern nur in Gruppen von zwanzig und dreißig. Mit großem diplomatischem Aufwand wurden die Kampfhandlungen auf einen Zweikampf pro Tag zwischen Cúchulainn und einem Connaughterhelden beschränkt. Beide Parteien profitierten davon: das königliche Paar hielt so seine Verluste in Grenzen – besser einen Mann pro Tag als hundert pro Nacht verlieren – und Cúchulainn gewann Zeit. Zeit, in der sich die Ulstermänner, hoffentlich, erholten. Bei diesen komplizierten Verhandlungen mit Cúchulainn heftete sich Étarcomol, ein Ziehsohn von Ailill und Medb, wie eine Klette an Fergus und lag ihm beständig in den Ohren, den ersten, offiziellen Zweikampf mit dem Ulsterhelden ausfechten zu dürfen. Er war von sich und seinen Fähigkeiten völlig überzeugt. Cúchulainn schnitt dem aufgeblasenen Wicht erst die Grassoden unter den Füßen weg, so daß er hinpurzelte, schälte ihn dann mit geschickten Schwertstreichen aus den Kleidern ohne ihn zu verletzen und rasierte ihm anschließend mit der Klinge den Kopf. Als er noch immer nicht genug hatte, spaltete ihn Cúchulainn mit einem Schwerthieb in zwei Hälften. Fergus machte ihm erst Vorwürfe, fand dann aber auch, es sei eine Frechheit gewesen, daß der kleine Köter mit dem großen Hund angebändelt habe.

Jetzt folgen über ein Dutzend Zweikämpfe, die alle tödlich für die Connaughter ausgingen, mit Ausnahme von einem, einer eher kläglichen Angelegenheit, obwohl es sich um keinen kleinen, sondern um einen großen Wichtigtuer handelte: Lárén, Bruder von Lugaid, dem König von **Munster**. Lugaid suchte Cúchulainn heimlich in Glen Ferbaith auf, dem Tal bei **Faughart**, das nach einem weiteren Opfer des Ulsterhelden hieß, »Ferbaith«, »der törichte Mann«, ein ehemaliger Gefährte von ihm, der sich von Medb kaufen ließ. Lugaid bat Cúchulainn, Láréns Leben zu schonen, »sonst werde er bruderlos«, denn Lárén war wild entschlossen, mit Cúchulainn zu kämpfen, obwohl er ihm in keiner Weise gewachsen war. Er dürfe ihm jedoch einen gehörigen Denkzettel geben...

Cúchulainn fand es nicht nötig, zu diesem Zweikampf bewaffnet zu erscheinen. Er schlug seinem Gegner, der noch immer herumprahlte, die Waffen aus der Hand, umfaßte ihn mit seinen starken Armen und drückte ihn solcherart zusammen, daß sein Darminhalt herausquoll und die Furt verschmutzte. Lárén war der einzige, der je einen Zweikampf mit Cúchulainn überlebte, litt von da an aber unter Brustschmerzen und weder die Nahrungsaufnahme noch die Verdauung funktionierten mehr richtig. Mit anderen Gegnern hatte Cúchulainn andere Sorgen: manche Helden, wie die Connaughter Nadcranntail oder Céir mac Daláth – schon ein Kratzer von diesem bedeutete, daß der Verwundete binnen neun Tagen sterben mußte – beschwerten sich über Cúchulainns jugendliches Aussehen und weigerten sich, mit einem bartlosen Milchbübchen zu kämpfen. So blieb dem großen Ulsterhelden nichts anderes übrig als sich einen falschen Bart umzuhängen...

Nur indem sie ihre Tochter, **Finnabair**, dem Sieger versprachen – irgendwann entdeckten einmal sieben Könige, daß sie ihnen allen gleichzeitig zugesagt worden war – fanden die königlichen Eltern überhaupt noch Freiwillige für die täglichen Zweikämpfe. Medb gelang unterdessen eine vierzehntägige Privatexpedition in den Norden Ulsters, bis Dún Sobhairce, heute **Dunseverick**, das sie in Schutt und Asche legte. Noch immer waren die Ulstermänner nicht fähig, ihr Einhalt zu gebieten. Sie hatte nicht nur Vieh und Fürstinnen erbeutet, sie brachte auch tatsächlich den schwarzen Stier von Cooley mit. In Focherd, heute Faughart, stieß sie wieder auf Ailill mit dem Haupttheer. Dieser kam sogar auf die Idee, Cúchulainn mit Finnabair zu ködern, schickte aber, um den Ulsterhelden lächerlich zu machen, den als König verkleideten Hofnarren mit. Cúchulainn durchschaute den Betrug und rächte sich. Ein anderes weibliches Wesen wurde ihm wirklich gefährlich. Die **Morrígan** trug ihm in Gestalt einer schönen, jungen Frau Liebe und Besitz an. Da er sie barsch abwies, er hatte wirklich Wichtigeres zu tun als sich mit einer Frau einzulassen, drohte sie ihm mit Vernichtung und bekämpfte ihn bei der nächsten Gelegenheit in Gestalt eines Aals, einer Wölfin und einer hornlosen Kuh und das, als er in den Zweikampf mit Lóch verstrickt war... Nur mit größter Mühe überlebte er überhaupt. Es gelang ihm, dem Aal die Rippen zu brechen, der Wölfin ein Auge auszuschießen und der Kuh ein Bein zu zerschmettern. Cúchulainn nahm die Guerilla-Kampfart von seiner Festung **Dún Dealgan** aus, wieder auf. Keiner kam, von Faughart gegen Süden, lebendig zwischen seiner

Festung und dem Meer vorbei. Medb hatte nämlich die Regeln zu ihren Gunsten gelockert und schickte ihm bis zu hundert Helden in den Zweikampf oder solche mit unfairen Vorteilen, wie Lóch mit der Hornhaut, die ihn von Kopf bis Fuß schützte. Davon abgesehen hatte die Königin auch mehrmals versucht, ihn in einen Hinterhalt zu locken.

Als Cúchulainn nach dem Kampf mit Lóch erschöpft dalag näherte sich ihm eine zusammengekrümmte, einäugige, hinkende Alte und zog eine dreizitzige Kuh hinter sich her. Schwach bat er sie um einen Tropfen Milch. Sie ließ ihn einen Strahl aus der ersten Zitze trinken und er segnete sie im Namen der »Götter und Nichtgötter«, d. h. der Menschen, worauf sie plötzlich gerade vor ihm stand, ihre Rippen hatten sich gerichtet. Ein zweiter, wofür sich Cúchulainn wieder mit einem Segen bedankte, bewirkte, daß ihr Auge heilte, und ein dritter, unter derselben Bedingung, ließ ihr Bein wieder ganz werden – es war die Morrígan gewesen...

Cúchulainn fühlte sich von aller Welt verlassen und brachte in einem Gedicht dieses bittere Gefühl zum Ausdruck: allein stünde er dem Feind gegenüber, könne ihn weder aufhalten noch durchlassen; ganz allein habe er ihn in Schach gehalten, aber ein einzelnes Scheit mache kein Feuer. Hätte er zwei oder drei, Flammen würden auflodern!

Wie eines nachts das Connaughter Heer auf **Breslech Mór** in **Muirthemne**, Cúchulainns eigenem Hoheitsgebiet, lagerte und er vom Grabhügel Lerga das Glitzern unzähliger Speerspitzen in den Wachfeuern um sich sah, erlebte der große Ulsterheld so etwas wie einen Zusammenbruch. Ohnmächtige Wut erfaßte ihn angesichts der Übermacht. Er stieß seinen Kampfruf aus, fuchtelte wild-drohend mit den Waffen herum, bis sich die Dämonen der Schlacht angesprochen fühlten und die Schlachtengöttin Nemain im feindlichen Lager solche Verwirrung stiftete, daß sich hundert Soldaten vor Schreck selbst umbrachten.

In dieser dunklen Stunde der Verzweiflung nahm sich **Lug**, sein göttlicher Vater, seiner an. Er besuchte ihn, nur für ihn und Laeg sichtbar, in Gestalt eines hochgewachsenen, glanzvollen Kriegers mit kurzgeschnittenen, goldenen Locken in einem grünen Mantel. Drei Tage und drei Nächte lang übernahm er Cúchulainns Posten. Er sang seinen tapferen Sohn mit *fer dord*, »Männersummen« in einen tiefen Zauberschlaf – von *Samhain* bis *Imbolc* hatte er schließlich nachts kein Auge zugetan. Nur über Mittag, »mit dem Kopf auf der Hand, der Hand am Speer«, hatte er sich gelegentlich ein Nickerchen gegönnt. Während er schlief untersuchte und säuberte Lug Cúchulainns Wunden und legte Heilkräuter hinein. Cúchulainn erwachte, frisch und gesund. Sein Vater verließ ihn mit den Worten, seine Feinde hätten keine Macht mehr über sein Leben.

Schrecklich war nur, daß zu eben der Zeit die Jungmannschaft von **Emain Macha** in den Kampf eintrat und vollständig aufgerieben wurde, ohne daß Cúchulainn ihnen hätte beistehen können. Er schwor, seine ehemaligen Gefährten zu rächen. Wie er in seinem besten Gewand seinen Sichelwagen bestieg, ergriff ihn die Wutverzerrung: sein Körper drehte sich in der Haut, das eine Auge verschwand fast im Schädel, »kein Kranich hätte es herauspicken können«, während das andere auf die Wange trat. Der Mund öffnete sich so weit, daß Wangen und Kinnbacken auseinanderklappten und seine flatternde Lunge sichtbar werden ließen. Sein Herzschlag war anzuhören wie das Gebell eines Schlachtenhundes. Ein Blutstrom schoß über seinem Scheitel hoch und verbreitete einen roten Zaubernebel um ihn. Wo Cúchulainn durchkam, türmten sich die Leichen. Niemals wird man die Zahl an gefallenen Helden, Fürsten, Fußvolk, Frauen, Kindern, Pferden und Hunden ergründen können. Das war Cúchulainns Vergeltung für Conchobars Jugendtruppe – auf dieser Ebene sollte ihn dereinst selbst der Tod ereilen.

Anderntags paradierte er in seiner ganzen Schönheit vor dem feindlichen Heer. Sein Haar war dreifarben, braun an der Wurzel, blutrot in der Mitte, golden an der Spitze und lag in drei langen, seidenfeinen Strähnen über den Schultern und in jedem Auge saßen sieben funkelnde Pupillen. Er trug seine feinsten Kleider und Waffen. Die Connaughterfrauen stiegen auf die Schultern der Soldaten, um den Anblick zu genießen. Nur Medb saß verärgert unter dem Schutzdach aus Schilden und bekam ihn nicht zu Gesicht.

Und wiederum schließen sich Zweikämpfe an. Neu ist, daß immer mehr Ulstermänner in ein aktives Leben zurückfinden. Oengus mac Óenláime von Ulster trieb Medbs Armee von **Muid Loga**, dem heutigen Louth bis **Ath da Ferta** über den Fane zurück und hätte sie wohl bis Emain Macha vor sich hergeschoben, wäre er nicht gefallen. Bei Ath da Ferta, etwa dem heutigen Knockbridge, ließ sich zum ersten Mal weder für Geld noch gute Worte in Medbs Lager ein Kämpfer für Cúchulainn finden. Daher übte Medb Druck auf Fergus aus – aus Dankbarkeit für die ihm erwiesenen Wohltaten müsse er jetzt doch einmal seinem Ziehsohn entgegentreten... Als Fergus schließlich einwilligte war er schon stark betrunken. Cúchulainn wußte, daß in seiner imponierenden Schwertscheide nur eine hölzerne Attrappe steckte, denn pikanterweise hatte ihm Ailill sein mächtiges Schwert entwendet, als er Medb und Fergus in enger Umarmung in einem der Tälchen in den Hügeln von **Cooley** schlafend vorfand. Da Ailill ja keine Eifersucht kannte war seine Haltung zu diesem Seitensprung nur positiv: Medb habe Fergus wohl für seine Mithilfe beim Táin belohnen wollen.

Sogar in trunkenem Zustand hätte Fergus keine Waffe gegen seinen Ziehsohn gezogen und hätte er ein Dutzend Schwerter dabeigehabt. Das gab er Cúchulainn deutlich zu verstehen und bat ihn, ihm für diesmal nachzugeben – das nächste Mal würde er dasselbe für ihn tun. Cúchulainn tat dies ihm zuliebe und zog sich nach **Grellach Dollach**, zwischen Fane und Crossmaglenriver zurück. Damit war der Weg nach Süden frei...

Zum nächsten Zweikampf sandte Medb 29 Männer mit dem spitzfindigen Argument, da es sich um Gaile Dana, seine 27 Söhne und einen Enkel handle, sei das alles Fleisch von einem Fleisch, so daß die 29 wirklich als einer zählten. Ohne Unterstützung von Fiacha mac Fir Febe, einem der Ulsterverbannten, hätte Cúchulainn die neunundzwanzigfache Attacke nicht überlebt.

Von all diesen Zweikämpfen ist allein derjenige zwischen Cúchulainn und **Ferdia** mehr als das Gegenstück einer spannenden, modernen Sportreportage. Er geht unter die Haut. Ferdia und Cúchulainn waren Waffengefährten unter der Andersweltkriegerin **Scáthach**. Viel hatten sie zusammen erlebt und durchlitten. Keine von Medbs Bestechungen, auch nicht die unvermeidliche Finnabair, Gold oder Silber fruchteten bei ihm. Erst als ihn die Königin bei der Ehre packte, drohte, die Dichter mit ihren Spottversen auf ihn zu hetzen, ging er auf ihre Forderungen ein. Fergus warnte seinen Ziehsohn vor Medbs perfidem Plan und Cúchulainn fühlte sich schwach, nicht weil er diesen Mann fürchtete, sondern weil er ihn liebte. Er war sein »Freund, Kamerad, Mitschüler«... ihm ebenbürtig. Drei Tage lang bekämpften sich die beiden Helden rücksichtslos an der Furt von **Ardee**, Baile Áth Fhirdia, »Ferdias Furt«, in der Grafschaft Louth. Sie begannen den Tag, indem sie Erinnerungen austauschten und beschlossen ihn mit einer herzlichen Umarmung, auch wenn sie aus vielen Wunden bluteten. Abend für Abend sandte Ferdia Cúchulainn Speise und Trank und Nacht für Nacht schickte Cúchulainn seinen Arzt zu ihm.

Am vierten Tag brachte Ferdia Cúchulainn eine solch gefährliche Verletzung bei, daß er gezwungen war, zum *gae bulga* zu greifen, um sein eigenes Leben zu schützen. Er hatte noch die Kraft, den Sterbenden ans andere Ufer zu tragen, dann brach er ohnmächtig über ihm zusammen. Cúchulainn brauchte eine lange Zeit, um sich von diesem Kampf zu erholen.

Furt von Ardee (Gr. Louth). Hier kämpfen Ferdia und Cúchulainn miteinander.

Unterdessen fuhr ein einzelner Ulsterkrieger, **Cealtchair**, von den **Fews Mountains** direkt aufs Lager der Connaughter zu und griff mit soviel Ungestüm an, daß er große Erfolge verbuchen konnte, bevor er mit Wunden bedeckt und »den Eingeweiden um die Füße gewickelt« bei Cúchulainn auftauchte, mit der Aufforderung, er solle ihm einen Arzt besorgen. Als ihm dieser eröffnete, er habe nicht mehr lange zu leben, erwiderte der Alte bärbeißig, er aber auch nicht, und streckte ihn mit einem Faustschlag nieder. Auf diese Art behandelte Cealtchair ein weiteres Dutzend Heilkundiger, bis ihm Cúchulainn Vorhaltungen machte, bald gäbe es keine Ärzte mehr! Fingin, Conchobars eigener Arzt, sah sich Cealtchair daraufhin aus gebührendem Abstand an. Aus der Form einer jeden Wunde konnte er auf deren Verursacher schließen. Er sah auf einen Blick, daß er die Hauptwunde von einer »eitlen, arroganten Frauensperson« empfangen habe. Königin Medb persönlich war es gewesen. Da ihm jemand die Herzbänder durchschnitten habe, so daß sein Herz wie ein Wollknäuel in einem Sack herumrolle, gäbe es nur eine Alternative: entweder halte er sich ein Jahr still unter seiner Pflege oder er, Fingin, würde ihm Kraft für drei Tage verschaffen, um seine Feinde zu bekämpfen, danach müsse er aber sterben. Selbstverständlich wählte Celtchair das zweite. Cúchulainn tötete nun alles Getier, das ihm unter die Hände geriet, um an Knochenmark heranzukommen. Nach dem Markgemisch, worin Cealtchair baden mußte, heißt der Ort Smirommair, das heutige **Smarmore**. Seine kaputten Rippen wurden ihm durch die hölzernen eines Streitwagens ersetzt. So war er wieder im Stande, sich auf die Feinde zu stürzen.

In Tailtiu, heute **Teltown**, sind gleich zwei Ereignisse des *Táin* festgemacht. Zum ersten griffen hier die Wagenlenker von Ulster Medbs Heerzug an und zum zweiten hagelte es plötzlich Steine. *Amergin*, der Dichter und Seher vom Ulsterhof warf in einem Trancezustand mit enormer Geschwindigkeit Steinbrocken, die *Cú Roi* seinerseits mit Felstrümmern abzuwehren suchte, so daß gelegentlich zwei solcher Wurfgeschosse unter einem Funkenregen in der Luft zusammenprallten. Aus diesem Grund ist noch heute die Gegend um Teltown mit Steinen übersät. Amergin und Cú Roi vereinbarten schließlich folgendes: wenn sich Cú Roi in die **Slieve Mish Mountains** zurückzöge, würde Amergin das Vieh vom *Táin* nicht aufhalten. Da nun aber die Connaughter alle mit berechneter Herausforderung mit einer Kehrtwendung nach links davonfuhren, ließ Amergin nocheinmal Steinbrocken regnen, so daß viele umkamen.

Unterdessen hatte sich der Hof von Ulster wieder erholt und es wäre an sich der richtige Zeitpunkt gewesen für **Sualdam mac Roichs** Warnung. Durch den schlimmen Zustand seines Sohnes Cúchulainn aufgeschreckt – »kein Fleck größer als eine Binsenspitze war noch heil an seinem Körper« – kam er nach Emain Macha gelaufen und ließ dreimal gellend laut den Ruf »Männer werden erschlagen, Frauen geraubt, Rinder fortgetrieben« übers ganze Palastgelände ertönen. Aber nichts geschah. Er herrschte Stille, denn den Männern von Ulster war nicht gestattet, vor ihrem König, und diesem wiederum nicht vor dem Druiden, zu sprechen. Erst als einer der Weisen fragte, »wer raubt, wer stiehlt, wer plündert?« durfte Sualdam seine Botschaft ausrichten: sein Sohn habe die Armee von Connaught drei Wintermonate auf **Mag Muirthemne** und **Crích Ros** festgehalten. Er könne nicht mehr. Sein Mantel sei durchlöchert, mit Stroh versuche er das Blut seiner Wunden zu stillen, er sei »aus den Gelenken gegangen«, mit anderen Worten, er brauche dringend die Hilfe des ganzen Ulsterheeres!

Obwohl Sualdam die Wahrheit sprach, hatte er das druidische Gesetz gebrochen. Darauf stand die Todesstrafe. Sualdam setzte zwar mit einem Sprung aus dem Haus, stürzte dabei aber so unglücklich, »daß ihm der scharfe Schildrand den Kopf abtrennte«. Der Kopf wurde auf dem Schild ins Haus zurückgebracht und wiederholte noch einmal seine Warnung.

Immerhin ergriff nun Conchobar das Wort und schwor einen feierlichen Eid, er bringe jede Kuh in den Stall und jede Frau und jedes Kind nach Hause zurück! Das hatte die allgemeine Mobilmachung der Ulsterkrieger zur Folge. Sie sammelten sich über die folgenden Tage in Slemain Midi, heute **Slanemore**. Darüber hinaus seien jedoch noch Hunderte und Tausende gekommen, so daß es zwischen Ardfert und der Ebene von Meath nur so von Rossen und Menschen gewimmelt habe. Der als Späher gesandte Mac Roth beschreibt die einzelnen Abteilungen von Ailill und Medb bis in jede Einzelheit. Die beiden feindlichen Könige vereinbarten Waffenruhe bis die Ulsterkrieger ihr Lager aufgeschlagen hatten. Als sich die Abenddämmerung herniedersenkte ließ die Morrígan eine schauerliche Prophezeiung über die beiden Heere hinwegerschallen – Blut, Leichen, Raben, die sich an Toten sättigen, zerhackte Körper – aber jede Seite verstand nur das, was sie hören wollte: Sieg für sich, Niederlage für die anderen.

Cúchulainn lag noch immer darnieder, ließ sich aber von Laeg den Hergang der ersten Handgemenge vor der großen Schlacht in allen Einzelheiten berichten. Noch vor Sonnenaufgang gerieten die Diener, dann die Jungmannschaften der beiden Lager aneinander, während die »besseren Krieger« noch schliefen. Als Cúchulainn am funkelnden Widerschein erkannte, daß die Könige von Connaught ihre Goldreifen aufsetzten, hieß er Laeg, die Edlen von Ulster wecken. Dies besorgte er mit soviel Ungestüm, daß sich die Herrschaften unbekleidet in den Kampf stürzten, was übrigens dem Brauch der Festlandkelten entsprach.

Fergus, von Ailill und Medb noch einmal besonders aufgefordert, konnte sich nicht länger aus der Schlacht heraushalten: Ailill gab ihm sein Schwert zurück und damit mähte er durch die Schlachtenreihen seiner eigenen Landsleute, bis er auf Conchobar stieß – seinen eigenen König, der die Söhne **Uisnechs** verraten und ihn deswegen ins Exil getrieben hatte. Er holte zu einem solch gewaltigen Schlag aus, daß die Spitze des Schwertes hinter ihm in den Boden fuhr. Da wurde er von zwei starken Armen aufgehalten: **Cormac Conloinges**, Conchobars Sohn führte ihm vor Augen – obwohl er all die Jahre die Verbannung mit ihm geteilt hatte –, wie ehrlos der Kampf gegen die eigenen Leute, den eigenen Stamm, das eigene Volk doch sei. So ließ Fergus seine aufgestaute Wut an drei Hügeln aus und köpfte diese mit seiner fürchterlichen Waffe. Seither hat Meath diese drei kahlen Hügel, die **Maola Midi**.

Wie Cúchulainn das Knirschen der Klinge auf Fels hörte, hielt es ihn nicht länger – das konnte nur Fergus ein. Er riß die Verbände herunter und stürzte sich, obwohl sich seine Wunden wieder öffneten, in den Kampf. Es war nun Mittag, die Sonne stand hoch am Himmel. Anzuspannen war keine Zeit. Er griff sich seinen Streitwagen und hieb damit um sich, schreckliche Verwüstung anrichtend. Am Ende des Tages sollten nur »eine Handvoll Holzrippen und ein paar Radspeichen« übrigbleiben.

Vorerst schlug er sich durchs Gewühl zu Fergus durch und brachte ihm brüllend ihre Abmachung ins Gedächtnis zurück, nämlich, daß er bei diesem Kampf vor ihm zurückweichen müsse. So hielt sich Fergus mitsamt seinen Exil-Ulstern aus der Schlacht heraus. Die von Munster schlossen sich an, ebenso verließen die Söldner aus Leinster das Schlachtfeld.

Ailill und Medb blieben mit ihren sieben Söhnen, den Maine, und 2 700 Mann allein zurück. Sie kämpften tapfer. Die Königin schlug die Gegner dreimal zurück, aber die Connaughter kamen schließlich gegen die erdrückende Übermacht nicht auf. Bei Sonnenuntergang zog Medb mit ihrer geschlagenen Armee bei **Athlone** über den **Shannon** aufs Connaughter Gebiet. Medb und Fergus bildeten die Nachhut. Trotz allem war es ihnen gelungen, den schwarzen Stier mit der übrigen Beute vorauszuschicken ...

Als sich die Königin bei Fergus über den unglücklichen Ausgang des Raubzugs beklagte, bekam sie von ihrem nicht eben zuverlässigen Kampfgenossen den mit Sicherheit vom christlichen Schreiber gefärbten Kommentar zu hören: was hätte man auch anderes erwarten können. Sie seien eben dem Hinterteil einer Frau nachgelaufen, die nicht zu führen verstünde. Aber es sei doch immer so, führe eine Stute eine Herde an, so laufe sie in die Irre und gehe zu Grunde!

In **Cruachan** trafen der weiße und der schwarze Stier im **Rath na Darbh** aufeinander: den letzten Kampf fochten sie aus. **Donns** Huf blieb auf **Finnbennachs** Horn stecken, einen ganzen Tag und eine ganze Nacht hindurch. Als er ihn schließlich gewaltsam zurückzog, sprang das Horn des weißen Stiers auf den nächsten Berg, seitdem »**Slieve nAdarcan**«, »Hornberg« genannt. Lange rangen sie miteinander. Die Umstehenden hörten, wie sie sich in der Nacht verfolgten. Sie hetzten sich um die ganze Insel. Im Morgengrauen tauchte Donn, von Osten, wieder auf, mit dem toten Finnbennach auf den Hörnern. Gegen Abend verschwand er in Lough Cruachan. Als er aus dem Wasser wieder hochkam baumelten noch immer Überreste des weißen Stiers von seinem Gehörn.

Finnbennach und Donn auf dem Schulhof von Rathcrogan (Gr. Roscommon).

Etwas von der Leber, »crua-ae«, fiel bereits in Cruachan herunter, deswegen »Cruachan Ai«. Beim Trinken aus dem Finnglass verlor er Finnbennachs Schulterblatt, so daß daraus »Finnlethe«, »Schulterblattbach« wurde. An der großen Furt des Shannon tat er wiederum einen kräftigen Zug und ließ dabei die Lende fallen. So entstand »Ath Luain«, »Lendenfurt«, heute **Athlone**. Als Donn nach **Ath da Ferta** bei Knockbridge kam, legte er die Stirn »étan« an den Hügel, was diesem den Namen »Stierstirne« einbrachte.

An der Grenze zu Ulster verließen ihn die Kräfte. Er lehnte seinen Rücken an den Hügel »Druim Tairb«, Stierrücken« und »sein Herz brach, wie eine Nuß«.

# Fionn mac Cumhaill und die Fianna

Das Material, das sich um **Fionn mac Cumhaill**, den Anführer der **Fianna**, der Kriegs-, Polizei- und Grenztruppe des Hochkönigs von Irland, angesammelt hat, füllt einen eigenen Sagenkreis, den Fenierzyklus. Vom 12. Jahrhundert an wurde er so beliebt, daß er den älteren Ulsterzyklus verdrängte, und während die Volksüberlieferung so gut wie nichts von **Cúchulainn** bewahrt hat, haben sich die Feniergeschichten überall in Irland und Schottland erhalten. In vielen Fällen sind sie mit topographischen Punkten, Bergspitzen, Hügeln, Seen, Flüssen, Steinzeitmonumenten und Findlingen bis auf den heutigen Tag verbunden. Da **Fionn** die Jagd von Bergen und Hügeln zu dirigieren pflegte, heißen eine ganze Reihe von »Sitzen« nach ihm wie **Fionn's Seat, Limerick, Seefin** in den Grafschaften **Kerry, Mayo** und **Waterford, Seefin** und **Seefingan** in den **Wicklow Mountains**, zwei Steinzeitgräber. Seine Finger stehen in der Landschaft herum, zum Beispiel in Cavan und Sligo oder aber große Felsbrocken überdecken sein Grab wie in **Dublin** oder Mayo. Gern wird ihm auch die Gestaltung der Landschaft zugeschrieben: für **Lough Neagh** soll er einer Überlieferung nach eine Riesenhandvoll Erde herausgebaggert haben. Diese ließ er dann als Isle of Man zwischen Irland und England ins Meer fallen. Nach demselben Prinzip, aber in den Proportionen um einiges bescheidener, läßt sich **Glendalough** als Erdscholle aus den Wicklow Mountains erklären, die Fionn als Inselchen »Ireland's Eye« vor die Halbinsel **Howth** setzte.

Eine der heute bekanntesten Geschichten aus der Volksüberlieferung ist auch schon als Cartoon durchs deutsche Kinderfernsehen geflimmert: Fionn als gutmütiger, etwas dümmlicher Riese, der am Giant's Causeway, Antrim, baut, weil er trockenen Fußes nach Schottland gelangen möchte, und mit einem noch einfältigeren im Streit liegt. Fionn kennt ihn nicht persönlich, sondern nur seinem schrecklichen Ruf nach, was genügt, ihn in Panik zu versetzen. Bei dessen erstem Besuch legt sich Fionn, auf den Rat seiner klugen Frau, in die Wiege und verschafft sich gehörigen Respekt, indem er den Besucher kräftig in den Finger beißt: wenn sich in dieser Familie bereits die Säuglinge so hand- bzw. zahngreiflich bemerkbar machten, wie war das denn wohl mit deren Erzeuger! Dieser Riese jedenfalls ließ sich im Fionn-Haushalt nicht mehr blicken.

Allerdings hat sich dieses Fionn-Bild sehr weit von der Sage entfernt, denn dumm ist Fionn dort eben nicht, im Gegenteil, seine Weisheit und

Karte zur Geschichte:
»Fionn mac Cumhaill und die Fianna«

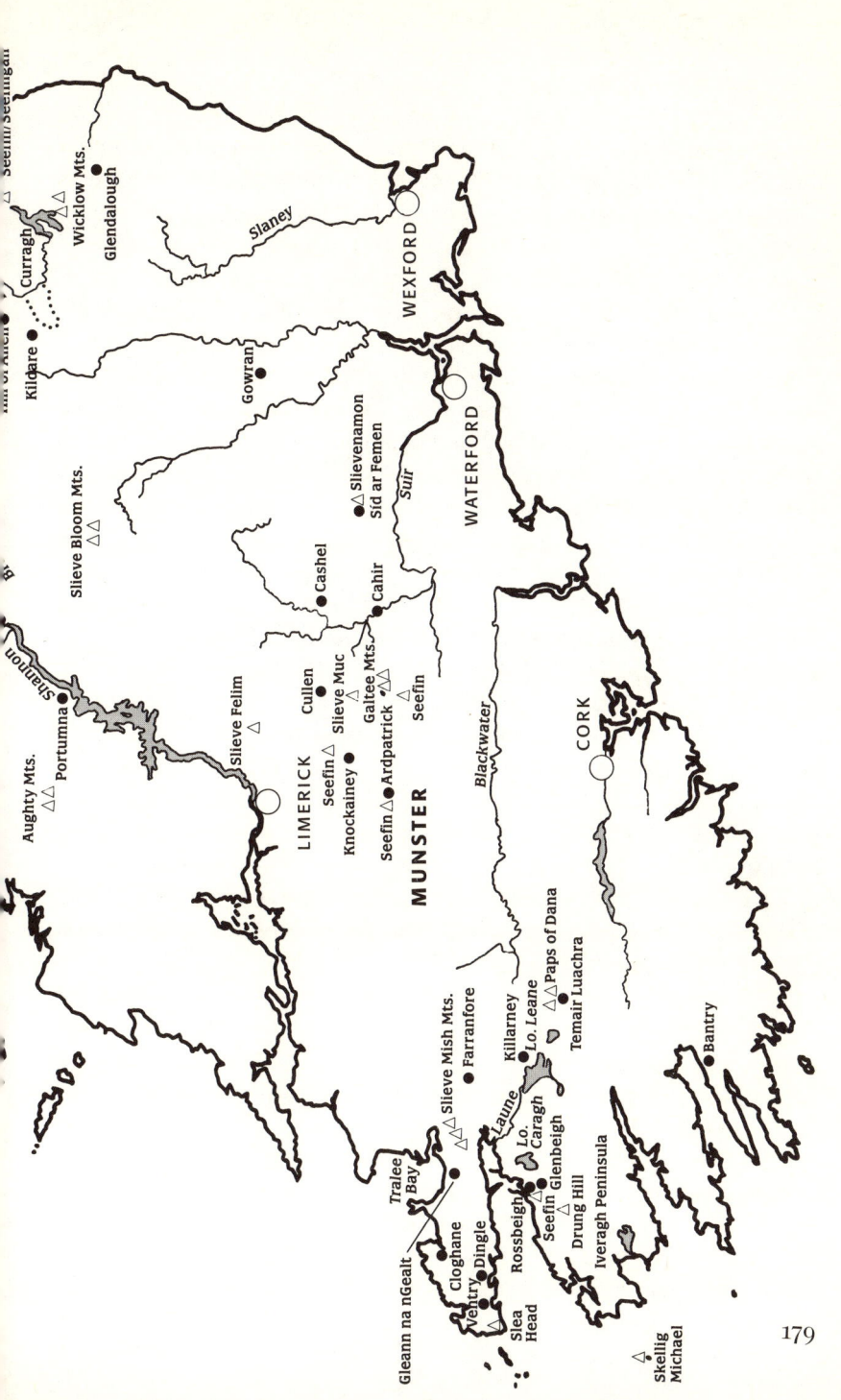

wie er sie erlangte nimmt viel Raum in der literarischen Überlieferung ein.

Fionn besitzt die Weisheit der Götter, der Druiden, der Dichter – der **Anderswelt**: es ist das Wissen von dem, was die Zukunft bringt, denn dieser Seher-Dichter-Jäger-Krieger ist eine mythologische Figur, zu der sich die verschiedensten Stränge zusammengefunden haben. Es handelt sich um Erinnerungen an den auch auf dem Festland bekannten Gott des Lichtes **Lug**, wobei sowohl das physische als auch das geistige Licht, also auch die dichterische Inspiration gemeint ist, um Bruchstücke einer Tier- und Naturverehrung, die den Hirsch betont aber die Jagd miteinschließt und deren Wurzeln in eine Zeit vor Ackerbau und Viehzucht hinaufreichen, und schließlich um handfeste Überlieferungen historischer Tatsachen. Diese Jäger- und Kriegerbanden, *fianna*, die sich an Könige verdingten und die Jugendlichen erzogen, lassen sich in Irland bis ins 6. Jh. zurückverfolgen. Ihre Kochstellen, die *fulachta fian*, sowie Pfostenlöcher ihrer Hütten sind mehrfach nachgewiesen worden.

Trotzdem ist nur die Fianna unter Fionn mac Cumhaill in die Literatur eingegangen, während Freibeuter- und Räuberbanden wie Ingcél und seine Spießgesellen aus der Sage »Die Zerstörung der Festhalle Da Dergas« öfter erwähnt werden. Mit dem Durchbruch in der Literatur stellte sich kurioserweise das Bedürfnis ein, den Helden historisch zu fassen. So wurde Fionn im 2. nachchristlichen Jahrhundert festgelegt, dem Jahrhundert des berühmten und ebenso wenig historischen Hochkönig **Conn** der hundert Schlachten und dessen Enkel **Cormac mac Airt**.

Fionn war den Geschichtskundigen so teuer, daß sie sogar versuchten, ihn mit dem religiösen und kulturgeschichtlich so wichtigen Ereignis der Christianisierung in Verbindung zu bringen. Seit dem 8. Jh. wurde sein Sehertum dazu benutzt, **St. Patricks** Ankunft, meist von **Cashel** aus, vorauszusagen.

Die Fianna war eine beispielhafte Truppe – nur die Besten wurden aufgenommen: Tapferkeit und geschickter Umgang mit den Waffen waren selbstverständlich, Kenntnis der Dichtung gehörte dazu, aber am allerwichtigsten waren moralische Tugenden, Wahrhaftigkeit, Großmut und Gerechtigkeit. Auf die Frage, nach welchen Grundsätzen sie, die Fianna, gelebt habe, gibt **Caoilte** St. Patrick zur Antwort: »Wahrheit in unseren Herzen, Kraft in unseren Armen, Erfüllung des einmal gegebenen Wortes«. Es ist schon mehrfach darauf hingewiesen worden, daß Fionn und die Fianna als Vorläufer für Artus und die Tafelrunde gelten können. Das größte Sammelwerk des 12. Jh., das *Gespräch der Alten, Acallam na*

*Senórach*, bringt diese vorchristliche moralische Elite mit dem Christentum zusammen, indem es zwar nicht Fionn, sondern die beiden Helden **Oisín** und Caoilte so lange leben läßt, daß sie mit St. Patrick zusammentreffen können.

Eine literarisch und historisch so bedeutende Persönlichkeit benötigt einen ausgearbeiteten Lebenslauf. So wurden die verschiedenen Episoden aus Fionns Leben zeitlich in Jugendtaten, Erwachsenenleben, Tod und Untergang der Fianna aneinandergereiht, wobei ältestes Sagenmaterial aus dem 8. Jh. neben neue Entwicklungen aus dem 16. oder gar 18. zu stehen kommt. Die ganz frühen Geschichten, beispielsweise »Lomnas Kopf«, sind meist kurz, schmucklos, dramatisch und betonen keltische Sitten und Bräuche, wie sie vom Festland her belegt sind, wie in diesem Falle den Kopfkult. Je jünger die Erzählungen sind, desto stärker treten Schilderungen und Ausschmückungen hervor. Ab dem 12. Jh. tritt als neues Element das lyrische Gedicht und die Ballade hinzu.

## Fionns Jugendtaten
## *Macgnimartha Find*

Fionns Vater hieß Cumhall und ist, je nach Überlieferung, »ein junger Krieger« oder bereits Hauptmann der Fianna zur Zeit von **Conn** der hundert Schlachten. Er verliebte sich in Muirne, die Tochter Tagds des königlichen **Druiden**. Dessen Vater **Nuadu** hatte dieses Amt bereits innegehabt, aber manche Überlieferungen bestehen darauf, er sei eigentlich Nuadu Airgetlám vom Volk der **Tuatha Dé Danann** gewesen. Muirnes Familie bewohnte die weiße Hügelfestung Almu, auf dem Hill of **Allen**. Tagd hatte mit seiner schönen Tochter Besseres im Sinn, als sie einem namenlosen Soldaten zur Frau zu geben, und so brannte Cumhall mit dem Mädchen durch. In seiner Ehre schwer verletzt brachte Tagd den Fall vor den Hochkönig, dessen Befehl aber, die Druidentochter umgehend zurückzugeben, traf auf taube Ohren. Es kam zur Schlacht von Cnuca, **Castleknock** bei **Dublin**. Das vereinigte Heer des Hochkönigs unter dem Befehl des Morna Clans stand Cumhall und seiner Sippe, dem Baoiscne Clan gegenüber. Gegen diese Übermacht hatten Cumhall und die seinen nicht die geringste; es konnte nur darum gehen, seine Haut so teuer wie möglich zu verkaufen. Das taten sie denn auch. Cumhalls Freund Luchet stieß dem Anführer des Morna Clans ein Auge aus, bevor er von diesem getötet wurde. Seither wurde er nur noch **Goll**, »der Einäugige«, genannt. Cumhall selbst kämpfte wie ein Besessener, fiel aber dann doch von Golls Hand. Außer vielleicht Muirne ahnte niemand, daß nur neun Stunden vor der Schlacht Cumhalls Sohn, der große Fionn, gezeugt worden war...

Goll erhielt Cumhalls Posten am Leinster-Hof, und der werdenden Mutter Muirne wurde von ihrem Vater nicht nur die Tür gewiesen, sie wurde zudem mit dem Tod bedroht. Ein Freund ihres heimlichen Gatten nahm sie in seinen Haushalt auf. Dort schenkte sie einem Jungen das Leben, den sie »**Demne**«, »kleiner Hirsch«, nannte. Sehr viel später sollte Nuadus Großenkel seinen Großvater Tagd so unter Druck setzen, daß er ihm die weiße Festung Almu abgab, aber bis dahin war Demne nirgends wirklich zu Hause. Goll verfolgte die Familie seines Erzfeindes Cumhall mit seinem Haß. Muirne verließ das vom Clan Morna überwachte Gebiet und verheiratete sich mit einem König von Kerry in **Munster**. Für ihr Söhnchen fand sie zwei Ziehmütter, Bodmall, die verschiedene Fassungen abwechselnd als Cumhalls Schwester, als Druidin, oder als Ziehmutter der Fianna führen, und Liath Luachra, eine alte, weise Frau.

Sie tauchten mit dem Kind in den **Slieve Bloom Mountains** unter. Die Volksüberlieferung besagt, es sei in einem hohlen Baum oder in einer Höhle großgezogen worden. Die literarische beschreibt das kleine Blockhaus im tiefsten, grünschimmernden Dickicht der Wälder, das den Dreien als Versteck diente. Als der Junge sechs Jahre zählte wagte Muirne die gefährliche Reise zum Versteck, nur um ihren kleinen Sohn in die Arme nehmen zu können. Nachdem sie sich versichert hatte, daß alles den Umständen entsprechend gut stand, verschwand sie wieder wie ein Schatten.

Die beiden Ziehmütter taten aber auch wirklich ihr bestes, um einen tüchtigen Jäger und Krieger aus Demne zu machen. Schnellauf und Springen brachten sie ihm bei, indem eine von ihnen mit einer Dornrute um einen Baum herumrannte, Demne mit einer anderen hinterher, und wer wen erwischte wurde gezwickt. Oder aber sie ließen den Jungen Hasen hüten auf einem Feld. Mit zehn Jahren überholte Demne jedes Reh.

Zum Schwimmenlernen warfen ihn die Ziehmütter ins Wasser, ob See oder Fluß, und beobachteten dann vom Ufer aus, wie er herausfand.

Mit sechs Jahren brachte er den beiden Frauen seine erste Jagdbeute nach Hause, eine Ente, die er lebend gefangen hatte.

Als Halbwüchsiger zog Demne eine Weile mit ein paar Dichtern durchs Land, bis auch da wieder Gefahr von den Söhnen Mornas drohte. Die Dichter versteckten ihn auf Crotta Cliach, heute **Galtee Mountains**, aber er bekam so wenig und so schlecht zu essen, daß ihm die Haare ausfielen. So hieß er eine Zeitland »Demne, der Kahle«. Ein Räuber aus **Leinster** erschlug die Dichter in Feeguile erhoffter Reichtümer wegen und nahm den Jungen als Handbuben mit zu seiner Hütte mitten im Sumpf, einer ungesunden, trostlosen Umgebung. Zum Glück fanden das die tapferen Ziehmütter heraus und zwangen den Räuber, Demne herauszugeben. Einige Zeit verlebte er mit ihnen wieder in den Slieve Bloom Mountains – er war nun der Ernährer und versorgte sie alle mit Wild. Schließlich verabschiedeten sich die Ziehmütter in aller Liebe von ihm, denn er war nun alt genug, um für sich selbst zu sorgen. Demne wanderte gegen Osten in die Ebene des Liffey, den **Curragh** von **Kildare**. Dort traf er eine Gruppe fürstlicher Pflegesöhne und schlug sie durch seine Geschicklichkeit beim Spiel. Zur Revanche versuchten sie, Demne in einem Arm des Liffey zu ertränken, aber er hielt mühelos neun von ihnen unter Wasser, bis sie das Bewußtsein verloren. Darauf machte er sich aus dem Staub. Erst nachdem der erzürnte Pflegevater die Frage stellte, wer diesen Unfug angerichtet habe, wurde den Jungen klar, daß keiner von ihnen seinen Namen kannte. Groß sei er gewesen, hochgewachsen, kräftig, mit hellem Haarschopf. Aha, der Helle, der Hellhaarige – *fionn*! So erhielt Demne den Namen »Fionn«, unter dem er zum Tagesgespräch der ganzen Gegend wurde. Aber das war gefährlich, denn der Clan Morna konnte auch zwei und zwei zusammenzählen.

Auf Schleichwegen, Behausungen möglichst vermeidend, schlug sich Fionn ans andere Ende Irlands durch, bis nach Lough Lene, heute **Lough Leane**, die Seen von **Killarney**. Er trat incognito in den Dienst des Königs von Bantry. Wegen seines Aussehens und seiner Geschicklichkeit, Ausdauer und Schnelligkeit beim Jagen blieb diesem nicht lange verborgen, daß er Cumhalls Sohn eingestellt hatte. Und da die Söhne Mornas hier noch großen Einfluß besaßen war es besser für Fionn zu verschwinden. Beim König von Kerry, eigentlich seinem Stiefvater, erging es ihm nicht besser. Dieser lachte ihn aus, als er vorgab, ein armer Bauernbub von **Tara** zu sein, und sagte ihm auf den Kopf zu, er sei Cumhalls Sohn. Es freute ihn zwar, ihn zu sehen, aber er war nicht mächtig genug, ihn gegen die Söhne Mornas zu schützen.

Ein Bruder Cumhalls, Crimhall, lebte in **Connaught**, und auf dem Weg dorthin übernachtete Fionn beim Schmied von Cuillean, heute **Cullen**, und verliebte sich in dessen schöne Tochter. Obwohl dieser nichts über den jungen Fremdling wußte erlaubte er die Verbindung. Er machte für Fionn zwei schlanke, haarscharfe Speerspitzen. Mit dem einen Speer erlegte er ein riesenhaftes, magisches Wildschwein, dessen Kopf er seiner Angebeteten als Brautpreis verehrte. Der Hügel, auf dem er das Schwein erlegte, heißt heute noch »Slievenamuck«, »Schweinehügel«. Nach einiger Zeit nahm er die Suche nach dem Onkel wieder auf. Dieser hatte sich, nach der Schlacht von Cnuca, als einer der wenigen Überlebenden des Clan Baoiscne tief in die Wildnis von Connaught verzogen. Bevor er ihn traf stand Fionn noch eine schicksalsträchtige Begegnung bevor: eine tieftraurige Frau saß in einer Waldlichtung, blutige Tränen rannen ihr übers Gesicht. Ihr einziger Sohn war von einem viel älteren Krieger erschlagen worden. Fionn führte für sie die Rache aus, indem er den, die ganze Gegend Terrorisierenden, mit seinem zweiten Speer durchbohrte. Sein Onkel sollte ihn darüber aufklären, daß dieser Krieger, bei Cnuca, seinen Vater, Cumhall, gefährlich verwundet hatte, bevor er von Goll den Todesstreich empfing. In dessen Besitz befand sich ein feingearbeiteter Beutel aus Kranichleder, der berühmte *corrbolg*, in dem sich die Schätze von **Manannán mac Lir** befanden. Fionn nahm ihn mit, ohne zu wissen, was für wunderbare Dinge er barg. Umsomehr wußte sein Onkel Crimhall, den er im tiefsten Wald auffand. Mit einigen alten Waffengefährten fristete der alte Fenier dort sein Leben, noch immer auf der Hut vor Clan Morna. Und natürlich erkannte er den *corrbolg*, den eigentlichen Talisman des Clan Baoiscne, den dieser Krieger bei Cnuca zur Seite geschafft hatte. Der alte Mann war fest davon überzeugt, daß sich das Glück für den Baoiscne Clan gewendet habe, und daß es Fionn gelingen werde, die Stelle seines Vaters zurückzugewinnen.

Eine Weile blieb Fionn bei seinem Onkel, dann entschloß er sich, Dichter zu werden. Erstens gehörte Dichtung zur Ausbildung eines Feniers und zweitens genossen Dichter im alten Irland Privilegien, wie Bewegungsfreiheit und Immunität, und beides konnte der noch immer von den Söhnen Mornas Verfolgte gebrauchen.

Seit sieben Jahren lebte der Dichter, Fionn Éices, am **Boyne**. Ihm war verheißen worden, einer, namens Fionn, werde den Salm der Weisheit fangen und verzehren, wodurch sich ihm alle Geheimnisse der Welt, Vergangenes und Zukünftiges, offenbaren würden. Als Cumhalls Sohn ihn um Unterricht bat, hatte er soeben den Fisch gefangen und hieß nun seinen neuen Schüler diesen zuzubereiten, aber unter keinen Umständen davon zu kosten. Willig steckte der angehende Dichter den Fisch an einen Spieß und röstete ihn über der Glut, bis er gar war. Beim Herunternehmen verbrannte er sich den Daumen und steckte ihn instinktiv in den Mund. Wie ein Blitz durchfuhr ihn Erleuchtung. Fionn Éices sah ihm die Veränderung sogleich an und wollte wissen, ob der Schüler vom Fisch gegessen habe. Wahrheitsgetreu berichtete Fionn, was sich zugetragen hatte. Der Meister sah den Zusammenhang und trat ehrfurchtsvoll zurück: »So bist du Fionn, von dem die Prophezeiung gesprochen!« Er solle nun auch den ganzen Fisch essen. Wie blendendes Licht durchschoß es Fionn und er komponierte nun sein erstes Gedicht, ein langes, das in farbenfrohen Bildern die Freuden des Sommers besingt:

»... ein Vögelchen singt lauthals;
die Lerche schmettert helle Nachricht.
Mai, ohne Fehl, in herrlichen Farben...«

Von jetzt ab brauchte Fionn, zeit seines Lebens, nur den Daumen in den Mund zu stecken und schon kam ihm alles, was er wissen wollte.

Als Dichter wagte sich Fionn, dem Hochkönig und Clan Morna entgegenzutreten. Er wählte dazu das Fest von Tara, am Vorabend zu *Samhain*, und sorgte für eine nicht geringe Sensation, indem er sich ungeladen und unangemeldet zwischen den Gästen niederließ. Mit klarer Stimme gab er Antwort auf die Frage des Königs, wer er sei: er sei Cumhalls Sohn und gedenke unter Conn »der hundert Schlachten« zu dienen... Zu seinem Erstaunen hieß ihn der Hochkönig herzlich willkommen und erklärte öffentlich, Cumhall sei einer seiner Freunde gewesen. Er setzte Fionn auf den Ehrenplatz neben seinen eigenen Sohn, *Cormac mac Airt*. Möglicherweise war dieser vielversprechende junge Mann dem König doppelt willkommen, weil ihn schwere Sorgen drückten. Seit neun Jahren erschien zu *Samhain* **Aillén mac Midna** vom **Síd Fionnachaid**, Aillén mac Midna, »der Brenner« genannt, der mit Zaubermusik erst den ganzen Hof einschläferte, um dann mit seinem feurigen Atem, den Palast bis auf den Grund niederzubrennen. Fionn anerbot sich, Tara in dieser Nacht zu verteidigen. Er sah darin die Chance, die Stellung seines Vaters zu erlangen. Fiacha, ein geheimer Anhänger seines Vaters, brachte Fionn mac Cumhaill den Speer, »der noch nie sein Ziel verfehlt hatte«. Dessen kalte Spitze solle er gegen seine Stirne legen, um einen klaren Kopf zu behalten, wenn die Anderswelstmusik ertöne...

Fionn ging hinaus in die Nacht und patrouillierte auf den Wällen. Wenig später vernahm er die ersten Harfentöne und den sanften, einschmeichelnden Gesang der **Anderswelt**. Eben hatte er Zeit, die Schutzhülle von der Speerspitze zu reißen und das kalte Metall an die Stirn zu pressen, da wurde er des Anderswelstwesens ansichtig. Es spielte abwechselnd auf Harfe und Flöte und sang zwischendurch. Als alle schliefen sandte es einen lodernden Feuerstrahl gegen den Palast. Blitzschnell warf Fionn seinen »purpurgesäumten, fünffachen Mantel« dazwischen, der »das Feuer in die Erde leitete«. Dabei entstand ein tiefer Krater. Seither heißt das Tal gegenüber *Gleann an Bhruit,* »Tal des Mantels«, und der Hügel daneben *Ard na Teineadh,* »Feuerhügel«.

Aillén floh, von Fionn verfolgt, in Richtung Tuatha Dé Danann – Festung auf Sliabh Fuait, den **Fews Mountains**, und im Augenblick, in dem er ins Sid Fionnachaid schlüpfen wollte, traf ihn Fionns Speer und brach ihm den Rücken. Fionn schlug ihm den Kopf ab und brachte diesen, nebst Ailléns Harfe und Flöte, im Triumph nach Tara. Er pflanzte ihn auf einer Stange auf der Versammlungswiese auf, so daß bei Sonnenaufgang jeder seine Heldentat sehen konnte. Der König stellte Goll mac Morna vor die Wahl, entweder seinem jungen Todfeind die Führung der Fianna abzutreten oder ins Ausland zu gehen. Der grimmige Einäugige wählte ersteres und war der erste, der Fionn die Hand reichte. Aus praktischen Erwägungen ließen sie beide die Vergangenheit ruhen – vergeben oder gar vergessen war sie deswegen noch lange nicht.

## Fionns Leben als Erwachsener

In **Fionns** Leben spielten Frauen ein große Rolle, es heißt, in jedem Jagdgrund der **Fianna** habe ein weibliches Wesen auf ihn gewartet. Er teilte mit mancher Frau das Lager und war ein gutes dutzend Mal verheiratet, mit Schönheiten aus der realen –, aber auch mit Damen aus der **Anderswelt**. Eine Geschichte aus dem 9. Jh., die aber bereits im 6. Jh. existiert haben dürfte, erzählt von einem Verhältnis mit einer namenlosen Frau aus der Sippe der Luigne von Meath.

### Lomnas Kopf

Als Fionn sich einst auf der Jagd in **Tethba** befand, überraschte Lomna, Fionns Narr, dessen damalige Frau beim heimlichen Stelldichein mit Cairbre, einem Fenier und Landsmann. Die Frau war sehr erschrocken und bat Lomna, nichts auszuplaudern, was er auch versprach, aber seinen Herrn mochte er auch nicht hintergehen. Er fand einen Ausweg indem er eine verschlüsselte Botschaft auf *Ogham* für Fionn hinterließ. »Ein Erlenscheit in einem Silberzaun, Nachtschatten in einem Kressebund. Der Mann einer Unzüchtigen ist ein Hanswurst in der Fianna, die weiß, was sich schickt.« Fionn erriet sogleich, was sich abgespielt hatte, und war erzürnt über die Frau. Für sie bestand kein Zweifel, daß der Narr sein Wort gebrochen hatte, und sie ließ ihn durch Cairbre töten. Dieser trennte Lomna den Kopf vom Rumpf und nahm ihn mit. Indem er den Daumen in den Mund steckte, fand Fionn am Abend heraus, um wessen Leichnam es sich handelte und was die Umstände des Todes gewesen. Er nahm Cairbres Spur auf und fand ihn in einer Fischerhütte, wo er mit ein paar Freunden Fische briet. Lomnas Kopf hatte er auf einem Spieß in die Herdecke gestellt. Zweimal teilte Cairbre Fisch für alle aus, überging aber den Kopf. Der beklagte sich bitter über die Ungerechtigkeit – wo bliebe sein Anteil? Wo? Die Fianna würde Cairbre das schon heimzahlen! Cairbre mochte sich das Geraunze nicht anhören und stellte den Kopf vor die Tür – da trat, in dem Augenblick, Fionn heran und erschlug den Mörder seines Narren.

Bei seiner ersten Begegnung mit einer Frau aus der Anderswelt wurde Fionn in ein seltsames Abenteuer hineingezogen:

## Éle

Kurz nach seiner Erweckung am **Boyne** begleitete Fionn den Dichter Cethern mac Fiontan auf eine Brautfahrt zu der wunderschönen Andersweltfrau, Éle, von *Síd Éile*, heute **Croghan Hill**. Sie waren nicht die einzigen, die auf Brautschau waren, Freier kamen von allen Seiten daher, denn ganze Heerscharen umwarben Éle zu *Samhain*. Plötzlich fiel ein Kollege, der Dichter Oircbél tot hin und niemand hatte gesehen, wer ihn getroffen hatte. Fionn war so verstört, daß er die anderen alleine weiterziehen ließ. Der Mann seiner Tante/Ziehmutter Bodmall, Fiacail Fí von Temair Mhairge, heute die höchste Erhebung der Slievemargy-Kette, klärte ihn über die Zusammenhänge auf. Er schickte ihn, mit seinem besten Speer in der Hand, *Samhain* übers Jahr, zu den **Paps of Dana** und hieß ihn, sich zwischen die beiden Gipfel zu setzen und abzuwarten. Wie üblich zu diesem Jahreszeitenfest öffneten sich die beiden Hügel und Fionn konnte in beiden *síd* jeweils ein mächtiges Feuer lodern sehen. Ein seltsames Zwiegespäch drang an sein Ohr. Eine Stimme fragte: »Wie schmeckt euer feines Essen – gut?« Eine zweite antwortete: »Jawohl, wirklich gut. Sollen wir euch von uns etwas hinüber-

Paps of Dana (Gr. Kerry).

bringen?« – »Wenn ihr uns etwas bringt, kriegt ihr nachher auch etwas...«

Aus dem einen *síd* tauchte ein Mann mit einer Backmulde auf, worauf ein fürstliches Halloween-Mahl angerichtet war: ein durchgebratenes, ganzes Schwein, ein gesottenes Kalb und ein Bund Knoblauch. Aus Rache für seinen Dichterkollegen warf Fionn dem Andersweltbewohner Fidachs Speer nach, so daß dieser, die Waffe im Rücken, vornüber in den Eingang des anderen *síd* kippte. Im Innern erhob sich ein lautes Schreien und Wehklagen. Eine klare Stimme schwang sich in einem Klagegedicht um Aed über das Gewirr. Jetzt wußte Fionn den Namen seines Opfers: Aed aus der **Anderswelt** hatte den Dichter aus Eifersucht umgebracht, »da er Éle selber liebte«.

Nun erschien Fiacail, um Fionn nach **Leinster** zurückzugeleiten. Ermutigt vom älteren Freund nahm der junge Dichter eine Andersweltfrau als Geisel aus Síd Éile gefangen. Er brauchte ein Druckmittel, um Fiacails Speer aus der Anderswelt zurückzubekommen. Die Andersweltfrau ließ ihre Landsleute wissen, dieser Speer sei so giftig, daß er das ganze Gebiet in eine Umweltkatastrophe stürzen könne. Umgehend sauste der Speer in die Menschenwelt zurück!

## Oisíns Mutter

Fionns größte Liebe wurde von einer finsteren Andersweltgestalt entführt, ein Thema, das seit dem 11. Jh. immer wieder abgewandelt wurde:
 Die Fianna zog einst nach einem langen Jagdtag heimwärts. Plötzlich sprang ein junges Reh aus dem Unterholz, pfeilgerade auf den Hill of **Allen** zu. Alle außer Fionn und seine zwei berühmten Hunde, *Bran* und *Sceolan*, blieben zurück. Das graziöse Tier legte sich ins Gras und wartete auf die Verfolger. Merkwürdigerweise taten ihm die großen Hunde nichts, im Gegenteil, sie winselten und leckten mit ihren rauhen Zungen dem Reh das Gesicht. Fionn wunderte sich jedoch noch mehr, als das Reh beim Aufbruch nun ihnen nachfolgte, bis hinein in die weiße Festung von Almu.
 Nachts besuchte Fionn eine schöne, junge Frau in reicher Kleidung und gab sich als jene Hindin zu erkennen. Je nach Überlieferung nannte sie sich *Blai Derg* oder Sadb aus der **Anderswelt**. Ein Druide der *Tuatha Dé Danann* liebte sie leidenschaftlich, aber sie wies den schwarzen Magier ab. Aus Zorn darüber verwandelte er sie in ein Reh. Drei Jahre hatte sie nun schon in beständiger Furcht vor Jägern gelebt. Aus Mitleid mit ihr verriet ihr ein Diener des dunklen Zauberers, daß sich der Bann brechen ließe, wenn es ihr gelänge, die Festung der Fianna zu betreten. Die Hunde, die ja selbst verwandelte Menschen waren, hatten sie sogleich als eine der ihren erkannt.
 Fionn war von der liebreizenden Andersweltdame so beeindruckt, daß er ihr bedingungslos sein Herz schenkte und sie zu seiner Frau machte. Monatelang wich er keinen Augenblick von ihrer Seite, er gab sogar die Jagd auf...
 Erst als ein Notruf des Hochkönigs kam, da die Skandinavier bereits auf **Binn Éadair**, auf der Halbinsel **Howth**, gelandet waren, riß er sich von diesem anmutigen Geschöpf los, das seine Liebe voll und ganz erwiderte. Er sollte es nie wiedersehen. Nicht, weil er gefallen wäre – er tat Wundertaten an Tapferkeit – sondern weil sich der Dé Danann – Zauberer wieder Blai Dergs bemächtigte. Der jungen Frau wurde, ohne ihren Gatten, die Zeit lang. Als sie meinte, dessen Stimme zu hören, rannte sie, ohne die Warnung der treuen Diener zu beachten, aus der schützenden Festung und warf sich dem dunklen Schatten, den sie für Fionn hielt, in die Arme. Laut schrie sie auf, als sie den Magier erkannte. Er berührte sie jedoch mit seinem Zauberstab und schon hetzte ein verängstigtes Reh über Mag Liffey, den **Curragh** von **Kildare**.

Wie Fionn erfuhr, daß Blai Derg verschwunden war, schloß er sich wortlos ein. Das Bankett zur Heimkehr blieb unberührt. Sieben Jahre lang durchstöberte er jeden Winkel Irlands nach der geliebten Frau, seiner Frau, die ihr gemeinsames Kind erwartete.

Einst jagte er im Gebiet des **Ben Bulben** – vorsichtshalber ließ er sich immer von sein Hunden Bran und Sceolan begleiten – als die Meute in einem Tälchen zu kläffen begann. Bran und Sceolan hielten sie von einem feingewachsenen, starken, kleinen Jungen fern, der mit nichts anderem bekleidet war als mit seinem langen Haar. Er ließ sich von dem Lärm nicht im geringsten beeindrucken und wehrte nur lachend Bran und Sceolan ab, die wie die Verrückten an ihm hochsprangen und winselnd sein Gesicht leckten. Fionns Herz tat einen besonderen Schlag bei seinem Anblick. Als der Junge mit der Zeit die Menschensprache lernte bestätigte sich sein Verdacht: es war sein Sohn. Solange er denken konnte hatte sich eine sanfte Hindin um ihn gekümmert. Sie lebten in einem abgeschlossenen Tal, nährten sich von Kräutern, Beeren und Früchten und tranken Quellwasser. Im Winter brachte ihnen jemand Futter zu einer geschützten Höhle. In gewissen Abständen ließ sich ein dunkler Mann blicken, der bald bittend, bald drohend auf das Reh einsprach. Gewöhnlich ging er im Zorn davon. Eine solche Szene spielte sich auch ab, als der Junge seine Mutter zum letzten Mal sah: der finstere Magier hatte sich in eine furchtbare Wut hineingesteigert. Das zitternde Tier hielt so weit wie möglich Abstand von ihm. Schließlich berührte er es mit einem Haselzweig, wodurch es ihm willenlos nachfolgen mußte. Das Kind schrie und weinte, vermochte aber kein Glied zu rühren, und als der klagende Ruf seiner Mutter zwischen den Felswänden verhallt war, schwanden ihm die Sinne. Es wachte erst wieder auf, als Fionns Meute es umkläffte. Fionn nannte seinen Sohn »Oisín«, »kleines Reh«. Seinen eigenen Sohn, Fionns Enkel, sollte dieser dereinst »*Oscar*«, »Rehkitz«, nennen.

Jeder Verkehr mit der **Anderswelt** war eine zweischneidige Sache, insbesondere, wenn sich ein Sterblicher dorthin begab. Selten, höchst selten, war es eine nur positive Erfahrung. Das wird sogar da deutlich, wo eine Geschichte nur als Fragment überlebt hat, wie bei der aus dem 14./15. Jh. stammenden Erzählung:

## Das Fest im Hause Conáns · *Feis Tighe Chonáin*

Fionn und seine Kameraden gerieten eines Abends in das *síd* von Ceann Sléibhe, heute **Slea Head**. Sie wurden gastfreundlich aufgenommen und Fionn verliebte sich in Findearb, die Tochter Conáns vom Stamm der Dé Danann.

Nach längerem Interview – Stand, Waffentaten, Besitz – erhielt Fionn die Erlaubnis, mit dem Gegenstand seiner Leidenschaft die Nacht zu verbringen. Die Hochzeit sollte einen Monat später stattfinden – aber es kam nie dazu. Fionn und die seinen begaben sich, in Begleitung einiger Dé Danann – Krieger, zurück zur Residenz auf dem Hill of **Allen**, wo sie ein Willkommensbankett erwartete. Leider platzte der Sohn des Hochkönigs mitten hinein, so daß einige der Gäste die Plätze wechseln mußten, um den wichtigen Neuankömmling gebührend zu empfangen. Davon waren auch zwei der Andersweltgäste betroffen und fühlten sich in ihrer Ehre gekränkt. Stehenden Fußes taten sie sich mit dem Ex-Verlobten von Fionns Zukünftiger zusammen, und als Fionn seine Braut abholen wollte, fand er sich einer Schar bis an die Zähne bewaffneter Andersweltkrieger gegenüber...

Eine Anekdote aus dem 8. Jh. bietet eine Alternative zum Salm der Weisheit, um Fionns geistige Brillianz zu erklären. Sie erzählt, wie Culdubh, ein Andersweltwesen aus dem **Síd ar Femen**, auf **Slievenamon**, drei Abende hintereinander Fionns Nachtmahl stiehlt – es handelte sich um Schweinebraten – und damit im *síd* verschwindet. Fionn verfolgte es bis zur Andersweltresidenz und erschlug es dort, am Eingang. Gleichzeitig erschien eine Andersweltfrau, die eben Getränke ausgeschenkt hatte, denn das Gefäß hielt sie noch in der Hand, und schlug die halboffene Tür des *síd* zu. Dabei wurde Fionns Daumen eingeklemmt, und um den Schmerz zu lindern, steckte er den Finger in den Mund. Auf diese Art gewann er die dichterische Erleuchtung und den Blick in die Zukunft.

## Die Festhalle von Keshcorran · *Bruidhean Chéise Corainn*

In der spätmittelalterlichen Erzählung werden Fionn und seine Gefährten buchstäblich von Andersweltfrauen umgarnt. Nur handelt es sich diesmal nicht um Schönheiten: die Töchter Conaráns sind drei greuliche, alte Hexen! Wie Fionn und **Conán Maol** sie zu Gesicht bekommen, wechseln sie die Farbe, werden rot, dann weiß, dann schwarz, bevor sie beide einen Kollaps erleiden.

Keshcorran Höhlen (Gr. Sligo).

Fionn und die Fianna schlugen ihr Jagdlager direkt auf **Keshcorran** auf, was den Herrn des *síd* erboste. Er wies seine drei Töchter an, sich an den Helden zu rächen, »wegen ihrer ewigen Jagerei auf Keshcorran«. In der einen Fassung drehten sie nun »drei große Eisen mit Heidekrautstrünken« zu Fallstricken für die Unglückseligen zusammen, in der anderen wanden sie Zaubergarn zu Knäueln, »durch das Fionn und die Fianna neugierig schlüpften, um die scheußlichen, alten Frauen, deren Fingernägel Kuhhörnern glichen, aus der Nähe zu betrachten«.

Wie dem auch sei, die Wirkung war die gleiche. Der Anblick der drei Hexen schwächte sie so, daß sie nicht mehr aufrecht stehen konnten. Die drei brauchten sie nur zu fesseln und in die Höhle zu schleppen. Vergeblich bellten die verstörten Hunde ihren Herren nach. Ausgerechnet **Goll mac Morna** rettete diesmal die **Fianna**. Er war später als die anderen aufgebrochen und kam in vollem Lauf daher, als er plötzlich von den Hexen angegriffen wurde. Er bekämpfte sie mit großer Tapferkeit, erschlug zwei und überwand die dritte in einem dramatischen Ringkampf. Er fesselte sie nun so lange, bis sie versprach, die Gefangenen herauszugeben. Darauf ließ Goll sie frei und kümmerte sich um seine Kameraden, mußte aber am Ende nocheinmal den Kampf mit der dritten Hexe aufnehmen. Da sie den Ausgang blockierte, streckte er sie schließlich mit einem mächtigen Speerwurf nieder. Fionns Dichter verarbeitete Goll mac Mornas Heldentaten zu einem Lobgedicht.

## Fionns Verwirrtheit

Frauen der **Anderswelt** waren öfter zwiespältige Wesen, wie Fionn zu seinem Leidwesen mehrmals erfuhr:
Beim Überschreiten des Slaney traf die *Fianna* einst auf eine schöne, in Seide gekleidete Frau. Ihr grüner Mantel wurde von einer Goldbrosche zusammengehalten und sie trug ein goldenes Diadem – es war Daireann, Tochter von **Bodb Derg** von den *Tuatha Dé Danann*. Sie machte keine Umschweife, sondern informierte Fionn dahin, sie sei gekommen, um ihn zu heiraten, und er habe als Brautpreis zu entrichten, was sie von ihm verlange. Vorsichtig erkundigte sich der solcherart Überrumpelte, worum es sich denn handle. Das Versprechen, ein Jahr die einzige Frau zu sein und daß sie für den Rest seines Lebens die Hälfte seiner Zeit beanspruchen dürfe. Fionn sagte ihr rundheraus, daß ihm dieses Arrangement nicht behage, worauf sie einen schweren Silberbecher unter ihrem Mantel hervorholte und mit einem stark duftenden Getränk füllte. Da Fionn unter dem *geis* stand, niemals einen angebotenen Becher zurückweisen zu dürfen, trank er ihn bis zur Neige aus. Ihm war, als verdunkelten sich die Sinne. Er fing an, der Fianna Vorwürfe zu machen, ihr Fehler – echte und erfundene – zuzuschreiben, und fing an zu brüllen und zu toben. Die Fianna erhob sich wortlos, wie ein Mann, und ließ ihren verrücktgewordenen Anführer stehen. Alle, bis auf **Caoilte**. Der lief den Kameraden nach und beschwor sie, Fionn nicht zu verlassen. Schließlich ließen sie sich umstimmen. Aber Fionn fuhr in demselben Ton fort und womöglich mit noch größerem Volumen. Wieder machte die Fianna geschlossen kehrt und Caoilte holte sie mit Mühe zurück. Dreizehnmal wiederholte sich das Spiel, dann sank die Nacht herab und Fionn erlangte langsam wieder seinen normalen Zustand. Caoilte gestand später, das sei das härteste Tagewerk gewesen, das er jemals ausgeführt habe.

## Die Jagd auf Slieve Gullion

Eine andere Dame aus der Anderswelt verursachte Fionn im wahrsten Sinne des Wortes graue Haare. Nach einer spätmittelalterlichen Erzählung lockte ein seltsam graues Rehkitz Fionn einst auf den **Slieve Gul**-

lion. Fionns Hunde **Bran** und *Sceolan* rannten voraus, waren aber plötzlich verschwunden. Am Bergsee saß eine schöne, goldhaarige Frau und Fionn erkundigte sich, ob sie die Hunde gesehen habe. Mit einem gewissen Vorwurf in der Stimme antwortete sie, sie habe überhaupt nicht darauf geachtet. Jetzt erst fiel Fionn auf, daß sie unglücklich aussah. Sie hatte ihren kostbaren Goldring ins Wasser fallen lassen und all ihr Denken und Trachten kreiste darum, wie sie ihn wieder erlangen könnte. Da es ein Grundsatz der *Fianna* war, niemals einer bedrängten Frau Hilfe zu versagen, legte Fionn seine Kleider am Ufer ab und sprang in den See. Dreimal umschwamm er ihn und tauchte wiederholt, bis er das Geschmeide auf dem Grund blitzen sah. Er reichte den Ring der Schönen hoch – aber jetzt sprang sie ins Wasser und verschwand. Fionn selbst kam nur mit Mühe an Land und es gelang ihm nicht, seine Kleider überzustreifen: er war zu einem zittrigen, uralten Greis geworden. Als Fionn nicht zurückkehrte organisierte **Caoilte** eine Suchaktion. **Conán Maol**, indessen, fing an, begeistert herumzukrähen, Fionn solle nur bleiben, wo er sei, dann habe die Fianna doch endlich eine Chance, weil er, Conán, ihr Anführer würde. Und obwohl der Fianna nun wirklich nicht ums Lachen zumute war, konnte doch keiner das Grinsen verkneifen, ob soviel Dummheit und erst noch solch dreister!

Die besten Fährtenleser fanden schließlich Fionns Spur, Richtung Slieve Gullion. Am See saß nur ein uralter Mann. Lange brauchten sie, um ihn überhaupt zum Sprechen zu bringen, und noch länger, bis er ihnen seine Identität verriet. Fionn war klar geworden, daß ihn nur die Tochter von **Culann**, dem Schmied, so hatte verwandeln können. Die Kameraden brachten den hinfälligen Alten vors *síd* von Slieve Gullion und gruben sich in dreitägiger, harter Arbeit zu dessen Eingang vor. Die Anderweltdame, die Fionn betrogen hatte, war nicht wenig über den Ansturm erschrocken und beeilte sich, ihm ein Getränk aus einem goldenen Trinkhorn anzubieten, wodurch er seine vorige Gestalt wieder zurückerhielt, bis auf sein Haar, das so hell, »fionn« gewesen. Das blieb grau.

Eine andere Überlieferung besagt, nur die eine Hälfte seines Haares sei wieder zum jugendlichen Goldschopf geworden, die andere sei schlohweiß geblieben...

### Die Schlacht von Ventry · *Cath Fionntrágh*

Der Höhepunkt in Fionns Karriere als Krieger und Held kam mit der Schlacht von Fionntrágh, **Ventry**, in Kerry, obwohl er, bei Licht betrachtet, an dem ganzen Debakel eigentlich selbst die Schuld trug. Er hatte

Ventry (Gr. Kerry). »Fionntrágh« = Heller Strand.

nämlich, vor Zeiten, Ehefrau und Tochter des Königs von Frankreich entführt, und die Könige des Festlandes hatten sich endlich unter Daire **Donn**,»dem König der Welt«, soweit organisiert, daß sie die Schmach gemeinsam rächen konnten. 366 Tage, ein Jahr und einen Tag, hielt die Fianna Daire Donn stand, obwohl der irische Hochkönig keinen Finger für sie rührte. Seit der unglückseligen Geschichte mit **Gráinne** einerseits und der wachsenden Rivalität andererseits war das Verhältnis zwischen dem Hochkönig und dem Hauptmann seiner Garde kein ungetrübtes mehr. Die Schlacht von Ventry war eine gute Gelegenheit, den allzu beliebten Fenierführer loszuwerden, man mußte ihr nur ihren Lauf lassen...

Die »Feinde Irlands«, unter anderem die Könige von Griechenland, Spanien, Frankreich, der Sachsen, der Katzen- und Hundsköpfe, standen unter dem Kommando des »Königs der Welt«. Glas, ein wegen eines Verbrechens des Landes verwiesener Ire, brachte die vereinigte Flotte via **Skellig Michael** zum feinsten Hafen Irlands, zum »fionn trágh«, »weißen Strand« auf der **Dingle** Halbinsel.

Fionn zog die gesamte **Fianna** zusammen und marschierte südwärts. Unterwegs überholten sie einen der ihren, den jungen Krieger Cael. Auch er wollte nach Kerry, aber aus anderen Gründen. Er war sterblich in die schöne **Anderswelt**frau *Credhe* verliebt und hatte sich eben von seiner Ziehmutter im **Bruig na Bóinne** beraten lassen, wie sie zu gewinnen sei. Sie hatte ihm geholfen, ein Gedicht zu verfassen, denn seine Angebetete würde nur einem Mann angehören, der ihr ein vollkommenes Lobgedicht auf ihren Haushalt vortragen würde. Da das *síd* am Weg lag, begleitete die Fianna Cael zu Credhes Wohnsitz unter den **Paps of Dana**. Die Goldhaarige ließ sich am Fenster ihres Sonnenhauses blicken und Cael rezitierte sein Gedicht, das nicht die kleinste Kleinigkeit unerwähnt ließ, das Schüsselchen, worin sie die Beerenfarbe zum Nachziehen ihrer Augenbrauen anrührte ebensowenig wie das mit roten Vogelschwingen gedeckte Dach ihres Sonnenhauses oder die Bettvorhänge von der altrosa Farbe des Fingerhutes.

Credhe war so beglückt über seine Bemühungen, daß sie den jungen Krieger vom Fleck weg heiratete und die ganze Fianna zum siebentägigen Hochzeitsfest einlud.

Fionn hatte jeden Hafen Irlands mit Wachtposten besetzt, aber ausgerechnet Conn von **Temair Luachra**, der Ausguck von **Ventry**, verschlief die Ankunft der Feinde und erwachte erst, als Schiffskiele knirschend auf Sand auffuhren und Schlachtenlärm und das Verzweiflungsgeschrei von Frauen und Kindern an sein Ohr drangen. Glück im Unglück war, daß in dem Augenblick drei in ihn verliebte Schwestern aus der **Anderswelt** auftauchten, die bereit waren, alles für ihn zu tun … aber statt eines Schäferstündchens fabrizierten sie nun, selbstlos, Soldaten aus Strandhafer und Wasserkresse, schwächten die Angreifer und machten sie »schwerhörig und kurzsichtig«. Überdies legten sie um ihren Liebling einen Druidennebel, der ihn unsichtbar machte. So wetzte Conn nicht nur seine Scharte aus, sondern bedeckte sich auch mit Ruhm, da er den Kopf des Königs »von der großen Ebene« erbeutete. Conn organisierte die **Tuatha Dé Danann** von Dún Sesnain, dem heutigen Tuam, und diese schickten wiederum Boten zu **Bodb Derg** ins **Síd ar Femen**. Letzterer war sich zwar nicht ganz so sicher, ob er »den Männern Irlands« überhaupt beistehen solle, aber der Bote erinnerte ihn daran, daß es kaum einen Königssohn, Fürsten oder Fenier gäbe, der nicht eine Ehefrau, Mutter, Ziehmutter oder ein Liebchen aus dem Volk der Dé Danann besäße.

So schlugen die aus der Anderswelt eine Schlacht für die Fenier, in Ventry, bevor sich diese überhaupt dorthin begeben hatten – sie saßen ja noch beim Hochzeitsmahl. Immerhin machten sie sich auf einem Gewaltmarsch nach Dingle auf, dem **Blackwater** nach gegen Norden, dann über Farranfore und auf die Halbinsel mit den **Slieve Mish Moun-**

**tains** zur Rechten. In Ventry wurden tägliche Zweikämpfe vereinbart. Den Anfang machten der Anführer der Fianna von **Munster** und der König von Griechenland und alle beide fielen dabei. Am Tag, als Fionns Sohn *Oisín* an der Reihe war, meldete sich der König von Frankreich auf der Gegenseite: sie kämpften den ganzen, langen Tag auf der Nordseite des Strandes. Schließlich verlor der Franzosenkönig den Verstand und flüchtete ins **Gleann na nGealt**, »das Tal der Verrückten«.

Ein andermal warf der König der Welt der Fianna die neun Söhne des Griechenkönigs entgegen, aber der Clan Baoiscne hielt ihnen bis zum Morgengrauen stand. Am Ende blieben nur noch Oisín und einer der Fremden kampffähig. Da die Waffen unbrauchbar geworden waren, rangen sie miteinander erst zu Land dann zu Wasser, wo sie sich gegenseitig zu ertränken suchten. Oisín hatte einen schweren Stand. So befahl Fionn seinem Dichter, die Moral seines Sohnes mit einem Preislied zu heben, was so gut anschlug, daß Oisín den Gegner besiegte. Trotz solcher Erfolge erlitt die Fianna große Verluste. Schuld daran war vor allem Dolar Durba, der Spitzenheld der Gegenseite: er tötete nicht nur hundert aufs Mal, er provozierte die Fenier auch mit seinen Ballkunststücken, aber es gab keinen, der es ihm nachgetan hätte...

Zu dieser Zeit riß der zwölfjährige Sohn des Königs von **Ulster** mit seinen Gefährten von **Emain Macha** aus, um seinen Idolen, den Heldenkriegern der Fianna, beizustehen. Während der Prinz noch mit Fionn verhandelte, der ihn seiner Jugend wegen nicht am Kampf teilnehmen lassen wollte, liefen die zwölf Ziehbrüder zum Strand hinunter, Dolar Durba in die Arme. Keiner der Knaben kam lebend zurück. Da ließ sich der Königssohn nicht mehr halten. Er stürzte sich voller Ungestüm auf den so viel älteren, jedoch verblüfften Gegner und die beiden kämpften so verbissen, daß keiner merkte, wie die Flut stieg, bis sie sie überrollte. Anderntags wurden die beiden ertrunken gefunden. Sie waren noch immer ineinander verkrallt, aber Dolar Durba lag unter dem jungen Ulsterhelden; dieser hatte also gesiegt.

*Cairbre Lifeachair*, der Prinz von **Tara**, war über die zynische Haltung seines Vaters Fionn gegenüber so beschämt, daß er sich mit tausend seiner Kameraden der Fianna anschloß und bewies, wie gut er, trotz seiner Jugend, zu kämpfen vermochte. Trotz all dieser Erfolge besaß die Fianna nur noch ein Bataillon – die Gegner waren in der dreifachen Übermacht. Ein entscheidendes Ereignis wendete das Kriegsglück jedoch zu Gunsten Fionns und der Fianna: sein Onkel beschaffte Fionn die magischen Waffen aus der Anderswelt, die seit Anbeginn dazu bestimmt waren, den Tod des Königs der Welt herbeizuführen.

Damit ausgerüstet zog Fionn selbst in die Schlacht, »den großen Kampf«, an dem die ganze Natur teilnahm: die See sprach von der Zerstörung, die stattfinden werde, die Wellen klagten bereits um die Toten, die Hügel knarrten, die Wälder zitterten, die Steine schrien auf und die Wölfe heulten und hetzten die beiden Seiten aufeinander...

Die Helden glänzten in der Schlacht, allen voran **Conán** vom Clan Morna, **Oscar, Caoilte** und **Oisín**. Die Schwerter sprühten Feuer, es regnete Blut wie sonst Wassertropfen, der Wind hatte noch nie so viele Blätter hergefegt wie er nun Locken, goldene und schwarze, braune und rote, durcheinanderwirbelte, die von scharfen Schwerthieben abgetrennt worden waren. Daire Donn und Fionn trafen aufeinander, wo es am höchsten herging. Der König der Welt erkannte die Waffen der Prophezeiung in Fionns Hand und kämpfte daher mit dem Mut der Verzweiflung. Hier standen sich zwei ebenbürtige Gegner gegenüber, aber Fionn sollte der Sieg zufallen, und bevor sein Schwert in Stücke sprang, trennte er damit den Kopf vom Rumpf Daire Donns, des Königs der Welt. Eine unerwartete Gefahr drohte Fionn von der Tochter des Griechenkönigs, der besten Kämpferin ihres Landes. Nach heftigem Kampf erschlug Fionn sie zwar, aber danach lag er selbst da »wie tot«. Nur ein einziger Fremder war bei den Gegnern noch kampffähig, und bei der Fianna Cael, der jungverheiratete Krieger. Credhe hatte den Feldzug mitgemacht und ihre große Herde mitgebracht, damit die Krieger das ganze Jahr über frische Milch hätten. Überdies wurden alle Verwundeten zur Heilung in ihr *síd* unter den **Paps of Dana** gebracht.

Wie nun der Verwalter des Königs der Welt versuchte, auf die Schiffe zu entkommen, schwamm ihm Cael nach und zog ihn von den Planken. Eng ineinander verkeilt gingen sie beide kämpfend unter. Anderntags fand Credhe ihren Gatten tot am Strand. Jetzt dichtete sie für ihn einen zu Herzen gehenden Klagegesang. Sie findet sich im Einklang mit allem, was einen Verlust erlitten hat: mit der Kranichmutter, der der Fuchs die Jungen geraubt, dem Hirschen, dem der Jäger die Hirschkuh getötet hat. Die junge Frau legte sich neben ihren toten Mann und ihr Herz brach vor Kummer. Caoilte legte das Paar in ein Grab und stellte einen Steinblock darauf.

Von da an war Fionn, als Sieger der Schlacht von Ventry, wichtiger als der Hochkönig, **Cormac mac Airt**, aber die Fianna war erschreckend zusammengeschrumpft...

Der Sagenzyklus um Fionn enthält auch, besonders unter den späteren, eine Reihe ausgesprochen heitere Erzählungen, wie »Die Verfolgung des schwierigen Dieners« vom 16. Jh. oder das etwas jüngere Abenteuer »Vom Kerl im Grauen Mantel«.

## Die Verfolgung des schwierigen Dieners
### Tóraigheacht an Ghiolla Dheacair

Mit *Beltene* begann das Sommerhalbjahr und damit die Jagdsaison der Fianna. Fionn und seine Kameraden genossen das Leben in der freien Natur nach der qualvollen Enge des Winters. Vom Hill of **Allen** hatten sie sich erst zu den **Slieve Bloom Mountains** gewandt, folgten dann dem **Brosna**, wanderten am Fuß des **Slieve Felim** entlang und rasteten auf **Knockainey**. Von dort schwärmten sie in die Ebene von **Munster** aus, sammelten sich auf **Ardpatrick**, wechselten zum **Cenn Abrat**, heute **Seefin**, wandten sich westwärts nach **Killarney**, von dort dem Suir entlang bis Caher-on-Suir. Dann verteilten sie sich wieder über die Ebene von **Femen**, erstiegen **Slievenamon**, gingen dem Wild nach bis Gowran im Osten und gelegentlich sogar über den **Shannon** im Westen. So weit sie auch herumjagten, Fionn zog sich gern mit wenigen Gefährten auf Knockainey zurück. Dort hatten sie sich eben eingerichtet, als ein wandelnder Berg der Straße entlang auf sie zukam: ein Fomorier, dicklippig, mit langen, gelben Zähnen und Haarbüscheln im Gesicht. Zwar sah er stark aus, besaß aber einen Bierbauch und Säbelbeine. Sein Aufzug war erbärmlich, die Kleider ungepflegt, die Speere verrostet, der Schild brüchig, aber er schleppte eine große, eiserne Keule hinter sich her. Nur das Pferd, das widerwillig hintendreinlatschte, übertraf ihn an Häßlichkeit. Es hatte das Format seines Meisters, aber dazu auch Wackelknie und einen durchgesessenen Rücken. Es ließ sich schwer entscheiden, was verwunderlicher war, daß ihm der große Mann nicht bei jedem Ruck den Kopf abriß oder daß es ihm nicht jedesmal den Arm auskugelte, wenn es störrisch stehenblieb.

Und dieses Gespann wollte sich von Fionn auf ein Jahr in Dienst nehmen lassen. Der Fomorier nannte sich »Giolla Deacair«, »schwieriger Diener«, eine schlichte Untertreibung. Er war faul, gefräßig, unumgänglich, aber Fionn nahm ihn an, da es gegen sein Prinzip ging, einen Bedürftigen abzuweisen.

Das Pferd glich seinem Herrn aufs Haar. Kaum war es mit den Fianna-Pferden auf der Weide, drangsalierte es diese. Abgebissene Ohren, Löcher in den Rippen oder gebrochene Beine waren die Folge. Als es sich auf **Conán Maols** Pferd stürzen wollte, warf ihm dieser den Zaum über den Kopf. Da blieb es stocksteif stehen und machte auch keinen Schritt, als Conán Maol aufsaß. Die ganze Fianna lachte sich scheckig, weil Conán für diesen schmuddeligen Riesen den Pferdejungen spielte; es müßten sich eben mehr darauf setzen, es sei an den Dicken gewöhnt. So kam es, daß schließlich fünfzehn Mann auf dem knochigen Rücken saßen. Aus Protest, weil sein armes Pferd so übel behandelt werde, quittierte Giolla Deacair den Dienst und lief mit immer länger werdenden Schritten los. Da preschte das Pferd plötzlich hinter ihm her, durch Limerick, **Slieve Luachra** hoch und wieder hinunter, auf die **Dingle**-Halbinsel, an der Bucht von Tralee entlang bis Clochane Cincat, dem heutigen **Cloghane**. Fionns schnellster Sprinter hatte die anderen weit hinter sich gelassen und es gelang ihm eben noch, den Pferdeschweif zu packen, bevor sich der verrückte Gaul ins Meer warf und davonschwamm. Der *Fianna*, die rechtzeitig ans Ufer kam, um das Unglück mitzuerleben dämmerte es, daß sich da wohl ein Andersweltabenteuer anbahnte ... Fionns Dichter schlug jedenfalls vor, sie sollten sich alle schnellstens nach **Howth** begeben, denn dort lag, seit der Herrschaft der *Tuatha Dé Danann*, immer ein Boot, mit allem, was für eine Andersweltfahrt nötig war.

Die Reise nach Osten erübrigte sich jedoch, da in dem Augenblick zwei junge Männer Fionn ihre Dienste anboten. Der eine vermochte mit drei Axtschlägen ein Schiff herzustellen und der andere jeder Spur, zu Wasser und zu Land, zu folgen.

Fionn und seine Gefährten bestiegen das hergezauberte Schiff. *Giolla Deacairs* Spur brachte sie zu einer Insel, deren Klippen den Himmel streiften.

Von dem Augenblick übernahm *Diarmaid ua Duibhne* die Führung, weil er mit Hilfe zweier Speere diese Höhe überwinden konnte. Er gelangte in eine typische Andersweltlandschaft. Dort kämpfte er mit einem kriegerischen Zauberer, geriet durch eine magische Quelle ins Tír fa thonn, »das Land unter den Wellen«, und machte die Bekanntschaft mit einem tapfereren jungen Mann, dem dessen Bruder, der identisch mit dem üblen Magier war, sein Land geraubt hatte. Diarmaid half ihm, seine Königsherrschaft wiederzugewinnen.

Inzwischen hatte die Fianna auf der Suche nach Diarmaid den König von Sorcha, einem anderen Teil der Anderswelt, kennengelernt und für ihn siegreich die Invasion des Königs der Welt abgewehrt. Fionn und die Fianna und Diarmaid finden sich im »Land unter den Wellen« wieder, jeweils an der Spitze einer siegreichen Andersweltarmee. Der König von Tír fa thonn hatte mittlerweile entdeckt, daß Giolla Deacair kein anderer war als Abarta, ein Zauberer der Tuatha Dé Danann; er hielt die sechzehn Fenier in »Tír Tairngire«, dem »Land der Verheißung«, gefangen. Diarmaid erinnerte sich, daß er in diesem Land als **Manannán mac Lirs** Ziehsohn seine frühe Kindheit verbracht hatte. Das Schiff und der Spurenleser ließen sie dieses Land ohne Schwierigkeiten finden, auch wenn die Reise lang war. Fionn schickte einen Unterhändler zu Abarta mit der Botschaft: »Herausgabe der Gefährten oder Krieg!« Abarta mochte sich nicht mit den tüchtigsten Kriegern der Fianna anlegen und schlug einen freundschaftlichen Kurs ein, was mit einem dreitägigen Bankett gefeiert wurde. Fionn verzichtete großmütig auf Wiedergutmachung, aber **Conán**, der schließlich den Ritt auf dem alten Knochengerippe von Irland bis zum Land der Verheißung erleiden mußte, verlangte Kompensation. Fünfzehn von Abartas besten Kriegern sollten den Ritt auf derselben schwarzen Schindmähre in umgekehrter Richtung antreten, wobei Abarta sich an deren Schwanz festhalten müsse. Die Fianna erwartete die Andersweltherrschaften auf Knockainey. Der Anblick der edlen Krieger, die sich verzweifelt an dem Riesenroß festklammerten und Abartas, der wenig zeremoniell hinterherschnaufte, ließ die Fianna Tränen lachen. Aber schließlich lachten die Andersweltbewohner doch am besten: als Fionn und die Fianna auf die Ankömmlinge zutraten, um sie zu begrüßen, wies Abarta alias Giolla Deacair mit allen Zeichen des Schreckens auf die Pferde hinter ihnen. Sie drehten sich alle um und als sie sich wieder ihren Gästen zuwandten waren sie verschwunden. Eine andere Fassung berichtet, Conan habe sich fünfzehn Andersweltköniginnen ausbedungen, statt der Krieger – aber auch diese waren weg, aufgelöst in Luft, nachdem die Fenier auf die gleiche Art ausgetrickst worden waren.

## Abenteuer vom Kerl im grauen Mantel
### Eachtra Bhodaigh an Chóta

Auch bei diesem Abenteuer spielt die **Anderswelt** mit hinein:
Fionn hielt eine Versammlung auf dem Hügel von **Howth** ab, als Caol, der Prinz von Thessalien, mit einem gutausgestatteten Kriegsschiff auf der Halbinsel landete. Er reiste in der Welt herum und machte sich Länder untertan, da er nie einen stärkeren Gegner fand. Auch die *Fianna* stellte er gleich vor die Wahl: entweder besiege ihn einer, sie könnten sich die Disziplin unter Wettlauf, Zweikampf und Ringen aussuchen, oder Irland zahle, auf alle Zeiten, Tribut an Thessalien.

Nun war auch noch der Schnelläufer der Fianna, **Caoilte**, abwesend, und Fionn anerbot sich, ihn persönlich herzuholen.

In einem dunklen Wald fand Fionn einen Weggefährten, einen riesigen Kerl, mit Beinen wie Schiffsmasten, Nagelschuhen, wie Booten, ganz in einen grauen, lehmbespritzten Mantel gehüllt. Man kam ins Gespräch. Fionn erzählte ihm von der Wette, worauf ihm der neue Zufallsbekannte dringend abriet, sich auf Caoilte zu verlassen. Ihn solle er anheuern als Meisterläufer! Fionn starrte ungläubig auf die ungeschlachte Gestalt, die abgesehen von ihrer Leibesfülle auch noch mehrere Pfund Dreck am Mantel mit sich herumschleppte. Der Dicke wiederholte jedoch ernst, nur er allein vermöge schneller zu laufen als der fremde Prinz.

In seiner Verzweiflung sagte ihm Fionn schließlich zu. Der seltsame Läufer, er nannte sich »Kerl vom grauen Mantel«, schlug vor, den Wettlauf auf der Strecke **Slieve Luachra**–Howth auszutragen: immerhin 90 Meilen. Der höfische Caol war wenig erbaut davon, mit diesem schmutzigen Plumpsack Bekanntschaft zu schließen, geschweige denn, einen Wettlauf auszutragen, aber der Graue überhörte seine Bemerkungen und forderte ihn auf, am Abend nach Kerry zu gehen, dort die Nacht zu verbringen und am Morgen zurückzulaufen.

Kaum in Slieve Luachra angekommen bat der Kerl Caol mitzuhelfen, ein Haus für die Nacht zu bauen. Das lehnte dieser als unter seiner Würde ab. Daher mußte er auf dem kahlen Hügel schlafen, als sich der Graue schließlich in sein behagliches Haus zurückzog. Ebensowenig tat er bei der Jagd mit, von der der Dicke einen feinen Eber zurückbrachte. Die Hälfte davon stopfte der Graue in sich hinein, zusammen mit Brot, das er 30 Meilen entfernt aus einer Burg hatte mitlaufen lassen. Er spülte die Mahlzeit mit gestohlenem Wein herunter und schlief dann den Schlaf des Gerechten, in seinem warmen Haus. Caol hatte auf dem ungemütlichen Berghang kein Auge zugetan und weckte beim Morgengrauen, übellaunig, den schnarchenden Riesen auf. Der fand es noch viel zu früh. Er müsse noch ein Stündchen schlafen, sich waschen, dann frühstücken: er solle nur schon einmal vorauslaufen, er werde ihn dann einholen, und das tat er wirklich, obwohl er sich erst Stunden später auf den Weg gemacht hatte. Er brachte seinem Konkurrenten die Knochen seines Frühstücksbratens mit, der zweiten Hälfte des Ebers, er müsse doch sicher hungrig sein. Der Griechenprinz war wütend – lieber würde er verhungern als an Knochen nagen, die der Graue mit seinen Hauern bereits bearbeitet habe. Der Graue zuckte die runden Schultern und lief los, mit der Geschwindigkeit eines Märzwindes. Als er am Straßenrand glänzende reife Brombeeren erblickte, blieb er stehen und futterte immer noch davon, als Caol keuchend auftauchte. Dieser machte den Kerl darauf aufmerksam, daß sich die Fetzen seines Mantels, zehn Meilen hinter ihnen, an einem Strauch verfangen hätten und daß noch weiter hinten ein Stück Saum liege...

Der Dicke schlug Caol gemütlich vor, er solle doch dableiben und seinen Hunger mit Beeren stillen, derweilen er die Stofffetzen holen wolle. Das würde ihm nicht im Traum einfallen, stieß Caol zwischen den Zähnen hervor und rannte davon. Der Kerl suchte die Lappen, fand sie auch und nähte sie am Mantel fest, bevor er den Wettlauf fortsetzte. Trotzdem flog er bald an Caol vorbei. Fünf Meilen vor Howth lachten ihn wieder reife Beeren an. Diesmal stopfte er sie nicht in seinen Bauch sondern nähte sich aus seinem Mantel einen großen Sack. Da kamen sie hinein. Mit dem Sack auf dem Rücken lief er weiter. Die Fianna glaubte erst, Caol komme dahergerannt mit dem toten Kerl auf dem Rücken, wegen der großen, grauen Form. Alle waren schon recht niedergeschlagen, da tanzte der Dicke an. Reden werde er später, jetzt habe er Hunger. Er leerte die Beeren aus, die Fianna schüttete einen Sack Korn dazu und er machte sich daran, mit seiner Riesenhand, diese Vorform des Müslis in sich hineinzuschaufeln. In dem Augenblick kam Caol daher, außer Atem, aber mit dem Schwert in der Hand und einem mörderischen Funkeln in den Augen. Der Graue warf ihm das Beeren-Korn-Gemisch mit solcher Wucht ins Gesicht, daß sein Kopf in hohem Bogen wegflog. Der Graue griff sich, ganz Herr der Lage, den Kopf des Prinzen und setzte ihn wieder schwungvoll auf dessen Hals, allerdings verkehrt herum. Zur Sicherheit fesselte er den traurigen Helden und ließ ihn schwören, sein Leben lang Fionn Tribut zu zahlen. Drauf setzte er ihn in sein Schiff – Caol ward nie mehr in Irland gesehen...

Wie der Kerl im grauen Mantel zur Fianna trat, spielten Sonnenlicht und Wind über sein Antlitz. Plötzlich erkannte ihn Fionn: es war **Manannán mac Lir**, der ihm geholfen hatte.

### Die Verfolgung von Diarmaid und Gráinne
*Tóraigheacht Dhiarmada agus Ghráinne*

Weitaus die bekannteste Geschichte aus dem Fenierzyklus ist »Die Verfolgung von **Diarmaid** und **Gráinne**«. Eine solche Erzählung muß es im 10. Jh. gegeben haben, denn sie wird in einer Liste aufgeführt, aber sie ist nur in einer Fassung aus der Mitte des 17. Jh. erhalten. Aber auch sie lebt aus derselben Grundstruktur wie die Verbannung der Söhne **Uisnechs.** Letztlich geht es um die keltische Dreiecksgeschichte zwischen dem alten, weisen Gott und dem jungen der Fruchtbarkeit und Lebensfülle. Und auch hier ist es die Göttin, die die Initiative ergreift... In der Volksüberlieferung sind Diarmaid und Gráinne untrennbar mit den steinzeitlichen Dolmen verbunden – sie heißen »Diarmaid und Gráinnes Bett«; 365 soll es davon in Irland geben.

*Fionn* war nun wirklich kein Jüngling mehr, als er um Gráinne anhalten ließ, aber erstens hatte er das Dasein als Witwer satt – seine Gattin war ihm das Jahr davor gestorben – und zweitens war eine Heirat mit der Tochter des Hochkönigs vielleicht das Patentmittel, womit sich die frostige Beziehung zu ihrem Vater verändern ließ, und zum dritten war sie, zur Zeit, das schönste Mädchen in ganz Irland...

Fionn stand eines Morgens vor Sonnenaufgang auf. Seit er Witwer war schlief er schlecht, fühlte sich einsam und niedergeschlagen. *Oisín* verstand nicht recht, warum sein Vater unbeweibt bleiben sollte, wenn ihm dieser Zustand doch gar nicht behagte. In Irland gäbe es jedenfalls kein Mädchen, das er ihm, freiwillig oder unfreiwillig, nicht herbringen würde, wenn er es wünsche.

Diorraing fiel auch gleich eine passende Kandidatin ein – Gráinne, die Tochter des Hochkönigs *Cormac mac Airt* – das schönste, klügste, redegewandteste Mädchen Irlands. Um der Schmach zu entgehen, wegen der bestehenden Spannungen mit dem Hochkönig möglicherweise abgewiesen zu werden, sandte Fionn Oisín und Diorraing als Brautwerber. Es stellte sich heraus, daß Cormac, im Gegenteil, von dieser Idee begeistert war, denn Gráinne hatte bis jetzt alle Freier abgewiesen und auch ihm war daran gelegen, die Lage zu entspannen.

Als Gráinne gefragt wurde, wie sie über eine Heirat mit Fionn dächte, erwiderte sie diplomatisch, wenn er ihrem Vater genehm sei als Schwiegersohn, warum solle er ihr nicht genehm sein als Gatte. Zwei Wochen später gab Cormac ein großes Bankett zu Ehren des Paares und Fionn erschien, in einem beeindruckenden Aufzug, auf *Tara.* Als Gráinne den grauhaarigen Helden sah, der älter war als ihr Vater, und neben ihm seinen Sohn Oisín, konnte sie nicht umhin, Vergleiche anzustellen. Nachdenklich betrachtete sie einen der Männer nach dem anderen und ließ sich vom Hausdruiden deren Namen und Heldentaten nennen. Dann ließ sie sich ihren Goldbecher bringen und sandte ihn, gefüllt bis zum Rand, zu Fionn und allen anderen, mit Ausnahme der jungen Krieger. Jeder, der einen Zug tat, schlief ein. So, von jeglicher Aufsicht befreit, setzte sich Gráinne neben Oisín und trug ihm ihre Liebe an. Erschrokken lehnte dieser ab – sie war ja seines Vaters Verlobte. Dann fragte sie Diarmaid, den schönsten Mann der Fianna, ob er ihre Liebe erwidern würde, aber auch er fühlte sich Fionn zu stark verpflichtet. Doch davon ließ sich die Königstochter nicht beeindrucken – sie beschwor ihn, unter *geis*, sie sogleich zu entführen. Damit brachte sie den jungen Krieger in einen Zwiespalt. Der Bruch einer solchen magischen Verpflichtung zog Ehrverlust und Tod nach sich. Und die Entführung Gráinnes, was brachte sie? Ehrverlust gleichermaßen, denn er würde Fionn die Treue brechen, Einsamkeit und Heimatlosigkeit obendrein, denn die Fianna würde ihn ausstoßen, er wäre vogelfrei. Einen nach dem anderen bat er die Kameraden um ihren Rat, **Oisín, Oscar, Caoilte** und Diorraing, aber alle bestärkten sie ihn darin, dem *geis* zu gehorchen, auch wenn Übles daraus entstehen sollte.

Gráinne schlüpfte durch ein Pförtchen ihres Sonnenhauses, Ráth Gráinne, und Diarmaid setzte mittels seiner zwei Speere über die drei Wälle der königlichen Festung hinweg. Damit begann die Flucht vor Fionn, der vor Wut schäumte, als anderntags die Entführung entdeckt wurde. Da Diarmaid und Gráinne seinen königlichen Streitwagen »entliehen« hatten, war ihr Vorsprung beträchtlich. Das Gefährt ließen sie allerdings an der großen Furt von **Athlone** stehen – es war zu auffällig. Ihre eigenen Spuren verwischten sie, indem sie erst dem Strom etwas aufwärts folgten, bevor sie sich nach Südwesten wandten. In einem Wald bei **Portumna**, »auf dem Gebiet von Clanricarde«, baute Diarmaid eine feste Hütte mit sieben Türen. Dank seiner übersinnlichen Begabung wußte Fionn bald, wo sich die Ausreißer befanden. Diarmaids Freunde taten ihr bestes, sie zu warnen. Erst schickten sie den Hund **Bran** hin, der Diarmaid mit seiner rauhen Zunge aufweckte. Wohl verstand Diarmaid, daß Gefahr im Anzug war, weigerte sich aber, seine hölzerne Festung zu verlassen, wie sehr ihn auch Gráinne darum bat. Auch als Fergor, auf Geheiß der Freunde, seine Stimme, die über ganz Irland vernehmbar war, dreimal erschallen ließ, vermochte Diarmaid das Gefahrensignal zu lesen, blieb aber bei seinem Beschluß, auch wenn ihn Gráinne zur Flucht drängte.

Fionn kannte nur einen Gedanken, als er vor Diarmaids Unterschlupf stand – büßen sollte er dafür, daß er ihm diese Schande angetan hatte! Sein Zorn kannte keine Grenzen, denn er hatte mitbekommen, daß sein Sohn und sein Enkel versucht hatten, den Treulosen zu warnen. **Oengus**, vom **Bruig na Bóinne**, hielt immer ein wachsames Auge auf seinen Lieblingsziehsohn und als er erkannte, in welcher Gefahr Diarmaid schwebte, begab er sich eilends nach **Connaught**. Dort hatte sich die Lage zugespitzt. Um die verzweifelte Prinzessin zu trösten gab ihr Diarmaid drei Küsse, just in dem Augenblick, als Fionn auf einer kleinen Erhebung angekommen war und in die Festung hineinsehen konnte. Er war außer sich vor Eifersucht und ließ das hölzerne Haus umstellen. Laut schwor er, daß diese Beleidigung Diarmaid den Kopf kosten solle!

Oengus betrat, nur für Diarmaid und Gráinne sichtbar, das Haus und bot beiden die Flucht unter seinem Mantel an. Diarmaid verzichtete auf Oengus Schutz, er wolle es auf eine Auseinandersetzung ankommen lassen, aber Gráinne nahm dankbar an. Falls er hier nicht lebend herauskäme solle Oengus Gráinne ihrem Vater zurückbringen und dieser solle sie wegen dieser Eskapade nicht schlechter behandeln als zuvor.

Diarmaid ging nun in seinem Haus von Tür zu Tür, um herauszufinden, wer davor stationiert war. Waren es Freunde, ging er weiter, denn er wußte, Fionn würde seine Wut an diesen auslassen, wenn er mit ihrer Hilfe entkäme. Mit Fionns Söldnern »und solchen Feiglingen« mochte er jedoch auch nichts zu tun haben, und so begab er sich stracks zur Pforte, hinter der er Fionn vermutete. Obwohl Fionn drohte, er werde ihn »bis auf die Knochen zerspalten«, kam er nicht dazu, denn Diarmaid erhob sich, mittels seiner beiden Speere wie ein Vogel und flog über den Befehlshaber der Fianna hinweg. Und dann rannte er, mit der Geschwindigkeit eines fliehenden Hirschen. **Oengus** und Gráinne erwarteten ihn in einer behaglichen, kleinen Hütte in Limerick mit einer warmen Mahlzeit. Gráinnes Herz hüpfte ihr vor Freude fast aus der Brust als sie Diarmaid lebendig wiedersah.

Oengus gab beiden den Rat, den sie beherzigten, solange sie auf der Flucht waren: niemals sollten sie sich in einem Baum ohne doppelten Stamm verstecken, niemals eine Höhle mit nur einem Eingang betreten, niemals eine Insel ohne zweiten Zugang aufsuchen. Wo sie kochten, dürften sie nicht essen, wo sie in der einen Nacht schliefen, dürften sie keinesfalls in der folgenden ruhen. Damit verließ sie Oengus zu ihrem Leidwesen.

Jetzt wanderten die beiden gegen Westen, wobei sie den **Shannon** zur Rechten behielten. Im Flüßlein Laune fing Diarmaid einen Lachs und röstete ihn am Ufer, aber um ihn zu verspeisen, brachten sie das Wasser hinter sich. Sie befanden sich nun auf der Iveragh-Halbinsel und gerieten in feuchtes Gebiet, in das Moor von Finnlia. Hier fragte sie der junge Krieger Muadán, ob sie einen Diener brauchen könnten. Er wolle sie »tagsüber bedienen und des Nachts für sie wachen«, gegen angemessene Entlohung, versteht sich. Diarmaid und Gráinne nahmen seine

Dienste nur zu gern in Anspruch. Er war stark. Ohne Anstrengung trug er sie über den Caragh und den Behy. Für die Nacht fand er ihnen eine Höhle, die den Strand von **Rossbeigh** überblickte, wo damals, wie heute, eine der magischen Wellen Irlands, *Tonn Toime*, weiß-sprühend, hereinrollt. Er versorgte die beiden Flüchtlinge mit Fisch und einem Bett »aus weichen Binsen und Birkenlaub«. Nachts bewachte er ihren Schlaf.

Als Diarmaid anderntags die Landschaft auskundschaftete stieß er auf Krieger von den Kanalinseln, die in Fionns Dienst standen. Sie sollten Diarmaid fangen, hatten ihn jedoch noch nie gesehen, und fragten daher den jungen Mann, der vor ihnen stand, ob er diesen Räuber und Verräter, Diarmaid ua Duibhne, kenne? Dieser bejahte – er kenne ihn ganz gut und habe ihn am Vortag noch gesehen. Darauf machte er ihnen ein Kunststück vor, mit einem Weinfaß, wobei er sich darauf balancierend vom **Drung Hill** herunterrollen ließ. Die Fremden versuchten, es ihm bei Verlust von 50 Männern, nachzutun. Weder am nächsten noch am folgenden Tag merkten sie, daß sie es mit Diarmaid zu tun hatten, und probierten seinen Akt auf der Spitze seines Speeres und der Schneide seines Schwertes auch zu ihrem Schaden auch aus: jedesmal kostete sie es fünfzig Krieger. Am vierten Tag gab sich Diarmaid »als Busenfreund Diarmaids aus, den er nicht zu verraten gewillt sei!« Wütend stürzten sich die Söldner nun auf ihn, aber er kämpfte sich durch ihre Reihen »wie ein Wolf durch die Schafherde«. Am Tag danach knöpfte er sich die Anführer, einen nach dem anderen, vor und ließ sie wohlverschnürt auf dem Hang vom Drung Hill liegen. Als das Fußvolk die Hauptmänner gefesselt vorfand war keine Frage mehr, wer sie besiegt hatte. Unterdessen hatten sich Diarmaid, Gráinne und Muadán, ihr treuer Diener, Richtung **Slieve Luachra** davongemacht. Bei einer Rast wurden sie gewahr, daß ihnen die Söldner auf den Fersen waren und ihre drei Hunde, »die kein Feuer verbrennen, kein Wasser ertränken und keine Waffe verletzen konnte«, auf sie losgelassen hatten. Muadán stand ruhig da, bis das erste dieser Zauberbiester das Maul aufriß, dann holte er aus dem Kittel einen schwarzen Hundewelpen und ließ ihn ihm in den Rachen springen. Dort biß er ihm die Herzschnüre durch, so daß es tot zusammenbrach. Darauf hüpfte das Hundchen auf die Hand seines Meisters zurück und kam wieder in den Gürtel. Das zweite Ungeheuer traf Diarmaids Speer – ein magischer Speer, ein Geschenk von Oengus vom **Bruig na Bóinne**, und das dritte, das gefährlichste und wildeste, packte er an den Hinterläufen und schmetterte es gegen einen Steinpfeiler.

Danach kehrten Diarmaid und Gráinne nach Limerick zurück, wo sie, trotz ihrer Bitten, Muadán verließ – weiter nach Norden gehen wollte er nicht, denn die beiden Flüchtlinge überstiegen die Aughty Mountains und nahmen Kurs auf Sligo.

Jetzt erst gestand sich Diarmaid seine Liebe zu Gráinne ein und gab seine Zurückhaltung auf. Bis dahin hatte Diarmaid Fionns Ansprüche respektiert, hatte jeden Morgen ungekochtes Fleisch oder ungebrochenes Brot auf dem Nachtlager zurückgelassen zum Zeichen seiner Enthaltsamkeit. Als die beiden auf dem Weg nach Sligo einen Bach überquerten und das Wasser an Gráinnes bloßen Beinen hochspritzte, provozierte die Prinzessin den jungen Mann, indem sie ihm vorhielt, auch wenn er im Kampf recht tüchtig sei, das Wasser sei doch um einiges kühner als er... In dieser Nacht wurde die Tochter des Hochkönigs von Irland Diarmaid ua Duibhnes Frau.

Im Gebiet von Hy Fiachra, in Sligo, war vor langer Zeit, in der Menschenwelt, eine Vogelbaumbeere aus der **Anderswelt** in die Erde geraten. Ein prächtiger Baum hatte sich daraus entwickelt, dessen Früchte magische Eigenschaften besaßen – wer sie aß bekam seine Jugendkraft und Schönheit, noch im hohen Alter, wieder zurück. Die **Tuatha Dé Danann** hatten kein Interesse daran, daß die Menschen an diese Wunderfrüchte herankamen; sie ließen den Baum daher von einem riesenhaften **Fomorier** bewachen. Dieser hatte um den Baum einen breiten Streifen Niemandsland geschaffen, und sein Ruf sorgte dafür, daß niemand, nichteinmal die **Fianna**, dieses Sperrgebiet betrat. Diarmaid war mutig genug, den Riesen zu fragen, ob er und Gráinne im Bereich des Baumes wohnen und jagen dürften. Die Antwort war kaum höflich zu nennen, aber sie war positiv.

Diarmaid baute eine feste Jagdhütte neben einer frischen Quelle und zum ersten Mal besaß das junge Paar so etwas wie ein Zuhause.

Fionns Späher hatten den Anführer der Fianna über die neuesten Entwicklungen auf dem laufenden gehalten. Als sich nun zwei junge Helden, nach Heldentaten dürstend, bei ihm einfanden, sandte er sie schnurstracks nach Sligo mit dem Auftrag, ihm Beeren vom bewachten Baum zu bringen – brachten sie den Riesen um, so könnte er die Verfolgung von Diarmaid und Gráinne fortsetzen.

Aber die beiden jungen Krieger waren nicht die einzigen, die es auf die Anderweltbeeren abgesehen hatten. Gráinne, die das erste Kind erwartete, glaubte, sterben zu müssen, wenn sie nicht davon kosten könne. Diarmaid suchte noch einmal den Riesen auf und erklärte ihm die Lage, bevor er um ein paar Beeren für die werdende Mutter bat. Die

Erwiderung des Riesen darauf war so beleidigend, daß Diarmaid ihn ohne Bedenken bekämpfte. Der Fomorier hieb mit seiner Keule auf den jungen Krieger ein und nur dessen Überraschungstaktik rettete ihn vor dem sicheren Tod: er ließ die Waffen fallen und warf sich mit seinem ganzen Gewicht gegen den Riesen, so daß dieser lang hinschlug. Darauf erschlug ihn Diarmaid mit dessen eigener Keule. Die beiden Heldenlehrlinge, die offenen Mundes den Kampf mitverfolgt hatten, wurden aufgefordert, den Riesen zu begraben, damit sich Gráinne bei seinem Anblick nicht erschrecke. Sie konnte sich nun nach Herzenslust an den Andersweltfrüchten satt essen. Diarmaid erlaubte den Heldenanwärtern Beeren für Fionn mitzunehmen, und was ihn betraf so mochten sie ruhig vorgeben, den Riesen umgebracht zu haben. Von diesem Tage an lebten Diarmaid und Gráinne im Baumhaus des Beerenwächters, im Wipfel der Eberesche aus der Anderswelt.

Natürlich ließ sich Fionn nicht täuschen, er witterte, wer hinter dieser Heldentat stand. Da nun das Gebiet des Fomoriers offenlag, zog Fionn dahin, um endlich mit Diarmaid abzurechnen. Der Tag war heiß und so lagerten sich Fionn und die Fianna unter dem Zauberbaum. Der König und Oisín vertrieben sich die Zeit mit dem *fidchell*-Spiel und Diarmaid half heimlich seinem Freund, indem er Beeren hinunterwarf, um die günstigen Züge für die Figuren anzuzeigen. Fionn wußte wohl, daß Diarmaid im Baum saß und durchschaute, daß sein Sohn nur mit dessen Hilfe dreimal gegen ihn gewonnen hatte. Oscar, der glaubte, seinen Freund schützen zu müssen, warf dem Großvater vor, sein Gehirn müsse von Eifersucht vernebelt sein, weil er sich einbilde, Diarmaid warte auf dem Baum auf ihn. Er solle es doch selbst sagen, wer Recht habe, er oder Oscar, rief Fionn in den Baum hinauf. Er natürlich, wie immer, scholl es deutlich herunter, aber er solle doch einmal hochgucken. Durch das schimmernde Blattwerk konnte die Fianna deutlich sehen, wie Diarmaid seine schöne Ehefrau auf den Mund küßte... Das brachte Fionns ganze Wut und Enttäuschung hoch und er ließ den Baum in dichten Reihen umstellen und sandte Söldner ins Geäst. Wiederum nahm Oengus seine Schützlinge unter die Fittiche, beziehungsweise Gráinne unter seinen Mantel, aber zuvor griff er aktiv in den Kampf ein und erledigte einen der Lohnsoldaten nach dem anderen. Diesmal brachte Oengus Gráinne zum Bruig na Bóinne, während ihr Gatte in einem tollkühnen Sprung über die Köpfe der Söldner hinwegsetzte. Oscar schlug sich offen auf seine Seite und deckte seinen Rückzug. Heil und gesund langten auch sie in **Bruig na Bóine** an.

Eber, festlandskeltische Figur.

Jetzt nahm Oengus die Sache in die Hand und verwendete sich für eine Friedensmission, erst bei Fionn auf **Allen**, dann bei *Cormac mac Airt* in **Tara**. Danach erhielt Diarmaid das Erbe seines Vaters, **Corkaguiny**, zurück und bekam ein Stück Land um den Djouce Mountain in den Wicklow Mountains sowie ein Gebiet um **Keshcorran** als Heiratsgut zugesprochen. Diarmaid und Gráinne lebten nun in Eintracht und Frieden auf ihrem befestigten Hof, Ráth Gráinne in Sligo, weit weg vom Hill of Allen und dem Palast von Tara. Gráinne schenkte vier Söhnen und einer Tochter das Leben – eine glückliche, wohlhabende Familie. Vierzehn Jahre lang ging alles gut. Nach dieser langen Zeit wünschte Gráinne ihren hochköniglichen Vater und Fionn zu einem Bankett zu laden. Ein Jahr dauerten die Vorbereitungen dazu und ein ganzes Jahr wurde gefeiert.

In der letzten Nacht weckte Diarmaid und Gráinne Hundegebell, kurz vor Mitternacht. Diarmaid wollte sofort aufstehen und das entlaufene Tier suchen, aber Gráinne redete beruhigend auf ihn ein: wozu solle er denn mitten in der Nacht hinaus, morgen sei auch ein Tag. Zweimal wiederholte sich dasselbe. Als Diarmaid erneut hochschreckte, graute der Morgen und Gráinne vermochte ihren Mann nicht mehr zurückzuhalten. Er ging dem Gebell nach. Es kam vom **Ben Bulben**. Oben saß

Fionn, ganz allein. Die Fianna habe einen Hund verloren und bei der Suche den gefährlichen, wilden Eber vom Ben Bulben aufgestört. Der habe angegriffen und viele umgebracht. Seltsam, daß Fionn Diarmaid nicht begrüßte... Stattdessen erinnerte er ihn daran, daß er unter *geis* stände, niemals ein Wildschwein zu jagen. Der Eber von Ben Bulben war in Wirklichkeit sein durch die Schuld seines Vaters verzauberter Ziehbruder! Dabei war die Lebensspanne Diarmaids mit derjenigen des Ebers auf magische Art verquickt...

Fionn erhob sich rechtzeitig. Schon kam das mächtige Zaubertier angerast. Diarmaid stand ihm alleine gegenüber, Fionn hatte ihm sogar den Schutz Brans verweigert. Diarmaids Waffen prallten an den Borsten ab und sein Schwert brach in Stücke. Das schwarze Ungeheuer überannte ihn schließlich, aber dabei gelang es Diarmaid, die zerbrochene Klinge in dessen weichere Unterseite zu rammen. Das Tier kippte tot zur Seite, aber auch Diarmaid war tödlich verletzt. Als die Fianna ankam, lag er im Sterben. Fionn weidete sich ganz offen an dem Anblick. Er hätte Diarmaid mit einem Trunk Wasser aus seinen heilenden Händen das Leben retten können – die Quelle war nur wenige Schritte entfernt. Aber er wollte nicht. Es nutzte nichts, daß Diarmaid Fionn aufzählte, wie oft er dessen Leben gerettet habe. Erst als Oscar seinen Großvater wütend anfuhr, bequemte er sich, Wasser zu holen. Auf dem Rückweg von der Quelle stieg das Bild Gráinnes in all seiner Lieblichkeit wieder in ihm hoch und er ließ das lebensspendende Naß durch die Finger rinnen. Zum zweitenmal wurde er von Sohn und Enkel um Wasser geschickt und wieder geschah dasselbe. Erst als Oscar drohte, Fionn zu töten, brachte dieser beim dritten Mal wirklich Wasser her, aber da hatte Diarmaid den letzten Atemzug getan.

Nur mit Mühe konnte Oisín Oscar davon abhalten, sich auf seinen Großvater zu stürzen. Und als Fionn Diarmaids Hund behalten wollte, sah er zu, daß er umgehend Gráinne zurückgebracht wurde. Auch wenn sie ein Unglück vorausgeahnt hatte traf Diarmaids Tod sie hart. Als sie die Leiche ihres Gatten vom Ben Bulben zurückbringen lassen wollte war ihr Oengus bereits zuvorgekommen: auf einer goldenen Bahre hatte er seinen geliebten Ziehsohn in seinen Palast von Bruig na Bóinne gebracht.

# Das Ende der Fianna

In einer Fassung sagt der sterbende Diarmaid Fionn den Niedergang der Fianna und den Tod ihres Anführers voraus. In der Tat flammte der Haß zwischen den Sippen Baoiscne und Morna gegen das Ende von Fionns Leben in einer ganzen Kettenreaktion von Streitfällen wieder auf, bis zu **Goll Mac Mornas** Tod, der wiederum denjenigen Fionns nach sich zog. Auf der anderen Seite wurden die Spannungen mit **Cairbre Lifeachair,** dem Sohn **Cormac mac Airts** und dritten Hochkönig, unter dem Fionn diente, immer größer, bis sie sich in der Schlacht von **Gabhra**, heute **Gowra/Garristown** entlud. In dieser Schlacht brachten sich der Hochkönig und **Oscar** gegenseitig mit ihren langen Speeren um. Oscars Frau, Aideen, starb an gebrochenem Herzen, als sie die Nachricht vom Tod ihres Gatten erhielt, und wurde in »Aideens Grave« in **Howth** beigesetzt. Fionn vergoß Tränen um Oscar. Den einzigen, den er bis jetzt je beweint hatte, war sein Hund **Bran** gewesen. Die Schlacht von Gabhra brach die Macht der Fianna. Die wenigen Überlebenden zogen mit Fionn nach **Munster**, weit weg von **Tara** und dem Hochkönig.

Mitte des 18. Jh. dichtet Micheál Coimín, der Dichter aus Clare, eine Ballade, die von Oisíns Reise ins Land der ewigen Jugend, *Laoí Oisín i dTír na nÓg* berichtet. An einem herrlichen Frühsommermorgen jagte das Trüppchen, das von der Fianna übrig war, mit seinem stark gealterten Anführer am Ufer von **Lough Leane**, dem unteren See von **Killarney**; es war fast wie zu alten Zeiten. Das Vogelgezwitscher und die herrlichen Farben in der Landschaft ließen die Herzen höher schlagen. Plötzlich sahen sie eine grüngekleidete Frau mit langem, goldblondem Haar auf sie zusprengen, »sie saß graziöser zu Pferd als der Schwan auf dem klaren Wasser«. Es war **Niamh »Chinn Oir«**, »Goldhaar«, Tochter des Königs von Tír na nÓg. Sie liebte Oisín und war gekommen, ihn zu sich zu holen. Sie brauchte Oisín nicht die Vorzüge vom Land der ewigen Jugend aufzuzählen: es war Liebe auf den ersten Blick. Oisín verabschiedete sich von seinem Vater, Fionn, und seinen Kameraden, schwang sich hinter der Prinzessin auf das weiße Pferd und westwärts gings, dem Sonnenuntergang entgegen. Bei Glenbeigh beziehungsweise dem Strand von **Rossbeigh** betraten die goldenen Hufe des weißen Pferdes das Wasser und galoppierten über die Oberfläche »wie ein Wolkenschatten an einem Märztag«.

Der Weg nach Tír na nÓg war voller wunderbarer Dinge, Paläste und

Städte, fremder Pflanzen und allerlei Getier. Oisín errettet eine junge Prinzessin vor einem Riesen und erlebte einen furchtbaren Sturm, der aber das Pferd nicht von seinem Kurs abbrachte. In Tír na nÓg, dem herrlichsten aller Andersweltländer, heiratete er Niamh und lebte in Glückseligkeit mit ihr. Lange Zeit... Aber eines Tages überkam ihn doch die Sehnsucht nach der Welt der Menschen. Nur besuchen wollte er sie, seinen Vater, seine Kameraden, die Orte in Irland, die er gerne mochte. Obwohl seine Frau Niamh Vorahnungen plagten, lieh sie ihm das weiße Pferd, bat ihn jedoch inständig, keinesfalls die Erde Irlands zu betreten. Sonst würde er sie niemals wiedersehen. Leichten Herzens versprach es Oisín und vetraute sich dem klugen Tier an, das seinen Weg kannte. Und doch kam es Oisín vor, als habe es sich getäuscht. Alles war irgendwie anders – besonders die Menschen. Kleiner waren sie, schmächtiger. Sie starrten ihn alle wie eine Erscheinung an. Außerdem trugen sie seltsame Kleider und kümmerliche Waffen. Fionn und die Fianna kannten sie zwar, aber nur als Figuren aus alten Sagen und Legenden. Dichter hatten sie wohl noch, aber keine **Druiden**, und eine neue Religion...

Aber erst als Oisín den Hill of **Allen** verlassen vorfand, den weißen Palast seiner Väter zerfallen und von Nesseln überwuchert, dämmerte ihm, daß er nicht drei, sondern dreihundert Jahre in Tír na nÓg verbracht hatte. Verstört schweifte Oisín durchs Land, suchte seine Kameraden, suchte die Orte, an denen die Fianna gejagt, gekämpft und Abenteuer bestanden hatte. Überall bot sich dasselbe Bild: die Menschenrasse war zur Zwergengröße verkommen und außer in alten Geschichten war keine Spur von Fionn und der Fianna zu finden. In **Glenasmole**, in den Wicklow Mountains, einem seiner Lieblingsjagdgründe, krabbelten aufgeregte Menschlein herum, wie Ameisen. Einige hatten versucht, einen großen Stein aufzurichten, jetzt brachten sie ihn aber weder vorwärts noch rückwärts und liefen Gefahr, erdrückt zu werden. Eingedenk Niamhs Warnung stieg Oisín nicht aus dem Sattel, sondern faßte den Stein vom Pferd aus mit fester Hand an, hob ihn hoch und warf ihn über die Köpfe der Umstehenden hinweg. Dabei riß der Sattelgurt und Oisín glitt zu Boden. Alleine kam er nicht mehr hoch. Ein paar Menschen mußten ihn vom Boden aufheben – er war zu einem uralten, schwachen, halbblinden Greis geworden.

Man brachte ihn zu **St. Patrick** und Oisín erzählte ihm die Geschichten, die heute im Fenierzyklus versammelt sind und viele mehr.

»Das Gespräch der Alten«, *Acallam na Senórach* (12. Jh.) schildert das Zusammentreffen zwischen dem Heiligen und dem Helden etwas anders.

***Oisín*** hatte sich nach der Schlacht von **Gabhra** und dem Verlust seines Sohnes, **Oscar**, für eine Weile ins *síd* von Ucht Cleitigh am **Boyne**, zu seiner Mutter, **Blai Derg**, zurückgezogen. **Caoilte** wanderte mit einer Handvoll Getreuer währenddessen durchs Land, gelangte zum Kloster von **Drogheda**, zum Linn Fhéic am Boyne, und über die alte Ebene von **Brega** zu Dún Druim Derg, wo **St. Patrick** eben die Messe las. Als die mächtigen Krieger mit ihren ebenso mächtigen Hunden hereintraten, besprengte sie St. Patrick sicherheitshalber mit Weihwasser, denn bis dahin hatte sie eine erkleckliche Anzahl Legionen von Teufeln begleitet.

Aber nun konnten sich der Heilige und die Mitglieder der **Fianna** buchstäblich an denselben Tisch setzen. Es stellte sich heraus, daß St. Patrick großen Gefallen an den alten Geschichten fand, mit Begeisterung zuhörte und immerwieder mit Segensworten dazwischenfuhr. Zweifel, ob solche Geschichten nicht vielleicht allzusehr vom Gebet ablenkten, wurden schnell durch St. Patricks Schutzengel ausgeräumt: durch Altersvergeßlichkeit erinnerten die greisen Helden sowieso nur noch ein Drittel ihres Sagenschatzes. Patrick möge darauf achten, daß die Geschichten aufgeschrieben würden und der Nachwelt erhalten blieben. So durften sich der Heilige und sein Stab an Klerikern guten Gewissens dem Vergnügen des Zuhörens hingeben.

Noch interessanter wurde es, als Oisín wieder zu ihnen stieß und seine Erlebnisse beisteuerte. Der Heilige und die Krieger unternahmen manche Reise, kreuz und quer durch Irland. Gern benutzten sie Ortsnamen oder die Wahrzeichen in der Landschaft als Aufhänger für die Erzählungen von Fionn und der Fianna. Dabei haben sich die beiden alten Helden mindestens so tapfer geschlagen wie in ihren Kämpfen. Sie konnten sich immerhin an gut 200 Anekdoten und Geschichten erinnern. Soviel umfaßt »Das Gespräch der Alten«.

# Irische Heilige:
## St. Brendan, St. Patrick, St. Columcille, St. Brigid

Es ist bei weitem nicht so, daß »Mythologie in der Landschaft« mit der Christianisierung verschwindet. Im Gegenteil: die Heiligen der keltischen Kirche übernahmen nicht nur Züge der ehemaligen Götter und Helden, adoptierten nicht nur deren heilige Stätten, sondern entwickelten auf dieser Grundlage ihre eigene. Die Christianisierung in Irland nahm nicht den harten Kurs von Gewalt, Zerstörung und Blutvergießen wie in so manchen Fällen auf dem Festland. Bis heute besucht vor allem die ländliche Bevölkerung heilige Berge, heilige Seen, heilige Bäume, heilige Inseln und heilige Quellen, die größtenteils schon vor den Kelten Orte der Andacht und Verehrung waren.

Die frühe keltische Kirche war nicht städtisch orientiert wie die römische. Erstens fehlten Städte, bis sich nach 840 die Wikinger im Land festsetzten. Zweitens hatten die Kelten allgemein ein anderes Verhältnis zur sie umgebenden Landschaft. Die **Druiden** schöpften ihre Weisheit, das heißt, das Wissen vom Ratschluß der Götter, aus der Beobachtung der Natur, eine Methode, die sich im Satz von St. Columbanus von Luxeuil und Bobbio wiederfindet: »Wer den Schöpfer kennenlernen will, lerne seine Schöpfung kennen«.

Das nicht vom Menschen Gestaltete galt nicht als minderwertig. Man begegnete ihm mit Ehrfurcht, nicht mit Furcht oder Verachtung. Die Mönche empfanden sich als Teil davon, was sich in ihrer hochentwickelten Naturlyrik ausdrückt – ähnlich der Dichtung übrigens, wie sie der Fenierzyklus enthält. Ein Vergleich des festländischen mit dem frühen keltischen Kloster macht den Unterschied ganz deutlich. Hier eine Ministadt, ein Bollwerk mit nach Funktionen angeordneten Steingebäuden, Kirche, Kreuzgang, Schlafsaal, Bibliothek, Schreibstube etc., das Ganze umgeben von festen Mauern. Dort ein von einem Erdwall und Graben geschütztes Gelände, wenn es hoch kam mit einer Palisade, sonst mit Dorngestrüpp und Stachelästen gesichert. Darüber verteilten sich Holzhütten, in denen sich das Leben der Mönche beziehungsweise Heiligen, Andacht, Arbeit, Essen und Schlafen ungeteilt abspielte. Mittendrin stand die kleine Kirche, die frühen aus Holz, die späteren aus Stein. Die mit Bibelszenen und Mustern geschmückten Steinkreuze waren der Stolz der Klostergemeinde und mit Zunahme der Wikingereinfälle kamen die steinernen Rundtürme als Zufluchtsorte für Mensch, Vieh und Klosterschätze hinzu.

Heilige Quelle in Connemara (Gr. Galway).   Tobarnalt (Gr. Sligo).

Die Mythologie der Heiligen ist ein Buchthema für sich. Um den bruchlosen Übergang zu zeigen reichen ein paar Beispiele. **St. Patrick, St. Columcille** und **St. Brigid** sind die Nationalheiligen und ihre Viten sind stark von der keltischen Mythologie geprägt, sogar die von St. Patrick, obwohl er doch ursprünglich ein Fremder, ein romanisierter Kelte, ein Britone ist.

Und **St. Brendan**? Bei ihm läßt sich diese Verbindung ganz deutlich an der einen christianisierten, keltischen Idee aufzeigen, die sein ganzes Leben und Trachten beherrschte. Er wollte das »Land der Verheißung« finden, Tír Tairngire, die Insel der **Anderswelt**, die in seiner Vorstellung mit dem christlichen Paradies eins wird. Die Aufzeichnung dieser Reise, die *Navigatio Brendani* – »wunderbare Reisen«, sogenannte »immrama« waren ein anerkannter, inselkeltischer Sagentyp – blieb durchs ganze Mittelalter ein in ein Dutzend Sprachen übersetzter Verkaufsschlager. Es war ein religiöser Abenteuerroman, der ganz konkret zu Entdeckungen anregte. Nachweislich war auch Kolumbus daran interessiert, dieses irdische Paradies zu finden.

## St. Brendan von Clonfert (484/6–578)

Mit der Aufzeichnung von St. Brendans Leben wurde bereits im 8. Jh. begonnen, während die Navigatio nicht vor dem 9. zu Pergament gebracht worden sein kann.

St. Brendan ist der Kerry-Heilige *par excellence*. Es heißt, er habe da seine Missionsarbeit begonnen, wo **St. Patrick** aufgeben mußte. Kirchen, Schulen, Krankenhäuser, Gemeindezentren, Altersheime, Jugendklubs, Cafés und Pubs und sogar eine Feuerwache, ein Friseur und ein Kino sind nach ihm oder seinem Boot benannt. Er gehört offensichtlich auch im 20. Jh. zum öffentlichen Leben und ist den Menschen von Kerry so lieb und teuer wie eh und je.

St. Brendans Boot ist als Gegenstand der Volkskunst auf mehreren Pub-Schildern zu sehen und in Tralee (Gr. Kerry) waren die Abenteuer aus der Navigatio an einer Hauswand in leuchtenden Farben aufgemalt: der Riesenwal, auf dem St. Brendans Mönche die Messe feiern, im Glauben, sie befänden sich auf einer Insel, die Säulen aus Glas, die sich turmhoch über ihr Schiffchen erheben, die feuerspeienden Berge. Leider wurde das Haus im Sommer 1996 abgerissen.

Als Geburtsort gibt die *Vita Brendani Fenit* an, das Dorf, das es tatsächlich auf der Nordseite der Tralee Bay auch gibt. Die neuere Forschung nimmt **Annagh** auf der Südseite als wahrscheinlicher an. Wie dem auch sei, dieses Kind aus dem Stamm der Ciarrige Luachra, Nachfahren der **Fir Bolg**, bekam zwei Dinge von Geburt an mit, die sein Leben prägen sollten: das Meer und der Anblick von Cnoc Bréannain oder **Mount Brandon**, der als blaue Pyramide die Bucht von Tralee abschließt. Dieser Berg trägt den Namen des Heiligen.

Brendan stammte von **Fergus mac Roich**, dem Ex-König von **Ulster** ab; dreizehn Generationen liegen zwischen diesem und dem Heiligen. Sein Vater hieß Find Lug, eine Zusammensetzung aus »Fin, **Fionn**«, »hell« und **Lug**, dem pankeltischen Sonnengott. Seiner Mutter träumte es vor seiner Geburt in glänzenden Sonnenbildern: ihr Busen war zu purem Gold geworden und ihre Brüste gleißten wie Schnee. In der Nacht, in der ihr Sohn zur Welt kam, stand taghelles Licht über Fenit. Zeit seines Lebens habe niemand, außer sein heiliger Kollege St. Fionan Cam, St. Brendan direkt ins strahlende Antlitz zu schauen vermocht – Sonnenbilder über Sonnenbilder.

Der patrizische Bischof St. Erc von **Slane** taufte das Kind in **Tobar na Molt**, der Widderquelle, die heute noch, besonders am 16. Mai, dem Festtag des Heiligen, aufgesucht wird. Einjährig kam Klein-Brendan zu sei-

Karte zu
»St. Brendan von Clonfert«

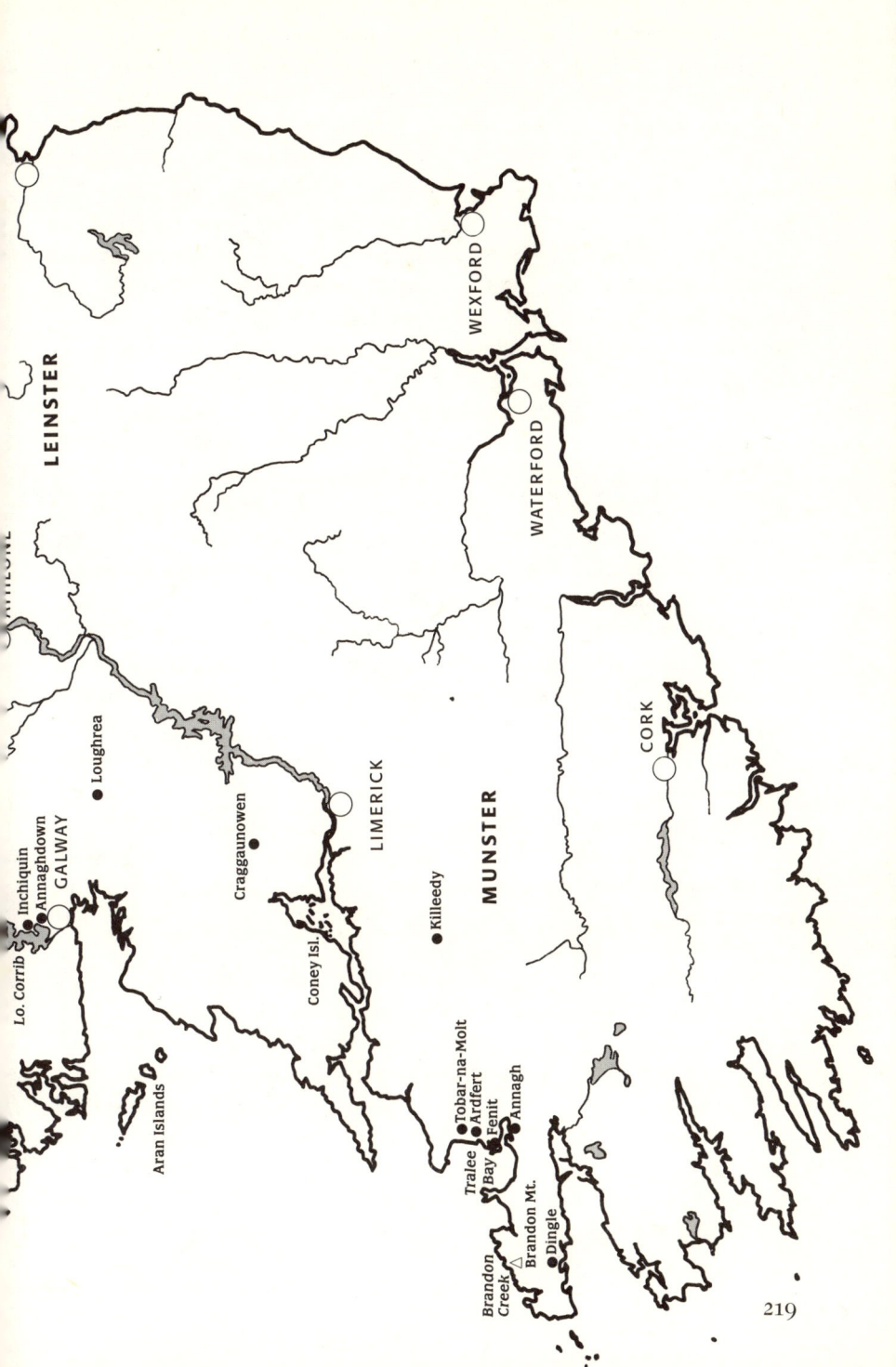

ner Ziehmutter, St. Ita von **Killeedy**, »der Kindergärtnerin der Heiligen Irlands«, in ihr Kloster am Fuße der Mullaghareirk Mountains. Von Anfang an bestand eine tiefe Zuneigung zwischen ihm und der liebevollen, stets heiteren Frau: nie wurde ihr sein Geplapper zuviel und er krähte vor Vergnügen, wenn er sie nur von weitem sah... Bis ins Erwachsenenalter würde sie ihn mit guten Ratschlägen versorgen. Mit sechs bekam Brendan Unterricht bei Bischof Erc. Er war aufgeweckt und lernte rasch. Zur höheren Bildung wurde er ins Kloster von **Clonard** im Mittelland geschickt, woher die lebenslängliche Freundschaft mit **Columcille** stammte. Lehr- und Wanderjahre absolvierte er anschließend auf den **Aran Islands** vor der Westküste. Daran schlossen sich Priesterweihe, Mönchsgelübde, Arbeit im Kloster und in der Welt an. Mitten in einem geschäftigen Leben zog sich St. Brendan auf Mount Brandon zurück, um sich, betend und fastend, über seine wirkliche Lebensaufgabe Klarheit zu verschaffen. Immer deutlicher wurde der Wunsch, eine Insel frei von Sünde zu finden, eine Insel, auf der sich in absoluter Gottesnähe Gott dienen ließe. Er war bereit, dafür seine Heimat, die Familie und die Klostergefährten zu verlassen. Als er diesen Entschluß gefaßt hatte, wurde ihm die Vision einer Insel zuteil, »auf der Engel auf- und niederstiegen« – das gelobte Land! Fünf Jahre fuhr er mit einigen Getreuen in einem Lederboot, einem *curragh*, auf dem Meer herum. Als sie die Insel schließlich fanden, durften sie sie auf göttliches Geheiß nicht betreten.

Wieder in Irland klärte ihn St. Ita über das Landeverbot auf: nur ein Boot, wofür kein Tierblut vergossen worden sei würde die heilige Erde der Insel dulden. St. Brendan unternimmt daher seine zweite Reise in einem hölzernen Schiff und wird dann auch von Engelwesen in diesem wunderbaren Land »ohne Sünde, ohne Schwäche, ohne Tod« willkommengeheißen. In der *Navigatio* werden beide Reisen in eine zusammengezogen. Noch bis ins 18. Jh. wurde die Paradiesinsel auf Seekarten verzeichnet, irgendwo im Westen, vor der Küste Amerikas. Daß eine Transatlantikreise für einen Mönch des 6. Jh. im Bereich des Möglichen lag hat der englische Forscher Tim Severin vor 20 Jahren nachgewiesen, indem er das Boot, das die *Navigatio* beschreibt, bis in die letzte Einzelheit nachbaute und sich über 3 500 Seemeilen von Meeresströmungen vor die Küste Neufundlands treiben ließ. Das Boot, die »St. Brendan«, ist heute im Freilichtmuseum von **Craggaunowen** in der Grafschaft Clare zu besichtigen. Wie sein Vorbild aus dem 6. Jh. lief auch es vom Brandon Creek, dem Tälchen auf der Dingle-Seite des **Brandon Mountain** aus.

St. Brendan unternahm noch weitere Reisen, wenn auch geringeren Umfangs: er gründete Kirchen und Klöster in Schottland – unter anderem besuchte er dort St. Columcille – in Wales und in der Bretagne. Wie erfolgreich seine Regel in Irland war, eine Regel, die er von Engeln diktiert bekam, sogar bevor er die Priesterweihe empfangen hatte, läßt sich aus einer Anekdote ablesen: er hielt gern auf Mount Brandon Gottesdienst ab. Einmal bemerkte er auf dem Gipfel, daß er sein Meßbuch im 7 Meilen entfernten Annagh liegengelassen hatte. Von Mönch zu Mönch ließ er die Bitte ergehen, man möge es ihm bringen – von Hand zu Hand gereicht kam es in Rekordzeit den Berg hoch.

Schon früh hatte St. Brendan die kleine Missionsstation seines Lehrers, Bischof Erc, in **Ardfert** zu einem Kloster umgebaut. Später sollte die St. Brendan Kathedrale entstehen, die den Mittelpunkt einer Ruinenstadt bildet. Der Ort heißt mit vollem Namen Ardfert Brendan. Im Alter von über neunzig zog der Greis zu seiner Schwester, Bride, der Oberin von **Annaghdown**. Sie pflegte ihn dort bis zu seinem Tod. St. Brendan blieb bis zuletzt seinem Beiwort »der Seefahrer« treu – noch hier sah und hörte er Wasser, auch wenn es nur der See von **Lough Corrib** und nicht mehr das Meer sein sollte. Es ist übrigens verblüffend, wie konsequent die *Vita* ist: Wasser und Wassertiere spielen eine auffallend große Rolle darin. Die ungerechte Forderung eines Hochkönigs gilt St. Brendan beispielsweise mit fünfzig in Pferde verwandelte Otter ab – wenig erstaunlich, daß diese niemand zu reiten vermag und sie anderntags zum **Boyne** hinunterrennen und wieder zu dem werden, was sie ursprünglich waren. Einen Dieb, der ihm seine brave Kuh stehlen wollte, verwandelte er andererseits in einen »Wasserhund«, wie der Otter auf irisch heißt. Flüsse segnete oder verfluchte er, er machte sie also fischreich oder nicht, je nachdem ob er mit großzügigen oder geizigen Fischern zu tun bekam.

Bis zuletzt hielt er an den Bildern der Seefahrt fest und gab unumwunden zu, er fürchte die lange Reise, ganz allein, durch dunkle, unbekannte Gefilde ... und das, obwohl er ja die Insel der Seligen schon einmal betreten hatte. Seine Schwester Bride hatte er versprechen lassen, sein Ableben geheimzuhalten, bis er sicher in **Clonfert**, seiner letzten und für ihn wichtigsten Gründung, unweit des **Shannon**, begraben sei. Er kannte die Menschen gut und er wußte, daß sonst Streit um die Ehre des Gründergrabs unter seinen Klöstern entstehen würde.

Bride hielt sich daran und der Heilige wurde in aller Stille beigesetzt. An dem Ort erhebt sich heute eine winzige Kathedrale, zum Teil aus dem 12. Jh. mit dem feinsten hiberno-romanischen Portal von ganz Irland.

Wie zu erwarten befinden sich unter St. Brendans Gründungen mehrere Inselklöster wie **Inchiquin** im **Lough Corrib**, **Coney Island** im **Shannon** oder **Inishglora** vor **Belmullet**, die letzte Station der Kinder von *Lir*. Die katholische Kathedrale von **Loughrea** und Clonfert befindet sich in Loughrea. Sie ist St. Brendan geweiht und schon allein der Darstellungen auf den Kirchenfenstern wegen einen Besuch wert.

## St. Patrick (traditionell 432–461)

Autobiographische, schriftliche Hinweise von Heiligen sind sehr selten, aber *St. Patrick* hat gleich deren zwei hinterlassen, die *Confessio*, seine Lebensbeichte, und einen Brief »an die Soldaten des Coroticus«, in dem er sich bei einem nordbritischen, dem Namen nach christlichen Fürsten über das Betragen seiner Soldateska unter irischen Christen beschwerte. In der *Confessio* versuchte Patrick, seine Mission in Irland gegen Vorwürfe von Inkompetenz und Eigennutz zu verteidigen. Und dieser Brief zeigt nun ein ganz anderes Bild von dem Mann, der nun wohl nicht, wie es populär heißt, »das Christentum nach Irland brachte« – es gab vor ihm bereits christliche Gemeinden – der aber die neue Religion in den entlegeneren Gebieten verbreitete und festigte, als die mittelalterlichen Heiligenleben bieten, die vom 7. Jh. an aufgeschrieben wurden. Es ist ein schüchterner Mensch, dem es an Selbstvertrauen mangelt, der aus diesen Zeilen spricht, ein Mensch, der sich nicht genügend darüber wundern kann, daß sich Gott unter allen Menschen ausgerechnet ihn, den Unwürdigsten, ausgesucht und zu seinem Werkzeug gemacht hat. »Ich bin Patrick, ein Sünder, völlig ungebildet, der letzte aller Gläubigen und ausgesprochen verachtet von vielen«, beginnt er im etwas schwerfälligen Gebrauchslatein des Britonen.

In der 2. Hälfte des 5. Jh. kam Patrick im nicht zu lokalisierenden Bannavem Taberniae, an der Westküste Britanniens, zur Welt. Seine Eltern waren geachtete Gemeindemitglieder, eine wohlhabende christliche Familie romanisierter Kelten. Man lebte mit den Annehmlichkeiten der römischen Zivilisation, und nach eigenen Angaben ging es Patrick in seiner früheren Jugend einfach zu gut. Der Junge hatte keinen Bock zu lernen, die Religion war ihm gleichgültig, der Rat der älteren Generation interessierte ihn nicht. Er war einer jener coolen boys, die ihrem Vergnügen nachgingen. Das änderte sich schlagartig, als er mit sechzehn von irischen Piraten, möglicherweise unter **Niall Nóigiallach**, in die Sklaverei nach Nordirland verschleppt wurde. Sechs Jahre lang hütete er die

Schweine und Schafe seines Herrn, Miliuc, einem **Druiden**, im Umkreis und an den Hängen des **Slemish**, in der Grafschaft Antrim, und wurde dabei zum frommen Christen. Stimmen kündigten ihm die Rückkehr an, verwiesen auf ein Schiff, das ihn in die Heimat zurückbringen sollte. »200 Meilen« floh er darauf in absolutem Gottvertrauen zum nächsten Hafen. Das Boot lag zum Ablegen bereit, aber dessen Kapitän weigerte sich, ihn mitzunehmen, obwohl es ihm an Geld für die Überfahrt nicht fehlte... Verzweifelt betend wandte er sich zum Gehen, da wurde er plötzlich zurückgerufen. Dieses Muster wiederholte sich zeit seines Lebens: Errettung aus höchster Not im letzten Augenblick. Immer wieder kam es bei seiner Missionsarbeit zum Zuge, denn nach einer kurzen, sorgenfreien Zeit zu Hause hießen ihn die Stimmen ins Land seiner Gefangenschaft zurückkehren und die Iren »beim Wald von Voclut/Foclat«, das versuchsweise mit Meelick, Grafschaft Mayo, identifiziert worden ist, aufzusuchen. Patrick betrat erneut den Boden Irlands, aber diesmal als ausgebildeter Priester. Allerdings erfolgte diese erste Reise ohne offizielle Sendung, ohne Hilfe oder Mittel, und erst Jahre später wurde St. Patrick die Bischofswürde zuteil und damit sein Missionsauftrag von der Kirche bestätigt. St. Patrick setzte darauf, zuerst die Fürsten und die gebildete Schicht, diejenigen also, die die Macht in den Händen hielten, für das Christentum zu gewinnen, das Volk kam dann von selbst nach. Dieses Vorgehen war nicht ungefährlich und der Heilige erwähnt nebenbei »zahlreiche Anschläge«: er war wenigstens 12mal in akuter Lebensgefahr, aus der er wunderbar errettet wurde.

Die beiden frühesten Viten, von Muirchú und Tiréchan, zwei Mönchen aus dem Klosterverband von **Armagh**, zehren von der verlorengegangenen *Vita* von Mochta, eines Schülers von St. Patrick, und wurden beide ca. 200 Jahre nach des Heiligen Tod aufgeschrieben. Beide machten zusätzlichen Gebrauch von einer reichen, mündlichen Überlieferung. Muirchú gleicht St. Patrick dem alttestamentarischen Moses an, während Tiréchan ihm die Züge eines keltischen Helden verpaßt. *Das Dreiteilige Leben St. Patricks, Tripartite Life,* schafft St. Patrick, die Vaterfigur der Nation, die bis heute eine gewisse Geltung hat, und die St. Patricks Charakter in Richtung eines Oberdruiden schiebt, der mit ungeheurem Selbstbewußtsein mit Sprachgewalt und Zauberkraft seinen Willen bei Königen und Druiden durchsetzt. Was sich ihm in den Weg stellt wird grundsätzlich verflucht – vom Attentäter bis zum Zauberer quer durchs Alphabet, vom Stamm der Grecraige, der ihn mit Steinen bewarf und daher auf allen Versammlungen auf alle Zeiten von

Karte zu
»St. Patrick«

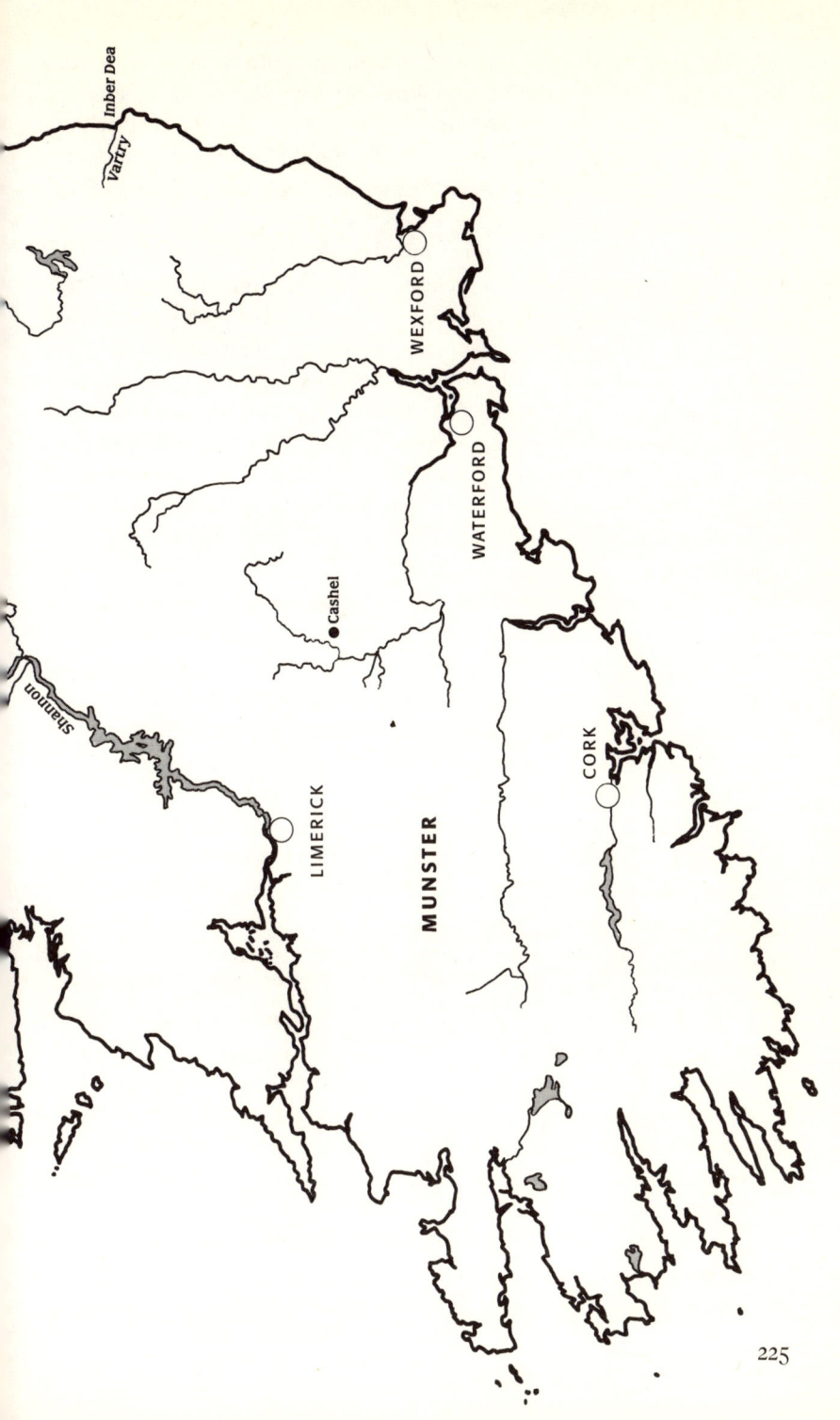

allen anderen Bewohnern Irlands »angespuckt und ausgelacht« werden darf, bis zum fischlosen Bach, der ihm kein Abendbrot liefert, dem Wald, der kein vernünftiges Brennholz hergibt und dem Hügel **Uisnech**, dessen Steine danach nicht einmal mehr zum Wassersieden taugen... Andererseits segnet St. Patrick überschwenglich wer immer ihn anerkennt, bis zum jüngsten Tag.

Hunderte Orte in Irland sind mit St. Patrick verbunden. In diesem Rahmen ist es nicht möglich, viel mehr als die grobe Linie seines Missionszuges von Osten nach Westen nachzuzeichnen. Tiréchan hat bereits im 7. Jh. eine Reiseroute »auf den Spuren St. Patricks« für die damalige Pilgerindustrie zusammengestellt, aber es gibt einige besonders wichtige Orte wie **Cashel** oder landschaftlich besonders reizvolle wie **Maumeen**, der Wallfahrtsort in Connemara, St. Patrick's Chair auf **Coney Island** in der Sligo Bay, die bei Ebbe trockenen Fußes zu erreichen ist, **Downpatrick Head** in Mayo, der in gewaltigen Klippen endet, oder die **Struel Wells** in der Grafschaft Down und **Lough Derg** in Donegal, die bereits druidische Heiligtümer gewesen sein dürften. Überdies ist es empfehlenswert, einen Blick auf die mit St. Patrick verbundenen Kirchenschätze im Nationalmuseum in **Dublin** zu werfen. Zu sehen sind wunderbare Goldschmiedearbeiten wie St. Patricks Bell (Glocke) mit ihrem reichverzierten Schrein oder »Fiacal Pádraig«, das Reliquiar, das St. Patricks Zahn umschließt. Ebenso interessant ist die Bibliothek von Trinity College, Dublin, die das *Book of Armagh* besitzt, die älteste der großen illuminierten Handschriften mit der *Confessio* und den beiden frühen Viten von Muirchú und Tiréchan. Es ist sicher kein Zufall, daß St. Patrick Armagh, Ard Macha, »die Höhe Machas«, knapp 3 km vom Navan Fort, **Emain Macha**, »die Zwillinge Machas«, Heiligtum und Königskapitale des alten **Ulster**, zu seiner Hauptkirche machte. Der Abt-Bischof von Armagh galt als »Erbe St. Patricks« im gesamtirischen, patrizischen Klosterverband. Ab 1152 wurde Armagh zu einer der vier Erzdiözesen.

Nach einer Überlieferung landete St. Patrick auf seiner Missionsreise zuerst in Inber Dea, der Mündung des Vartry bei Wicklow an der Ostküste. Vom Territorialherren und seiner Sippe wurden er und seine Gefährten mit einem Steinhagel empfangen. Die nächste Station war die Bucht von **Malahide**, aber die Hoffnung auf eine ordentliche Mahlzeit frischen Fischs für die Weitgereisten zerschlug sich. Hungrig setzten sie den Weg fort. Das Inselchen Inis Phádraig/**St. Patrick's Island** erinnert an die nächste Landung. Sehr viel hatten die Inselbewohner nicht abzugeben, aber sie waren freundlich, was von den Leuten von **Skerries**, auf dem Festland, nicht unbedingt zu sagen ist, denn sie sollen St. Patricks Ziege gestohlen und zum ersten *bodhrán*, dem irischen Tamburin, verarbeitet haben. Zwar erzählt manche Gemeinde Irlands solche Anekdötchen, um die Nachbarn zu hänseln, aber an Skerries scheint diese Anschuldigung ein für allemal hängengeblieben zu sein.

Bei **Gormanstown**, küstenaufwärts, wurde die kleine Gruppe von der Familie dessen gastfreundlich aufgenommen, der St. Patricks Lieblingsjünger, Ziehsohn und ein eigenständiger Heiliger werden sollte, nämlich St. Benen. Damals war er ein etwa Siebenjähriger und vom Missionar, der seine ganze Familie taufte, so tief beeindruckt, daß er ihm nicht mehr von der Seite wich. Das ging soweit, daß er die Erwachsenen damit recht verärgerte. Aber der Heilige nahm ihn in Schutz und prophezeite ihm eine große Zukunft. Beim Abschied klammerte sich der Kleine an St. Patricks Bein und machte ein solches Theater, weil er mitwollte, daß ihn sein Vater Sesgne schließlich als Ziehsohn anvertraute.

St. Patrick zog es mit allen Fasern nach Norden, hatte er doch noch eine alte Schuld zu begleichen. Juristisch gesehen war er noch immer ein entlaufener Sklave – er hatte sich nie von seinem Herrn losgekauft. Er hatte vor, Miliuc das doppelte Lösegeld und darüber hinaus das Christentum anzubieten, aber dieser inszenierte seine Selbstverbrennung in seiner eigenen Festung, eine dramatische Stellungnahme zu der neuen Religion und seinem ehemaligen Leibeigenen! Fassungslos sah St. Patrick von weitem zu, wie das Gebäude in Flammen aufging. Es soll sich, der Überlieferung nach, auf der Erhebung befunden haben, worauf heute die Kirchruine von **Skerry Hill** steht. Allerdings konnte der alte Druide seinen Enkel Mochae nicht daran hindern, St. Patricks Schüler zu werden.

Nach diesem erschütternden Ereignis fand St. Patrick seinen ersten Täufling und Beschützer in Díchiú, dem Besitzer der **Lecale-Halbinsel**. Erst wollte er zwar die Hunde auf die Fremden hetzen, die sich auf seinem Land herumtrieben, weil er sie für Räuber hielt. Dann jedoch schenkte er St. Patrick seine Scheune, »Sabhal Pádraig«, die dem Ort **Saul** den Namen gab. Damit hatte der Heilige mit seiner »Familie« eine Bleibe gefunden. Er sollte darin den ersten und den letzten Gottesdienst, kurz vor seinem Tod, abhalten, denn der Heilige kam hierher zurück, um am 17. März 471, inmitten der Seinen, den Schülern, den Gefährten, der ganzen Christengemeinde zu sterben. **Downpatrick**, als Begräbnisort St. Patricks, geht jedoch auf bewußtes und politisch eingesetztes Mythologisieren zurück! John de Courcy, der tüchtige, normannische Eroberer von **Ulster** brauchte im 12. Jh. eine zugkräftige Hauptstadt und ein stabiles Kirchenzentrum, da er sich mit seinem zielstrebigen Vorgehen die Gunst des englischen Königs verscherzt hatte. Er griff auf die Legende zurück, wonach St. Patrick im »Dún«, neben seiner Gründung, begraben worden sei. Er benannte es nicht nur in »Dún Patrick« um, heute Downpatrick, sondern er sorgte auch dafür, daß das Grab tatsächlich »gefunden« wurde. Um nachzudoppeln ließ er auch gleich die Gebeine von **St. Brigid** und **St. Columcille** nach Downpatrick überführen. Auf der Südseite der Kirche bezeichnet ein großer, flacher Stein mit der Aufschrift »Patric« die angebliche Stelle.

Doch vorerst kehrte der Heilige auf demselben Weg in den Süden zurück – noch stand ihm die wichtigste Episode aus seiner *Vita*, die Szene, die jedes Schulkind – ob katholisch oder protestantisch – in Irland kennt, das Entzünden des Osterfeuers auf dem Hügel von **Slane**, bevor. Es handelte sich um eine geplante, sorgfältig berechnete Provokation des damaligen Hochkönigs **Laogaires**, denn St. Patrick mußte sich schon geraume Zeit im **Boyne**-Tal aufgehalten haben. Er hatte nämlich schon einige Kirchlein gegründet, darunter bereits dasjenige von **Duleek**; »Daimh Liag«, »steinernes Haus« erinnert an die erste steinerne Kirche Irlands.

St. Patricks Osterfeuer fiel mit jener Nacht zusammen, in der jedes Feuer gelöscht werden mußte und erst wieder entzündet werden durfte, nachdem der Hochkönig sein Feuer zeremoniell in Brand gesteckt hatte. Vollumfänglich den Symbolgehalt miteinbeziehend ließ St. Patrick in dieser wortwörtlich »dunklen Stunde« sein Feuer auf dem Hügel gegenüber Tara unübersehbar leuchten ... Die Druiden des Königs hatten den »Spaltkopf« (wegen der Bischofsmütze) schon lange auf Tara angekündigt, im vollen Bewußtsein, daß dieser Fremde hergekommen war, um ihre alte Ordnung zu zerstören. Da auf das Zuwiderhandeln gegen das königliche Gebot die Todesstrafe stand, brannten sie auf das Kommando, diesen Anarchisten zu töten. St. Patrick sah sich daher in Rekordzeit von dreimal neun Streitwagen umringt und ein sehr zorniger Hochkönig verlangte von ihm Rede und Antwort. Dazu kam er aber nicht, denn die Druiden griffen alle gleichzeitig ihn und seine Glaubensinhalte mit Schmähreden an. St. Patrick donnerte ein Stoßgebet, was bewirkte, daß der schlimmste Lästerer hoch in die Luft gewirbelt wurde und beim Herunterkommen so auf einem Stein aufkam, daß sein Gehirn in alle Richtungen spritzte. Laogaire befahl, außer sich, St. Patrick zu töten, worauf er König und Druiden mit Vehemenz verfluchte! Dann brach die Hölle los, der Himmel verfinsterte sich, schien einzustürzen, die Erde bebte. Pferde rasten mit führerlosen

Streitwagen davon, Laogaires Leute brachten sich gegenseitig um und der Hochkönig mußte um Gnade bitten. Auf Rache sinnend lud er St. Patrick nach Tara ein, versicherte sich jedoch, daß auf allen Zufahrtswegen zur Königsresidenz seine Soldaten im Hinterhalt lagen.

Wohlweislich sprach St. Patrick das lange Schutzgebet, »St. Patricks Harnisch oder Rehruf«, das dieselbe Wirkung hatte, wie eine Zauberformel – im Morgengrauen sahen die Häscher daraufhin ein Rudel Rehe dahinziehen. Ganz zuhinterst trippelte ein Kitz mit einem Bündel auf dem Rücken – Benen, St. Patricks kleiner Schüler der die Bücher trug.

Am folgenden Tag erschien St. Patrick mit fünf Gefährten, **Midir** gleich, bei geschlossenen Torflügeln mitten im Palast von Tara. Das Gift, das ihm ein Druide in den Becher mischte, fiel auf das Kreuzeszeichen, als gläserner Tropfen daraus heraus, so daß der Heilige das Getränk unbeschadet zu sich nehmen konnte. Aber das war nur ein kleiner Beweis für die Macht des Christengottes, ein Zeichen, daß der Christengott ein mächtigerer Zauberer ist. Diesen Beweis will St. Patrick öffentlich antreten. Aus diesem Grunde läßt er sich zu einem Wettstreit mit den Druiden am Fuße des Hügels von Tara herausfordern, vor dem König und dem ganzen, versammelten Volk.

Die Druiden bewirken beträchtlichen Schneefall. St. Patricks Kreuzeszeichen läßt ihn jedoch gleich wieder verschwinden. Das ist mehr, als die Druiden vermögen – sie brauchen 24 Stunden dazu. Verdunkeln die Magier die Ebene, bringt der Heilige umgehend die Sonne zurück, was diese zwar auch schaffen, aber nur unter bedeutend größerem Zeitaufwand. Feuer verschont Benen in einer Hütte aus trockenen Ästen, während ein Druide in einer aus feuchten verkohlt. Überzeugt tritt der Hof geschlossen zum Christentum über. Bei Muirchú bequemt sich sogar der König dazu, während er in anderen Viten ein alter Heide bleibt, der sich nach dem Tod aufrecht, in voller Rüstung im Festungswall von Tara begraben läßt, mit dem Gesicht gegen die Männer von Leinster, seine Feinde gerichtet.

Laogaires schöne Töchter bekehren sich hingegen spontan zur neuen Religion. Ethne, »die Schöne«, und Fedelma, »die Rotwangige« wurden von zwei Druiden im Palast von **Rathcrogan** erzogen. Die beiden Prinzessinnen stießen bei der Quelle **Clebach**, heute Ogulla, bei **Tulsk**, auf St. Patrick und seine Gefährten, als sie bei Sonnenaufgang zur Morgentoilette herkamen. Die Kirchenmänner hatten da die Nacht verbracht und sich von den Strapazen einer langen Reise ausgeruht. Seit Tara hatten sie Meath durchwandert. St. Patrick hatte den Hügel von **Uisnech** zwar verflucht, aber auch ein Kirchlein draufgesetzt, ein weiteres hatte er bei **Ardagh** gegründet und Bischof Mél übergeben. Den **Shannon** hatten sie bei Snámh-dá-Én, »Schwimm-zwei-Vögel«, überquert und danach das Druidencollege bei **Elphin** christianisiert und mit einem Bischof versehen. Als ihnen diese Weißgewandeten gegenüberstanden waren die mit der druidischen Doktrin bekannten Königstöchter erst nicht sicher, was für eine Kategorie Wesen sie vor sich hatten und erkundigten sich höflich, ob es sich um Götter, Feen oder Menschen handele. Eher ruppig untersagte ihnen St. Patrick, von »Göttern« in der Mehrzahl zu sprechen, und erzählte ihnen vom Christengott, dem Einen, der die Drei umschließt. Dreifache Götter waren den Mädchen ein Begriff und damit war ihr Interesse geweckt. Sie überhäuften ihn mit Fragen: Wie war dieser Gott? War er schön? War er jung? War er großzügig? Hatte er viele Kinder? Patrick unterwies sie nun und die beiden jungen Frauen ließen sich taufen. Sie baten darum, gleich ihren himmlischen Bräutigam sehen zu dürfen, denn das Leben nach dem Tod gehörte selbstverständlich zu ihrem Weltbild. Nach dem Sterbesakrament entschliefen beide friedlich und sie gelten als Irlands erste Heilige. Auch die druidischen Ziehväter, Moel und Caplait, traten zum neuen Glauben und zum Mönchsstand über.

**Ballintober**, Baile Tobair Phádraig, »Heimstatt von St. Patricks Quelle«, und **Aghagower**, mit dem Rundturm, sind die zwei nächsten wichtigen Stationen auf St. Patricks Weg nach Westen, vor **Croagh Patrick**, dem heiligen Berg Westirlands. Ob Pilger oder Tourist, der Anblick dieses ebenmäßigen Quarzitkegels ist erhebend. 411 verbrachte der Heilige die 40tägige Fastenzeit auf diesem Gipfel, betend und fastend, zum Wohl der Menschheit, insbesondere der Iren. Die Bußübungen, die er sich dabei auferlegte, waren so extrem, daß sich die Engel seiner erbarmten und um sein Leben bangten. Damit hoffte er, Gottvater dazu zu bewegen, ihm seinen Herzenswunsch zu erfüllen: am jüngsten Tag Gericht über die Iren halten zu dürfen, das heißt ihr Anwalt zu sein!

Er schickt einen der geflügelten Boten mit dieser Bitte vor den höchsten Thron, erhält aber eine abschlägige Antwort. Aber St. Patrick ist nicht gewohnt, »no for an answer« zu nehmen. Er läßt ausrichten, daß er dort oben sitzenzubleiben gedenke, bis er entweder tot sei oder sein Wunsch in Erfüllung gehe. Dämonen in Gestalt schwarzer Vögel peinigen und umkrächzen ihn. Er verwünscht sie lauthals, läutet seine Glocke, wirft sie ungeduldig nach den greulichen Versuchern und vergießt Zornestränen, bis sein Gewand naß ist. Der Bote Gottes tröstet ihn, die Höllenvögel weichen weißen, himmlischen Wesen. Der Engel bietet

St. Patricks Glocke.
St. Patrick warf seine Glocke den schwarzen,
dämonischen Vögeln nach.

ihm andere Vergünstigungen, falls er den Berg verläßt, doch St. Patrick beharrt auf seiner Bedingung: lieber leidet er auf dem Gipfel bis in alle Ewigkeit. Schließlich tun sich alle Geschöpfe, »die sichtbaren und die unsichtbaren, einschließlich der 12 Apostel zusammen« und bitten Gottvater, sich des Heiligen zu erbarmen und ihm seinen Wunsch zu gewähren. Und er wird ihm gewährt! Von seiner Halsstarrigkeit einmal abgesehen sei er der bewundernswerteste Mensch, der ihm je vorgekommen sei, läßt ihm Gottvater ausrichten, worauf sich St. Patrick, jubelnden Herzens, mit seinem Segen beim Herrn der Heerscharen bedankt.

## St. Columcille von Iona
## (7. Dezember 521 bis 9. Juni 597)

**Adamnán**, der 9. Abt von Iona, Diplomat, Schriftsteller und nebenher Heiliger in eigenem Recht, schrieb 685 die *Vita Sancti Columbae*, in die er ein früheres, noch aus Augenzeugenberichten stammendes Leben hineinverarbeitete. In diesem Buch portraitiert er seinen entfernten Verwandten – sein Urgroßvater war **Columcilles** Vetter gewesen – als Ideal des keltischen Kriegeraristokraten, bei dem der christliche Heilige, besonders beim jungen Columcille, etwas aufgesetzt wirkt. Das aristokratische Element war in dieser Familie unübersehbar: Columcille stammte in direkter Linie vom Hochkönig **Niall Nóigiallach** ab, demselben, dessen Raubzügen an der britischen Küste ein gewisser **St. Patrick** zum Opfer fiel... Seine Mutter war ein Nachfahrin der Könige von **Leinster** und der Sohn gehörte zum Kreis derer die zum König gewählt werden konnten.

Mit viel Begeisterung malt Adamnán das Bild des selbstbewußten, gebildeten, kämpferischen Gottesstreiters, den erst im hohen Alter Geduld und Milde verklären.

Adamnáns Bericht wurde im ersten Drittel des 16. Jh. unter Einbeziehung der Volksüberlieferung nocheinmal neu gefaßt. Dies wurde die allgemein bekannte Form seines Lebens.

Columcille kam in **Gartan** in Donegal auf dem Hügel über dem gleichnamigen See zur Welt, nachdem seiner Mutter Eithne, wunderbar geträumt hatte. Ein Engel schenkte ihr einen in allen Regenbogenfarben schillernden Mantel, nahm ihn aber umgehend wieder zurück. Während eine himmlische Stimme sie über den Verlust tröstete, verfolgte sie, wie er hoch in die Luft gewirbelt wurde, wie er sich weiter und immer weiter ausdehnte und sich schließlich, ein riesiges Gebiet bedeckend, langsam zur Erde senkte. Eithne wußte nun, daß ihr Sohn einer der Großen seiner Zeit werden und über viele Ländereien herrschen würde. Getauft wurde der Junge auf den Namen »Crimthan« – »Columcille«, »Taube der Kirche«, blieb an ihm hängen, weil er schon als Kind so oft in der Kirche zu finden war. Das hatte wohl auch damit zu tun, daß sein Ziehvater, Cruithne, Priester war. Aber auch er war auf das Wissen der keltischen Gelehrtenklasse angewiesen und suchte den berühmtesten **Druiden** auf, als es darum ging, den günstigsten Augenblick für den Unterrichtsbeginn seines Schützlings festzustellen. Lange und gründlich suchte dieser den Himmel nach Zeichen ab, bevor er zum Schluß kam, es sei sofort damit zu beginnen. Cruithne war ein kluger

Pädagoge und offensichtlich kannte er sich auch mit Kindern aus: Columcille erhielt von ihm ein mit Buchstaben verziertes Kuchenbrot, das der Kleine »halb östlich vom Wasser, halb westlich vom Wasser« verspies, vermutlich heißt dies, daß er von der einen Seite eines Bächleins auf die andere hüpfte, während er begeistert in seinen Wecken biß. So lernte er spielend, daß Lernen angenehm sei, während die Erwachsenen aus seiner Hüpferei auf sein späteres Territorium in Irland und Schottland, »diesseits und jenseits des Meeres« schlossen. Einen Beweis, wie leicht ihm das Lernen fiel, lieferte der ABC-Schütze, als sein Lehrer beim Gottesdienst einen Bischof zu vertreten hatte und vor lauter Scheu keinen Ton herausbrachte – da sang eben sein Schüler die Psalmen für ihn. Als Cruithne auf der Rückkehr von einem Krankenbesuch ausrutschte und so unglücklich aufschlug, daß er tot liegenblieb, begriff der kleine Junge nicht, daß der Erwachsene von mehr als nur Müdigkeit überwältigt worden war. Er setzte sich neben ihn und vertrieb sich die Zeit bis zum Erwachen, indem er seine Aufgaben laut hersagte. Damit lockte er ein paar Nonnen herbei, die den Umfang des Unglücks sogleich erkannten. Ratlos fragten sie das Kind, was zu tun sei, worauf dieses den Toten in aller Selbstverständlichkeit erweckte.

Mit diesem Wunder stellt die *Vita* den rasch Heranwachsenden ganz in den Dienst »des Herrn der Elemente«, wie St. Columcille Christus nennt. Er kam nun, sozusagen, in die Oberstufe, zu St. Finian von **Movilla**, wo er nebenher allerlei Wunder tat, wie das Verwandeln von Wasser in Meßwein.

Neben dem christlichen Studium lernte St. Columcille beim Barden Gemma das Handwerk des Dichters, das heißt: er lernte die ganze Macht des gesprochenen Wortes nutzen. Noch in seiner Ausbildungszeit fällt ein Mädchenschänder, von seiner Formulierung getroffen, tot um, und Zeit seines Lebens wird er mit großer Sachkenntnis Räuber, Mörder, habgierige Könige, »die Verfolger der Unschuld«, alle Uneinsichtigen und Undankbaren, unter den letzteren übrigens auch ein wilder Eber, in Grund und Boden verfluchen. Möglicherweise vervollkommnete er hier seine angeborene Gabe, die den *file* auszeichnet, die Fähigkeit, in die Zukunft zu sehen. Bei St. Columcille war sie so ausgeprägt, daß Adamnán ein Drittel seines Buches auf dessen Prophezeiungen verwendet, ob es sich nun um die unerwartete Ankunft von Gästen, öfter heiligen Kollegen, einen Riesenwal in den Gewässern um Iona, einen Schussel, der des Heiligen Tintenfaß umkippt, einen Mönch, der in **Durrow** vom Rundturm fällt, einen unechten Büßer, einen Barden, der nach einer freundschaftlichen Unterredung mit dem Heiligen am **Lough Key**

Karte zu
»St. Columcille von Iona«

in die Hände von Mördern fällt, einen Kranich, der völlig erschöpft auf der Insel landet und aufgepäppelt werden muß oder um den Zeitpunkt seines eigenen Todes handelt. Einzig sein altes, weißes Pferd teilte das Wissen um letzteren mit ihm und tropfte die Tunika des alten Mannes mit Tränen und Schaum voll. Bis fast zum letzten Augenblick fuhr er im Abschreiben von Bibeltexten fort, bis er zur Zeile des 34. Psalms kam: »Wer aber den Herrn suchet, dem mangelt kein Gut«. Hier hielt er inne und verwies darauf, daß nun sein Nachfolger weiterzuschreiben habe... Auch er starb, wie St. Patrick, im Kreise seiner Mönchsfamilie.

Doch dieses Ereignis sollte erst an die 60 Jahre später eintereten: vorerst war das Kloster von St. Finian von **Clonard** der nächste Abschnitt in St. Columcilles Lebenslauf. Hier entstand die lebenslängliche Freundschaft mit **St. Brendan** von **Clonfert** und St. Ciaran von **Clonmacnois**. Mit seiner allerersten Handlung sorgte St. Columcille bereits für Aufsehen: er baute nämlich sein Hüttchen eben nicht, wie vom Abt angewiesen, neben die Kirchentür, sondern ein gutes Stück davon entfernt. Zur Rede gestellt gab er zu bedenken, daß die Entwicklung des Klosters die Vergrößerung der Kirche in Bälde nach sich ziehen würde, dann stünde seine Zelle am richtigen Ort. Selbstredend traf dies ein.

Es war üblich, daß die Studenten ihr Korn im Turnus füreinander mahlten – nur Columcille nicht. Dem nahm ein Engel, seiner hohen Abkunft wegen, diese niedrige Arbeit ab! Columcilles Standesdünkel trieb in dieser Zeit überhaupt prächtige Blüten: zur Ordination zu Bischof Etchen geschickt fand er den Kirchenmann beim Pflügen mit den Ochsen auf dem Feld und war empört, daß ihn ein Bauer zum Priester weihen sollte. Überdies wäre es, seiner Meinung nach, passender gewesen, ihn gleich zum Bischof aufsteigen zu lassen. Andererseits brachte sein aristokratischer Hintergrund unschätzbare Vorteile für seine Missionskampagnen, wußte er doch genau, wie mit Königen, Fürsten, Territorialherren und ihren Ratgebern, den Druiden, umgehen. Land und Mittel, Unterstützung jeglicher Art, flossen ihm zu, in Irland, wie auch in Schottland. Über dreihundert Gründungen werden ihm nachgesagt, die er mit derselben Anzahl handgeschriebener Evangeliare ausgestattet haben soll. Reste von gut drei Dutzend sind nachzuweisen: **Derry** und **Durrow**, die Eichenklöster, **Glencolumcille**, eins der schönsten Hochtäler Donegals, mit einem kilometerlangen Pilgerpfad, **Tory Island**, das alte *Fomorier*nest, Drumcliff, wo der Dichter William Butler Yeats begraben liegt, in dessen Werk die inselkeltische Sage eine so große Rolle spielt, **Swords** bei **Dublin**, das Inselchen **Lambay** und **Kells**, das dem »schönsten Buch der Welt«, dem *Book of Kells*, den

Namen geliehen hat, und schließlich auch Iona, vor der Südwestküste Schottlands. Denn das ist ja das Erstaunliche und etwas Mysteriöse an seiner Karriere – dieser überdurchschnittlich erfolgreiche Kirchenmann, Diplomat und Dichter bricht im Alter von 42 Jahren seine Zelte in Irland ab, um sich der Mission von Schottland zuzuwenden. Die Aufgabe der Heimat um Christi Willen, die härteste Selbstkasteiung, die sich ein Ire ausdenken kann, war mit Sicherheit der Auslöser, aber da gibt es auch noch jene dunkle Andeutung in der Vita, daß St. Columcille einer Lappalie wegen fast exkommuniziert worden wäre und die Tatsache, daß sein Clan, die nördlichen O'Neill, mit dem Hochkönig, Diarmaid mac Cerbhail von **Tara** in einen Konflikt geriet, der sich 561, in der Schlacht von Cul Dreimne, heute Cooldrevny, am Abhang des **Ben Bulben**, entlud. Seit dem 12. Jh. wird der erste Fall, vielleicht der Weltgeschichte, eines verletzten Copyrights als Grund dafür angesehen.

Bei einem Besuch seines alten Lehrers St. Finian, dem Abt von Movilla, zeigte dieser St. Columcille, als seinen besonderen Schatz, das Manuskript der Psalmen in der Übersetzung von Hieronymus, das er von einer Romreise mitgebracht hatte. Als eifriger und geschickter Buchkopist – der sogenannte *Cathach* ist nach neuesten Erkenntnissen nun doch von des Heiligen eigener Hand – bat der Schüler sogleich darum, den kostbaren Text abschreiben zu dürfen. Da er eine abschlägige Antwort erhielt, tat er es nächtlicherweile, heimlich, bei einem Flackerlichtlein eben doch und wurde prompt von St. Finian erwischt. Der alte Mönch war außerordentlich ungehalten und verlangte das Original zusammen mit der Abschrift zurück. St. Columcille weigerte sich, diese herauszugeben. Lehrer und Schüler sahen sich demzufolge vor dem Hochkönig wieder. Während sie auf ihren Fall warteten, stellte sich ein Prinz von **Connaught**, der beim Hockeyspiel den Sohn des hochköniglichen Verwalters erschlagen hatte, für dessen Sicherheit der Hochkönig haftete, unter St. Columcilles Schutz. Dieser beachtete Columcilles Asylrecht überhaupt nicht und der junge Totschläger wurde hingerichtet. St. Columcille war nun nicht der Mann, der eine solche Kränkung leicht weggesteckt hätte, und als Diarmaid mac Cerbhail den aus seiner Sicht gewiß gerechten Richtspruch fällte: wie zu jeder Kuh das Kalb so gehöre zu jedem Buch das Büchlein, also die Abschrift, machte er aus seinem Herzen kein Mördergrube und schwor dem Hochkönig an Ort und Stelle Rache.

Und dann fand die Schlacht von Cul Dreimne statt! Wie weiland Lug, in der zweiten Schlacht von **Mag Tuired**, zog St. Columcille psalmodierend Kreise um die Streitkräfte der O'Neill. Die Annalen von **Ulster** berichten vom Sieg, der Columcilles Gebet zu verdanken gewesen sei. Aber was für ein Sieg: 3000 Tote auf der Seite des Hochkönigs. Die Ernüchterung machte bald einer großen Verzweiflung Platz. Ruhelos trieb es Columcille von einem Heiligen zum anderen, im Bestreben, einen Weg zu finden, um seine Schuld zu sühnen. Schließlich ging er auf das Angebot eines Engels ein. Gelänge es ihm, soviele Seelen zum Glauben zu führen wie Tote auf dem Schlachtfeld lagen, so würde ihm Gott vergeben.

Zum letzten Mal machte er die Runde durch alle seine Klöster. Von **Lambay Island**, nordöstlich von Dublin war es nicht weit bis **Howth**. Er bestieg Binn Éadair, den Gipfel, und verfaßte ein Heimwehgedicht, bevor er die Heimat überhaupt verlassen hatte... 563 setzte er mit zwölf Gefährten von Derry nach Iona über.

Iona dürfte ein druidisches Heiligtum gewesen sein, denn zwei »falsche Priester« boten St. Columcille erheblichen Widerstand. Die Insel unterstand, wie der größte Teil des Festlands, dem Piktenkönig Bruide. Piktland wird als Land der Barbarei geschildert, wo Mord, Totschlag, Seuchen, wilde Tiere – unter anderem das Loch-Ness-Monster, das sich aber vom Heiligen herumkommandieren läßt – zum Alltag gehörten. Mindestens so unberechenbar wie das Leben dort war der Umgang mit den Fürsten und Druiden. St. Columcilles beste Politik war, sie durch Wunder in Atem zu halten. Daher ließ er sich wiederholt auf Zauberwettstreite ein, ähnlich wie St. Patrick auf Tara. Trotzdem war für ihn das Wort »Druide« nicht mit »Hexenmeister« und »Magier« besetzt, sonst hätte er es nicht für Christus verwenden können, den er seinen »höchsten Druiden« nannte.

Die Kirche hatte offiziell die religiöse, priesterlich-magische Funktion dieser Gelehrtenklasse abgeschafft, also im Grunde deren oberste Schicht. Viele gingen aber in den Dichterstand, der dadurch unverhältnismäßig angeschwollen war. Darüber hinaus hatten sich die *fili* Kompetenzen und Privilegien gesichert, die untragbar wurden. Die Satire war, wie bei **Athirne**, zum Mittel der Erpressung verkommen. Bei der großen »Zusammenkunft der Könige von **Drum Ceatt**« bei Limavady, Grafschaft Derry, stand dieses Thema unter anderem auch auf der Tagesordnung. König Aedh mac Anmire hätte es gerne vom Tisch gehabt und plädierte für die radikale Abschaffung der ganzen Klasse. St. Columcille war anderer Meinung. Als Fachmann durch sein Studium und als praktizierender Dichter vermochte er Schaden und Nutzen der *fili* (**file**) ins richtige Licht zu rücken: die Schätze, an denen sich die Dichter bereicherten, argumentierte er, seien nur materieller Art und daher vergänglich, wohingegen ihre Kunst ihren Ursprung im Geistigen habe und daher alles überdaure. So rettete der Heilige die Dichter als Klasse, sah jedoch zu, daß Mißbräuche abgestellt und Auswüchse beschnitten wurden. Der Oberdichter, Dallán Forgaill, dankte es ihm mit seinem noch erhaltenen, komplizierten Gedicht »Amhra«, »Wunder«, das voller schwieriger Formen und schwerverständlicher Anspielungen ist.

## St. Brigid von Kildare (452/4–524)

Es wird heute allgemein angenommen, daß **St. Brigid**, Irlands Nationalheilige, das Heiligtum der großen auch auf dem Festland bekannten keltischen Göttin **Brigit**, übernahm und christianisierte. Es dürfte sich in **Kildare** befunden haben, im Schatten derselben Eiche, die später der Kirche den Namen »cill dara« gab, »Eichenkirche«. Der Stamm der Brigantes, deren Heimat ursprünglich am Bodensee lag – mit Bregenz als Hauptstadt – könnte den Kult dieser großen Mutter mit nach Irland gebracht haben. Brigantes ließen sich in Südwest-Irland, aber auch in Meath nieder. Die Ebene von **Brega**, die Einwanderer und die Göttin hängen sprachlich zusammen. Zweifellos begann die Nationalheilige als Heilige von **Leinster**, noch genauer, vom Stammesgebiet der Fotharta. Noch heute pilgern die Menschen an ihrem Festtag, dem 1. Februar, der mit *Imbolc* zusammenfällt, von weitem heran zur Quelle von **Faughart**, das den alten Stammesnamen trägt. Es ist der Geburtsort der Heiligen und St. Brigid wird bereits um 600 als zu dieser Sippe gehörig erwähnt. Rund 120 Jahre nach dem Tod von St. Brigid beauftragte die Kirche von Kildare einen Bischof Cogitosus damit, eine Vita zusammenzustellen. Sie ist ganz auf die Wundertaten ausgerichtet, und es ist schon sehr auffällig, wie sehr sie die Persönlichkeit der ersten Äbtissin vernachlässigt, fast so, als ob die Verchristlichung einer Idee, eines Kräfteverhältnisses, wichtiger gewesen wäre als die Frau, die diese vornahm. Spätere Brigidenleben ergehen sich viel stärker in Einzelheiten, die teilweise aus einer umfangreichen, mündlichen Überlieferung stammen. So wissen wir, daß St. Brigids Vater der begüterte Adlige Dubthach war, der sich neben seiner Hauptfrau die schöne Leibeigene Broicsech hielt, was ihm vom Gesetz her zustand, falls es die erste Gattin duldete. Das tat sie aber nicht, und als dann die Sklavin auch noch ein Kind erwartete, stellte sie ihren Herrn Gemahl vor das Ultimatum: entweder verkaufe er die Neue oder sie würde die Ehe auflösen und ihr

Karte zu
»St. Brigid von Kildare«

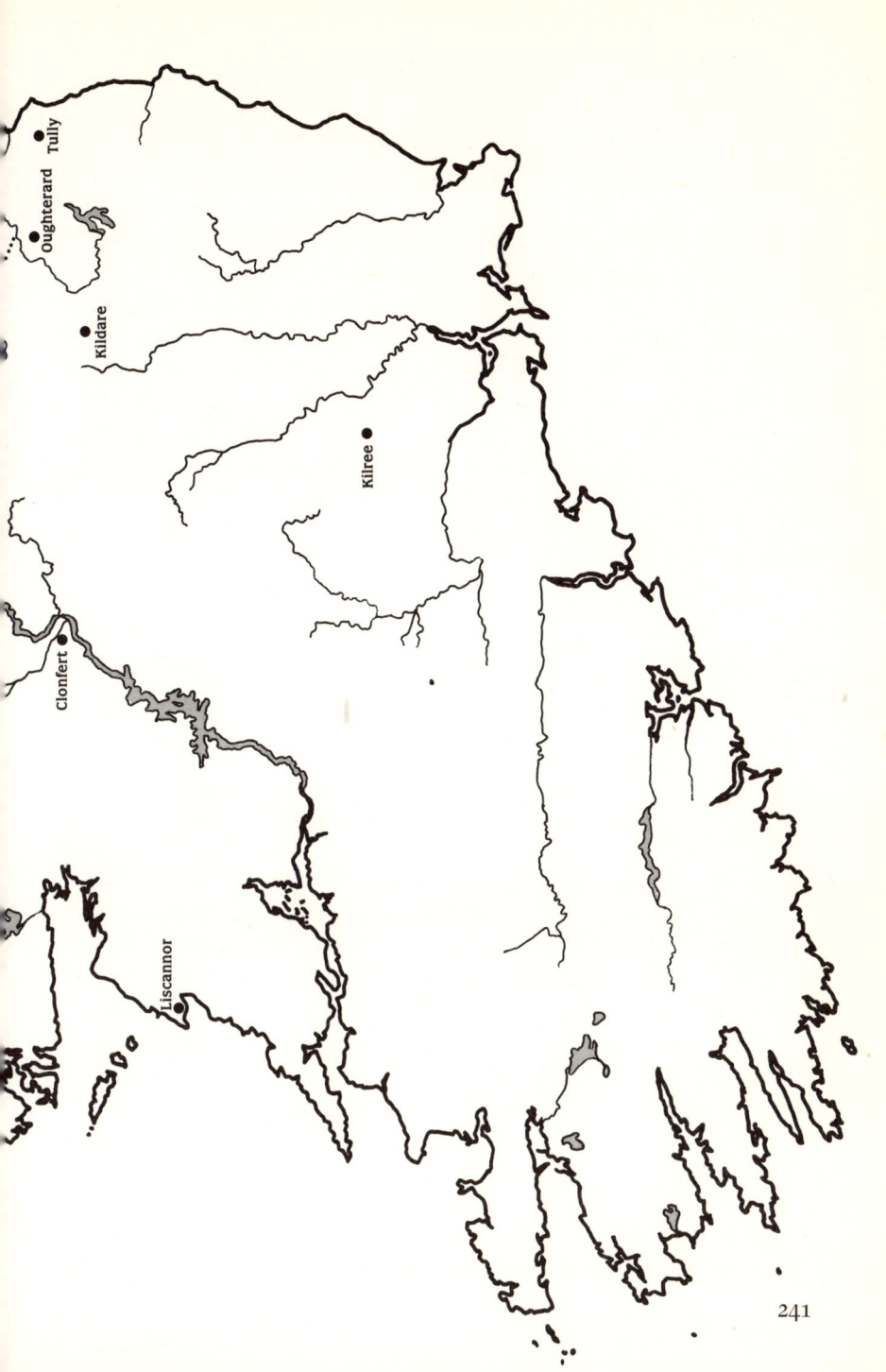

nicht unbeträchtliches Vermögen seiner Haushaltung entziehen. Auch das war legal.

Dubthach trennte sich ungern von der werdenden Mutter, besonders da der **Druide** Maithgen aus dem Räderrollen des Wagens, worauf die junge Frau saß, die zukünftige Größe des ungeborenen Kindes voraussagte. Der patrizische Bischof Mel konnte dieser Prophezeiung übrigens nur beipflichten. Maithgen fand schließlich eine annehmbare Lösung: Dubthach solle die Mutter, um des lieben Friedens willen, verkaufen, das Recht auf das Kind jedoch nicht aus der Hand geben. Broicsech landete schließlich als Milchmädchen bei einem Druiden. Bei dieser Arbeit kam ihre Tochter denn auch zur Welt, und zwar in der magischen Zone »weder im Haus noch außer Haus«. Broicsech hatte eben die Kühe gemolken und brachte vor Sonnenaufgang den Kessel Milch ins Haus, da kam sie auf der Türschwelle nieder. Natürlich ging in dem Moment die Sonne strahlend auf und bei deren Licht badete sie ihr Kindchen in der schäumendweißen, noch warmen Milch. Es erhielt den Namen Brigid. Viele schmückende Beiwörter sollten dazukommen, aber vielleicht das aussagekräftigste ist »feuriger Pfeil«, denn Licht und Feuer spielen eine überragende Rolle im Leben der Heiligen. Einst liefen alle Nachbarn zusammen, denn das Haus, worin das Kleinkind schlief, brannte lichterloh. Doch die Flammen taten ihm nichts zuleide, denn es waren »die Flammen des heiligen Geistes«. Hütete das Mädchen Kühe – St. Brigid ist nebenbei Schutzpatronin des Viehs – gingen die Kuhfladen in Stichflammen auf. Der Erwachsenen gehorchten die Elemente und die natürlichen Erscheinungen. Sie ließ die Sonne nach dem Gewitter wieder hervorkommen, hängte den Mantel zum Trocknen an einen Sonnenstrahl, besänftigte Sturm und Regen mit einem Wort, brachte ihre Ernte trocken ein, während rings um ihre Felder Hagelschauer wüteten. Selbstverständlich gehorchte ihr das Feuer in seinen verschiedenen Erscheinungsformen: so schützt St. Brigid nicht nur den heimischen Herd, sondern bewahrt auch Scheune und Stall vor Blitz und Brand.

Aufmerksam geworden durch solche Zeichen kümmerte sich der Druide wie ein Vater um das kleine Mädchen. Es gedieh erst schlecht, denn es erbrach sich häufig, bis der Meister seiner Mutter verstand, daß ihm die Nahrung in einem Druidenhaushalt nicht bekam. So ließ er es mit der Milch einer rotohrigen Kuh aufziehen, die ausschließlich von einer »frommen Frau« gemolken werden durfte.

Alles, was St. Brigid in die Hand nahm gelang, gedieh und vermehrte sich auf wunderbare Weise. Was sie auf diese Weise erwarb verschenkte sie großzügig an Mensch und Tier, nicht anders als die große Mutter selbst. Soviel St. Brigid weggab, nie wurde es weniger: den Speck für den Gast verfütterte sie an den alten, räudigen Hund – doch bei Tisch fehlt kein Stück. Die goldenen Butterballen, die sie statt der an einer Augenkrankheit leidenden Mutter herstellt, gibt sie umgehend den Armen – wie der Druide aber sein Eigentum zählen läßt, bringt sie, einen Zauber summend, Ladung auf Ladung herbei. Das Wunder der Vermehrung beeindruckte den Druiden so sehr, daß er sich taufen ließ und Broicsech freigab. Mutter und Tochter kehrten nun zu Dubthach zurück. Mit dessen Hauhaltsgut ging St. Brigid noch freigebiger um. Aus Furcht, an den Bettelstab zu kommen, untersagte ihr Dubthach überhaupt etwas zu verschenken, aber natürlich vergebens. Schließlich bot er St. Brigid dem König von Leinster zum Kauf. Während er in dessen Festung verhandelte, gab das Mädchen das Prunkschwert des Vaters einem alten Bettler... Dubthach traf fast der Schlag, als er davon erfuhr, aber der König von Leinster erkannte klar, daß St. Brigid mit dem üblichen Maß nicht zu messen war und schickte sie mit ihrem Vater nach Hause, nachdem er Dubthach das Schwert ersetzt hatte. Eigentlich hätte dieser von dem Augenblick an wissen müssen, daß sich seine Tochter dem normalen Lauf der Dinge widersetzte und sie sich zu nichts zwingen ließ. Am allerwenigsten zum Heiraten. Dabei machten ihr alle jungen Männer den Hof, da sie so schön war. St. Brigid tat ihr Bestes, sie nicht zu ermutigen, und als ein ganz besonders Hartnäckiger immer wieder um sie warb, nahm sie sich, um ihn abzuschrecken, ein Auge heraus, und setzte es erst wieder in die leere Höhle, nachdem die ganze Familie versprochen hatte, ihr nie wieder einen Freier aufzudrängen.

Als nächstes sammelte sie ein Grüppchen gleichgesinnter, junger Frauen um sich. Sie ließen sich von Bischof Mel den Nonnenschleier geben. Nach einer Fassung soll der greise Kirchenmann die Worte der Bischofsweihe, irrtümlicherweise, über St. Brigid gesprochen haben. Er entschuldigte es damit, daß der Heilige Geist über ihn gekommen sei...

Beim Volk genoß St. Brigid auch ohne Sanktionierung der Kirche die höchsten Ehren. Man nannte sie die »Maria der Gälen«. Sie half und hilft bei allen Fragen des bäuerlichen Lebens. Die Fruchtbarkeit von Mensch, Vieh und Pflanze ist noch genauso ihr Ressort wie es das Ressort der großen, keltischen Muttergöttin war, Wachstum und Gesundheit gehören auch von alters her dazu. So flickt sie denn eine zerbrochene Ehe – Weihwasser dient als probater Liebeszauber – schenkt einer Bettlerin ihren heilkräftigen Gürtel, damit sie ein festes Auskom-

St. Brigids Quelle am Fuß des Hügels von Uisnech (Gr. Westmeath).

men hat, erweckt das zu ihren Ehren gekochte Kalb und gibt es der armen Witwe zurück, steht aber auch den höheren Schichten mit Rat und Tat bei. Tolerant erfüllt sie dem König von Leinster, der mit dem Christentum nichts anzufangen weiß, zum Dank für seine Großzügigkeit, seine heidnischen Wünsche nach langem Leben und Erfolg in der Schlacht. Ihre Mitheiligen, St. Mel, **St. Brendan** und sogar **St. Patrick** bewahrt sie mehr als einmal vor ernsthaften Schwierigkeiten.

In St. Brigids *Vita* fehlt das betont autoritäre Gehabe ihrer männlichen Kollegen: Güte, Milde, Mitleid, Großzügigkeit, charakterisieren die Heilige. Keine Spur vom Beleidigtsein oder Schmollen eines St. Patrick oder der Überheblichkeit eines **St. Columcille**! Sicherlich reagiert die Heilige auch auf ungebührliches Verhalten – die Apfelbäume einer Frau, ein zurückgenommenes Geschenk an die Heilige, tragen von da ab keine einzige Frucht mehr, der von St. Brigid geheilte aussätzige Bettler hat seine Krankheit umgehend zurück, wie er unverschämt wird, die Zunge der Frau, die wiederholt Bischof Brón fälschlicherweise als Vater ihres Kindes bezeichnet, schwillt so dick an, daß sie keinen Platz mehr im Mund hat. Wie sie aber bereut, nimmt die Heilige die Lügnerin vor der aufgebrachten Menge in Schutz. Solche Strafen sind so unpersönlich wie ein Naturereignis!

Während seiner letzten Krankheit wachte St. Brigid am Lager ihres Vaters, Dubthach. Zeit seines Lebens hatte ihn das Christentum nicht weiter interessiert. Nun zog aber seine Tochter Binsen aus der Fußmatte und flocht das Gebilde, das heute noch als St. Brigid's Cross Wohnhaus, Stall und Scheune schützt. Der alte Grundherr beobachtete sie, wie sie das Kreuz mit den abgewinkelten Armen, eigentlich ein Swastika, ein uraltes, universales Sonnensymbol, verfertigte und fragte, was es zu bedeuten habe. So brachte ihm St. Brigid an Hand dieses Kreuzes die frohe Botschaft – ihr Vater starb als Christ.

Von den vielen Gründungen St. Brigids oder ihren frühen Kirchen und Klöstern ist wenig mehr zu sehen. Ausnahmen sind Kells selbst, mitten im **Curragh**, der weiten Liffey-Ebene, das bereits erwähnte **Faughart, Kilree** in Kilkenny und **Oughterard**, in **Kildare**, die je einen Rundturm in mehr oder weniger großem Verfallsstadium aufzuweisen haben, oder **Tully**, bei **Dublin**, mit seinem einfachen Hochkreuz. Die meisten mit St. Brigid verbundene Orte, landauf, landab, haben die ihr geweihte Quelle bewahrt, die in vielen Fällen noch besucht wird. Gleich außerhalb von Kells gurgelt die vom Marktplatz aus ausgeschilderte St. Brigid's Well, eigentlich ein Bächlein, das durch die Wiesen fließt. Von St. Brigid's Well in **Ardagh** über **Brideswell** in Roscommon und die ganz berühmten Quellen von **Liscannor**, Clare, oder **Ballycastle**, Mayo, bis zur liebevoll geschmückten am Fuße des Hügels von **Uisnech**, gibt es Dutzende im ganzen Land. Mehr als jedes von Menschenhand erbaute Zeugnis sagen diese Quellen aus, wer St. Brigid eigentlich ist: auch christianisiert ist sie die Verwalterin der Fruchtbarkeits-, der Heil- und Lebenskräfte.

# Schöne Bescherungen.
## Nicht nur zu Weihnachten.

**ab 260 DM**

**ab 307 DM**

**ab 320 DM**

Wir sind telefonisch erreichbar
**0 28 41/9 30 111**
Mo.-Fr. 8.00 bis 21.00 Uhr
Sa. 9.00 bis 13.00 Uhr
Gaeltacht Irland Reisen
Schwarzer Weg 25
47447 Moers • Fax 30665

Bücher, CD's, Poster,
Karten, Videos, Reiseführer ...
Katalog bei: Fáilte. Der Irlandversand.
Beienroder Hauptstr. 2 • 38 154 Königslutter
Tel.: 0 53 53-8817 • Fax 0 53 53-1762

Viermal im Jahr die
Grüne Insel frei Haus:
Reiseberichte, Literatur,
Irish Folk und Rock,
Veranstaltungshinweise, Hintergrundberichte – auf mindestens 72 (großenteils farbigen) Seiten.
Wenn Sie das *irland journal Magazin*
abonnieren oder verschenken möchten
(40 DM für vier Ausgaben im Jahr),
wenden Sie sich bitte an den

**Aboservice irland journal**
Hauptstraße 2 • D-38154 Beienrode
Tel.: 0 53 53-88 17 • Fax: 0 53 53-17 62

# MYTHOLOGISCHE FIGUREN

**Ailbhe**  Riesenhund von →Mac Da Thó, Verwandter des enormen Tieres, das die Herden →Culanns bewacht und von dem →Cúchulainn den Namen animmt. Ailbhe nimmt Partei gegen die Connaughter und verfolgt sie durch →Leinster. Im →Barrow-Tal wird er vom Wagenlenker von →Ailill und →Medb getötet. Seither heißt die Ebene nach ihm Mag Ailbhe →*Mac Da Thós Schwein.*

**Aillén mac Midna**  »der Brenner«. Anderweltwesen, das jährlich zu *Samhain* →Tara niederbrennt. →Fionn erschlägt es, wie es eben im →Síd Fionnachaid verschwinden will →*Fionn und die Fianna: Jugendtaten.*

**Ailill Anguba**  Bruder des Hochkönigs →Eochaid Airem, der sich in seine schöne Schwägerin →Étain verliebt und an dieser Liebe fast zu Grunde geht. →Midir besucht Étain als dessen Doppelgänger, um ungestört mit ihr zu sprechen →*Werben um Étain.*

**Ailill mac Máta**  Gatte der Königin →Medb, König von →Connaught auf →Rathcrogan. Besitzt königliche Tugend, kennt weder Geiz noch Furcht noch Eifersucht. Besitzer des weißen Stiers →Finnbennach, der aus Medbs Herde zu ihm übergelaufen ist, was die Ausgangssituation zum *Táin* schafft. Benimmt sich gänzlich uncharakteristisch seiner Tochter →Finnabair und ihrem Zukünftigen, →Fraech, gegenüber, indem er ihn in den Teich mit einem Untier lockt und sie unter Druck setzt, wegen einem verlorenen Ring. Er schickt →Nera in sein Anderweltabenteuer, unterstützt →Oengus bei seiner Suche nach der Traumgeliebten, soll die Entscheidung treffen, wer der größte Held sei, und überläßt es lieber seiner Frau, beherbergt →Fergus mac Roich, nimmt die betrunkenen Ulstermänner auf und hält zu seinen Gästen; fast in jeder Geschichte spielt er eine wichtige Nebenrolle. Er ist eben der sterbliche Gatte einer ehemaligen großen Göttin. →*Oengus Traum* →*Mac Da Thós Schwein* →*Neras Abenteuer* →*Trunkenheit der Ulstermänner* →*Fraechs Rinderraub* →*Táin.*

**Áine**  Eine Tochter →Manannán mac Lirs heißt Áine, in die →Étar, die Verkörperung der Halbinsel →Howth, verliebt ist, der aber an gebrochenem Herzen stirbt, weil er die Geliebte nie erreichen kann. Natürlich kann er das nicht, denn Áine ist die Sonne, die Sonnengöttin, die über Howth zwar aufgeht, aber dann zügig ihren Lauf nach Westen absolviert – jeden Tag aufs Neue. Im Südwesten des Landes wurde sie zur Feenkönigin, die ihr *síd* in →Knockainey über dem gleichnamigen Dorf hat. Áine war hier mit der mütterlichen Göttin des Landes →Anu/Danu eins geworden. Bis an die Schwelle dieses Jahrhunderts blieb ihr Kult lebendig: in der Johannisnacht umschritten Bauern mit brennenden Strohbündeln die Hügelkuppe und gingen anschließend über die Felder, um Wohnhaus, Stall und Scheune, um Mensch und Vieh Gesundheit, Fruchtbarkeit und Glück zu bringen. Der Gründer der Eoganacht-Dynastie, Ailill, vergewaltigte Áine auf dem Hügel, wofür sie ihn ins Ohr biß, daß »weder Fleisch noch Haut« übrigblieb. Von da ab führte er den Beinamen »Aulom«, »Bar-Ohr«, d. h. »ohne Ohr«. Als ehemalige Sonnengöttin ist Áine allwissend – daher bekommt →Bécuma auch die benötigte Information bei ihr. →*Buch der Eroberungen* → *Abenteuer von Art.*

**Amergin** Es gibt zwei wichtige Amergin in der irischen Sage. Beide sind Dichter höchsten Ranges.
Amergin Glúingel, »Weißknie«, ist einer der acht Söhne von →Míl und Gatte von →Scéne. Der Kraft seines Wortes und seiner Diplomatie ist die eigentliche Landnahme der →Tuatha Dé Danann zu verdanken. Er betätigte sich auch als Richter und Baumeister – ihm wird der Damm von Avoca zugeschrieben. →Arklow wurde zu seinem Alterssitz.
Amergin mac Écit Salach. Hofdichter König →Conchobars. Er ist ein zurückgebliebenes, verkommenes Kind, bis er plötzlich Gedichte von sich gibt. Der Dichter →Athirne wittert Konkurrenz und will den Jungen töten. Zur Wiedergutmachung muß er ihn in die Lehre nehmen. Er wird sein Nachfolger, Oberdichter von →Ulster. Als solcher bringt er →Cúchulainn Dichten und mystisches Wissen bei. Er ist mit →Finnchaem verheiratet, Cúchulainns Ziehmutter. Sie leben in Dún Imrith auf der Ebene von →Mag Muirthemne. →*Buch der Eroberungen* → *Táin: Cúchulainns Empfängnis.*

**Anu/Danu** ist die Mutter des inselkeltischen Göttergeschlechtes, »mater deorum hibernensium«, nach Bischof Cormacs Glossar vom 10. Jh. Die →Tuatha Dé Danann sind »das Volk der Göttin Anu/Danu. Sie ist die Muttergöttin *par excellence*, das Kräfteverhältnis, das Pflanze, Tier und Mensch hervorbringt, nährt und schützt und im Tod wieder zu sich nimmt – Mutter Erde. Zwar verehrten auch die Festlandkelten solche großen Mütter mit Inbrunst, aber es ist sehr wohl möglich, daß sie Anu bereits in der Grafschaft Kerry vorfanden. Sie wird besonders als Ernährerin →Munsters gefeiert und bis auf den heutigen Tag heißen die beiden runden Hügel sö von Killarney →Paps of Dana, »Brüste der Anu/Danu«. Unter die Kinder Anus/Danus werden auch die drei Kinder Tuirinns gezählt, →Brian, Iuchar und Iucharba, die Mörder →Cians. →*Buch der Eroberungen* → *Kinder Tuirinns.*

**Aoife** Waffenmeisterin und Andersweltgeliebte →Cúchulainns, die ihm den Sohn →Conlai schenkt → *Táin: Tod von Aoifes Einzigem.*

**Aoife** Zauberin und Magierin. Stiefmutter der Kinder →Lirs; verwandelt sie in Schwäne → *Kinder Lirs.*

**Art** Sohn von →Conn Cétchathach; sein Beiname »Oenfer«, »der Einzige«, spielt auf das Verschwinden seines Bruders →Conle mit der schönen Andersweltfrau an. Sein eigenes *Abenteuer* zeigt nicht nur seinen Vater sondern auch ihn als Opfer →Bécumas. Ihretwegen muß er →Tara verlassen. Kaum zurück betrügt ihn die Stiefmutter beim *fidchell*-Spiel und schickt ihn unter *geis* →Delbchaem suchen. Auf der Fahrt in die →Anderswelt spielen sich die Episoden ab, die die Erzählung zum »Abenteuer« machen. Nach vielen bestandenen Gefahren bringt er Delbchaem zurück nach Tara: jetzt vermag er endlich Bécuma wegzuschicken, unter der die Königsherrschaft so gelitten hat → *Abenteuer von Art.*

***Athirne*** ist ein Musterexemplar für jenen Typ des Dichters, → file, gegen den sich die Versammlung von →Drum Ceatt wendete – den Dichter, der um materiellen Gewinn die Macht des gesprochenen Wortes mißbrauchte. Am augenfälligsten ist dies natürlich bei der Erklärung des Namens für →Lough Derg: Athirne verlangt das eine Auge von →Eochaid mac Luchta und erhält es auch. Athirne fordert immer, was den Gebenden am meisten schmerzt: königliche Gattinnen, Vieh, Schätze, die er alle über die Furt am Liffey bringen muß, wo →Dublin entstehen wird. →*Kampf um Howth* → *St. Columcille.*

Dublin (Gr. Dublin), ist aus Athirnes Furt entstanden.

***Badb*** Eine der Manifestationen der →Morrígan ist Badb, »die Schlachtenkrähe«. Die →*caillech*, die →Conaire Mór zwingt, sie mit in Da Dergas Festhalle zu nehmen, obwohl es für ihn den Bruch eines *geis* bedeutet, betet eine ganze Litanei von zumeist unverständlichen Namen herunter – einer ist Badb. → *Festhalle Da Dergas* → *Táin.*

***Balor*** Enkel des Néit, eines alten Schlachtengottes, ist Großvater, mütterlicherseits von →Lug. Er ist einer der →Fomorierkönige der Inseln, ein mächtiger Kämpfer, was schon seine Beinamen, »der mächtige Schläger« und »mit dem verderbenbringenden Auge«, erwarten lassen. Letzteres war unter einem riesenhaften Augenlid verborgen, das vier Männer nur mit Mühe hochheben konnten. Unbedeckt löschte es ganze Armeen aus. In der zweiten Schlacht von →Moytura trieb es ihm ein Stein von der Schleuder seines Enkels durch den Hinterkopf, so daß es Unheil in seinen eigenen Reihen anrichtete.
In einer anderen Fassung verfolgt Lug den tödlich Verletzten nach Südwesten, hinunter zum →Mizen Head, irisch »Carn Ui Néit«, »Steinhaufengrab von Néits

Enkel«. Tückisch empfiehlt Balor dem jungen Sieger, seinen abgeschlagenen Kopf zwecks Steigerung der Eigenkräfte auf den eigenen zu setzen. Statdessen hebt Lug das Haupt des toten Großvaters auf eine Steinsäule, die – vom Gift zerfressen – zerbirst.

Die Grafschaft Donegal kennt eine abgewandelte Form der Geschichte: Balor hält seine schöne Tochter im Turm von →Tory Island, der von ihm bewohnten Seeräuberfeste unter Verschluß, weil die Druiden ihm den Tod von der Hand seines Enkels vorausgesagt haben. Er raubt dem Territorialfürsten Mackineely die wunderbare Kuh, Glas Ghoibhneann, und behält sie beständig unter seinem bösen Blick. Durch Zauberei gelangt Mackineely schließlich doch zu dem Mädchen und läßt es als Mutter zurück. Das Kind, das den Großvater umbringen wird, ist zwar gezeugt, aber vorerst trifft Mackineely Balors Strafe: er schlägt ihm über einem großen, weißen Quarzstein, »Cloch Cheannfhaolad«, dem »Cloghaneelystein«, den Kopf ab. Noch sind die roten Blutspuren darauf zu sehen...

Balor mit seinem feurigen Auge ist die Personifizierung der »alten«, sengenden Sonne, die täglich blutig im Westen untergeht, und auf das Jahr bezogen, der Hochsommersonne, die der Ernte schaden kann →*Buch der Eroberungen.*

**Banba** eine der drei göttlichen Verkörperungen Irlands, Schwester von →Fódla und →Ériu. Gattin →Mac Cuills. Spricht →Milesier in den →Slieve Mish Mountains in Kerry an. →*Buch der Eroberungen.*

**Bécuma** ist die schöne aber durch und durch verderbte Anderweltfrau, die die →Tuatha Dé Danann wegen Ehebruch aussetzen. Auf →Howth umgarnt sie →Conn Cétchathach, den bis dahin tadellosen König, und läßt sich von ihm vom Fleck weg, unter dem falschem Namen →Delbchaem, als Ehefrau und Königin nach →Tara führen. Sie sieht zu, daß →Art, Conns einziger Sohn, vom Hof verbannt wird. Mit Lug und Trug untergräbt sie die rechtmäßige Herrschaft, die Lebens- und Fruchtbarkeitskräfte ziehen sich zurück, es mangelt an Korn und Milch. Aber Conn kann nicht von Bécuma lassen, auch wenn er die Zusammenhänge erfaßt und das Heilmittel suchen geht. Erst Art gelingt es, diese negative Oberhoheit von Tara zu entfernen und mit der richtigen Delbchaem die Rechtmäßigkeit wiederherzustellen. →*Abenteuer von Art.*

**Bith** heißt →Cessairs Vater, Noahs Sohn. Noch das moderne irische Wort bedeutet »Leben, Sein«, »immer und ewig«. Er machte die erste Einwanderungswelle mit und erhielt siebzehn Frauen. Mit diesen wanderte er nordwärts, verstarb bald und wurde von seinen Gattinnen auf →Slieve Beagh unter einem großen Steinhaufengrab begraben →*Buch der Eroberungen.*

**Blai Derg** →Fionns große Liebe, die schöne, in ein Reh verzauberte Anderweltfrau, die bei ihm in Almu, der Festung von →Allen, Schutz sucht, wobei der Zauber bricht. Aber das Glück währt nicht, denn der schwarze Magier gewinnt wieder Macht über sie. Viele Jahre später findet Fionn den gemeinsamen Sohn →Oisin im →Ben Bulben-Gebiet, ein kleiner Wilder, der von einem sanften Reh aufgezogen worden war und die Menschensprache erst nicht verstand →*Fionn und die Fianna: Oisíns Mutter.*

***Boand*** Der wichtigste Fluß Ostirlands, der →Boyne, steht bereits auf Ptolomäus Weltkarte (2. Jh.) als »Buvinda« aus »Bou-vinda«, »Kuh-weiß/hell-Göttin«. Die Kuh ist nach indo-europäischer Vorstellung genauso eine Verkörperung des mütterlichen Prinzips wie die Muttergöttin. Im Fluß fallen die beiden Bilder zusammen. Boand ist Mutter und Kuh und die Flüssigkeit, die Milch, die nährt und belebt in einem. Noch euhemerisiert als eine der großen →Tuatha Dé Danann-Fürstinnen zeichnet sie sich durch ihre großzügigen Geschenke an →Fraech aus. Boands Gatten/Liebhaber wechseln →Nuadu →Nechtan →Elcmar →Dagda. Möglicherweise sind die Vier Aspekte des einen großen Vatergottes, der Leben fördern oder zurückhalten und Leben oder Tod austeilen kann. Die Quelle des Boyne entspringt im →Andersweltsitz Síd Nechtan.
Boands und Dagdas wunderbares Kind ist →Oengus, der als Ergebnis eines außerehelichen Abenteuers das Licht der Welt erblickt. Wasser ist Leben. Das Wissen um die Geheimnisse des Lebens, vor allem des sich erst zu manifstierenden, zukünftigen, ist die höchste Weisheit der Druiden und Dichter. Dieses Wissen wird vom Salm der Weisheit verkörpert, der im Boyne wohnt, wie die Jugendgeschichte →Fionns berichtet. Die Quelle des Boyne, der Ursprung des Lebens, ist mit Tabus belegt: der Fluß soll enstanden sein, weil die Frau Nechtans diese brach →*Werben um Étain* →*Fraechs Rinderraub* →*Fionn und die Fianna: Jugendtaten*.

***Bodb Derg*** ist ein Sohn →Dagdas und wird nach dem Sieg der →Milesier zum König der →Tuatha Dé Danann. Er lebt in einem prächtigen Palast im Síd ar Femen, dem Steinhaufengrab auf →Slievenamon. Er ist der Meister von Friuch, →Rucht, dem magischen Schweinehirten in der Vorgeschichte zum *Táin*. Er hilft →Oengus, seine Traumgeliebte zu finden, rettet →Lir aus seiner Melancholie und begleitet die →Kinder Lirs liebevoll, soweit es in seiner Macht liegt →*Buch der Eroberungen* →*Oengus Traum* →*Kinder Lirs*.

***Bran und Sceolan*** sind →Fionns Lieblingshunde, aber im Grunde sind sie seine Cousins. Fionns Tante Uirne wurde von der ersten Gattin ihres Mannes, dem König von Dál nAraidhe, in eine Hündin verzaubert. Obwohl sie ihre menschliche Gestalt wiedererlangte brachte sie neben drei Menschenkindern zwei Welpen zur Welt →*Fionn und die Fianna: Oisíns Mutter*.

***Bres*** »der Schöne« ist Halb- →Fomorier durch seinen Vater →Elathan. Seine Mutter, →Ériu, zieht ihn bei den →Tuatha Dé Danann auf, die ihn dann an →Nuadus Stelle zum König wählen. Er ist aber ein denkbar schlechter König, drückt das Volk mit Abgaben und läßt es hungern. Den Dé Danann-Fürsten →Dagda und →Ogma bürdet er Fronarbeit auf und sperrt ihnen jedes Vergnügen. →Cairbre, der Dichter, erledigt den geizigen Herrscher mit der ersten Satire Irlands und zwingt ihn damit zum Abdanken. Darauf mobilisiert er das Volk seines Vaters zur zweiten Schlacht von →Mag Tuired. Nach dem Sieg der Tuatha Dé Danann schenkt ihm →Lug das Leben gegen die Bekanntgabe des besten Zeitpunktes für das Pflügen, Säen und Ernten. Bres ist also ursprünglich ein Vegetationsgott, vom Typ wie er wohl in der Steinskulptur auf →Boa Island im Lough Erne noch erhalten ist. In einer anderen Version nimmt Lug schließlich doch Rache an Bres. Auf →Mizen Head verwickelt er ihn in einen Zauberwettstreit: er läßt dreihundert hölzerne, mit Sumpfwasser gefüllte Kühe wie echte aussehen, und Bres trinkt ahnungslos deren »Milch«, so daß er an der ekligen Brühe eingeht → *Buch der Eroberungen.*

**Brian, Iuchar und Iucharba** sind die Kinder/Söhne Tuirinns. Sie erschlagen → Cian, → Lugs Vater, wofür sie eine Wiedergutmachung zahlen müssen, die sie das Leben kostet. An anderer Stelle sind sie Söhne der → Anu/Danu, möglicherweise bereits eine vorkeltische Göttertriade. → *Buch der Eroberungen* → *Kinder Tuirinns.*

**Bricriu** Nicht umsonst heißt Bricriu mit Beinamen »Nemhthenga«, »Giftzunge« – er ist der professionelle Unruhestifter am Hofe König → Conchobars.
Wer erinnert den König, daß es *geis* für ihn ist, mit jeder Braut die erste Nacht zu verbringen, wie ihm → Cúchulainn glückstrahlend seine → Emer präsentiert? Wer setzt die Helden und daraufhin deren Gattinnen gegeneinander beim eigens dafür geplanten Fest? Wer hetzt die Ulstermänner sogar noch in Todesgefahr aufeinander? Die Antwort ist jedesmal: Bricriu. Meist kann sein Gegenspieler → Sencha soweit eingreifen, daß es nicht zum Äußersten kommt. Doch Bricriu ist keine rein negative Figur. Die von ihm Gestörten strengen sich an, suchen Alternativen, werden sich ihrer Werte bewußt. Nach dem schwierigen Anfang bleiben Emer und Cúchulainn auf immer zusammen; nach Bricrius Fest weiß jeder, wer der größte Held ist; in der Trunkenheit merken die Ulstermänner seinetwegen, daß sie in einem glühenden Haus eingeschlossen sind. Bricriu ist der personifizierte »Geist, der stets verneint« und Widerstände setzt, an denen sich Positives aufbauen kann. Er gleicht dem Loki der germanischen Sage. Lough Bricreann, → Loughbrickland, heißt nach ihm und → Dundrum wird als seine Festung genannt, in der er seine herrliche Festhalle mit dem gläsernen Turm errichtete, auf die er so stolz war → *Bricrius Bankett* → *Trunkenheit der Ulstermänner* → *Táin.*

**Brigit** Göttin, »die Hoheitsvolle«, »Erhabene«, wird in Irland zur Tochter des → Dagda. Als Dichterin und Prophetin ist sie Schirmherrin der Dichter; zwei gleichnamige Schwestern nehmen Ärzte und Schmiede in ihre Hut. Sie besitzt die zwei Ochsen Fea und Femen und ist somit auch für den Bauernstand, für Vieh und Ernte verantwortlich. Ihre Quellen spenden Wachstum, Gesundheit und Fruchtbarkeit. Über ihr Symbol, die Swastika, ist sie mit der Sonne verwandt. Sie ist das lebensspendende Feuer, das Licht, die Wärme und schützt vor dem lebensbedrohenden Blitz und Brand. Ihr Heiligtum in Kildare war ein Feuerheiligtum. In einer Fassung ist sie die Mutter des → Bres, und somit austauschbar mit → Banba, → Fódla und → Ériu → St. Brigid übernimmt die Funktionen und das Heiligtum dieser großen Muttergöttin.

**Caer Ibormait** »Eibenbeere«, ist die Traumgeliebte von → Oengus aus einem *síd* in → Connaught. Nach langer Suche findet sie Oengus schließlich mit → Bodbs Hilfe als Schwan im See Béal Draco, Lough Muskry, in den → Galtee Mountains → *Oengus Traum.*

**Caillech** ist die unheimliche, riesenhafte Alte, von der Art, die → Conaire in der Festhalle → Da Dergas besucht. Sie taucht in der Sage und in der Volksüberlieferung auf, boshaft-schrecklich oder wohlgesonnen, und immer mit Weisheit, Wissen und dem Blick in die Zukunft ausgestattet. Ihren Namen verleiht sie Hügelzügen wie →Slieve na Calliach bei Oldcastle, Steinzeitgräbern wie Calliagh Birras House auf →Slieve Gullion oder der → Beara Halbinsel. Die Caillech ist auch unter dem Namen »Bói«, ein altes Wort für »Kuh« bekannt – sie ist die große Muttergöttin vom Typ der →Anu/Danu im Alter, im Winter- und Todesaspekt. Sie ist die, »die immer war«, weswegen sie eine Reihe von Stämmen im Südwesten zu ihrer Stamm- oder Ziehmutter erkoren haben →Festhalle Da Dergas.

*Cairbre mac Étain* Der Sohn der Dichterin Étain, die manchmal →Brigits Stelle im Pantheon der →Tuatha Dé Danann einnimmt, ist selbst ein großer Dichter. →Bres' Geiz und Ungastlichkeit bestraft er mit der ersten Satire Irlands, die den unwürdigen König zum Abdanken zwingt. In der zweiten Schlacht von → Mag Tuired unterstützt er die Tuatha Dé Danannmit seinen Zauberkräften →*Buch der Eroberungen.*

*Caoilte* Held der →Fianna, der am treuesten zu →Fionn hält. Überdies Schnelläufer, der nur vom »Kerl im grauen Mantel« alias →Manannán mac Lir übertroffen wird. Wie →Oisín überlebt auch er den Zusammenbruch der Fianna und trifft schließlich auf →St. Patrick, dem er die Abenteuer der Fianna erzählt →*Fionn und die Fianna: Ende der Fianna.*

*Cathbad* liefert das Idealbild des Druiden an einem königlichen Hof – weise, verantwortungsbewußt, peinlich auf Wahrheit bedacht, ist er der ideale Berater →Conchobars am Ulsterhof von →Emain Macha, vorzüglich geeignet als Lehrer für die Palastjugend, einschließlich →Cúchulainns.
Er bekleidet eine außerordentlich hohe Stellung →Conchobar darf nicht vor ihm das Wort ergreifen wobei es keine Rolle spielt, daß der König sein Sohn ist, sondern einzig auf seine Fähigkeiten als Mittler zwischen der Welt der Götter und der Menschen. So ist er beispielsweise fähig, den Schrei der noch nicht geborenen →Deirdre zu verstehen und in die Prophezeiung zu »übersetzen«, nämlich, daß sie mit ihrer außerordentlichen Schönheit viel Leid und Blutvergießen über den Ulsterhof bringen werde → *Verbannung der Söhne Uisnechs* → *Táin.*

*Cealtchair* Einer der Helden Ulsters, ein ebenso starker wie häßlicher Mann, der aber mit großer Treue für →Conchobar kämpft. Seine Festung, Dún Leathglaise, wurde zum heutigen →Downpatrick → *Mac Da Thós Schwein* → *Táin.*

*Cernunnos* Festländischer Vegetations- und Fruchtbarkeitsgott, gern mit Hirschgeweih und der gehörnten Schlange dargestellt.

*Cessair* Diese »Enkelin Noahs« ist eine Schöpfung christlicher Geschichtsschreiber, allerdings aus altem, mythologischem Material. Sie kommt mit Vater →Bith, Gatten →Fintan und neunundvierzig Frauen auf eigene Faust vor der Sintflut nach Irland, landet in Corca Duibhne, der →Dingle-Halbinsel und führt so die erste Einwanderungswelle an.
Cessair und ihre Frauen stehen für die weiblichen Urkräfte – sie sind von einem Welterschaffungsmythos entliehen, gehen aber verchristlicht wirkungslos zu Grunde. Cessair ist in Cul Cessrach begraben → *Buch der Eroberungen.*

Cernunnos, der gehörnte Gott: Kessel von Gundestrup.

**Cet** ist wohl der größte Held der Connaughter. In *Mac Da Thós Schwein* brüstet er sich mit einer langen Liste von Heldentaten, mit denen er die Krieger von Ulster geschädigt hat. Wäre nicht →Conall Cernach dazugekommen, Cet hätte *curadmír*, das Heldenstück gewonnen. Jahrelang hielt er die Ulstermänner in Atem mit seinen Räubereien; es gelang ihm sogar, →Mesgegras Hirnball aus →Emain Macha zu entwenden, was →Conchobar schließlich das Leben kostete →*Mac Da Thós Schwein* →*Kampf um Howth*.

**Cian** Sohn des →Dian Cécht, Gatte Ethnius, Vater von →Lug. In der einen Fassung der zweiten Schlacht von Moytura werden Cian und Ethniu aus diplomatischen Gründen verheiratet: man will die Beziehungen zu den →Fomoriern damit untermauern. Eine ältere Geschichte erzählt, daß sich Cian das Mädchen gegen den Willen ihres Vaters →Balor nahm. Diese Fassung schlägt in der Volksüberlieferung von Donegal durch – nur heißt der junge Vater dort nicht Cian, sondern Mackineely.
Wie Cian allein die Ebene von →Muirthemne überquert wird er von den Söhnen Tuirinns →Brian, Iuchar und Iucharba, erschlagen →*Buch der Eroberungen* →*Kinder Tuirinns*.

**Conaire Mór** Sohn der →Mes Buachalla, Urenkel →Étains. Sein Vater ist der »König der Vögel«, der seine Mutter vor der Hochzeit mit Eterscéle besucht. Conaire Mór ist noch sehr jung, als ihn einer der großen Vogelmenschen vo, →Merrion Strand nach →Tara schickt, um König zu werden. Aber er ist vom Schicksal dazu bestimmt, besitzt die Königstugenden Freigebigkeit, Gerechtigkeit, Tapferkeit und erwirbt sich Weisheit dazu, so daß seine Herrschaft mit

Fruchtbarkeit und Frieden gesegnet ist. Wie der König, so ist auch das Volk mustergültig – Raub, Mord und Totschlag gibt es nicht mehr. Doch das Sakralkönigtum schließt das Ende auch des besten Königs von Anfang an mit ein. Die menschlichen Bedingungen können den absoluten Normen nur kurzfristig genügen: das Alter setzt ein, auch dem Vollkommensten unterläuft einmal ein Fehler und einmal kommt der Zeitpunkt, da zwingen die Umstände jeden König/Helden, das erste seiner *gessa* zu brechen. Die Zerstörung des Bruiden →Da Dergas ist nur der Schlußpunkt in diesem Prozeß →*Festhalle Da Dergas*.

**Conall Cernach Sohn von** →Amergin mac Écit Salach, Neffe →Conchobars, Ziehbruder →Cúchulainns. Größter Kopfjäger der irischen Sage. Nie schläft er ohne den Kopf eines Connaughterhelden unterm Knie! Um Cúchulainns Tod zu rächen präsentiert er →Emer ein Bukett von auf Weidenruten gespießter Köpfe von Cúchulainns Feinden.
Er erhält offiziell den zweiten Platz in der Rangordnung der Ulsterhelden, nachdem →Bricriu durch sein Fest den Wettbewerb unter Conall, →Loegaire und Cúchulainn ins Rollen gebracht hat.
Im letzten Augenblick rettet er die Ehre der Ulsterkrieger bei →*Mac Da Thós Gastmahl*. Er erlegt →Mesgegra und verarbeitet dessen Gehirn zum berühmten Hirnball, der →Conchobars Leben ein Ende setzen wird. Nach dem Kampf in der Halle →Da Dergas hängt sein Speerarm nur noch von Sehnen gehalten zusammen.
Die Figur Conall Cernach ist von der christlichen Zensur hart angefaßt worden, verständlicherweise, da es sich um einen →Cernunnos-artigen Fruchtbarkeitsgott gehandelt haben dürfte. Einzelheiten, wie ein Buckel auf der Stirne – Hornansatz -, die Freundschaft mit der Schlange, die Silbe cer, die mit »Wachstum« zusammenhängt, sind unbemerkt durchgerutscht. Die Kopfjägerei ist kein Widerspruch: der Kopf galt bei den Kelten als Sitz des Unsterblichen. Der Schädel umschließt die Lebenskräfte, wie die Samenkapsel den Keim.
Sein eigener Riesenschädel besitzt dieselbe lebensspendende Qualität. Tränken die Ulstermänner Milch daraus, sie würden von ihrer »Schwäche« genesen und ihre alten Kräfte wiedererlangen →*Mac Da Thós Schwein* →*Bricrius Bankett* →*Trunkenheit der Ulstermänner* →*Festhalle Da Dergas* →*Táin*.

**Conán Maol** Bruder von →Goll mac Morna. Ein großmäuliges, nicht ganz harmloses Mitglied der →Fianna, das sich über alle und alles lustig macht. Besitzt selbst rudimentäre Zauberkräfte, unter anderem den bösen Blick. In *Die Verfolgung des schwierigen Diener* wird Conán für diesmal zur Zielscheibe des Spottes. Es dürfte sich um eine Nebenform von →Goll mac Morna handeln →*Fionn und die Fianna*

**Conchobar mac Nessa** ist der König von →Ulster, an dessen Hof in →Emain Macha die Helden des Ulsterzyklus zusammenkommen →Cúchulainn, →Conall, →Loegaire, →Bricriu, →Sencha, →Amergin, →Cathbad. Letzterer gilt nach der Vorgeschichte zum *Táin* als sein Vater, da ihm →Ness aber die Königswürde gesichert hatte, nannte er sich nach ihr. Durch ihre List löst er →Fergus mac Roich als König von Ulster ab. →Medb war einmal seine Gattin gewesen, lief ihm aber davon. Gewiß einer der Gründe, warum Ulster und Connaught nicht miteinander auskommen, ganz abgesehen von der Geschichte mit →Mac Da Thós Hund, den sowohl →Conchobar als auch →Ailill und →Medb begehren. Was da auf der wilden Jagd nach dem Festmahl vor sich geht, weist auf Conchobars ursprüngliche Funktion. Der Connaughter Wagenlenker erpreßt ihn: er muß ihn mit an den Ulsterhof nehmen, wo ihn alle Mädchen und Frauen als ihren Geliebten besingen sollen. Da Conchobar ursprünglich einer der großen Vatergötter ist – er besitzt einen Kessel wie der →Dagda, speist den Hof aufs Großzügigste, Fruchtbarkeit herrscht im ganzen Land während seiner Regierung und sein sexueller Appetit steht demjenigen des Allvaters kaum nach – ist dies eine ausgeklügelte Beleidigung. Conchobar hat das Recht auf alle Bräute, überhaupt alle Frauen der Provinz, neben einer ganzen Reihe königlicher Gattinen. Mit einer zukünftigen Gattin geht nicht alles nach Plan: →Deirdre entflieht mit →Naoise, womit eine der typisch keltischen Dreiecksgeschichten von der Göttin zwischen zwei Göttern in Gang kommt.

Conchobar kommt in einer zu seiner alten Rolle passenden Art zu Tode: →Cet hat Ulstervieh geraubt und während die Frauen den König umringen, legt er →Mesgegras Gehirnball auf die Schleuder und schießt ihn in Conchobars Kopf, so daß er zu zwei Dritteln steckenbleibt. Fingin, der Arzt, näht die Wunde mit einem Goldfaden und dann muß der König in absoluter Mäßigung und keinerlei Erregung leben. Sieben Jahre lang hält er es aus. Dann hört er von der Kreuzigung Christi und verfällt in solchen Zorn über diese Ungerechtigkeit, daß die Naht platzt und der Stein mitsamt seinem Gehirn herausspringt. →*Mac Da Thós Schwein* →*Kampf um Howth* →*Verbannung der Söhne Uisnechs* →*Táin: Conchobars Empfängnis* →*Das Werben um Emer* →*Der Schwächezustand der Ulstermänner.*

**Conlai**   →Cúchulainns und →Aoifes Sohn. Wächst bei seiner Mutter in der →Anderswelt auf. Sein Vater belegt ihn mit den gessa → *geis,* niemals einem Einzelnen seinen Namen zu nennen und niemals einen Zweikampf abzulehnen.

Sieben Jahre später taucht der Junge in einem Boot entweder bei Newry oder →Dundalk auf, und obwohl →Emer Cúchulainn warnt und im Grunde alle den Namen des jungen Helden wissen, bleibt Cúchulainn bei seinem sturen Ehrbegriff und tötet seinen eigenen Sohn, wie dieser nach seinem *geis* handelt →*Táin: Tod von Aoifes Einzigem.*

**Conle**   Sohn von →Conn Cétchathach,»der hundert Schlachten«, wird auf →Uisnech von einer schönen Andersweltfrau besucht. Nur für ihn hörbar singt sie ein Lob voll Poesie auf die Anderswelt. Verscheucht vom Gegenzauber des →Druiden wirft sie Conle einen Apfel zu. Dieser bildet Conles einzige Nahrung in den nächsten Wochen, bis er sie wiedersieht, und steigert seine Verliebtheit so, daß er alle verläßt, in ihr gläsernes Boot steigt und mit ihr übers Meer rudert, Mag Mell zu →*Conles Abenteuer.*

**Conn Cétchathach**   Conn »der hundert Schlachten« war der Gründer einer Dynastie, →Conle ist einer seiner Söhne, der andere ist →Art. Er wurde als Ahne der →Connaughter gesehen. Er wird als perfekter König geschildert – nur die Geschichte von →Bécuma fällt aus dem Rahmen. Es könnte sich dabei um Gegenpropaganda von →Leinster oder →Ulster gehandelt haben.

»Conn« bedeutet »Kopf, Haupt, Sinn, Verstand«. Möglicherweise wurde für Conn Cétchathach ein Ahnengott vermenschlicht →*Conles Abenteuer* →*Abenteuer von Art.*

**Cormac Conloinges** Sohn →Conchobars. Seine Mutter ist die von →Medb ermordete Schwester Clothra. Wie sein eigener Vater →Naoise, für dessen Sicherheit Cormac bürgt, ermorden ließ, geht der Prinz mit →Fergus und 3 000 Mann zu →Ailill und →Medb ins Exil. Mit diesem Exilheer nimmt er am *Táin* teil. Er ist es auch, der den rasenden Fergus davon abhält, seine eigenen Landsleute in der großen Schlacht niederzumähen. Cormac wird unter ähnlichen Umständen wie →Conaire im Bruiden Da Derga, im Bruiden Da Choca, die zweite der fünf mythologischen Herbergen Irlands, ermordet →Breenmore Hill → *Táin* →*Festhalle Da Dergas*.

**Cormac mac Airt** Berühmtester Hochkönig auf →Tara, Sohn von →Art, Enkel von →Conn. Musterbeispiel des rechtmäßigen, sakralen Königs. Sein Leben beginnt unter ähnlichen Umständen wie dasjenige →Fionns. Sein Vater fällt in der Schlacht von Mag Mucrama, nicht ohne in der Nacht davor mit »Étain, der Tochter des Schmiedes«, einen Sohn gezeugt zu haben. Das Kind kam auf der Flucht unter freiem Himmel zur Welt, und wurde von einer Wölfin entführt, die es mit ihren eigenen Jungen in →Keshcorran aufzog. Der Halbwüchsige wird als Schafhirte nach Tara geschickt und enthüllt in einem gerechten Richtspruch sein wahres, königliches Wesen. Der Usurpator auf Tara hatte die Schafe, die die königlichen Blaufarbstoffkräuter abgeweidet hatten, zur Widergutmachung verlangt. Cormac widersprach: die Wolle genügte, da die Pflanzen nachwachsen würden. Zur übersinnlichen Bestätigung rutscht das Haus, in dem das falsche Urteil gesprochen wurde, den Berg hinunter – nur der Teil, in dem sich Cormac befand, blieb stehen – so daß die »sloping trenches«, die »abgerutschten Gräben«, auf Tara entstehen. Dies wird als Zeichen genommen, Cormac als König einzusetzen. Seine erste Regierungstat bestand darin, voll Dankbarkeit, seine Wolfsmutter und seine Wolfsbrüder in den Palast zu holen. Die Fruchtbarkeit des Landes, die unter dem falschen König kümmerlich war, erlebt einen wahren Boom: jede Ackerfurche liefert einen Sack Korn, die Flüsse sind kaum befahrbar vor Fischen, Kälber kommen alle drei Monate zur Welt und es fehlen Gefäße, die viele Milch aufzufangen.
Cormac machte Tara zum Zentrum Irlands. Er ließ neue Anlagen bauen, die berühmte Banketthalle, Teach Miodhchuarta errichten und ausschmücken und die erste mit Wasser betriebene Mühle konstruieren. Unter ihm erlebte Irland ein goldenes Zeitalter. Die Auseinandersetzung mit →Fionn und die unglückliche Verfolgung von →Diarmaid und →Gráinne werfen einen Schatten auf den alternden König. Ein Unfall, bei dem er ein Auge verliert, macht seiner königlichen Laufbahn ein Ende. Er zieht sich in die Festung von →Cleitigh am → Boyne zurück und schreibt dort ein Handbuch für die Prinzenerziehung, Ratschläge an seinen Sohn Cairbre Lifeachair. Durch sein hochmoralisches Leben stand Cormac dem Christentum nahe – er weigerte sich auch als erster Hochkönig, im →Bruig na Bóinne begraben zu werden, sondern wählte Ros na Ríogh, →Rosnaree, am Boyne →*Fionn und die Fianna : Diarmaid und Gráinne*.

**Credhe** Anderweltfrau, obwohl sie als »Tochter des Königs von Ciarrige Luachra«, das heißt Nord-Kerrys, apostrophiert wird. Ihr Sonnenhaus steht unter den →Paps of Dana an einem kleinen See. Sie erhört den jungen Fenier Cael, weil er das vollkommene Gedicht auf ihren Haushalt verfaßt. Besitzt große Herden und ist eine Heilerin. Stirbt an gebrochenem Herzen über den Tod ihres Gatten in der Schlacht von Ventry. Literarische Fassung der großen Mutter →Anu/Danu →*Fionn und die Fianna: Schlacht von Ventry.*

**Credne** Feinschmied der →Tuatha Dé Danann, der mit →Goibniu und Luchta Waffen für die zweite Schlacht von →Mag Tuired herstellt. Mit →Dian Cécht paßt er →Nuadu den silbernen Arm an →*Buch der Eroberungen.*

**Crimthan Nia Náir** für seine Weisheit bekannter König Irlands. Von seinem größten Abenteuer gibt es zwei Versionen. In der einen besuchte er mit der Andersweltfrau Nár das *síd* von →Howth und brachte von da herrliche Dinge mit: einen goldenen Streitwagen, unfehlbare, verzierte Waffen, ein edelsteinbesetztes *fidchell*-Brett nebst klug formulierten Lebensweisheiten. In der anderen erwirbt er diese Schätze auf ausgedehnten Reisen und bringt sie in seine Festung, entweder die Landzungenbefestigung auf der Südseite oder die Motte direkt über dem Hafen von Howth. In dieser Fassung liegt sein Grab im Tälchen zwischen den beiden Erhebungen. Recht widersprüchlich tritt er in → *Trunkenheit der Ulstermänner* als Rächer für die →Érainn und →Cúchulainn auf →*Mac Da Thós Schwein.*

Crimthans Festung. Bailey Lighthouse, Howth (Gr. Dublin).

**Cúchulainn** ist unbestritten der größte Held der inselkeltischen Sage und bekommt es ein für allemal aus dem Munde →Cú Rois bestätigt, nachdem sich das ganze, lange *Bricrius Bankett* um die Frage dreht, ob →Conall, →Loegaire oder Cúchulainn die Spitze am Ulsterhof besetzen dürfe. Er dominiert den Ulsterzyklus und den *Táin*, wo er, der Sohn →Lugs, ganz allein versucht, die Armee

→Medbs von Connaught am Vormarsch zu hindern und den Raub des →Donn zu vereiteln. Er schafft dies mit Guerillataktik und Zweikämpfen an den Furten auf der Strecke des Heerzuges von →Rathcrogan bis zur →Cooley-Halbinsel und wieder zurück. Der gefährlichste Zweikampf ist wohl derjenige mit Loch, dem horngepanzerten Helden und gleichzeitig der →Morrígan in immerwechselnder Gestalt. Er hatte sie beleidigt, indem er sie abwies, als sie ihm ihre Liebe antragen wollte. Von da ab verfolgt sie den Helden bis zum Tod, den der *Táin* nicht erzählt. Wie alle großen Helden und Sagenkönige bricht Cúchulainn unwillentlich alle seine *gessa* (geis) bevor er auf der Ebene von →(Mag) Muirthemne von seinen Feinden überwältigt

Cúchulainn, der größte Ulsterheld. Statue von Oliver Sheppard im GPO in Dublin.

wird. Tödlich verletzt bindet er sich an einen Stein, um aufrecht im Angesicht seiner Feinde zu sterben. Wie sein Tod eintritt läßt sich die →Morrígan als →Badb, die schwarze Schlachtenkrähe, auf seiner Schulter nieder. So ist er durch die berühmten Statue von Oliver Sheppard im GPO →Dublin auch dargestellt worden.

Der psychisch am schwersten zu verkraftende Zweikampf im *Táin*, ist derjenige mit Ferdia bei →Ardee, denn er ist Cúchulainns Freund und Waffenkamerad... Beide Kämpfe finden in der zweiten Hälfte des *Táin* statt. In der ersten werden die Jugendtaten Cúchulainns eingeschoben – zur Warnung und Abschreckung der Männer von Connaught erzählt →Fergus mac Roich, einer seiner Ziehväter, wie der Siebenjährige seine Zieheltern →Finnchaem und →Amergin verließ, um an den Hof König Conchobars, seines Onkels, zu ziehen. Er erwirbt sich die Hochachtung aller durch seine Stärke, sein Geschick und sein gewinnendes Wesen. Er setzt sich gegen die 150 Jungen am Königshof durch und übernimmt ihre Führung. Weil er →Culanns Höllenhund den Garaus macht, bietet er dem Schmied Ersatz. Mit den Pflichten läßt er sich auch den Namen des Hundes geben –

»Cúchulainn«, »Hund des Culann«. Da er zufällig →Cathbads Prophezeiung mitbekommt, nämlich, daß jeder, der an diesem Tag die Waffen des Erwachsenen aufnähme, Berühmtheit erlange, läßt er sie sich vom König geben, obwohl dies ein kurzes Leben für ihn bedeutet. Mit den königlichen Waffen und dem königlichen Wagen bricht er zur ersten selbständigen Fahrt in die →Fews Mountains auf, wovon er die Köpfe der Söhne von Nechta Scéine und allerlei Viehzeug in rasender Fahrt nach →Emain Macha zurückbringt.
Zwar ist Cúchulainn ein Halbgott und besitzt eine Geheimwaffe, den *gae bulga*, aber seine Kräfte sind nicht unbegrenzt. →Lug heilt seinen erschöpften und verwundeten Sohn, so daß er die Zweikämpfe wieder aufnehmen kann, bis die Ulstermänner endlich aus ihrem Schwächezustand herauskommen. Zwar kann Cúchulainn nicht verhindern, daß → Medb den schwarzen Stier erbeutet, aber er hält die Connaughter so lange hin, bis ihnen die Ulsterkrieger die erhoffte Niederlage beibringen können. In der »Großen Schlacht« tut er sich nocheinmal hervor: mangels Waffe haut er mit seinem Streitwagen um sich, bis nur noch ein paar Speichen davon übrig sind.
Und all diese Heldentaten werden von einem kleingewachsenen, sehr jungen Mann erzählt, der dreifarbenes Haar, vier Pupillen im einen, drei Pupillen im anderen Auge und sieben Finger und Zehen an Händen und Füßen besitzt und sich gelegentlich einen Bart umtun muß, weil ihn ältere Krieger erst nicht für voll nehmen. Cúchulainn ist ein Magier, Dichter und Seher und auch moralisch allen anderen überlegen, wie die Episode mit dem »Kerl« in *Bricrius Bankett* beweist. Drei Vorgeschichten zum *Táin* führen Themen seines Privatlebens aus – Cúchulainns Empfängnis, das Werben um seine Frau →Emer, mit der er bis auf einen einzigen Fall, in dem eine Andersweltdame eine Rolle spielt, eine mustergültige Ehe führt, seine Ausbildung zum Krieger in der Anderswelt und den Tod seines Sohnes →Conlai. →Dún Dealgan wird als seine Festung betrachtet. Cúchulainn ist eine ungemein komplexe Sagenfigur geworden. Letzlich dürfte →Lug und sein Kult hinter ihm gestanden haben →*Bricrius Bankett* →*Táin*.

**Culann** der Schmied, besitzt einen riesigen Hund, der ihm Besitz und Ehre hütet. →Setanta tötet das Biest in Notwehr auf der Ebene von →(Mag) Muirthemne. Er verspricht dem Schmied, die Pflichten des Hundes zu übernehmen, bis er einen Ersatz gefunden hat und übernimmt dessen Namen Cúchulainn = Hund Culanns →*Táin: Jugendtaten*.

**Cú Roi mac Daire** ist eine mysteriöse, vielschichtige Sagenfigur der Inselkelten. Er tritt als Magier, König, Krieger, Gespenst, Schiedsrichter, Riese, Weltreisender, Allwissender, Stammvater der →Érainn und »König der Welt« auf. Auffallend viele Sonnenbilder und -eigenschaften begleiten ihn. Sein Wohnsitz ist →Cahercorree in den →Slieve Mish Mountains, eine Landzungenbefestigung auf mehr als 600 Metern Höhe. Nichtsdestotrotz sind die Beziehungen zum Ulsterhof rege, wenn auch nicht unkompliziert, besonders zu →Cúchulainn. Einst hatten die Ulstermänner Cú Roi um den Lohn aus einem Raubzug nach →Leinster/in die →Anderswelt zu prellen versucht. Zornig nahm dieser die besten Beutestücke, drei magische Kühe, einen Kessel und das Mädchen Bláthnad unter den Arm und wandte sich gegen Süden. Cúchulainn holte ihn bei →Cashel ein, aber mit Riesenkräften schmiß ihn der Flüchtende auf den Boden, so daß er in die Erde fuhr,

scherte ihm die Locken ab und schmierte Kuhmist auf die Glatze. Cúchulainn wagte ein Jahr lang nicht mehr, sich am Ulsterhof blicken zu lassen! Aber gerade dieser Cú Roi, der dem Ulsterhelden die schlimmste Demütigung seines Lebens beibringt, festigt seine Stellung als größten Helden ein für allemal, wie →Bricrius Gelage zeigt.
Nicht ganz so zwiespältig ist die Verbindung mit →Connaught. Einerseits bewirtet Cú Roi →Ailill und →Medb, die Eltern seines Ziehsohnes, glänzend in →Temair Luchra und hat offensichtlich nichts dagegen, daß die Ulstermänner verbrannt werden sollen. Andererseits ist sein Einsatz im *Táin* lahm und beschränkt sich aufs Steinewerfen. Schließlich ist der von ihm so ausgezeichnete Ulsterheld Schuld an seinem Tod. Cúchulainn arbeitet mit der in ihn verliebten Bláthnad ein Komplott aus: sie soll ihren alten Gatten an seinem strahlenden Haar, das er im Eingang zur Festung sitzend zu kämmen pflegte, am Bettpfosten festbinden und dann Milch in den Bach neben der Festung schütten, zum Zeichen, daß Cúchulainn nun leichtes Spiel habe. Wie verabredet erschlug er Cú Roi → *Bricrius Bankett* → *Trunkenheit der Ulstermänner* → *Táin*.

**Da Derga** → Conaire ist erleichtert, wie ihm nach einem langen, ereignisreichen Tag die Herberge von Da Derga einfällt, einen der fünf mythologieträchtigen *bruiden* der irischen Sage. Er liegt unweit von Conaires Standort, am Dodder bei → Bohernabreena, sw von → Dublin. Einzig Conaires *gessa* (geis) trüben die Freude. Ihm ist strikt untersagt, »drei Roten zum Haus eines Roten zu folgen«, doch das letzte Stück Wegs sind ihm drei rote Reiter vorangegangen – und »Da Derga« bedeutet der »rote Gott«. Da Derga hat rotes Haar, rote Augenwimpern und ist auch sonst rot. Bis auf die Fußsohlen, die sind schwarz vom Herumrennen für die Gäste. Es ist der Herr der → Anderswelt, der Herrscher über die Abgeschiedenen, der Conaire so freundlich empfängt → *Festhalle Da Dergas*.

**Dagda** Dagdas »Christianisierung« zum Helden und König der → Tuatha Dé Danann ist so oberflächlich, daß überall der oberste, inselkeltische Gott durchscheint. Er wird auch als »Ollathair«, »Allvater«, bezeichnet. Er ist Gatte/Sohn/Bruder der → Anu/Danu. Seine Kinder im engeren Sinne sind → Mac Cuill, Mac Cécht, Mac Greine, → Bodb, → Oengus und → Brigit, aber da er auch als Ahnengott fungiert, alle Bewohner der Insel. »Dagda« ist der »gute« Gott, der Schöpferische, aber auch technisch perfekte. Sowohl der Bau von → Bruig na Bóinne als auch von → Grianán of Ailech wird ihm zugeschrieben. Er besitzt eine riesenhafte Keule, deren eines Ende belebt, während das andere tötet. Dagda ist also Herr über Lebens- und Todeskräfte, also auch ein Herrscher in der Welt der Abgeschiedenen. Er hält den Vorsitz beim Fest der Anderswelt im Bruig na Bóinne, wo sein Kessel jeden mit Speise und Trank versorgt.
Er wird auch »Ruad Rofhessa«, der Herr allen Wissens genannt und ist ein Oberdruide und Oberdichter. Trotzdem ist er ein gefürchteter Krieger, allein seiner Keule wegen, die neun Männer auf einen Streich erledigt. Gleichzeitig ist er ein hervorragender Harfenspieler, der nicht nur die magischen Weisen beherrscht, sondern auch die Jahreszeiten herspielt. Er hat Macht über die Zeit, aber auch über das Wetter und die Ernte. → Boand zuliebe hält er den Lauf der Sonne neun Monate lang an. Sowohl seine Freßlust als auch sein sexueller Appetit sind grenzenlos, was einen Gott der Fülle und Fruchtbarkeit verrät. Durch die Vereinigung

mit potentiell feindlichen Kräften, wie die der →Morrígan oder die der →Fomorierin vor der zweiten Schlacht von →Mag Tuired, gewinnt er deren Unterstützung: die Todeskräfte werden sich so nicht gegen ihn und sein Volk richten! Er ist riesenhaft, ungeschlacht, tölpelhaft und trägt einen kurzen Bauernkittel, was ihn betont zu einem Gott des Bauernstandes und des Volkes macht →*Buch der Eroberungen.*

**Dechtire** ist →Cúchulainns Mutter und →Conchobars Tochter/Schwester. Sie führt ein Doppelleben, denn eine Sagenfassung macht deutlich, daß Dechtire die Anführerin des Vogelschwarms ist, der die Ulsterhelden in die →Anderswelt von →Bruig na Bóinne lockt. Sie ist dort →Lugs Gattin. In der anderen Sagenfassung lebt sie am Hof König →Conchobars von →Emain Macha und wird mit →Sualdam mac Roich verheiratet. In mehreren Anläufen bringt auch sie schließlich Lugs Sohn zur Welt →*Táin: Cúchulainns Empfängnis.*

**Deirdre** Wenn Deirdre als »irische Helena« apostrophiert wird fehlt eine wichtige Dimension: sie ist nicht einfach eine kapriziöse Frau, die lieber einen jungen Helden, →Naoise, heiratet, als den alten Helden und König →Conchobar von →Ulster. Hinter ihr steht die große Mutter in ihrer Funktion als Oberhoheit des Landes, die sich nur dem körperlich und moralisch Vollkommenen gibt – und der alternde Conchobar ist weder das eine noch das andere, wie schließlich sein Verrat an Naoise beweist. →*Verbannung der Söhne Uisnechs.*

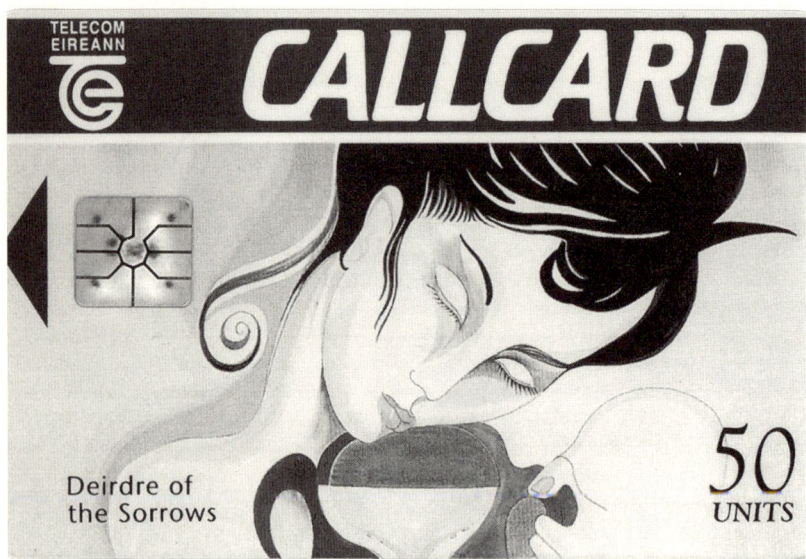

Irische Telefonkarte: Deirdre of the Sorrows.

**Delbchaem** »schöne Form«, ist die schöne Andersweltfrau, die nur unter mühevollen Abenteuern von →Art gewonnen werden kann, im Gegensatz zu →Bécuma, die sich →Conn an den Hals wirft, interessanterweise unter diesem

Namen! Delbchaem ist die Verkörperung der Kräfte der Wahrheit, Aufrichtigkeit und Selbstlosigkeit, die allein die rechtmäßige Herrschaft, die Harmonie und Fruchtbarkeit garantiert, ermöglichen →*Abenteuer von Art.*

**Delbeth** Einer der großen →Tuatha Dé Danann-Fürsten. Ein mächtiger Elf.

**Delgnat** Gattin →Partholóns. Verführt den Diener →Toba. Rechtfertigt den Ehebruch mit der Begründung, der Paarungstrieb ließe sich nicht unterdrücken. Delgnat nimmt die Stelle der keltischen Muttergöttin zwischen dem Herrn des Himmels und dem Gott der Vegetation auf der Erde ein →*Buch der Eroberungen.*

**Demne** Jugendname →Fionns. Bedeutet »kleiner Hirsch«. Zu oft kommen in Fionns nächster Nähe Paarhufer vor, als daß es sich um Zufall handeln könnte. Vielmehr dürfte Fionn die Komponente einer Jagdgottheit, wenn nicht sogar einer →Cernunnos-artigen des Wachstums und der Fruchtbarkeit mitaufgenommen haben →*Fionn und die Fianna: Jugendtaten.*

**Dian Cécht** Vater von →Cian und Großvater von →Lug. Arzt und Heiler der →Tuatha Dé Danann. Setzt →Nuadu →Credbes Silberprothese ein. Richtet in der zweiten Schlacht von →Mag Tuired die Quelle »Slán« am →Lough Arrow ein, die die Verwundeten heilt und die Toten wiedererweckt. Dian Cécht ist die inselkeltische Form des Apollo →*Buch der Eroberungen.*

**Diarmaid ua Duibhne** wird auch Diarmaid →Donn oder mac Donn genannt und kommt von Kerry, so daß eine Beziehung zum dunklen Anderweltgott/Stier von →Cooley gegeben ist, besonders da sein Gegenspieler »Fionn«, der »Helle« ist, was einem →Finnbennach entspricht. Der Anderweltgott mit der Fruchtbarkeitskomponente paßt auch in das Schema des →Rigani-Mythos', denn auch →Gráinne steht zwischen zwei Gatten, dem alten, allerdings in dem Falle nicht sonderlich weisen Fionn und dem jungen Diarmaid. Die Tochter des Hochkönigs →Cormac mac Airt hat ihn in die Rivalität mit dem Führer der →Fianna hineingezwungen, denn wie →Naoise wird auch er unter ein »*geis* des Untergangs« gesetzt, Gráinne zu entführen. Von Fionn verfolgt wandert er mit der Königstochter vor allem durch den Süden Irlands. Nicht umsonst heißen die Dolmen überall »Diarmaid and Gráinnes Bed«. Die Liebenden beziehen darin ihr Nachtlager. Zwar bewirkt sein Ziehvater →Oengus die Versöhnung mit Fionn, aber dieser schiebt die Rache nur hinaus. Wie alles vergessen scheint lockt Fionn Diarmaid auf den →Ben Bulben, direkt vor die Hauer eines magischen Ebers, mit dem seine eigene Lebensspanne verknüpft ist. Oengus bringt seinen toten Ziehsohn zum →Bruig na Bóinne →*Fionn und die Fianna: Diarmaid und Gráinne.*

**Donn** ist der Fürst der →Anderswelt par excellence: ein Sohn des →Dagda, möglicherweise identisch mit dessen Anderweltaspekt.
Im →*Lebor Gabála Érenn* ist er der älteste Sohn des →Míl und steuert in der Landnahme den harten Kurs. Er beleidigt →Banba/Ériu, beneidet →Ír, verursacht so dessen Tod und ertrinkt beim zweiten Landeversuch der →Milesier, weil sein Schiff am →Bull Rock kentert. So wird der Fels sein Grab und gleichzeitig »Teach Duinn«, das »Haus von Donn«, wo er als Ahnengott alle seine Kinder im Tode willkommenheißt.

Die roten Reiter, die »lebendigen Toten« in der → *Zerstörung der Festhalle Da Dergas* nennen ihn »Donn Detsorach«, »den Dunklen mit dem Zahnausfall...«
Als Elfenkönig von Munster regiert er im *síd* von Cnoc Firinne, →Knockfeerina. Er ist verantwortlich für das Wetter und die Fruchtbarkeit und reitet auf einem weißen Pferd nächtlicherweile über Land oder am Himmel.
Die Fischer von Clare haben den Andersweltsitz von Donn in die Dünen von Doonbeg verlegt. Er heißt dort »Donn na Duimche«, »Donn von den Dünen«, weil dieser Küstenabschnitt immerwieder Menschenleben forderte.
Donn heißt auch der schwarze Stier von Cuailgne →Cooley→ *Buch der Eroberungen* → *Festhalle Da Dergas* → *Táin*.
Donn von Cuailgne, der schwarzbraune Stier von Cooley war ursprünglich einer der beiden magischen Schweinehirten, wie sein Gegenpol →Finnbennach, den er im Kampf schließlich tötet. Seinetwegen mobilisiert →Medb zum *Táin*.
Es ist wohl kein Zufall, daß er dieselben Kräfte verkörpert wie →Donn, der älteste Sohn des →Míl →*Buch der Eroberungen* → *Táin*.

**Druiden**  Gelehrtenklasse der Kelten; nach Cäsar Männer des Geistes mit religiösen, richterlichen und politischen Funktionen.
Bei den Inselkelten ist die Stellung als Berater des Königs betont, wie beispielsweise im Falle →Cathbads. Weissagen und das Erforschen der Zukunft nimmt großen Raum ein →Cúchulainn zum Beispiel stellt sein Leben ganz auf die Prophezeiung Cathbads ein.
Weissagung und Dichtung hängen eng zusammen: →Fionn komponiert sein erstes Gedicht, nachdem ihn die Erleuchtung durchfuhr. Die früheren Heiligenviten sprechen oft respektvoll von den Druiden. Erst in den späteren werden sie karikiert und als Zauberer und Hexenmeister lächerlich gemacht.

**Dubh Sainglenn**  Pferd aus der →Anderswelt, wie →Liath Macha auch. Zur selben Zeit geboren wie →Cúchulainn → *Táin*.

**Éber**  Sohn von →Míl. Teilt Irland mit seinem Bruder →Éremon und erhält die Südhälfte, bis er von Éremon besiegt wird → *Buch der Eroberungen*.

**Eibhlin**  eine Ziehtochter von →Oengus, läßt sich von →Eochaid, Sohn des Mairidh, entführen, obwohl sie die Gattin seines Vaters ist.
Der Umstand, daß die Bergkette →Slieve Felim (Sliabh Ébhlinne) nach Eibhlin benannt ist, verrät, daß eine Göttin dahintersteht. Eibhlin könnte eine jener Muttergöttinnen zwischen einem alten, weisen und einem jungen, hitzköpfigen Gatten gewesen sein → *Lough Neagh*.

**Elathan**  Vater von →Bres; ist Sohn des Königs der →Fomorier. Eines Morgens kommt der schöne, Blondhaarige in seinem silbernen Schiff an Land, wo er auf →Ériu trifft. Er bittet sie um ihre Liebe und verheißt ihr einen Sohn. Der strahlende junge Krieger mit Goldbrosche und Sonnenrädern auf dem Mantel dürfte wohl ein Sonnengott gewesen sein. Dafür spricht auch seine Unbestechlichkeit. Er läßt sich von Bres nicht gegen die →Tuatha Dé Danann einnehmen und hilft ihm nicht die Fomorier zu organisieren → *Buch der Eroberungen*.

**Elcmar** ist im Werben um →Étain ein schreckliches Andersweltwesen, der Gatte, dessen »dunkle Macht« →Boand fürchtet. Diese wagt einen Seitensprung mit dem großen →Dagda erst, wie dieser Elcmar mit einem Auftrag einen – neun Monate langen – Tag lang weggeschickt hat. Elcmar ist der »große Neider«, möglicherweise, da er auch als Bruder Dagdas auftritt, verkörpert er dessen dunkle Seite. In manchen Fassungen der Boand-Erzählungen steht er für →Nechtan oder →Nuadu → *Werben um Étain.*

**Emer** Tochter des Magiers Forgall Monach, von → Luglochta Logo. Eine schöne, kluge und treue Frau – keine stilisierte Heldengattin. Weniger eine mythologische als eine literarische Schöpfung → *Táin: Werben um Emer* → *Tod von Aoifes Einzigem.*

**Eochaid** König von →Munster, entführt seine junge, schöne Stiefmutter →Eibhlin, eine Ziehtochter von →Oengus. Wie sie auf der Flucht vor Vater/Gatten ihre Pferde verlieren, hilft Oengus ihnen mit einem magischen Roß aus, das die Gepäcklast der ganzen Gruppe tragen kann. Trotz Oengus Warnung lassen sie das Tier stehen, das Wasser in Sturzbächen läßt, so daß die Quelle für Lough Neagh entsteht. Eochaid, der rascher reagierte als sein Bruder →Ríb, baute ein Brunnenhaus darüber, das er Tag und Nacht von →Lí Ban bewachen ließ. Eines Tages verletzte sie ihre Pflicht und →Lough Neagh, »Eochaids See«, entstand, der alle bis auf Lí Ban ertränkte → *Lough Neagh.*

**Eochaid Airem** Bruder →Eochaid Fedlechs und →Ailill Angubas. Hochkönig von Irland mit Sitz in →Dún Frémain und →Tara. Heiratet die als Menschenfrau wiedergeborene Gattin →Midirs und wird so unwissentlich dessen Rivale um →Étain. Midir sucht Eochaid auf Tara auf, mit der Absicht, Étain beim *fidchell*-Spiel zu gewinnen. Erst heimst der König alle Einsätze ein: Pferde, Eber, Kühe, Schafe, das Recht, Midir für sich schwere Arbeiten verrichten zu lassen, wie →Meath von Steinen freizumachen, Sümpfe trockenzulegen und das Aufforsten von →Bréfne. Dann aber gewinnt Midir und er wünscht sich einen Kuß von Eochaids Frau.
Die starke Betonung des Bäuerlichen in Verbindung mit dem königlichen Beiwort »Airem«, »der Pflüger«, deutet in die Richtung des dahinterstehenden göttlichen Wesens. Es dürfte sich ursprünglich um einen Fruchtbarkeits- und Vegetationsgott gehandelt haben, was in der allgemeinkeltischen Dreiecksgeschichte von der großen königlichen Mutter zwischen ihren beiden Gatten, dem Horter der Lebensimpulse und demjenigen, der sie freisetzt, Sinn ergäbe. Bestätigt wird das dadurch, daß Eochaid den Raub seiner Gattin nicht hinnimmt, sondern alles daransetzt, sie wieder zu gewinnen → *Werben um Étain.*

**Eochaid mac Erc** ist der ideale, aber auch letzte König der →Fir Bolg, der Irland zehn Jahre lang ein goldenes Zeitalter bescherte. Er fiel »als erster Mann durch eine Speerspitze« in der ersten Schlacht von →Mag Tuired, Moytura. Die Druiden zaubern ihm einen furchtbaren Durst an, aber alle Gewässer verstecken sich vor ihm. Er stirbt schließlich am Strand von →Ballysadare, Grafschaft Sligo → *Buch der Eroberungen.*

**Eochaid mac Luchta** der König von Süd-Connaught, ist die Großzügigkeit in Person. Wie →Athirne sein einziges Auge von ihm fordert, klaubt er es widerstandslos aus seiner Augenhöhle. Darauf muß sich der Blinde, um sein blutiges Gesicht zu waschen, zum Wasser des Sees führen lassen, der fortan das Geschehen in seinem Namen festhält: »Loch Dercderg«, anglisiert →Lough Derg, »die rote Höhlung«. Eochaid dürfte auf die untergehende Sonne zurückgehen →*Kampf um Howth*.

**Eogan mac Durthach** bekämpft →Conchobar und bringt ihm eine Niederlage bei, die dem König ohne →Cúchulainns Hilfe das Leben gekostet hätte. Jahre später läßt er sich von Conchobar als Mörder von →Naoise dingen, wohl als Preis für die Versöhnung. Und diesem Mann will Conchobar in einer Mischung aus Verzweiflung und Sadismus →Deirdre auf ein Jahr geben. Kein Wunder, daß sie deswegen Selbstmord begeht →*Verbannung der Söhne Uisnechs*.

**Epona** ursprünglich festländische Muttergöttin, die die Römer als »Pferdegöttin« übernahmen.

**Érainn** ursprünglich das Volk →Érius = Einwohner der grünen Insel. Sammelname für all jene keltischen und vorkeltisch-keltisierten Mischgruppen, die den führenden Dynastien von →Connaught und →Munster tributpflichtig waren. Letztere nannten sich Goidel.

**Érannan** Sohn →Mils; jüngstes Besatzungsmitglied des Einwandererschiffes. Stürzt vom Mast zu Tode. Wird in → Kildreelig auf der Ballinskelligseite der Ballinskelligs Bay begraben. →*Buch der Eroberungen*

**Éremon** Sohn von →Míl und Bruder von →Éber. Bringt einen Teil der →Milesier von Kerry zur →Boyne-Mündung und besiegt die →Tuatha Dé Danann in der Schlacht von → Teltown. Von da ab herrschen die Milesier auf der Erde, die Tuatha Dé Danann hingegen in den grünen Hügeln, in der →Anderswelt. Mit seinem Bruder Éber teilt er sich Irland und erhält die Nordhälfte. Ein Jahr darauf besiegt er seinen Bruder und wird König von ganz Irland. Seine Gattin ist Tea, die -- Tara ihren Namen leiht →*Buch der Eroberungen*.

**Ériu** Eine der drei göttlichen Verkörperungen Irlands. Schwester von →Banba und →Fódla. →Milesier treffen Ériu bei ihrem Marsch nach →Tara Ériu auf →Uisnech an. Versprechen, die Namen der drei →Tuatha Dé Danann-Fürstinnen immerdar für die Insel zu gebrauchen: Ériu, modern Éire, ist noch heute der offizielle Name Irlands.
In der zweiten Schlacht von → Mag Tuired ist Ériu die Geliebte des →Fomoriers →Elathan und Mutter des schönen →Bres.
Im Buch der Eroberungen ist sie die Gattin mac Greines (vgl. →Mac Cuill, Mac Cécht, Mac Greine) →*Buch der Eroberungen*.

**Étain Echraide** Der Beiname »Echraide«, »die Schnellreitende«, enthält einen Hinweis auf die Göttin, die zu Étain Modell gestanden hat: die große, königliche Mutter mit der starken Sonnenkomponente über das Pferd, vom Typ einer festländischen → Epona oder einer walisischen → Rhiannon.

Aber Étain Echraide wechselt im Verlauf von *Das Werbens um Étain* nicht nur den Namen, sondern auch die Existenz. Unter ersterem wirbt →Oengus um Étain für →Midir von → Brí Léith und zahlt für sie einen wahrhaft fürstlichen Brautpreis. →Fuamnach, Midirs erste Frau, entledigt sich der Rivalin, indem sie sie in ein Insekt verzaubert. Dieses verschluckt die Frau des Ulsterkriegers Étar und bringt Étain als Tochter Étars zum zweiten Mal zur Welt. 1012 Jahre sind seit der ersten Geburt vergangen.
→Eochaid Airem macht diesmal Étain zu seiner Frau, aber auch sein Bruder →Ailill verliebt sich so sehr in sie, daß er sterbenskrank wird. Étain würde ihm das Leben mit ihrer Liebe schon retten, wenn sich nicht beständig ein Doppelgänger Ailills dazwischendrängte. Es ist Midir, der Étain noch immer liebt. Er gewinnt sie schließlich im Spiel von ihrem Gatten und nimmt sie mit in die →Anderswelt – zuerst ins *síd* von →Slievenamon, dann nach Brí Léith. Eochaid jedoch will Étain um jeden Preis zurück und zerstört alle Andersweltpaläste, bis Midir Étain nach →Tara schickt, aber, in fünfzigfacher Ausführung, und Eochaid muß wählen. Prompt wählt er die Falsche, seine eigene Tochter →*Werben um Étain*.

**Étar** Junger Krieger, der sich in →Áine, die Tochter →Manannán mac Lirs verliebte und an gebrochenem Herzen starb, weil sie unerreichbar war für ihn. In einem *Dindsenchas*-Gedicht wird klar, daß Étar die Personifizierung der Halbinsel → Howth ist, der Halbinsel, die sich wie ein tapferer Krieger gegen das Meer stemmt.
Étar wurde auf dem Hügel von Howth begraben und noch heute heißt er →Binn Éadair. Nach ihm ist auch die erste, natürliche Ebene Irlands benannt, →Sean-Magh nEalta Éadair, »die alte Ebene der Herden Étars« →*Buch der Eroberungen*.

Howth (Gr. Dublin). Kopf von Étar, dem tapferen Krieger.

***Eterscéle***  dem König von Tara wird geweissagt, daß ihm eine Unbekannte einen großen Sohn schenken werde →Conaire Mór. Doch Eterscéle ist nur der irdische Vater. Vor der Hochzeit mit →Mes Buachalla ist ihm ein Gefiederter aus der →Anderswelt zuvorgekommen →*Festhalle Da Dergas*.

***Fas***  Schwiegertochter von →Scota. Wird in der Schlacht von →Slieve Mish getötet. Ihr Grab ist in →Glenfash in Kerry →*Buch der Eroberungen*.

***Ferdia***  ist → Cúchulainns Freund und Waffenkamerad. Durch die Umstände wird er jedoch gezwungen mit diesem einen Kampf auf Leben und Tod an der Furt von → Ardee auszufechten. In die Enge getrieben tötet ihn Cúchulainn mit seiner Geheimwaffe, dem *gae bulga* und trägt den Sterbenden klagend durch die Furt. Dort bricht er ohnmächtig zusammen → *Táin*.

***Fergus mac Roich***  Der hervorstechende Zug des Königs, der um einer Frau → Ness, willen sein Königreich abgibt und den ganzen *Táin* hindurch ein Verhältnis mit →Medb unterhält, ist seine Männlichkeit. Schon der Name bedeutet »männliche Kraft« oder »Spitze der Männer«, während »ró-ech« soviel heißt wie »großer Hengst«. Die Sagen lassen uns über die Größe seines Geschlechtsorgans nicht im Zweifel, und Lia Fáil auf →Tara hieß auf irisch noch lange »Fergus' Penis«. Fergus ist demnach ein ehemaliger Fruchtbarkeits- und Ahnengott von Ulster. Trotzdem ist er heute fast bekannter in der Rolle von →Deirdres und →Naoises Bürgen, der im Zorn über →Conchobars Verrat zu →Ailill und →Medb überläuft und, wenn auch eher halbherzig, im *Táin* gegen seine Landsleute kämpft, bis zur letzten großen Schlacht, vor der ihm Ailill sein Riesenschwert wieder zurückgibt. Da wütet er in seinem eigenen Volk, bis ihn →Cormac Conloinges zur Vernunft bringt und er seine Wut an drei Hügeln in Meath ausläßt.
Er stirbt im Einklang mit seiner alten Rolle, als einziger Fall von Ailills Eifersucht! Bei Spielen im →Lough Finn schwamm er mit Medb um sich herumdrapiert im See herum. Ailill richtete den Speer in der Hand seines blinden Bruders so, daß er auf Fergus' Brust zeigte und hieß ihn werfen mit den Worten, »hübsch, was Hirsch und Hirschkuh im See da treiben!« Fergus wurde neben dem See unter einem Steinhügel begraben. Die Dichter → file, ausgeschickt von →Senchán Torpéist, erhalten von dem zu diesem Zweck Auferstandenen eine vollständige Wiedergabe des *Táin*, den → St. Ciaran von →Clonmacnois niederschreibt → *Verbannung der Söhne Uisnechs* → *Táin*.

***Fianna***  Spezialtruppe des Hochkönigs für Kriegs-, Grenz- und Polizeiaufgaben. Eine Spezialität der Fianna ist die Erziehung junger Männer zum perfekten Krieger, Jäger und Dichter. Hauptmann dieser Garde ist →Fionn →*Fionn und die Fianna*.

***file, pl. filí***  Der Dichter (file), gehört im vorchristlichen Irland zu den → Druiden. Dichter waren nach ihrer Funktion gegliedert: vom einfachen Vortragen bis zum Komponieren eines Gedichts gab es mehrere Stufen. An der Spitze stand der *Ollamh*, der Oberdichter. Die Ausbildung fand in Dichterschulen statt und dauerte, je nach dem zu erreichenden Grad, sieben bis zwölf Jahre. Die Inspiration des Gedichts kam aus der →Anderswelt, besonders wenn es sich um Prophezeiung handelte; sie war heiliges Wissen. Die Form war erlern- und erübbare Kunst. Der Dichter bewegte sich zwischen der Anders- und der diesseitigen Welt, geanuso wie der Held. Deshalb mußte jeder große Held dichten können! Dichtung und Magie deckten sich in gewissen Bereichen: das dichterische Wort konnte die Lebenskräfte steigern oder verebben lassen. Satiren wirkten sich auf die Gesundheit aus, wie bei →Bres, und wirkten nicht selten tödlich. Lobgedichte belebten und brachten den Kampfesmut zurück wie bei der Schlacht von →Ventry. Nach der Christianisierung blieb dieses Verständnis von der Dichtung grundsätzlich erhalten, nur fehlte bei manchen Dichtern die ehemals heilige Scheu vor der Satire, die als Waffe gegen moralisches Fehlverhalten der oberen Schichten eingesetzt worden war. Jetzt ging es um materiellen Gewinn, wie bei →Athirne →*Buch der Eroberungen* →*Kampf um Howth* →*Fionn und die Fianna* →*St. Columcille.*

**Finnabair** Königin →Medbs und →Ailills Tochter wird von beiden Eltern hemmungslos eingesetzt, wenn es darum geht, Kämpfer zu finden, die gewillt wären, einen Zweikampf mit →Cúchulainn auszutragen. Dadurch wirkt sie wie eine Parodie auf ihre Mutter, die Oberhoheit Irlands. Umso überraschender ist ihre Eigenständigkeit und Entschlossenheit in *Fraechs Rinderraub,* wo sie sich entschieden von ihrem wenig moralischen Vater lossagt →*Bricrius Bankett* →*Fraechs Rinderraub* →*Táin.*

**Finnbennach** ist der weiße Stier aus dem *Táin,* das Ergebnis einer Reihe von Metamorphosen eines magischen Schweinehirten. Zwar kam er in →Medbs Herde zur Welt, weigerte sich aber, einer Frau zu folgen und lief zu →Ailill über.

Rathcrogan (Gr. Roscommon). Nachfahren des weißen und des schwarzen Stiers...

Aus dieser Situation entwickelt sich der ganze *Táin*, denn Medb muß unbedingt das Gegenstück haben – den schwarzbraunen →Donn von →Cooley. Dieser tötet schließlich den weißen Stier und verteilt Finnbennachs Körperteile über Irland.

**Finn** »Fionn« bedeutet »licht, hell«: der Stier verkörpert ein ähnliches Kräfteverhältnis wie Fionn, der Dichter und Magier →*Táin*.

**Finnchaem** Mutter →Conall Cernachs und Ziehmutter →Cúchulainns, Gattin →Amergins. Wohnt in Dún Imrith in der Ebene von →(Mag) Muirthemne →*Táin*.

**Fintan mac Bochra** »*Fintan*« geht auf »vindo-senos« zurück, der »alte Weiß(haarig)e«; »mac Bochra« bedeutet »Sohn des Ozeans«. Er ist →Cessairs Gatte, erbt die Frauen von →Bith und →Ladra, nach deren Tod. Vor soviel Weiblichkeit flieht er von →Waterford Harbour, über Dungarvan, zu den Knockmealdown Mountains, über →Cenn Abrat zum Tul Tinde, →Tountinna, am →Lough Derg. Dort oben überlebt er die Sintflut und existiert in mancherlei Gestalt noch weitere 5500 Jahre. Er ist die personifizierte Geschichte Irlands – dem Hochkönig Diarmaid mac Cerbhail kann er auf →Tara einen vollständigen Abriß geben, seit seiner Landung mit →Cessair. Er soll als Christ gestorben sein →*Buch der Eroberungen*.

Toutinna (Gr. Tipperary). Hier verlebt Fintan die Sintflut.

**Fionn mac Cumhaill** Um ihn hat sich ein eigener Sagenzyklus gebildet, dessen Themen seine Lebensalter, seine Familienangehörigen, Ehefrauen, Lebensgefährtinnen, Hunde, Feinde, sein Verhältnis zu den Hochkönigen und zur →Anderswelt sind.

Fionn ist in einer langen Entwicklung ein sehr komplexer Charakter geworden, der Material – oft gegensätzliches – aus allen möglichen Kulten und Kulturen angezogen hat und oft aus politisch-dynastischen Gründungen Umänderungen erfuhr. Er verbindet die Züge des weisen Alten mit denjenigen eines kraftvollen Kriegers, Jägers, Abenteurers und Herzensbrechers.

Die früheste, göttliche Figur dürfte der festländische »Vindonus/Vindus« gewesen sein, der »Weiße«, »Helle«, »Erleuchtete«, möglicherweise bereits ein Gott, der die dichterische Inspiration schenkt. →Lug vermittelt dasselbe Kräfteverhältnis.

Fionns Vatersname hat nichts mit dem Festlandsgott Camulos zu tun - es handelt sich um einen nicht identifizierbaren »Umhall«, der das Anfangs-C von »mac« bezog. Großväterlicherseits wird er an einen →Nuadu Necht angehängt, den eine Quelle mit →Elcmar identifiziert.

Fionns »Jugendtaten« sind vom älteren →Cúchulainn beeinflußt. Interessanterweise taucht hier das Wortspiel Fionn = der Hellhaarige/Kluge durch die Jugendlichen, die er beim Schwimmen besiegt, wieder auf. Das helle Haar bezieht sich andererseits auch auf das schlohweiße des Alters: der Zauber der Anderweltfrau verwandelt ihn durch das Bad im See von →Slieve Gullion in einen Uralten, bis sie ihm gezwungenermaßen die Jugendkräfte zurückgibt. In einer Fassung bleibt ihm charakteristischerweise zur Hälfte das schneeweiße Haar, während sich auf der anderen Seite goldene Locken ringeln, zum Zeichen, daß dieser Junge die Weisheit des Alters besitzt.

Die Geschichte vom Salm der Weisheit im →Boyne rationalisiert diese Vorstellung vom jungen Weisen: Fionn ist der vom Schicksal Auserwählte, dem der Fisch prophezeit worden ist. Kaum hat er ihn verspeist wird er zum Dichter und Seher. Von jetzt an braucht er nur den Finger in den Mund zu stecken und das Vergangene wie auch das Zukünftige wird ihm enthüllt. Damit tritt der Wendepunkt in seiner Laufbahn ein: der Verfolgte, Gejagte der →Slieve Bloom Mountains genießt die Immunität des →*file*. Sein →Balor-ähnlicher Großvater muß ihm die Festung von Almu, den Hill of → Allen, überlassen. Er erschlägt →Aillén mac Midna, wie er eben ins →Síd Fionnachaid schlüpfen will, was ihm die Führung der →Fianna einträgt, die ihm sein Todfeind →Goll mac Morna abtreten muß.

Als Hauptmann der hochköniglichen Spezialtruppe besitzt Fionn zeitweise mehr Macht als der Hochkönig selbst, besonders nach der Schlacht von Ventry. Das führt unweigerlich zu Brüchen, die sich auch mit der geplanten Heirat von →Gráinne nicht kitten lassen – im Gegenteil, der von Fionn verschuldete Tod →Diarmaids auf →Ben Bulben belastet das Verhältnis mit Sohn →Oisín und Enkel →Oscar. Gegen Ende seines Lebens brechen die alten Konflikte mit Goll mac Morna wieder auf, was den Untergang der Fianna in der Schlacht von →Gabhra nach sich zieht. Fionn wird von den Anhängern Golls am Boyne erschlagen – dort, wo seine Karriere als Seher und Dichter begann →*Fionn und die Fianna*.

**Fir Bolg** Nach den Nemedern kommen die Fir Bolg als vierte Einwanderungswelle von Griechenland nach Irland zurück. In Griechenland mußten sie in Fronarbeit Erde in Ledersäcken schleppen, um Gärten anzulegen, daher »Fir Bolg/ Männer der Säcke«. In Wirklichkeit handelt es sich um Einwanderer keltischer Stämme wie die Belgae, Dumnonii und Vorfahren der Leinstermänner. Ihre fünf Anführer laufen →Wexford Harbour, den Douglasriver, Cork, und die Bucht von

→Malahide an: sie teilen Irland in fünf Provinzen (→Uisnech) und setzen die Monarchie als Staatsform ein. Ihr wichtigster König ist →Eochaid mac Erc. Sie werden von ihrem Brudervolk, den →Tuatha Dé Danann, in der ersten Schlacht von →Mag Tuired, Moytura, geschlagen, nicht ohne →Nuadu außer Gefecht zu setzen →*Buch der Eroberungen*.

**Fódla** Die zweite der drei göttlichen Verkörperungen Irlands. Ihre Schwestern sind →Banba und →Ériu. Sie verhandelt mit den →Tuatha Dé Danann auf →Slieve Felim →*Buch der Eroberungen*.

**Fomorier** →Partholón findet die Fomorier bereits in Irland vor – sie sind einfach da. Es sind »Einarmige, Einbeinige, Einäugige«, also magische Wesen, die ihm eine ebenso magische Schlacht liefern. →Nemed tötet zwei ihrer Könige und hat dann Ruhe; nach seinem Tod unterdrücken sie jedoch sein Volk, so sehr, daß er auswandert. Zur Zeit der →Fir Bolg und →Tuatha Dé Danann begannen die Völker sich zu mischen. →Lug und →Bres sind Halbfomorier. Allerdings rechnen die Tuatha Dé Danann in der zweiten Schlacht von →Mag Tuired gründlich mit den Fomoriern ab. Als Inselbewohner und Piraten, mit →Tory Island als Flottenstützpunkt, ist Wasser ihr Element, aber sie wissen auch gut mit den Geheimnissen des Ackerbaus, mit Fruchtbarkeit und Wachstum Bescheid. Es gibt nur wenige Individuen wie →Elathan oder →Balor, alle anderen treten als Masse auf. Bezeichnenderweise füttern sie →Dagda mit Brei und bevorzugen Schafe. Die Fomorier stehen für das Chaos, die ungeordneten Lebenskräfte, die ins Dämonische umschlagen können →*Buch der Eroberungen*.

**Fraech mac Fidaig** Der Sohn Bé Finds (=»weiße Frau«, Titel der großen Mutter) und Neffe →Boands, ist so schön, daß sich →Finnabair allein schon vom Hörensagen in ihn verliebt. Ausstaffiert von Mutter und Tante kommt er in prächtigem Aufzug zu →Ailill und →Medb nach →Rathcrogan, um um Finnabair zu werben, sagt aber ab wegen dem zu hohe Brautpreis ab. Jetzt will ihn Ailill loswerden und provoziert ihn, im dunklen Tümpel im Fluß Suck, in dem ein Untier wohnt, zu schwimmen. Beim Kampf mit ihm wird er verletzt, kommt aber dank Finnabair mit dem Leben davon. Schließlich darf er sie heiraten unter der Bedingung, daß er den *Táin* unterstützt. Allerdings fällt er im ersten Zweikampf mit →Cúchulainn und wird in →Carnfree beigesetzt →*Fraechs Rinderraub* →*Táin*.

**Fuamnach** Erste Frau →Midirs, Rivalin →Étains →*Werben um Étain*.

**Giolla Deacair** »der schwierige Diener«. Ein →Fomorier der übelsten Sorte. Er und sein scheußliches, schwarzes Pferd lassen sich von →Fionn anheuern, entführen sechzehn Krieger in die →Anderswelt und lotsen dadurch Fionn von →Knockainey nach →Cloghane auf der →Dingle-Halbinsel →*Fionn und die Fianna: Giolla Deacair*.

**Goibniu** Schmied der →Tuatha Dé Danann beziehungsweise inselkeltischer Schmiedegott von der Art eines Vulkan. Verfertigt mit Luchta, dem Waffenschreiner und →Credne, dem Feinschmied, perfekt-tödliche Waffen für die zweiten Schlacht von Moytura. Während der Schlacht reparieren die drei fortwährend, in

Supermarkt in Falcaragh (Gr. Donegal). »Glass Ghoibhneann« nach der wunderbaren Kuh Goibhneanns.

Teamarbeit, die stumpfen und zerhauenen. Goibniu trägt eindeutige Züge des Herrn der →Anderswelt. →Manannán mac Lir übergibt ihm den Vorsitz von »Fled Goibnend«, dem Andersweltfest, das den Tuatha Dé Danann ewige Jugend verleiht. Das Getränk dazu braut er in höchst eigener Person. Die Volksüberlieferung Donegals kennt ihn als Goibhleann - ursprünglich ist er der Besitzer der wunderbaren Kuh »Glas Ghoibhneann«. Er führte sie auf die Weide auf →Crow Island, Inis Aolbhach, am Ende der →Beara Peninsula, wo er auch seine berühmteste Schmiede eingerichtet hatte →*Buch der Eroberungen*.

**Goll mac Morna**   ist →Fionns Erzfeind. Der Name bedeutet »einäugig«, was auf die Schlacht von Cnuca, Castleknock, anspielt, in der dem Anführer des Morna-Clans von Luchet, dem Freund →Cumhalls, ein Auge ausgestoßen wurde. Zwar verfolgt er Fionn in seiner Jugend unerbittlich, dient ihm aber lange Zeit treu, nachdem er ihm die →Fianna auf Geheiß des Hochkönigs abgetreten hatte. Bei Keshcorran rettet er ihm sogar das Leben! Erst gegen Ende von Fionns Leben bricht die alte Rivalität auf, was sowohl zu Golls als auch Fionns Tod führt. Goll Mac Morna ist mit →Balor verwandt. Auch hinter ihm steht die sengende, zerstörende Sonne, also der negative Sonnengott →*Fionn und die Fianna*.

**Gráinne**   ist die Tochter →Cormac mac Airts, die, aus politischen Gründen, den alternden →Fionn heiraten soll aber stattdessen mit dem jungen →Diarmaid durchbrennt. Wie →Deirdre, ihre Vorgängerin, ergreift auch sie die Initiative und zieht eine Weile mit Diarmaid kreuz und quer durch Irland, immer auf der Flucht vor Fionn. Diesmal ginge die Geschichte beinahe gut aus. →Oengus erwirkt die

Versöhnung mit Hochkönig und Vater, ebenso mit Fionn, und Gráinne lebt mit ihrem Gatten und ihren Kindern in Frieden. Aber Fionn hat seine Rache nur vierzehn Jahre aufgeschoben...
Auch diese Erzählung geht letztlich auf den festländischen →Rigani-Mythos zurück: auch hier steht die große Muttergöttin zwischen zwei Göttern. Gráinne könnte sogar noch die Züge der Oberhoheit Irlands mitgenommen haben, denn ihr Name ist sowohl mit der Sonne, »grian«, als auch mit neu-irisch »gránna«, »häßlich«, verwandt. Wer sich ihr ohne Befugnis nähert, dem erscheint sie häßlich. Für den Rechtmäßigen ist sie die sonnengleiche Schönheit. Ganz abgesehen davon, daß sich die Oberhoheit ihren Gatten selber wählt →*Fionn und die Fianna : Diarmaid und Gráinne.*

**Ír** einer von →Míls Söhnen, der noch vor der Landnahme ertrinkt. Er wurde auf dem Sattel von →Skellig Michael beigesetzt →*Buch der Eroberungen.*

**Íth** Sohn des Bregon, sah vom Turm seines Vaters in →Breganza die Umrisse Irlands und beschloß, die Insel aufzusuchen. Er landete auf →Mag Ítha, (je nach Fassung) entweder in Corca Duibhne, der →Dingle-Halbinsel, oder in der Gegend von Raphoe und besprach sich mit den →Tuatha Dé Danann-Königen →Mac Cuill, Mac Cécht und Mac Greine in →Grianán of Ailech. Da sie ihn verdächtigten, das Land erobern zu wollen, wurde er Opfer ihres Anschlags und verstarb auf dem Schiff. Die →Milesier zogen in erster Linie aus, um seinen Tod zu rächen →*Buch der Eroberungen.*

**»Kerl im grauen Mantel«** Erscheinungsform von →Manannán mac Lir. Rennt mit dem Prinzen von Thessalien um die Wette, von →Slieve Luachra bis →Howth →*Fionn und die Fianna: Kerl im grauen Mantel.*

**Kinder Lirs** Fionula und Aedh, Fiachra und Conn sind die Kinder von →Lirs erster Ehefrau, die bei der Geburt des zweiten Zwillingspaares stirbt. Die Stiefmutter →Aoife kümmert sich erst liebevoll um sie, verwandelt sie jedoch später aus Eifersucht in Schwäne. Dreihundert Jahre müssen sie auf →Lough Derravaragh, dreihundert in den →Straits of Moyle und dreihundert in Erris →Bangor Erris leben, bis der Zauber die Wirkung verliert. Wie die Zeit herum ist wollen die Schwäne nur endlich zu ihrem Vater zurück – aber sein Anderweltpalast →Síd Fionnachaid, steht nicht mehr. Irland ist christlich geworden. Auf →Inishglora vor Belmullet freunden sich die vier Schwäne mit St. Mochaemóg an, der versucht, sie erfolglos vor dem Übergriff →Largnens zu schützen: wie er sie packte, wurden sie zu vier uralten Menschen, die St. Mochaemóg eben noch taufen konnte, bevor sie verstarben →*Kinder Lirs.*

**Kinder des Tuirinn** →Brian, Iuchar, Iucharba.

**Kinder/Söhne Uisnechs** →Naoise und seine Brüder Ardán und Ainnle hatten ehemals einen Vaters-/Muttersnamen, der zu Gunsten des Hügels von →Uisnech in Vergessenheit geriet → *Verbannung der Söhne Uisnechs.*

**Ladra** ist →Cessairs Steuermann. Der Name ist als »Adra«, »der Uralte«, gedeutet worden. Er könnte ein keltischer, vielleicht schon vorkeltischer Stammvater gewesen sein, eine Art Adam. Er zeichnet sich dadurch aus, daß er »unzufrieden ist«, weil er weniger Frauen bekommt, als →Bith und →Fintan. Jedenfalls stirbt er als »erster Mensch Irlands« und wird unter dem Grabhügel von →Ardamine beigesetzt →*Buch der Eroberungen*.

**Laeg mac Ringabra** Cúchulainns treuer Wagenlenker und Vertrauter, der aus der →Anderswelt stammt. Er ermutigt ihn beim Kämpfen und spornt ihn zu Heldentaten an. Für Laeg allein übersetzt →Cúchulainn das kompliziert-poetische Gespräch, womit er um →Emer wirbt →*Táin: Werben um Emer*.

**Largnen** ist der Prinz vom Norden (→Connaught), der die Prinzessin vom Süden (→Munster), Decca, heiratet und damit den Zeitpunkt zur Rückverwandlung der →Kinder Lirs festsetzt →*Kinder Lirs*.

**Leborcham** ist König →Conchobars Botin, eine scharfzüngige Dichterin →file, eine wortgewaltige Alte. Sie kann Irland in einem Tag durchwandern, obwohl »ihre Knie nach hinten und die Fersen nach vorne« gerichtet sind. Abends erzählt sie ihm, was sie gesehen ... Sie ist häßlich und gefräßig, aber dem König treu ergeben. Während der Belagerung von →Howth schleppt sie täglich Essen für Conchobar von →Emain Macha heran, sonst wäre er verhungert. In einer Sache kümmert sie sich nicht um seinen Befehl: sie verschafft sich Zutritt zu →Deirdre, da sich ihr niemand zu widersetzen wagt, und es ist Leborcham, die dem Mädchen von →Naoise erzählt →*Kampf um Howth* →*Verbannung der Söhne Uisnechs*.

**Liath Macha** »Der Graue von →Macha«. Pferd aus der Anderswelt, wie →Dubh Sainglenn. Beide sind zur selben Zeit geboren wie →Cúchulainn →*Táin*.

**Lí Ban** Tochter →Eochaids und Enkelin Mairidhs, überlebt in →Lough Neagh, obwohl sie schuld an der Überschwemmung ist, zusammen mit ihrem Schoßhündchen, einem Attribut der festländischen großen Mutter der Kelten. Sie wünscht ein Salm zu sein und ihr wächst ein Fischschwanz. Nach langer Zeit schließen Abt und Mönche des Klosters →Bangor Freundschaft mit der Seejungfrau. Bei →Larne wird sie aus dem Wasser gefischt. Sie läßt sich von ihnen fürs Christentum gewinnen und wird, bevor sie verstirbt, auf den Namen »Murgen«, »die Seegeborene«, getauft. Seither geschehen in ihrem Namen Wunder. Diese Geschichte dürfte letztlich die Verchristlichung einer großen Mutter, vom Typ einer →Boand, zum Thema haben →*Lough Neagh*.

**Lir** bedeutet »die See« und kommt außer in der Geschichte der →Kinder Lirs nur als Vatersname vor. Ohne →Bodb hätte sich Lir, verbittert darüber, nicht zum König gewählt worden zu sein, ganz von den →Tuatha Dé Danann isoliert. Sein ehemaliger Rivale um die Königsherrschaft versorgte ihn mit zwei Gattinnen. Die erste starb kurz nach der Geburt des vierten Kindes, die zweite verwandelte diese Kinder aus Eifersucht in Schwäne. Mit Bodb zusammen verzauberte Lir sie in einen »Dämonen der Lüfte« – was seine geliebten Kinder auch nicht zurückbrachte. Lirs Andersweltpalast, →Síd Fionnachaid, sollten sie erst 900 Jahre später als Ruine wiedersehen →*Kinder Lirs*.

**Laogaire** Sohn von →Niall Nóigiallach. Durch seine Druiden war Laogaire, der Hochkönig von →Tara, vom Kommen →St. Patricks unterrichtet gewesen. Als dieser dem königlichen Verbot mit dem Entzünden seines Osterfeuers auf →Slane

Hill antwortete, war dies für ihn in erster Linie eine Bedrohung seines Königtums und erst in zweiter Linie eine religiöse Frage. Er hatte das Recht auf seiner Seite, als er zu St. Patrick hinging, um ihn verhaften zu lassen.
Die Quellen sind nicht einig, ob sich Laogaire von St. Patrick zum Christentum bekehren ließ, wie seine schönen Töchter; nach einer Überlieferung ließ er sich aufrecht im Ringwall von Loegaires Fort begraben, mit dem Gesicht gegen seine Feinde, die Männer von →Leinster, gerichtet →St. Patrick.

**Loegaire Buadach** »der Siegreiche« liegt mit →Conall Cernach und →Cúchulainn im Rennen um den Titel des größten Ulsterhelden. Ursprünglich war er ein Ahnengott der →Érainn →*Bricrius Bankett*.

**Lug** ist der gemeinkeltisch am besten belegte Gott: Städtenamen wie Lyon, Leiden, Liegnitz, Carlisle oder Lucca zeigen das Verbreitungsgebiet seines Kultes noch heute an. Er geht auf ein indoeuropäisches Konzept zurück: ein heller, lichter Gott, ein Magier und Dichter, aber auch ein tapferer Heerführer in der Schlacht zwischen Göttern und Dämonen. Lug war der Erfinder aller Künste, der Führer auf allen Wegen, Handel und Wandel unterstanden ihm. Die Römer verstanden ihn als Merkur. Der Lug-Kult kam erst spät, um Christi Geburt, nach Irland. Dem trägt die zweite Schlacht von → Mag Tuired Rechnung. Beim Fest zur Wiedereinsetzung →Nuadus erscheint Lug als letzter auf →Tara. Erst als sich herausstellt, daß er ein Meister aller Künste, ein →Samildánach ist, wird er eingelassen. →Nuadu heißt ihn nicht nur begeistert willkommen, sondern macht ihn nach einer Prüfung im *fidchell* und Harfenspiel zum Anführer seiner Truppen. Hier betätigte er sich als Magier, indem er sie, Zaubersprüche singend, »auf einem Fuß, mit einem Auge« umkreiste.
Der inselkeltischen Überlieferung nach ist Lug der Sohn von Ethniu, →Balors Tochter, und →Cian, dem Sohn →Dian Céchts, er war also ein Halb-Fomorier wie sein Gegenspieler →Bres. In der zweiten Schlacht von Mag Tuired tötet er seinen fürchterlichen Großvater Balor mit seiner Steinschleuder, während er sonst seinen berühmten Speer gebrauchte.
→Tailtiu, die ehemalige Gattin des → Fir Bolg-Königs →Eochaid mac Erc war seine Ziehmutter. Zu ihrem Andenken richtete er das Fest von *Lugnasa* in →Teltown ein, das auf den Herbstanfang des keltischen Kalenders und somit auf den Erntebeginn fällt.
Lug galt schon früh als →Cúchulainns Vater, und in diesem Zusammenhang zeigt er sich auch als Heilkundiger und Arzt: während des → *Táin* besucht er seinen erschöpften und verwundeten Sohn und pflegt ihn gesund. Einzig im Zusammenhang mit den Kindern →Tuirinns zeigt Lug negative Züge wie Hinterhältigkeit, fanatische Rachsucht und Mitleidslosigkeit.
Seinen eigenen Tod beschwört er selbst herauf. Er erschlägt den Liebhaber seiner Gattin, einen Sohn des →Dagda zwar mit gutem Grund, aber dessen Söhne nehmen Rache und töten ihn – auf → Uisnech – mit einem Speer, der bevorzugten Waffe dieses »Lamfada«, »dieses Langarmigen«. Letzteres bezieht sich ursprünglich auf Sonnenstrahl oder Blitz →*Buch der Eroberungen* → *Táin*.

**Luigdeach** Sohn des →Íth, Vater von Tea, die →Tara den Namen verleiht, und Schwiegervater von →Éremon. Nach der Landung in der Bucht von →Kenmare badete er im neu entstandenen →Lough Currane bei Waterville (auch Lough

Luigdeach). Seine Frau Fial kam flußaufwärts, ebenfalls badend, und unversehens standen die beiden Gatten nackt voreinander, worauf Fial vor Scham starb und im Dolmen von →Ballybrack, Kerry, beigesetzt wurde →*Buch der Eroberungen*.

**Mac Cuill, Mac Cécht, Mac Greine**   drei Könige der →Tuatha Dé Danann. Treten als Dreiheit zusammen auf. Empfangen →Íth im →Grianán of Ailech und ermorden ihn vorsorglich, da sie sein Interesse an Irland spüren. Sie suchen auch die Einwanderung der →Milesier zu verhindern und halten →Tara, indem sie die Landung wiederholen lassen. Sie sind die Gatten von →Banba, →Fódla und →Ériu. In dieser Triade kann sich ein Gott vom Typ des →Dagda ausdrücken, mit einer betont starken Sonnenkomponente. Die drei amtieren in Irlands prächtigstem Sonnenpalast und teilen Schätze aus.

Mac Cuill steht mit dem Hasel der Weisheit (übersinnlichem Wissen), Mac Cécht mit dem Pflug (Ackerbau, Fruchtbarkeit) und Mac Greine mit der Sonne in Verbindung →*Buch der Eroberungen*.

**Mac Da Thó**   König von →Leinster und Besitzer des wundervollen Hundes →Ailbhe, nach dem Mag Ailbhe benannt ist →Barrow-Tal. Findet für das Dilemma, daß der Hund sowohl von →Ailill und →Medb von →Connaught als auch von →Conchobar von Ulster als Freundschaftsgeschenk gefordert wird, mit Hilfe seiner klugen Frau eine höchst unerwartete Lösung. Jedenfalls setzt er beiden Parteien sein berühmtes, riesenhaftes Schwein bei einem Festgelage vor... Mac Da Thó trägt die Züge des Herrn der Abgeschiedenen – Schweinebraten galt bei den Kelten als Speise des ewigen Lebens. Fürsten der Anderswelt besitzen Schweine, die an einem Tag verspiesen, am anderen Tag wieder zur Verfügung stehen →*Mac Da Thós Schwein*.

**Macha** bedeutet eigentlich »Weideland«, aber die mythologische Gestalt tritt einmal zusammen mit →Morrígan und →Badb zu einer Triade der rächenden Muttergöttinnen auf, die alle auf die →Anu/Danu zurückgehen. Das Lebor Gabála führt Macha als Gattin des →Nemed. Nach diesem Werk wurde sie im Hügel von Ard Macha, dem heutigen →Armagh, begraben. Eine andere Sage berichtet, wie sie mit der Nadel ihrer Brosche den Grundriß ihrer königlichen Residenz von →Navan Fort aufzeichnete, die fünf von ihr gekidnappte Königssöhne für sie bauen mußten. Deren Vater hatte sie geheiratet und so zum König gemacht. Dieser Zug verrät, daß Macha auch die Oberhoheit des Landes von →Ulster personifizierte, genauso wie dies →Medb für →Tara/Connaught tat. Das bekannteste Porträt von Macha kommt jedoch von der Vorgeschichte zum *Táin*: sie

Macha mit Pferdeohren; aus der Kathedrale von Armagh (Gr. Armagh).

ist hier noch deutlich eine Frau aus der →Anderswelt, die von →Conchobar unmenschlich behandelt wird. Sie muß in hochschwangerem Zustand mit den Pferden des Königs um die Wette rennen. Diese Verbindung mit Pferden gibt Macha eine Sonnenkomponente, was durchaus zur großen Mutter paßt → Epona/→Rhiannon. Unter dem Fluch, mit dem die Sterbende die Ulsterkrieger belegt, haben sie noch neun Generationen lang zu leiden, ein Umstand, den →Medb bei ihren Plänen zum *Táin* natürlich miteinbezieht →*Buch der Eroberungen* → *Táin: Schwächezustand der Ulstermänner.*

**Maine** Da die Druiden vorausgesagt hatten, einer namens »Maine« werde ihren Erzfeind →Conchobar erschlagen, gab →Medb vorsorglich all ihren und →Ailills Söhnen diesen Namen. Abgesehen von der *Trunkenheit der Ulstermänner* handeln die Maine gewöhnlich im Interesse ihrer Mutter; im *Bruiden Da Derga* schließen sie sich Räubern an → *Trunkenheit der Ulstermänner* → *Festhalle Da Dergas* → *Táin.*

**Manannán mac Lir** »Mac Lir« bedeutet »Sohn der See«; Manannán ist der mächtige, möglicherweise schon vorkeltische Gott des Meeres und Herrscher der →Anderswelt. Eine seiner Wohnstätten ist die nach ihm benannte Isle of Man. In Irland wird er zum Berater der →Tuatha Dé Danann, der ihnen die Anderswelt-wohnungen anweist. Er selbst bezieht kein *síd* in Irland; er ist dauernd in Bewegung, einmal überquert er →Mag Mell, dann wird er wieder in der →Anderswelt, in *Tír Tairngire* oder *Emain Avalach* gesichtet. Das Meer ist für ihn fester Boden, über den er in seinem Streitwagen fährt; die Fische sind seine Kälber und Lämmer, die Wellen seine weißmähnigen Pferde.
Er kümmert sich großzügig um die Abgeschiedenen, ob Götter oder Menschen. Den Tuatha Dé Dannan schenkt er *feth fiada*, den Zauber, der unsichtbar macht, richtet für sie das Fest →Goibnius ein, das Alter und Tod fernhält und setzt ihnen seine Schweine vor, die anderntags wieder zur Verfügung stehen. In den Sagen kommt er gern als Magier und Zauberer vor. Manannán wurde euhemerisiert unter anderem zu einem Kaufmann, der den Handel zwischen Irland, Schottland und der Isle of Man in der Hand hielt. Er war auch unter dem Namen »Orbsen«, bekannt, dem Namen, der →Lough Corrib aus Lough nOirbsen, unterliegt. Bei der Entscheidung über die Herrschaft von Connaught soll Manannán in Moycullen gefallen sein. Als sein Grab ausgehoben wurde sprudelte das Wasser mit solcher Macht hervor, daß dieser See entstand. Im Fenierzyklus tritt er auch als »Kerl im Grauen Mantel« in Erscheinung →*Fionn und die Fianna: Kerl im grauen Mantel.*

**Medb** der Königin von →Connaught, haften eindeutig die Züge einer großen Muttergöttin an – bereits ihre Verbindung mit dem weißen und dem schwarzen Stier weist darauf hin. Ihr Name, der mit *meduos*, »trunken, berauschend«, zusammenhängt, weist sie als Verkörperung der Oberhoheit Irlands aus, aus deren Händen jeder König den berauschenden Trank der Machtfülle entgegennehmen muß, wenn er rechtmäßiger Herrscher auf →Tara sein will. Eine Doppelgängerin, Medb Lethderg, ersetzt sie auf Tara, als sie ihr Machtzentrum nach →Rathcrogan verlegt.
Der großen Göttin ist die christliche Zensur schlecht bekommen. Im *Táin* und in manchen anderen Geschichten ist sie ein mannstolles Weibsbild: neun Gatten

Königin Medbs Grab, Knocknarea (Gr. Sligo).

und unzählige Liebhaber, unter anderen →Ailill und →Fergus mac Roich, und eine endlose Reihe Kinder, unter ihnen die sieben →Maine und →Finnabair, werden ihr zugeschrieben. Ihre Machtbesessenheit kennt keine Grenzen. Einer Laune wegen geht sie über Leichen und ruiniert, nur weil sie ihrem Gatten ebenbürtig sein will und das Gegenstück zu seinem weißen Stier, den schwarzen von →Cooley haben muß, zwei blühende Provinzen, → Ulster und → Connaught. Außerdem hat sie die Arroganz, Krieger anzuführen. Zudem kämpft sie unfair: mit List, Wortbruch und Verrat, immer bestrebt, die Männer zu manipulieren. Bis auf →Cúchulainn, der sie selbstverständlich durchschaut. Er zeigt sich ihr gegenüber großzügig und verschont sie, wie er sie in der Nachhut trifft, eben dabei, Wasser zu lassen – auch dies mit Sicherheit ein Mißverständnis des christlichen Schreibers, der den Zusammenhang zwischen Muttergöttin und Wasser nicht mehr kannte. Nur selten kommt das alte Konzept der Oberhoheit durch, wenn Medb die Entscheidung fällt, wer Irlands größter Held ist, nicht Ailill, zu dem →Conall, →Loegaire und Cúchulainn geschickt worden sind.
Nichteinmal vor dem Mord an ihrer eigenen Schwester →Clothra soll sie zurückgeschreckt haben, um die Herrschaft Connaughts an sich zu reißen. Nach der Ermordeten heißt die Insel im →Lough Ree, → Inis Clothrann, Inchcleraun. Ihr Neffe rächte den Tod seiner Mutter, indem er Medb seinerseits beim Bad in einer Quelle mit einem Stein von seiner Schleuder tötete. (Die Volksüberlieferung behauptet, es sei ein Stück Hartkäse gewesen!)
Medbs Grab ist entweder das riesige Steinhaufengrab auf dem →Knocknarea, Sligo, oder →Knockmaa in der Grafschaft Galway →*Bricrius Bankett* →*Táin*.

**Mes Buachalla** ist die Enkelin →Étains und ein Kind einer inzestuösen Verbindung, denn → Eochaid Airem holte sich aus Versehen statt seiner Gattin seine

Tochter aus dem *síd* von →Brí Léith. Sie wird ausgesetzt und von den Hirten König →Etercéles großgezogen. Sie wird zwar dessen Gattin, aber ihr Sohn →Conaire Mór hat einen Vater aus der →Anderswelt.

Angaben über Mes Buachalla sind widersprüchlich: in der einen Fassung wächst sie zur schönen Jungfrau heran, in einer anderen ist sie groß und häßlich, eine →*caillech*. In einer dritten handelt sie wie die →Morrígan. Die Gestalt der königlichen Muttergöttin würde alle drei Aspekte abdecken →*Festhalle Da Dergas*.

**Mesgegra** König von →Leinster und Bruder von →Mac Da Thó. Ursprünglich eine Erscheinungsform des Herrn der → Anderswelt. →Conall Cernach bemächtigt sich seines riesigen Kopfes und seiner Frau Buan. Der aus Mesgegras Gehirn bereitete Ball setzt letztlich →Conchobars Leben ein Ende →*Kampf um Howth*.

**Midir** ist einer der großen →Tuatha Dé Danann-Fürsten. Sein Name kann mit einem indogermanischen Stamm »med«, »abwägen, abmessen« zusammenhängen. Er wäre derjenige, der klug sein Wissen gebraucht. Sein Answeltpalast ist →Brí Léith, in dem sein Ziehsohn →Oengus aufwächst. Die Beziehungen der beiden sind sehr eng und in einer Fassung gibt er Oengus den Rat, wie er sich →Bruig na Bóinne aneignen könne. Über Oengus kommt er zu →Étain, die er auch nach tausend Jahren nicht nur nicht vergessen hat, sondern auch in ihrer neuen Existenz wiedererkennt und nochmals um sie wirbt. Da sie ihm nur mit Erlaubnis ihres jetzigen Gatten folgen wird, bedient er sich einer List und seines magischen Wissens, um sie wiederzugewinnen. Aber sein Rivale →Eochaid Airem gibt sich nicht geschlagen und setzt den Anderweltfürsten unter Druck, indem er die *síde* (sid) zerstört. Midir rettet sich wiederum durch Magie: Eochaid erhält Étain fünfzig Mal und muß »seine« selbst herausfinden. Aber da er Midirs kluges Abwägen nicht besitzt erwischt er die falsche, und Étain bleibt vorerst bei Midir ... der ganze Zyklus könnte wieder von vorne beginnen. Midir paßt in die typisch keltische Dreiecksgeschichte von der Muttergöttin zwischen den beiden Gatten hinein, in der Rolle des allwissenden Gottes, dem Herrn über alle Reichtümer und Herrscher der Abgeschiedenen →*Werben um Étain*.

**Míl** Sohn von Bíle, Enkel von Breg, König von Spanien, eigentlich »Galam« genannt, bekannt jedoch als »Míl Espaine«, »spanischer Soldat«. Vater vieler Söhne, wovon acht die letzte Eroberungswelle nach Irland anführen. Obwohl Míl den →Milesiern den Namen leiht, begleitet er sie nicht bei der Landnahme, sondern stirbt sang- und klanglos in Spanien. Seine zweite Gattin ist →Scota, eine ägyptische Pharaonentochter. Míl und Bíle werden als die Stammväter aller Gälen bezeichnet →*Buch der Eroberungen*.

**Milesier** Die sechste und letzte Einwanderungswelle heißt zwar nach →Míl, aber dieser stirbt in Spanien, bevor er die Seereise überhaupt antreten kann. Es sind →Íths neun Brüder und Míls acht Söhne, die schließlich in Inber Scéne, im Kenmare-River, einlaufen. Die Söhne Míls Aireach, →Éber, →Éremon, →Ír, →Colptha, →Érannan, →Donn und →Amergin stellen die Anführer. Sie setzen sich mit den →Tuatha Dé Danann kriegerisch auseinander und besiegen sie ein für allemal in →Teltown. Die Tuatha Dé ziehen sich in die *síde* (sid) Irlands zurück. Damit finden die Milesier, die vom Skythenland über Ägypten nach Spanien kamen endlich eine neue Heimat →*Buch der Eroberungen*.

***Morrígan*** ist sowohl als »Große Göttin« als auch als »Alptraum-Königin« gelesen worden. Eines ist sicher, sie ist identisch mit → Anu/Danu. Wird die Muttergöttin beleidigt oder erzürnt, ist ihr Territorium in Gefahr, wird sie zur Kriegsfurie! Gewöhnlich schützt und ermutigt sie ihre eigene Seite und flößt den Feinden Angst und Schrecken ein. Manchmal muß sie dazu erst gewonnen werden. So ist auch die Vereinigung des → Dagda mit der Morrígan über dem Fluß Unius in Sligo → Lough Arrow, zu sehen – der Vatergott wendet die Zerstörungskräfte von sich und den seinen ab. → Cúchulainn hätte sich lieber daran ein Beispiel nehmen sollen, statt die Morrígan, die sich ihm in Gestalt einer schönen, jungen Frau mitten im Zweikampf näherte, um ihm ihre Liebe anzutragen, barsch abzuweisen. So richteten sich ihre Zerstörungskräfte gegen ihn und er kam kaum mit dem Leben davon. Aber sogar da ist der schützende Aspekt der Morrígan nicht völlig verschwunden: unerkannt kommt sie als Alte, als → *caillech*, zurück und erweckt seine Lebensgeister mit drei Zügen Milch von ihrer Kuh...
Unter der Pluralform Morrígna werden Morrígan, → Badb und → Macha zu einer Triade zusammengefaßt → *Buch der Eroberungen* → *Táin*.

***Muinremor*** Ulsterheld, der erste, der gegenüber dem »Kerl« sein Wort nicht hält. »Muinremor« bedeutet »Dickhals« und dafür wird → Cet verantwortlich gemacht. Muinremor dürfte ursprünglich der Stammesgott der Mugdornai von Cavan gewesen sein; Lough Ramor, bekannter als Lough Virginia, ist nach ihm benannt → *Bricrius Fest*.

Lough Ramor bzw. Virginia, Muinremors See (Gr. Cavan).

***Naoise*** und seine Brüder werden kollektiv die → Kinder/Söhne Uisnechs genannt. Alle drei sind hervorragende Krieger und Jäger. Ihr Gesang macht die Menschen fröhlich und steigert den Milchertrag der Kühe. Wie → Deirdre Naoise zwingt sie zu entführen, begleiten die Brüder das Paar auf der jahrelangen Flucht vor König →Conchobar in die wilden Wälder Schottlands. Wie dieser endlich, auf Druck des Ulsterhofes verspricht die Helden und die schöne Frau in Gnaden wieder aufzunehmen, seine Zusicherungen aus Haß auf den Rivalen jedoch unterläuft, sterben Naoise und seine Brüder gemeinsam bei der Ankunft in →Emain Macha durch seinen Verrat. Deirdre hält Naoise über den Tod hinaus die Treue. Die Vorlage für Naoise und seine Brüder ist bei den keltischen Göttertriaden zu suchen, bei denen ein Fruchtbarkeits- und Vegetationsgott zugleich die Funktion eines Herrn über die Abgeschiedenen und eines Verwalters aller Reichtümer innehält →Die Verbannung der Söhne Uisnechs.

**Nechtan** Da auch Nechtan als Gatte von →Boand auftritt und einen ebenso finsteren Charakter besitzt wie →Elcmar, dürften die beiden identisch sein. Nechtan ist der Hüter der Quelle vom →Boyne, der Quelle, die in seinem Andersweltsitz →Síd Nechtan, Carbury Hill, entspringt. Er bewacht sie streng, und außer ihm und seinen Mundschenken darf sie kein Mensch anschauen, ohne das Augenlicht zu verlieren. →Boand setzt sich über das Verbot hinweg, und das Wasser wallt hoch, steigt immer höher und schwemmt sie davon – sie ist zum Fluß geworden →*Werben um Étain*.

**Nemain** ist die Frau des Kriegsgottes Néit; in der Triade →Morrigan, →Badb, →Macha nimmt sie manchmal die Stelle der letzteren ein. Sie hat die Besonderheit, durch ihre schrecklichen Schreie die Krieger in Raserei zu bringen, so daß sie sich gegen ihre eigenen Kameraden wenden. Wie →Cúchulainn verzweifelt über die Übermacht des Connaughter Heeres in seinen Kriegsruf ausbricht, antwortet sie mit ihrem eigenen, was die Soldaten →Medbs in völliges Chaos stürzt →*Táin*.

**Nemed mac Agnomain** Nemed bedeutet »Heiliger, Geheiligter, Privilegierter« und könnte der Titel eines →Druiden gewesen sein. Er landete dreißig Jahre nach →Partholón in Irland, mit vier Söhnen und Schwiegertöchtern und seiner Frau →Macha. Zu seinen Lebzeiten entstanden zwölf Seen und zwölf neue Ebenen. Er setzte sich auch erfolgreich mit den →Fomoriern auseinander. Nach seinem Tod auf der Insel Oilean Arda Neimhid, heute → Great Island im Hafen von Cork, versklavten die →Fomorier die Nemeder. Sie mußten solche Abgaben entrichten, daß sie einen Aufstand wagten und den Turm der Fomorier auf →Tory Island angriffen. Im letzten Moment wurden sie durch eine unerwartete Verstärkung ihrer Feinde, geschlagen. Die Nemeder zogen aus Irland aus – ihre Nachkommen sollten als →Fir Bolg und →Tuatha Dé Danann wiederkehren →*Buch der Eroberungen*.

**Nera** ist der Krieger am Hof von →Ailill und →Medb, der, einmal durch →Oweynagat in die →Anderswelt von →Rathcrogan geraten, es vorzieht, dort zu bleiben, auch wenn er die Möglichkeit hätte, zu den Sterblichen zurückzukehren →*Neras Abenteuer*.

**Ness** folgt dem Muster der großen Muttergöttin. Sie hieß »Asa«, die Sanfte, Umgängliche, bis →Cathbad in seiner Jugend ihre zwölf Ziehväter erschlug. Sie stellte sich an die Spitze einer Kriegerbande und zog raubend und plündernd durchs Land. Ab da wurde sie »Ni-Asa«, die »Unumgängliche« genannt. Damals lebte sie in der Wildnis, der unfruchtbaren Einöde.

In der Vorgeschichte zum *Táin* ist sie → Conchobars Mutter, der sich »mac Nessa« nach ihr nennt. Sie schafft es, → Fergus zu Gunsten ihres Sohnes um die Königsherrschaft zu bringen → *Táin: Conchobars Empfängnis*.

**Niall Nóigiallach** »Niale der neun Geiseln« (um 440 n. Chr.); historischer Hochkönig Irlands. Begründer der O'Neill-Dynastie, die bis 1002 auf → Tara regierte. Raubzüge – unter anderem an die Küste Britanniens – brachten ihm Reichtümer und Sklaven ein. Seine eigene Mutter war die geraubte, sächsische Prinzessin Cairen, die die Königin in der Hoffnung auf eine Fehlgeburt bis zum letzten Tag Wasser schleppen ließ. Prompt kam die Nebenfrau neben ihrem schweren Wasserkessel auf der Wiese von Tara nieder. Aus Furcht vor der Königin wagte Cairen nichteinmal, ihr Kind aufzuheben, und so blieb es liegen, bis sich der Dichter (→ *file*) Torna seiner erbarmte. Er nahm es mit sich und zog es auf. Niall kam als mündiger junger Mann nach Tara zurück und fand seine Mutter noch immer beim Wassertragen. Er befreite sie von der Sklavenarbeit und legte ihr ein Purpurgewand um. Niall behauptete seine Position am Hof und ging mit seinen vier Stiefbrüdern sozial gleichgestellt um. Öfter gingen sie zusammen auf die Jagd. Einst trafen sie eine widerliche Alte an einer Quelle sitzen. Diese → *caillech* war nur bereit, ihnen Wasser gegen einen Kuß auf ihren zahnlosen Mund, abzutreten. Zwei der Prinzen verbaten sich diese Zumutung, zwei gaben ihrem Begehren nur sehr zögerlich nach. Aber unter Nialls leidenschaftlicher Umarmung wandelte sich die Alte zur strahlenden Schönheit – sie war die Oberhoheit Irlands, die Göttin des Landes vom Typ einer → Medb. Nach einer Überlieferung liegt Niall Nóigiallach im → Faughan Hill, bei Navan, begraben → *St. Patrick*.

Irische Telefonkarte: Niamh »Chinn Oir«, »Goldhaar«, Tochter des Königs von Tir na nOg.

**Niamh »Chinn Oir«** »Goldhaar«. Tochter des Königs von Tír na nÓg (→ Anderswelt); holt → Oisín am Ufer von Lough Leane in → Killarney ab und gemeinsam reiten sie westwärts, zum Land der ewigen Jugend. Bei →Rossbeigh betritt das weiße Pferd die Wasseroberfläche →*Fionn und die Fianna: Ende der Fianna*.

**Nuadu Airgetlám** (Silberhand). König Nuadu bringt die →Tuatha Dé Danann als fünfte Einwanderungswelle nach Irland. In der ersten Schlacht von → Mag Tuired verliert er seinen Arm und damit auf sieben Jahre die Königsherrschaft an →Bres. →Dian Cécht und →Credne versorgen ihn mit einer perfekten silbernen Prothese, so daß er sein Amt wieder aufnehmen kann. Die Heerführung in der zweiten Schlacht von Moytura übergibt er →Lug. →Fionn stammt von Nuadu ab. Dieser wird auch als Gatte der →Boand gesehen, so daß Nuadu Necht und →Elcmar identisch wären. Das gäbe ihm die Stelle eines Herrn der Abgeschiedenen →*Buch der Eroberungen*.

**Oengus** ist der »junge Sohn«, »*mac óg*«, das wunderbare Kind aus der Liebesbeziehung von →Dagda und →Boand, das Kind, das in einem durch Zauber verlängerten Tag empfangen und geboren wird, ohne daß Boands Gatte →Elcmar etwas merkt.
Oengus wird von →Midir in →Brí Léith aufgezogen. Der Allvater anerkennt ihn als seinen Sohn und durch geschicktes Argumentieren nimmt der Halbwüchsige Dagda/Elcmar das prächtigste *síd* Irlands, →Bruig na Bóinne, ab.
Oengus ist der Gott, der das neue Leben personifiziert, die Jugend, die Liebe, die hellen, lichten Kräfte; er ist gern als »Tag« gedeutet worden. Er ist einer der wenigen Götter, der keine negativen Züge trägt: überall greift er helfend und rettend ein, ob es gilt, Liebespaare vor Verfolgung zu schützen, wie in der Geschichte von *Lough Neagh*, oder in *Diarmaid und Gráinne*, die schönste Frau Irlands für Midir zu finden, einen erschöpften Schmetterling wiederzubeleben, Diplomatie bei Fürsten und Helden wie →Fionn anzuwenden oder einen toten Ziehsohn wie → Diarmaid in seinen Andersweltpalast zu bringen. Einmal gerät jedoch Oengus selbst in Bedrängnis, denn der Gott der Liebe verliebt sich sterblich in die schöne Andersweltfrau →Caer Ibormait →*Oengus Traum* →*Werben um Étain* →*Lough Neagh* →*Fionn und die Fianna: Diarmaid und Gráinne*.

Ogham-Stein, Castlekeeran bei Ceannans Mór, Kells (Gr. Meath). Ogma ist der Erfinder der Ogham-Schrift.

**Ogma** ist der Bruder des →Dagda und der »starke Mann« der →Tuatha Dé Danann. Trotzdem ist er nicht einfach ein Haudegen, sondern trägt noch deutlich die Züge seines gallischen Gegenstücks, Ogmios, der die Kraft des Wortes und der Dichtung personifiziert. Er ist der Sohn von »Eladan«, was »Wissenschaft, Dichtung, Geschicklichkeit« bedeutet, Gatte der Dichterin Étan, Vater →Cairbres, des Dichters und er ist Erfinder der *Ogham*-Schrift →*Buch der Eroberungen*.

**Oisín** Sohn von →Fionn; seine Mutter ist Blai Derg/Sadb, die schöne, in ein Reh verwandelte Andersweltfrau. Der Name bedeutet »kleiner Hirsch«; sein Sohn heißt →Oscar.
Oisín ist der Besonnene, Ausgleichende zwischen dem zu Jähzorn neigenden Großvater und dem ebenso temperamentvollen Enkel Oscar. Auch er ist ein Dichter →file. Nach der Schlacht von →Gabhra begibt sich Oisín ins *síd* seiner Mutter, Ucht →Cleitigh am →Boyne, um dann mit →Caoilte und →St. Patrick zusammenzutreffen. Eine andere Überlieferung erzählt, wie er von der schönen →Niamh bei →Killarney nach Tír na nÓg geholt wird; glücklich lebt er mit ihr in der Anderswelt, bis ihn das Heimweh nach dem Land der Sterblichen doch packt. Seine Frau leiht ihm das magische Pferd, warnt ihn aber davor, die Erde Irlands zu betreten. Seine Heimat ist verändert – seit dem heroischen Zeitalter sind ja auch dreihundert Jahre vergangen. Wie er in →Glenasmole einigen Männern hilft, einen großen Steinbrocken aufzurichten, reißt der Sattelgurt und er fällt vom Pferd. Er hat den Boden kaum berührt, da wird er zum uralten, fast blinden Mann. Man bringt ihn zu St. Patrick und auch hier beginnt der Dialog mit dem Heiligen →*Fionn und die Fianna.*

**Oscar** »hirschliebend«, Sohn →Oisíns und Enkel →Fionns. Tapferer, ausdauernder Held der →Fianna und treuer Freund. Kann nur mit Mühe von Oisín zurückgehalten werden, seinen Großvater zu töten, als dieser →Diarmaid das lebensspendende Wasser verweigert. Er tötet den Hochkönig Cairbre Lifeachair in der Schlacht von →Gabhra, bevor er selbst fällt. Seine Gemahlin Aideen stirbt darüber an gebrochenem Herzen und ist im Dolmen von →Howth begraben →*Fionn und die Fianna: Ende der Fianna.*

**Partholón** ein Vater- und Königsmörder; führt die zweite Einwanderungswelle an »als Abraham sechzig Jahre alt war«. Er landete mit drei Söhnen und Schwiegertöchtern, dem Diener Toba und seiner Frau →Delgnat in der Bucht von →Kenmare. Sie brachten die neuesten zivilisatorischen Errungenschaften mit: das Pflügen mit Ochsen, Hausbau, Bierbrauen, Zweikampf, Gasthaus, Religion und Ritual. Sie legten vier »Ebenen«, kultivierbare Flächen, an. Außerdem kämpften sie den ersten Kampf mit den →Fomoriern. →Delgnat führte Ehebruch und Eifersucht in Irland neu ein, da sie ihren Gatten mit Toba auf →Inis Samer hinterging. Partholón starb in der alten Ebene →Étars, als erster. 550 Jahre darauf wurde sein ganzes Volk, bis auf →Tuan mac Cairill von einer Seuche hinweggerafft und in →Tallaght begraben. Die Mönche haben offensichtlich mit zwei Mythentypen operiert, mit den Kulturbringern und der gut dokumentierten keltischen Dreiecksgeschichte von der Muttergöttin zwischen zwei Göttern →*Buch der Eroberungen.*

**Rhiannon** ist eine Figur aus dem walisischen Sagenzyklus *Mabinogion,* die unverkennbar auf eine große inselkeltische Muttergöttin zurückgeht, eine Parallele zur festländischen →Epona.

**Ríb** der etwas besonnenere Sohn des Königs von →Munster und Bruder →Eochaids schließt sich nur zögernd dessen Auswanderungszug an. Er und seine Leute kommen auf der Höhe von →Athlone durch einen plötzlich entstandenen See um. Zum Andenken an Ríb heißt er →Lough Ree →*Lough Neagh.*

***Rigani*** Name der großen festlandkeltischen Muttergöttin, Herrin des Himmels und der Erde, die sich zwischen dem alten, weisen, jedoch nicht schöpferisch tätigen Himmelsgott und dem jungen Gott der Fruchtbarkeit und Vegetation hin- und herbewegt. Solcherart hält sie den Jahreszeitenzyklus mit seinen fruchtbaren und unfruchtbaren Phasen in Gang.

***Rigrú*** die Königin der Anderswelt »mit den großen Augen« dürfte eine Erinnerung an die königlichen Göttinnen mit den überdimensionalen Augen der Mittelmeerkulturen sein. Ihr Gatte ist passenderweise »Dáire«, »der Fruchtbare«. Sohn Ségda und die Kuh, das Ersatzopfer, weisen sie als Muttergöttin aus.

***Rucht und Runce*** sind die beiden magischen Schweinehirten, die nach vielerlei Metamorphosen zu den beiden Stieren →Finnbennach und →Donn werden. Es ist klar, daß sie zwei Kräfteverhältnisse vertreten, ein helles und ein dunkles. Interessant ist, daß anfangs gar keine Rivalität zwischen ihnen war → *Táin: Zwei Schweinehirten.*

***Samildánach*** →Lugs Ehrentitel – »Meister aller Künste« →*Buch der Eroberungen.*

***St. Adamnán*** der neunte Abt von Iona und Biograph von →St. Columcille. Ihm ist die Kirche von →Tara geweiht. Adamnáns Kreuz auf dem Friedhof trägt einen verwitterten keltischen →Cernunnos →*St. Columcille.*

***St. Brendan*** von Clonfert, »der Seefahrer«, 484 in →Fenit, Kerry geboren. Die Vita schildert ihn in den Sonnenbildern eines →Lug. Übernimmt dessen heiligen Berg →Brandon Mountain, auf dessen Gipfel ihm die Vision einer »Insel ohne Sünde« zuteil wird. Dieses »Tír Tairngire«, das »Land der Verheißung«, eine Mischung aus keltischer Andersweltinsel und biblischem Paradies sucht er in jahrelangen Seefahrten. Die *Navigatio Brendani*, der Bericht von diesen Reisen, der ihn weltberühmt machte, ist ein christianisiertes *immram*, ein festgesetzter inselkeltischer Erzähltyp, der die Reise in die →Anderswelt beschreibt.

Cernunnos. Adamnáns Kreuz, Tara (Gr. Meath).

St. Brendans berühmteste Gründungen sind →Ardfert Nordkerry und →Clonfert auf dem Westufer des → Shannon →*St. Brendan.*

***St. Brigid*** Äbtissin von →Kildare. Nationalheilige Irlands. Stand im 5. Jh. dem Kloster von Kildare vor, ein möglicherweise von ihr selbst christianisiertes Feuerheiligtum der Göttin →Brigit.

Sie kam 452/4 in →Faughart, als Kind einer Sklavin und des begüterten Adligen Dubthach zur Welt. Licht und Feuer spielen in ihrer *Vita* eine große Rolle und ihre heiligen Quellen werden noch heute im ganzen Land besucht →*St. Brigid*.

**St. Ciaran**  von →Clonmacnois, frühes 6. Jh. Da seine Eltern nicht davon erbaut waren, den Sohn an die Kirche zu verlieren, versuchten sie, seine Pläne zu durchkreuzen, indem sie sich weigerten, für seinen Unterhalt während des Studiums aufzukommen. So segnete St. Ciaran beim Abschied von zu Hause eine schwarzbraune Kuh, aus der Herde seiner Mutter, worauf sie ihm von da ab überall nachfolgte und das halbe Kloster von →Clonard mit ihrer Milch versorgte. Nach der einen Fassung der Offenbarung des *Táin* soll St. Ciaran persönlich den Text von →Fergus auf das Pergament seiner Schwarzbraunen diktiert bekommen haben. Das *Lebor na hUidre*, die älteste Sammelhandschrift, die auch den *Táin* enthält, ist in Clonmacnois entstanden.
Allerdings gibt es eine andere Überlieferung, wonach das Fell der Kuh bis tief ins Mittelalter als wundertätige Reliquie im Kloster aufbewahrt wurde →*Offenbarung des Táin*.

**St. Columcille**  von Iona. Nationalheiliger Irlands. Kam 521 als Sproß der königlichen Familie der O'Neills in →Gartan, Donegal, zur Welt. Seine Vita stellt ihn eher als den idealen Kriegeraristokraten dar, der neben dem christlichen Studium dasjenige des Dichters, →*file*, betreibt. Gerät in Konflikt sowohl mit dem Abt von →Movilla, wegen eines verbotenerweise abgeschriebenen Psalters, als auch mit dem Hochkönig Diarmaid mac Cerbhail, wegen Mißachtung seines Asylrechtes und einem, nach St. Columcilles Ansicht, falschen Richtspruch. Ist in die Schlacht von Cul Dreimne, am Abhang des →Ben Bulben, verwickelt. Verläßt Irland und geht in die Mission nach Iona. Setzt sich bei der Versammlung von →Drum Ceatt für den Stand der Dichter ein.
Neben Iona sind seine bekanntesten Klöster →Derry und →Durrow. In Kells, ebenfalls eine Gründung St. Columcilles, wurde das Manuskript vom *Book of Kells* fertiggestellt →*St. Columcille*.

**St. Mochaemóg**  ist der Einsiedler, der die vier Schwäne, die →*Kinder Lirs*, auf →Inishglora aufnimmt und im christlichen Glauben unterweist →*Kinder Lirs*.

**St. Patrick**  von Armagh. Nationalheiliger Irlands. Gilt als Missionar der grünen Insel, der 432 das Christentum nach Irland brachte. Wird von irischen Seeräubern aus Britannien verschleppt, hütet als Sklave die Tiere seines Meisters, des →Druiden Miliuc, am Hang des →Slemish in Antrim, bis die Flucht gelingt. Kommt als ausgebildeter Priester zurück und durchreist Irland, von Osten nach Westen, mit dem Lauf der Sonne. Bekannteste Episode dieser Missionsreise: das Entzünden des Osterfeuers auf dem Hügel von →Slane, gegenüber von →Tara, womit er den Hochkönig und seine Druiden provoziert. Übernimmt →Croagh Patrick als heiligen Berg aus dem Kult des →Lug. Wichtigste Gründung →Armagh, drei Kilometer vom vorchristlichen Kultzentrum von →Navan Fort.
Die Viten stilisieren Patrick zu einem wortgewaltigen Zauberer und Magier, ähnlich den Druiden, die er bekämpft →*Fionn und die Fianna* →*St. Patrick*.

**Scáthach** Lehrmeisterin →Cúchulainns in der →Anderswelt. Kriegerin, die junge Helden in der Waffenkunst ausbildet. Cúchulainn ist ihr bester Schüler und Liebling; zum Abschied schenkt sie ihm den *gae bulga* und sagt ihm seine zukünftigen Waffentaten voraus → *Táin: Werben um Emer*.

**Scéne** Gattin →Amergins. Stirbt noch vor der Landung der →Milesier. Ihr zum Andenken wird die Bucht von →Kenmare »Inber Scene« genannt. Sie wird auf dem Hügel von →Eightercua, auf der Watervilleseite der Ballinskelligs Bay beigesetzt → *Buch der Eroberungen*.

**Scota** ist eine Pharaonentochter, die →Míl in Ägypten heiratet. Sie begleitet ihn nach Spanien und nimmt nach seinem Tod an der milesischen Einwanderung nach Irland teil. Sie findet den Tod in der Schlacht von →Slieve Mish gegen die →Tuatha Dé Danann. Sie ist in Glenaskagheen alias →Scota's Glen in →Kerry begraben → *Buch der Eroberungen*.

**Sencha mac Ailella** ist der Weise, Mäßige, der Gegenspieler →Bricrius. Er vermag »mit drei Worten Ruhe zu schaffen«, findet Kompromisse, wie im *Táin* und in der *Trunkenheit der Ulstermänner*, wo die eine Hälfte der Nacht bei Fintan, die andere bei →Cúchulainn gefeiert werden soll. Es ist nicht Senchas Schuld, daß die Ulstermänner ganz woanders landen → *Bricrius Bankett* → *Trunkenheit der Ulstermänner* → *Táin*.

**Senchán Torpéist** Dichter, der am Übergang des 6. zum 7. Jh. lebte und von dem noch Werke erhalten sind. Er war anscheinend bei der großen Versammlung von →Drum Ceatt zugegen, als →St. Columcille für die → *filí*, die Dichter Irlands, Partei ergriff. Er oder sein Sohn Muirgen brachten →Fergus dazu, ihnen den ganzen *Táin* zu rezitieren. Zu dieser Zeit war kein Dichter in Irland, der mehr als nur Bruchstücke davon gekannt hätte → *Offenbarung des Táin*.

**Setanta** Kindername →Cúchulainns → *Táin: Cúchulainns Empfängnis*.

**Sualdam mac Roich** ist →Cúchulainns irdischer Vater. In höchster Not begeht er die Ungeheuerlichkeit, vor dem → Druiden in →Emain Macha zu sprechen und Hilfe zu fordern, und bezahlt mit seinem Leben → *Táin*.

**Tuan mac Cairill** bleibt als einziger aus → Partholóns Einwanderungswelle übrig. Wie → Fintan mac Bochra überlebt er als Zeuge der irischen Geschichte Jahrhunderte als Mensch, Ochse/Hirsch, Pferd/Eber, Raubvogel und Salm. Diesen verspeist die Königin Muiredach Muinderg und bringt ihn, ähnlich wie im Falle → Etaíns, als Tuan wieder zur Welt.

**Tuatha Dé Danann** bedeutet »Volk der Göttin →Anu/Danu«. Auch sie stammen von →Nemed ab wie die →Fir Bolg. Sie lernten »auf den nördlichen Inseln der Welt« jegliche Form der Zauberei und brachten magische Gegenstände, den Lia Fáil (→Tara) →Lugs Speer, das Schwert →Nuadus und →Dagdas Kessel mit. Im Grunde handelt es sich um die vorchristlichen Götter → Nuadu, →Dagda, →Dian Cécht, →Goibniu, →Ogma, →Luchta, →Brigit, →Macha, →Badb und

→Morrigan. Sie landen in Irland unter ihrem König Nuadu, ohne von den →Fir Bolg entdeckt zu werden. Dieser verliert in der ersten Schlacht von →Mag Tuired seinen Arm, was ihn als König disqualifiziert →Bres auf den Thron brachte und zur zweiten Schlacht von Moytura führte. In der Zwischenzeit gelang es dem Arzt und dem Feinschmied, Nuadu einen Silberarm zu verpassen und als König zurückzugewinnen. Aber nicht er, sondern →Lug führte die Tuatha Dé Danann erfolgreich in der zweiten Schlacht an und machte sie zu Alleinherrschern bis die →Milesier anrückten. Von diesen wurden sie in der Schlacht von →Teltown geschlagen und lebten von da ab in den *síde* (*sid*), in der →Anderswelt, erst als Götter der nachfolgenden Einwanderer, und nach der Christianisierung Irlands als Feen und Elfen →*Buch der Eroberungen*.

# MYTHOLOGISCHE ORTE

**Aghagower**　Gr. Mayo. Ruinen einer von St. Patrick gegründeten Klostersiedlung mit beschädigtem Rundturm am alten Pilgerweg zum →Croagh Patrick. 7 km sö von Westport.

**Aideen's Grave**　alias Finn mac Cool's Quoits →Howth.

**Ailbine**　Gr. Meath, ist der Delvin River, fließt nw von Balbriggan ins Meer. →Cúchulainn muß ihn auf der Brautfahrt zu →Emer passieren → *Táin: Werben um Emer.*

**Allen, Hill of**　Gr. Kildare. Die weiße Festung Almu trägt die Züge eines glänzenden Andersweltsitzes; wird zuweilen als *síd* bezeichnet. →Fionn nimmt diese seinem nur oberflächlich vermenschlichten Großvater ab. Hier sucht das Reh Schutz vor dem schwarzen Magier und wird als →Blai Derg, Fionns Gattin, nur um erneut entführt zu werden. In der Banketthalle gibt es Ärger mit beleidigten Andersweltgästen. Auf den Wällen der Festung nimmt Fionn →Oisíns Rat an, →Gráinne zu heiraten →*Fionn und die Fianna.*
Prominenter Hügel, 202 m, 13 km nö von →Kildare. Obendrauf steht ein pseudogotischer Turm, wofür Mitte des 19. Jh. ein Steinhaufengrab weggeräumt wurde. Schwache Reste eines Ringwalles. Teilweise aufgeforstet. Trotzdem weite Sicht über die Ebene (Bog of Allen). Frühes keltisches Kultzentrum.

**Anderswelt**　Die Inselkelten dachten sich die Welt der Götter, Feen, überirdischen Wesen und Abgeschiedenen als nicht von der realen Welt der Menschen getrennt. Verkehr zwischen beiden ist jederzeit und besonders zu *Samhain* möglich. Die glänzenden Paläste der Andersweltbewohner befinden sich in den natürlichen Hügeln und den Hügelgräbern Irlands, auf Inseln vor der Küste oder unter der Meeres-, See- oder Quell-Oberfläche. Die Anderswelt ist unter vielen Namen bekannt, wie:
Tír fa thonn = Land unter den Wellen. →Brian taucht mit Taucheranzug zur Insel Fincara → *Kinder Tuirinns.*
Tír na mBéo = Land des (ewigen) Lebens. →Conle läßt sich von seiner schönen Andersweltgeliebten dorthin führen. →Bécuma wird daraus verstoßen. → *Conles Abenteuer* →*Abenteuer von Art.*
Tír na mBan = Land der Frauen. →Art findet dort seine →Delbchaem → *Abenteuer von Art.*
Tír na nÓg = Land der (ewigen) Jugend. →Oisín wird von Niamh dorthin geholt → *Fionn und die Fianna.*
Tír Tairngire = Land der Verheißung. → St. Brendan sucht diese paradiesische Anderweltinsel auf → *St. Brendan.*
»Schottland«, »Lochlainn«, »Griechenland«, »die Alpen« können die Anderswelt meinen.

---

Abkürzungen: Gr. = Grafschaft (engl. Co./County) · km = Kilometer · m = Meter
n = nördlich · ö = östlich · s = südlich · w = westlich

Die Anderswelt, irgendwo im Westen vor der Küste.

**Annagh**  Gr. Kerry. Möglicher Geburtsort →St. Brendans. Kleine Kirchruine aus dem 12.–13. Jh., mit eingeritzter Zeichnung eines Reiters mit Lanze. Ca. 1,5 km sw von Tralee →*St. Brendan*.

**Annaghdown**  Gr. Galway. Ehemaliges Frauenkloster, in das sich →St. Brendan zum Sterben zurückzog. 19 km n von Galway, direkt am Ostufer des →Lough Corrib mit seinen Assoziationen an →Manannán mac Lir →*St. Brendan*.
Gepflegte Klosterruinen (13. Jh.), Reste einer Kathedrale (12. Jh.) und einer Probsteikirche (1195). Geruhsamer, friedlicher Ort.

**Aran Islands**  Gr. Galway. Die →Fir Bolg zogen sich nach der Auseinandersetzung mit den →Tuatha Dé Danann u.a. auf diese drei Inseln in der Galway Bay zurück. Ihr König Oengus ließ die berühmte, hufeisenförmige Festung, Dún Oengus, mit ihren Zyklopenmauern über den Klippen von Inishmore, der größten Insel, errichten →*Buch der Eroberungen*.
Die Heiligen →Brendan, →Ciaran, →Columcille und →St. Patricks Lieblingsschüler Benen, suchten die Insel auf, zur Zeit, als St. Enda dort sein berühmtes Kloster unterhielt. Die Inseln sind übersät mit Kloster- und Kirchruinen der frühen, keltischen Kirche.
Zu Schiff von Galway oder von Rossaveel (Ros an Mhil) an der Connemaraküste, rund 30 km w von Galway, oder mit Áer Arann vom Inverin Airport aus zu erreichen.

**Ardagh Hill**  Gr. Longford oder Slieve Golry ist Brí Léith, →Midirs Anderweltpalast, aus dem die in einen Schmetterling verwandelte →Étain hinausgeweht wird und wohin sie Midir über 1 000 Jahre später wieder zurückbringt.

Steiler Hügel, 198 m, ca. 5 km sö von Longford über dem Dorf Ardagh, mit herrlicher Sicht rundum. Am Osthang befinden sich die Ruine von St. Mels Miniaturkathedrale und → St. Brigids Quelle. Lange war der Hügel ein Ort, an dem *Lugnasa* gefeiert wurde → *Werben um Étain*.

**Ardamine**  Gr. Wexford. »Ard Ladran«, »Ladras Höhe«. Grabhügel von → Cessairs Steuermann. Großer, runder Hügel, unweit vom Strand. Ein Steinkreuz bezeichnet den Landeplatz von St. Maedoc von Ferns → *Buch der Eroberungen*.
Der Hügel liegt 1 km s von Courtown, 6 km sö von Gorey zwischen Arklow und Wexford.

**Ardee**  Gr. Louth. Irisch »Baile Áth Fhirdia«, »Stadt von → Ferdias Furt«; erinnert an den Zweikampf zwischen → Cúchulainn und seinem Freund Ferdia → *Táin*. Die Furt über den Dee liegt von der Brücke am Südrand der Stadt etwas stromaufwärts und ist ausgeschildert. Ein Grabhügel und ein Stein deuten das Grab Ferdias an. Ardee befindet sich im Osten des Landes, im Landesinnern zwischen Drogheda und Dundalk.

**Ardfert**  Gr. Kerry. Mit vollem Namen Ardfert Brendan, nach St. Brendan, der um 500 St. Ercs Missionsstation, wo er Lesen und Schreiben gelernt hatte, in ein Kloster umwandelte. Es vergrößerte sich im Laufe der Zeit so, daß heute eine ganze Ruinenstadt zu besichtigen ist. Das interessanteste Gebäude ist die ehemalige St. Brendan-Kathedrale. Eins der steinernen Bildnisse (13. Jh.) wird von alters her als St. Brendan angesehen: es handelt sich um einen Bischof, dessen einwärtsgerichteter Stab die beschränkte Macht eines Abt-Bischofes anzeigt – was St. Brendan tatsächlich war → *St. Brendan*.
Artfert liegt 8 km nw von Tralee.

**Ardpatrick**  Gr. Limerick. Beliebtes Jagdgebiet von → Fionn und der → Fianna, am Fuß der Ballyhoura Mountains. Der 528 m hohe Gipfel mit herrlichem Ausblick ist ein »Seefin«, → »Fionns Sitz«. Nach der örtlichen Überlieferung ist das Steinhaufengrab auf der höchsten Stelle → Oisíns Grab. Nach ihm heißt das Tälchen an der Ostseite des Berges, wo sich die Domäne von Castle Oliver breitmachte, Glenosheen → *Fionn und die Fianna*.
Ardpatrick, »Patrickshöhe«, auf dem Hügel über dem gleichnamigen Dorf ist eine Gründung → St. Patricks. Rundturmstumpf und Kirchruine (12. Jh.) sind nichts Großartiges, dafür lohnt der Rundblick von diesem Ort aus, der ehemals berühmt war für seine Lugnasa-Feier → *St. Patrick*.
Ardpatrick befindet sich ssö von → Limerick, zwischen Kilmallock und Kildorrery.

**Arklow**  Gr. Wicklow. Vor den Wikingern, die ihn zur Stadt entwickelten, der sie den Namen gaben, bestand am »Inber Mór«, der »großen Mündung« des Avoca, ein wichtiger keltischer Hafen. → Amergin erkor ihn sich als Alterssitz. Seine Festung dürfte sich wohl da befunden haben, wo sich die dürftigen Ruinen einer Butler-Burg erheben. Ein »Damm über den Avoca« wird Amergin auch zugeschrieben, möglicherweise an der Stelle, wo die alte Brücke die beiden Ufer verbindet → *Buch der Eroberungen* → *Táin*.
Arklow befindet sich an der Ostküste Irlands, s von Dublin.

**Armagh**   Gr. Armagh. Auf »Ard Macha«, →»Machas Höhe«, 3 km ö von →Emain Macha, kam →St. Patricks Hauptkirche zu stehen: augenfälliger hätte sich nicht darauf hinweisen lassen, daß die alte Religion am Untergehen war. Der Hügel gehörte dem Unterkönig Daire, der, wohl wissend, daß der Heilige sich ihn wünschte, diesen mit Baugrund am Hügelfuß abspeiste. Erst als Daires Pferde umstanden und sich der König selbst in Schmerzen wand, bot er ihn dem Heiligen zum Geschenk, worauf Vier- und Zweibeiner wunderbarerweise genasen. Dafür bedankte sich Daire mit einem →Dagda-ähnlichen Kessel. Die Kathedrale bewahrt im Kapitelhaus allerlei vorchristliche Fundgegenstände, u. a. eine →Macha mit Pferdeohren, einen Sonnengott im Strahlenkranz (→Lug?), eine Figur, die sich selbst die rechte Hand auf die linke Schulter legt und als →Nuadu oder →Conall Cernach gedeutet worden ist, sowie den Kopf eines strengen, alten Mannes, von dem es heißt, es sei St. Patrick. Die katholische St. Patricks Cathedral von Armagh erhebt sich auf den Hügel gegenüber → *St. Patrick*.
Armagh liegt im Süden von Nordirland, sw vom →Lough Neagh.

**Assaroe**   Gr. Donegal. So heißen die Wasserfälle vor der Erne-Mündung bei Ballyshannon in Süddonegal. »Assaroe« geht auf »Eas Ruaidh« zurück, den Feuer- und Sonnengott Áed, der unter vielerlei Namen in der Sagenliteratur auftaucht. Er ist ein Einäugiger wie →Balor und →Goll und gehört zur ältesten Schicht der inselkeltischen Mythologie. Nach einer Überlieferung ertrank er in der Flußmündung, als er sein Spiegelbild im Wasser betrachtete. Der Feuer-/Sonnengott macht Leben erst möglich, vernichtet es aber auch als Blitzeschleuderer, Brenner oder Krieger mit Speer, wie zum Beispiel im Falle von → Éles Dichtergeliebten. →Fionn erschlägt diesen Anderweltkrieger vor den →Paps of Dana. Áed erscheint auch in Gestalt von →Aillén mac Midna → *Fionn und die Fianna*.
Áeds Gattin ist Bé Find, »die weiße Frau«, Titel der großen Mutter. Áed selbst bewohnt Síd Áeda, sein Grab und Anderweltpalast in einem, wo er den Vorsitz über die Abgeschiedenen führt. Aus diesem *síd* kommen die magischen Harfenspieler, die im → *Táin* auftauchen.
Áed schwimmt als einäugiger Salm, gleich dem Salm der Weisheit vom → Boyne, in den Wasserfällen herum. Síd Áeda, heute Mullaghnashee, ist der steile Hügel über dem Erne, auf dem St. Anne's Kirche thront, Teil der Stadt Ballyshannon. In der Mündung, die sich unterhalb vom Hügel zu weiten beginnt, befindet sich →Partholóns erste Wohnstätte, das Inselchen Inis Samer → *Buch der Eroberungen*.
Assaroe war der Grenzübergang →Ulster/Connaught; erster Halt von →Deirdre und →Naoise auf der Flucht vor →Conchobar → *Verbannung der Söhne Uisnechs*.
Seit der Erne die Elektrizitätswerke speist, sind die Wasserfälle weit weniger mächtig. Die Sicht vom Hügel aber ist noch immer lohnend.

**Ath da Ferta**   Gr. Louth. »Furt der zwei Gräber«. →Medb setzt →Fergus unter Druck, hier seinen Ziehsohn →Cúchulainn, zu bekämpfen. Die Furt liegt auf der Höhe von Knockbridge (→Breslech Mór) → *Táin*.

**Ath Fuait**   Gr. Louth, die Furt, an der →Fraech mit Cúchulainn kämpft, ist schwer lokalisierbar. Jedenfalls nördlich von Monasterboice, möglicherweise White River, s von Dunleer (?) → *Táin*.

**Ath Gabla**   Gr. Meath. An der »Gabelfurt« erfolgt die zweite Warnung Cúchulainns: er setzt eine Astgabel mit abgeschlagenen Köpfen in die Furt; Fergus hat Gelegenheit, den Connaughtern die »Jugendtaten« zu erzählen →*Táin*.
Heute ersetzt die Brücke von Kellystown die Furt am Mattock, der nö vom →Bruig na Bóinne in den →Boyne mündet.

**Ath maic Gárach**   Gr. Louth. Cúchulainn besiegt die drei Brüder Gárach an einer der Furten über den Glyde, möglicherweise bei Castlebellingham s von Dundalk →*Táin*.

**Athlone**   Gr. Westmeath. Seit Urzeiten wichtigster Übergang über den → Shannon, praktisch in der Mitte zwischen Dublin und Galway; die Stadt wuchs um »Ath Mór«, »die große Furt«. Wer von Osten nach Westen will, muß daran vorbei, auch Götter und Sagengestalten. →Lug trifft hier auf seinen Vater →Cian und seinen Onkel (→*Kinder Tuirinns*). →Ríb bewegt sich shannonaufwärts und verursacht →Lough Ree (→Lough Neagh). →Medb zieht sich mit ihrer geschlagenen Armee über den Shannon nach → Connaught zurück. →Donn sorgt für den Namen »Athlone«, indem er an der Furt »Ath« die Lende »lón« von →Finnbennach fallen läßt (→*Táin*). →Diarmaid und →Gráinne lassen hier →Fionns Streitwagen stehen und setzen die Flucht zu Fuß fort →*Fionn und die Fianna*.

**Baile Átha Cliath**   →Dublin.

**Ballintober**   Gr. Mayo. »Baile Tobair Phádraig«, »Heimstatt von St. Patricks Quelle«, 185 m nw davon befindet sich die vorbildlich restaurierte Abtei von Ballintober, die die patrizische Gründung im 13. Jh. ersetzte →*St. Patrick*.
Ballintober liegt nnw von Galway, ca. 18 km sw von Castlebar.

**Ballybrack Dolmen**   Waterville/Gr. Kerry. Grab der milesischen Fürstin Fial, der Gattin →Luigdeachs. Sie starb am →Lough Currane unten, da sie unwillentlich das Tabu der Nacktheit gebrochen hatte →*Buch der Eroberungen*.
Von Waterville am Ende der Iveragh-Halbinsel Richtung Sneem, erste Abzweigung rechts. Der Dolmen sitzt ca. 1 km weiter, vor der Kreuzung im Feld.

**Ballysadare**   Gr. Sligo. Die erste Schlacht von →Mag Tuired zieht sich bis hierher: →Eochaid mac Erc fällt – er verdurstet auf dem Strand von Beltragh, Trágh Eothaile, ca. 8 km nw vom Dorf. In der zweiten Schlacht liegen die Toten von →Lough Arrow bis zum Strand →*Buch der Eroberungen*.
Die →Fomorier fallen hier plündernd und raubend ein. →Lug besiegt sie mit Hilfe →Bodb Dergs →*Kinder Tuirinns*.
Über den Strand von Ballysadare/Beltragh verlief seit der Steinzeit die Fernstraße Connaught–Ulster. Ballysadare befindet sich 8 km sw von Sligo.

**Ballyshannon**   →Assaroe.

**Bangor**   Gr. Down. Vom Kloster von St. Comgall und seinen Mönchen, die Freundschaft mit →Lí Ban schlossen, ist außer dem Namen kaum etwas übriggeblieben.

Immerhin legen irische Annalen das Ereignis genau fest: es war das Jahr 571 n. Chr., als St. Comgall Lí Ban taufte →Lough Neagh.
Bangor liegt 21 km nö von Belfast, am Belfast Lough.

**Bangor Erris** Gr. Mayo bewahrt wie Erris Head, die Steilklippen am Ende der Belmullet-Halbinsel, den Namen der Region, worin sich die →Kinder Lirs die letzten dreihundert Jahre aufhalten müssen. Noch immer ist die Landschaft menschenleer, Wind und Regen ausgesetztes Moor- und Weideland. Inishglora, auf der Westseite von Belmullet, ist die kleine Insel, auf der die Schwäne mit dem Einsiedler Freundschaft schließen und schließlich versterben. Vier Grabsteine sollen ihre Gräber bezeichnen →*Kinder Lirs.*

Bangor Erris (Gr. Mayo). In dieser Gegend, vor allem auf der Belmullet-Halbinsel müssen die Kinder Lirs dreihundert Jahre verweilen.

Von →St. Brendans Gründung auf der Insel sind seine Zelle und ein winziges Gebetshaus, ein Kirchlein für Nonnen und eins für Mönche in mehr oder weniger gutem Zustand erhalten. Verzierte Grab- und Kreuzsteine sowie St. Brendans Quelle vervollständigen das frühchristliche Kloster, das von einer Trockensteinmauer geschützt wurde →*St. Brendan.*
Die Überfahrt nach Inishglora (ca. 2,5 km) muß man mit den Fischern absprechen. Postamt und Pubs in Belmullet stellen Kontakt her.
Bangor Erris/Belmullet/Inishglora befinden sich im Nordwesten Mayos.

**Bann-Mündung** Gr. Derry. Die spanischen Siedler ertrinken durch die Sintflut vor der Bann-Mündung →*Buch der Eroberungen.*
Nach Jahrzehnten der Einsamkeit werden hier die →Kinder Lirs von ihren →Tuatha Dé Danann-Verwandten besucht →*Kinder Lirs.*
Versandete, dünenreiche Mündung, durch die der breite Fluß fließt.

**Barrow-Tal**   Gr. Kildare, Carlow. Der Barrow fließt parallel zur Ostküste ins Meer. Mag Ailbhe erinnert an → Mac Da Thós Hund. Die Ebene liegt n von Carlow in den Grafschaften Kildare und Carlow. → Mag Fea wurde nach → Brigits Ochsen genannt und breitet sich s von Carlow aus → *Buch der Eroberungen*. Die Hügel auf dem Westufer des Barrow erlauben eine herrliche Sicht (Aussichtspunkte) über die Ebenen mit ihren schachbrettartig angeordneten Äckern und Feldern. Beide Ebenen zählen noch heute zu den fruchtbarsten Irlands.

**Beara Peninsula**   Gr. Cork, Kerry, trägt den Namen der berühmtesten → *caillech* Irlands, der Caillech Bhéarra. Siebenmal verjüngte sie sich im hohen Alter und zog mit den jeweiligen Gatten ganze Völkerstämme auf. Sie war die Verkörperung der Lebens- und Fruchtbarkeitskräfte, bis sie das Christentum als »Nonne von Beara« übernahm. Da das Christentum die zyklische Zeit nicht akzeptiert, ist die große Mutter nun ein für allemal alt geworden. In einem ergreifenden Gedicht aus dem 8./9. Jh. betrauert sie ihre entschwundene Jugend: sie war einst eine große Königin, die als Oberhoheit Irlands Könige schuf. Sie verschenkte ihre Reichtümer großzügig. Nun ist sie alt, verarmt, hilflos und wartet auf den Tod. Die Volksüberlieferung hat eine andere Lösung: die *Caillech* hat sich in einen Stein verwandelt, »auf daß Beara niemals ohne seine *Caillech* sei«.
Dieser markante Felsbrocken befindet sich etwa auf der Höhe der »Hauptstadt« Castletown Bearhaven, aber auf der Nordseite, bei Kilcatherine (ausgeschildert), mit Sicht über die weite Coulagh Bay. Die Beara Peninsula erstreckt zwischen Kenmare River und Bantry Bay.

**Behy River**   Gr. Kerry. Diener Muadán trägt → Diarmaid und → Gráinne über das Flüßchen bei Glenbeigh im Norden der Iveragh-Halbinsel → *Fionn und die Fianna: Diarmaid und Gráinne*.

**Belach nAne**   Gr. Louth. Die von → Cúchulainn verursachte Blockade erfolgte auf der alten Straße durch Timullen, die nach Monasterboice führt → *Táin*. Monasterboice, die im 5. Jh. von einem St. Búithin oder St. Boyne! (→ Boyne) gegründete Klostersiedlung besitzt, abgesehen von einem Rundturm, zwei der feinsten Hochkreuze Irlands: St. Búithins und → St. Patrick's Cross, alias Muiredachs Kreuz. Mitte des 11. Jh. lebte der Dichtergelehrte Flann in diesem Kloster, der mythologische Themen verarbeitete → *St. Patrick*.
Monasterboice ist 9 km w von Drogheda, Gr. Louth, entfernt.

**Bélat Ailiuin**   Gr. Louth. Rückzug der Connaughter zum Tal des Flurry River nach Ravensdale und weiter nach Ballymakellett, wo sie die Liasa Liac, die Schutzmauern für die Kälber errichten → *Táin*.

**Belmullet**   → Bangor Erris.

**Ben Bulben**   Gr. Sligo. Die bizarre Form dieses Tafelberges, 533 m, prädestiniert ihn zur Verbindung mit Mythologie. Auf dem Hochplateau (grandiose Rundsicht) erwartet → Fionn → Diarmaid und rächt sich endlich an seinem Rivalen, indem er ihn in die Hauer des magischen Ebers von Ben Bulben laufen läßt. Diarmaid tötete das Untier, bevor er selbst stirbt. Der Grabhügel »Lech na Muice« n von Drumcliff, unter dem Westsporn des Berges, ist das »Grab des Schweins« → *Fionn und die Fianna: Diarmaid und Grainne*.

Fionn findet im Ben Bulbe-Gebiet den von seiner Rehfrau →Blai Derg aufgezogenen Sohn →Oisín →*Fionn und die Fianna: Oisíns Mutter.*
3 km s, am Bergfuß, in Drumcliff, gründete →St. Columcille ein Kloster. Ein Rundturmstumpf und ein mit Bibelszenen geschmücktes Hochkreuz sind noch erhalten. (Besonders schön: Heiligen Drei Könige mit einem Kamel.) Auf dem Friedhof bei der protestantischen Kirche liegt William Butler Yeats, Irlands größter Dichter des 20. Jh. begraben. Seine Themen sind überwiegend aus der keltischen Mythologie geschöpft.

Ben Bulben (Gr. Sligo). Ein Berg prädestiniert zur Mythologie.

Am Hang nw des Klosters, beim Weiler Cooldrumman, zwischen Cashelgarran und Carey, fand die Schlacht von Cul Dreimne (Cooldrevny) statt. Die hochköniglichen Streitkräfte und Columcilles Clan trafen aufeinander: 3 000 Tote wegen eines verletzten Copyrights! →*St. Columcille.*

**Bessy Bell** Gr. Tyrone. Englische Pflanzer gaben dem markanten Sliabh Truim/ Slieve Trim, nw von Omagh, diesen unpassend betulichen Namen. Es ist äußerst geschichtsträchtiges Gebiet, von steinzeitlichen Überresten geradezu übersät. Nicht zufällig nimmt →Íth seinen Weg nach Norden über Slieve Trim →*Buch der Eroberungen.*

**Big River, Cooley** Gr. Louth, »River Cronn«, teilt die Halbinsel in zwei Hälften; er »erhebt sich gegen →Medb« wie die anderen Flüsse, der Colptha auf der Ost- und der Gatlaig auf der Westseite, so daß die Königin nicht mehr von der Halbinsel wegkommt. So zieht die Armee flußaufwärts bis zur Quelle →*Táin.*

**Binn Éadair** Gr. Dublin, keltischer Name der Halbinsel →Howth.

**Blackrock**   Gr. Cork, zwischen diesem südlichen Stadtteil Corks und der daran anschließenden Halbinsel, Passage West, liegt die Mündung des Douglasrivers, Dubglaisi, wo die beiden →Fir Bolg – Anführer Gann und Segann landeten →*Buch der Eroberungen*.

**Blackwater**   Gr. Limerick, Kerry. Der Oberlauf des Blackwater bildet die Grenze →Limerick/Kerry. Die →Fianna marschiert von den →Paps of Dana nordwärts, den Blackwater aufwärts, bis fast zur Quelle am Knockanefune, schwenkt nach Westen und gelangt über Farranfore (heute Flugplatz für Kerry) nach Dingle zur Schlacht von →Ventry →*Fionn und die Fianna: Schlacht von Ventry*.

**Boa Island**   Gr. Fermanagh. »Inis Badhbha«, Insel der →Badb, der Schlachtenkrähe, im Lower Lough Erne, ist über Dämme mit dem Festland verbunden. Blieb bis weit in die christliche Ära ein druidisches Heiligtum. Auf dem überwachsenen, alten Friedhof von Caldragh (ausgeschildert) befinden sich zwei vorchristliche Steinfiguren. Beide waren ursprünglich januskōpfig. Die einfachere, schwerer beschädigte, stand ehemals auf Lustymore Island und ist schwer bestimmbar. Die zweite, bärtige Gestalt sitzt auf der einen Seite mit gekreuzten Armen, auf der anderen, phallisch, mit gekreuzten Beinen da. Es dürfte sich um eine →Cernunnos-artige Gottheit handeln, um einen Vegetations- und Fruchtbarkeitsgott →*Mac Da Thós Schwein* →*Bricrius Bankett* →*Trunkenheit der Ulstermänner* →*Festhalle Da Dergas* →*Táin*.

**Bohernabreena**   Gr. Dublin. Bruiden →Da Dergas, in dem →Conaire Mór umkommt, nachdem er alle seine *gessa* (*geis*) gebrochen hat, liegt auf der Südseite Dublins, da »der Dodder durch die Festhalle fließt«. Er dürfte sich unweit des Weilers, rund 3 km s von →Tallaght befunden haben, denn »Bohernabreena« bedeutet »Bóthar na Bruidhne«, »Weg der Festhalle«. Andererseits wurde auch ein Grabhügel in →Donnybrook, →Dublin, damit indentifiziert →*Festhalle Da Dergas*.

**Boyle**   Gr. Roscommon. 3 km w von Boyle, am gleichnamigen Fluß, nö der Bahnlinie steht der Portaldolmen von Drumanone. Er ist mit Cul Cessrach identifiziert worden, dem Grab →Cessairs →*Buch der Eroberungen*.

**Boyne**   Gr. Offaly, Louth. Der Fluß, den →Boand personifiziert, entspringt am Fuße des Carbury Hill, dem Anderswseltsitz →Nechtans, Síd Nechtan, 6 km nö von Edenderry, zwischen →Dublin und Tullamore. Dieser steigt steil auf 141 m an: ein Steinhaufengrab, zwei Ringwälle – sie enthielten Brandgräber der Eisenzeit –, zwei ausgepflügte Ringwälle, eine Burg- und eine Kirchruine sowie ein Tudorhaus verteilen sich darüber. Der Blick vom Gipfel ist herrlich.
Der Boyne tritt auf der Südostseite, auf dem Gelände von Newbury Hall, zu Tage. Zutritt zum großen, binsenbewachsenen dunklen Teich, der als »Trinity Well« christianisiert wurde, ist gestattet. Jährlich wird hier für die Erstkommunikanten die Messe gelesen →*Werben um Étain*.
Die Mündung des Flusses, der bei Drogheda/Gr. Louth ins Meer fließt, Inber Colptha, hieß nach Colptha, einem der Söhne →Míls. Hier landete Éremon, der

Boyne-Quelle (Gr. Offaly), Sid Nechtain, Anderswelt-Sitz von Boynes Gatten Elcmar.

→ Milesier, und besiegte die → Tuatha Dé Danann bei → Teltown → *Buch der Eroberungen*.
Von Inber Colptha segelte → Art in die → Anderswelt → *Abenteuer von Art*.

**Brandon Creek** → Brandon Mountain.

**Brandon Mountain** Gr. Kerry auf der Dingle-Halbinsel ist mit über 950 m Irlands zweithöchster Berg und Kerrys Holy Mountain. Hier erlebt → St. Brendan die Vision der Paradiesesinsel → *St. Brendan*.
Auf dem Gipfel drängen sich in einem noch erkennbaren Mauerring St. Brendans Gebetshaus mit ein paar zerfallenen Bienenkorbhütten, eine typische, frühchristliche Einsiedelei. Das Kreuz darüber besteht aus Teilen eines im Zweiten Weltkrieg abgestürzten Bombers. An guten Tagen ist die Sicht nicht mehr ganz von dieser Welt: im Norden bis zu den → Aran Islands in der Galway Bay und den blauen Bergen von Connemara, im Süden nach den bizarren Pyramiden der Skelligs, unendlich viel Meer.
Vorchristliche Wallfahrten zogen zu Ehren → Lugs auf den Berg. Er wurde als Erntegott gefeiert, der seinem finsteren Gegenspieler, Crom Dubh, zu Gunsten der Menschen die Ernte entrang → *Buch der Eroberungen*.
Seit Sommer 1996 soll die christliche Prozession wieder an *Lugnasa* stattfinden. Vorher wurde sie gern auf stabileres Wetter verschoben. Der Faktor Wetter muß ernst genommen werden – Brandon Mountain ist berüchtigt für seine raschen Witterungsumschläge. Nach → Cloghane weist ein Schild zum »Cnoc Bréannain«; beim Weiler Faha orientiert eine Tafel über richtiges Verhalten an diesem Berg. Der Weg zum Gipfel, wie übrigens auch der von Ballybrack auf der Südseite, ist mit rotweißen Pfosten, Pfeilen, Steinhaufen und Kreuzen markiert.

Vom Brandon Creek am Südfuß des Brandon Mountain, n von Dingle, lief →St. Brendan zu seiner Navigatio aus. Tim Severin tat es ihm rund 1500 Jahre später mit seiner St. Brendan nach, der exakten Kopie seines Bootes (→Craggaunowen).

**Breenmore Hill**   Gr. Westmeath ist der Bruiden da Choca, wo →Cormac Conloinges einen ähnlich tragischen Tod findet wie →Conaire Mór; knapp 5 km nö von →Athlone an der Staße nach Ballymahon. Auf dem Hügel links vor Ballykeeran sind Reste eines Ringwalles.

**Bréfne**   entspricht etwa den heutigen Grafschaften Cavan und Leitrim. Und dieses Gebiet soll →Midir in einer Nacht aufforsten! → *Werben um Étain*.

**Brega**   ist das Gebiet zwischen →Boyne und Liffey; es entspricht etwa dem heutigen Meath. →Kinder Tuirinns denken mit Sehnsucht daran. →Étain wird in Inber Cíchmaine, vermutlich an der Mattockmündung in den →Boyne, zum zweiten Mal geboren (→ *Werben um Étain*). →Es ist geis für →Conaire Mór »rechts an →Tara und links an Brega vorbeizuziehen – was er natürlich bricht (→ *Festhalle Da Dergas*). →Der *Táin* wälzt sich über Brega, immer gefolgt von der →Morrígan. →Brigit ist die höchste Göttin der Brigantes, die sich u.a. auf Brega niederlassen und dieser Ebene den Namen geben.

**Breganza**   Nord-Spanien. Der Bregonenturm, von dem →Íth Irland erblickte, stand nach einer alten Überlieferung in La Coruna.

**Breslech Mór**   Gr. Louth. »Ort des großen Blutbades«, Ebene s von Dundalk. Der »Knock«, (Hügel) von Knockbridge, ca. 7 km sw von Dundalk, ist der Hügel Lerga, auf dem →Cúchulainn angesichts der Übermacht seiner Feinde Verzweiflung übermannt. →Lug vertritt und pflegt ihn. Unterdessen werden die Jungkrieger von →Emain Macha aufgerieben, was Cúchulainn in seiner berüchtigten Wutverzerrung furchtbar rächt. Hier ereilt ihn aber auch sein eigener Tod (→Cloghfarmore).
Wie der todwunde →Donn am Hügel vorbeikommt, legt er seine Stirn, etan, daran, so daß er von jetzt ab »Etan Tairb«, »Stierstirne« heißt → *Táin*.

**Brí Éile**   →Croghan Hill.

**Brí Léith**   →Ardagh Hill, Slieve Golry.

**Brosna**   Fluß in den Midlands, der sich in den → Shannon ergießt. →Fionns Jagdgebiet erstreckt sich dem Brosna entlang →*Fionn und die Fianna*.
Ulstermänner setzen in ihrer trunkenen Fahrt darüber →*Trunkenheit der Ulstermänner*.

**Bruiden da Choca**   →Breenmore Hill

**Bruiden da Derga**   →Bohernabreena →Dublin →Donnybrook.

**Bruig na Bóinne**   Gr. Meath. *Síd* der →Tuatha Dé Danann: Eingänge zur Anderswelt. Sowohl die ganze →Boyne-Schlaufe zwischen →Drogheda und →Slane, wo sich ein Megalithfriedhof von wenigstens 25 größeren Gräbern ausbreitet, ist damit gemeint, als auch die drei größten Ganggräber Knowth, Dowth und das aufwendigste von allen, Newgrange. Letzteres ist der Andersweltpalast von →Dagda oder →Elcmar, und nachdem →Oengus die beiden ehrwürdigen Götter ausgetrickst hat, ist es sein Palast. Hier träumt er von →Caer Ibormait (→*Oengus Traum*), hier pflegt er den Schmetterling →Étain (→*Werben um Étain*), hierher bringt er →Gráinne in Sicherheit und hier rüstet er ihrem toten Gatten →Diarmaid ein Grab →*Fionn und die Fianna: Diarmaid und Gráinne*.

Andersweltvögel locken den Ulsterhof zum Bruig na Bóine und dort kommt zur gleichen Zeit wie zwei Fohlen, ein Heldenkind zur Welt →*Táin: Cúchulainns Empfängnis*.

Auf der Wiese vor dem Hügel leiht Oengus →Eochaid das magische Pferd, das Lough Neagh entstehen läßt →*Lough Neagh*.

Auf der Höhe vom Bruig liegt →Manannán mac Lirs Andersweltboot vor Anker →*Kinder Tuirinns*.

Als das Hauptkontingent der Kelten auf die Insel kam, stand Newgrange bereits seit 3000 Jahren. Neue Karbonmessungen geben das Alter mit 3200 v. Chr. an: Newgrange ist älter als die Pyramiden, älter als Stonehenge in Britannien. Für die Neuankömmlinge war es offensichtlich, daß Menschen solche Konstruktionen nicht zustande brachten, der →Dagda hatte den Bruig gebaut. Und es ist immer noch schwer zu begreifen, wie Ackerbauern der neueren Steinzeit, ohne metallene Werkzeuge, diese enormen Mengen Stein und Erde bewegten, so exakt konstruierten und an vielen Steinen eindrückliche Dekorationen hinterließen.

Newgrange ist in den sechziger- und siebziger Jahren ausgegraben und völlig restauriert worden. Die Grabkammer hat einen kreuzförmigen Grundriß und liegt auf einer leichten Bodenwelle, so daß der längere, enge Gang immer etwas ansteigt. Er führt unter eine 6 m hohe, in Kragsteintechnik gefertigte Kuppel und weitet sich zu drei Kammern aus, worin flache Steinbecken stehen. In diesen fanden sich menschliche Überreste, zum Teil kremiert, zum Teil unverbrannt. Der erstaunlichste Zug des ganzen Hügels – die Kammer wurde mit Erdsoden und Steinen abgedeckt – ist der »Sonnenbriefkasten«. Ein über dem tiefer liegenden Eingang angebrachter Schlitz läßt zur Wintersonnwende einen Sonnenstrahl ein, der die Tripelspirale an der hintersten Kammer bescheint und in 17 Minuten die ganze Kammer ausleuchtet, bevor er verschwindet. Läßt sich besser ausdrücken, daß das Licht das Dunkel besiegt, das Leben den Tod? Den Kelten muß dieser Zusammenhang klar ersichtlich gewesen sein: es ist doch wohl zuviel des Zufalls, daß sich der junge, lichte Gott, Oengus, durch einen Kunstgriff Zutritt zu diesem *síd* verschafft!

Newgrange ist eine Hauptattraktion Irlands. Wenn ein Besuch in der Hochsaison unvermeidlich ist, dann an der ersten Führung am Morgen, oder an der letzten am Abend teilnehmen.

**Bull Rock**   Gr. Cork ist →Teach Duinn.

**Burgage Motte**   Gr. Carlow ist als Dinn Rígh, eine der königlichen Leinsterresidenzen, identifiziert worden – möglicherweise →Mac Da Thós. Im imposanten Grabhügel auf der alten Burgage-Domäne liegt Slanga, der →Fir Bolg-Anführer begraben →*Buch der Eroberungen*.

Newgrange. Bruig na Bóinne.

»Sonnenbriefkasten« von Newgrange. Durch eine List verschafft sich Oengus Zutritt zum síd.

Der Hügel befindet sich ca. 1 km s von Leighlinbridge im →Barrow-Tal, zwischen der N 10 nach Kilkenny und dem Fluß, s von Carlow.

**Caherconree** Gr. Kerry. →Cú Rois Residenz in den →Slieve Mish Mountains. →Loégaire, →Conall Cernach und →Cúchulainn werden hergeschickt, um ihn entscheiden zu lassen, wer Irlands größter Held sei. Jeder muß nachts seine Stadt bewachen, während er sie in Gestalt eines greulichen Andersweltwesens testet →*Bricrius Bankett.*
→Bécuma verschafft sich hier Cú Rois Zauberstab →*Abenteuer von Art.*
Zu →*Samhain* hilft Bláthnad →Cúchulainn, sich ihres alten Gatten zu entledigen. Caherconree ist die Festung, die sich jede Nacht unablässig drehte, so daß der Eingang nicht gefunden werden konnte. 615 m hoch gelegen ist sie Irlands zweithöchste Binnenlandzungenbefestigung. Eine zyklopenhafte, stellenweise noch über 2 m hohe Mauer mit flachem Graben schneidet einen spitzzulaufenden Sporn vom übrigen Berg ab: Süd- und Nordseite sind sehr steil. Passenderweise ist der Eingang im Osten – der Eingang, in dem Cú Roi sein schimmerndes Haar zu kämmen pflegte. Das Festungsinnere war terrassenförmig angelegt. Die Sicht ist großartig. Diese Festung besitzt ein starkes, kultisches Element, und es ist nicht unmöglich, daß sie eigens für den Sonnengott angelegt wurde.
Die Festung ist von Camp, rund 16 km sw von Tralee, auf der Nordseite der →Dingle-Halbinsel, ausgeschildert; das Sträßchen dem Finnglass nach – eben dem Bach, in den Bláthnad Milch goß, um Cúchulainn das verabredete Zeichen zum Hochkommen zu geben – ist recht steil. Fast genau unter der Festung gibt es eine Parkmöglichkeit. Die Markierungspfosten gehen bis zum Promontory Fort hoch.

**Carbury Hill** →Síd Nechtan →Boyne.

**Carnfree** Gr. Roscommon →Fraechs Grabhügel. Der an sich kleine Hügel wirkt imposant, da er auf dem höchsten Punkt einer Bodenwelle aufsitzt. Seit Urzeiten wurde er als Krönungshügel der Könige von →Connaught benützt; der letzte König wurde dort 1641 offiziell ausgerufen. →St. Patrick beeilte sich, den Ort zu verchristlichen, indem er die Enkel des damaligen Königs taufte (→Clebach) und das Krönungsprotokoll neu bestimmte. 800 m ö von Carnfree ist noch der Grundriß eines Hauses in einer Umwallung, noch weiter s, unweit von Shad Lough, die Ruine einer St. Patrickskirche zu sehen →*Fraechs Rinderraub* →*Táin.*
*Carnfree* befindet sich 5 km ssw von →Tulsk, zwischen Frenchpark und Strokestown.

**Carraig na rón** Gr. Antrim. »Seehundsfelsen«, auf dem sich die →Kinder Lirs auch nach den schwersten Stürmen wiederfinden und Fionula mehrmals ihren Schwanenbrüdern das Leben rettet.
Es gibt mehrere solcher Felsen; geographisch und von der Überlieferung her ist Carraig na Ronn auf Rathlin Island, im Nordkanal, oder der ins Englische übersetzte »Seal Rock« nö von Carnlough, an der Ostküste, am passendsten. →*Kinder Lirs.*

**Cashel** Gr. Tipperary. →Fionn soll vom »Rock of Cashel«, dem Fels der Munsterkönige und Zentrum des Südens, bereits die Ankunft →St. Patricks vorausgesagt haben →*Fionn und die Fianna.*

St. Patrick machte den jäh aus der Ebene aufsteigenden Felskopf zu »St. Patrick's Rock«. Der damalige König Oengus hatte ein steinernes Ringfort darauf stehen, das er dem Heiligen schenkte. Er ließ sich von dessen Lehre überzeugen, als dieser dem Hof an Hand eines Kleeblattes die Trinität erklärte (wobei diese Anekdote außer acht läßt, daß die Kelten die Dreieinigkeit durch ihre eigenen Götter kannten). Bei der Taufzeremonie bohrte der Heilige in der Aufregung die Spitze seines Bischofsstabes in den bloßen Fuß des Fürsten, der im Glauben, dies gehöre zum Ritual brav stillhielt. Cashel wurde zum →Armagh des Südens. 27 Könige von Munster anerkannten St. Patrick als ihren obersten Herrn.

Cashel (Gr. Tipperary). Königsfels von Munster.

Bei Cashel läßt sich Geschichte lagenweise ablesen: Andeutungen des Ringwalles sind in der Friedhofsmauer vorhanden. Darin sitzen ein Rundturm, »Cormacs Chapel«, vom frühen 12. Jh., ein Musterbeispiel des hiberno-romanischen Stils, die große Kathedrale vom 13. Jh. und die Eingangshalle, worin ein kleines Museum und Informationszentrum untergebracht ist. U. a. weist es darauf hin, daß der Sockel von »St. Patricks Cross« hohl ist – es dürfte sich um das erste Taufbecken handeln. →St Patrick.

**Castleknock** Dublin/Gr. Dublin, mit »Cnuca« identifiziert: In der Schlacht von Cnuca fiel →Fionns Vater, Cumhall.
Castleknock ist heute ein Stadtteil Dublins, westlich vom Phoenix Park. Im Park des Castleknock College erhebt sich der namensgebende »Knock«, »Hügel«, nebst der Ruine der ersten Burg →Fionn und die Fianna: Jugendtaten.

**Ceanannus Mór** Gr. Meath ist die offizielle Form für das anglisierte »Kells«. Hier verbringen die Connaughter eine ungemütliche Nacht im Schnee →Táin.

Ceanannus Mór war eine königlich Festung, bis sie der Hochkönig Diarmaid Mac Cerbhail →St Columcille übertrug und er darin ein Kloster gründete. Dieses nahm großen Aufschwung, als sich nach dreimaliger Plünderung durch die Wikinger, 806 die Mönche von Iona hierher flüchteten. Sie brachten die Reliquien des Gründers mit, u. a. St. Columcilles Bischofsstab (heute im Nationalmuseum →Dublin), und das schon in Iona begonnene *Book of Kells* (heute in der Bibliothek des Trinity College, Dublin). Abgesehen vom Rundturm, gehen vier Hochkreuze auf dem Friedhof auf die kolumbanische Gründung zurück. Nordkreuz: mit geometrischen Mustern verzierte Basis; Ostkreuz im Rohzustand; Westkreuz Fragment; das Südkreuz ist über und über mit biblischen Szenen bedeckt: Tierfries mit Hirsch, Reh, Kitz, Kranich, Eichhörnchen; Sündenfall; Kain und Abel; Kinder im Feuerofen; Daniel in der Löwengrube etc. Gleich hinter dem Friedhof: »Columcilles House«, eine Steinkirche aus dem 9. Jh. mit einem von einem Tonnengewölbe getragenen, steinernen Spitzdach. Möglicherweise von den Mönchen errichtet zum Dank für die heile Ankunft in Kells. Auf dem Marktplatz, mitten im Abgasqualm des Durchgangsverkehrs, erhebt sich das leicht beschädigte fünfte Kreuz von Kells, mit hervorragend detaillierten Szenen, u. a. einem →Cernunnos-artigen Wesen, das zwei Vierbeiner umfaßt hält →*St. Columcille.*

**Ceann Boí** →Dursey Head.

**Cenn Abrat** Febrat/Gr. Limerick, wo →Fintan auf der Flucht kurz rastet (→*Buch der Eroberungen*) und die betrunkenen Ulstermänner drüberrasen (→*Trunkenheit der Ulstermänner*) ist versuchsweise mit →Ardpatrick/Seefin identifiziert worden, gelegentlich mit Slieve Reagh, 5 km nö von Kilfinane und wiederum 5 km nö von Ardpatrick.

**Clane** Gr. Kildare. An der Furt bei Clane, wo heute die Brücke die Liffey überspannt, tötet Conall Cernach den Leinsterkönig →Mesgegra. Auf dem Westufer, vor der Brücke auf der Südseite der Straße, schräg gegenüber der Franziskanerabtei, erhebt sich der Grabhügel der Königin Buan →*Kampf um Howth.*

**Clebach, heilige Quelle von** Gr. Roscommon, die Quelle, an der →St. Patrick die beiden Töchter König →Laogaires von →Tara taufte, nebst den beiden druidischen Ziehvätern, ist die Quelle Ogulla von →Tulsk, zwischen Frenchpark und Strokestown. Sie speist den Dorfbach und ist ausgeschildert. Sie befindet sich auf einem alten Kirchgelände nw des Dorfkerns. Ein grüngewandeter St. Patrick wacht über die liebevoll hergerichtete Anlage, in der an Festtagen Gottesdienste stattfinden. Ethne, »die Schöne«, und Fedelma, »die Rotwangige«, wurden in einem Ringwall neben der Quelle begraben.

**Cleitigh** Gr. Meath, auch Ucht Cleitigh, wird sowohl als *síd* als auch als reale Festung beschrieben. Jedenfalls ist es ein vielbesuchter Ort. →Oisín sucht dort seine Mutter →Blai Derg auf, nach dem Untergang der →Fianna (→*Fionn und die Fianna*). →Dagda oder →Elcmar wohnen da als Ersatz für Bruig na Bóinne (→*Werben um Étaín*). →Cormac zieht sich dahin zurück, nach seinem Unfall, um das Handbuch für Prinzen zu schreiben. Liederliche, kleine Dämonen, *sheevras*, die seinen moralischen Lebenswandel nicht leiden mögen, lassen hier den großen König an einer Lachsgräte ersticken.

Clohaneely-Stein (Gr. Donegal). Darauf hat Balor Mackineely enthauptet.

Cúchulainn-Stein. Denkmal im Dorf Rathiddy (Gr. Louth).

Wo sich Cleitigh befand, ist nicht eindeutig: es könnte einer der großen Grabhügel in der Nähe von Newgrange (→Bruig na Bóinne) oder der Hügel von Stackallen, 6,5 km sw von →Slane, mit Kirchruine gewesen sein.

**Cloghane** Gr. Kerry ist ein Dorf auf der Nordseite der Dingle-Halbinsel, am Fuße des →Brandon Mountain an der gleichnamigen Bucht. Vom Strand von Clochane »Cincat«, »Katzenkopf«, setzt das verrückte Pferd von →Giolla Deacair mitsamt den fünfzehn entführten Feniern zur Anderweltreise an →*Fionn und die Fianna: Giolla Deacair*.

Es dürfte kein Zufall sein, daß sich die →Anderswelt so problemlos vom Strand Cloghanes, erreichen läßt, denn er war seit Urzeiten der Endpunkt der Feiern zu Ehren →Lugs, die wenig verändert vom Christentum übernommen wurden. Vor einem knappen halben Jahrhundert bestiegen Pilger noch allgemein am Crom Dubh – Sonntag Brandon Mountain von der Südseite und kamen über Clochane herunter, wobei auf dem Strand die religiösen Feierlichkeiten in eher weltliche Lustbarkeiten übergingen. Gefeiert wurde u. a. die Bekehrung des Magiers Crom Dubh. Noch vor wenigen Jahren war sein steinerner Kopf in der Kirchruine eingemauert – eine der seltenen Götterdarstellungen Irlands. Unterdes ist Crom Dubh von Unbekannten entwendet worden.

**Cloghaneely-Stein**  Gr. Donegal. »Cloch Cheannfhaolad«, der möglicherweise bereits von den →Druiden beachtete Quarzitklumpen mit den rötlichen Adern, auf dem →Balor Mackineely enthauptete, sitzt auf einer, mit einer Inschrift versehenen Säule auf der ehemaligen Domäne von Ballyconnell House (heute irische Sommerschule und Bürgerzentrum), hinter den Fußballplätzen, 3 km nö von Gortahork/Falcarragh in der Donegal Gaeltacht – der Stein ist von solcher Wichtigkeit, daß sich das Kirchspiel danach nennt →Buch der Eroberungen.

**Cloghfarmore**  Gr. Louth. →Cúchulainn bindet sich, tödlich verwundet, an eine Steinsäule auf →Breslech Mór, um aufrecht zu sterben →Táin.
Der beste Kandidat für diesen Menhir ist Cloghfarmore, bei Rathiddy, 3 km nw von Louth, auf der rechten Straßenseite, im Feld vor der Brücke über den Fane. Das Dorf Rathiddy hat dem Ulsterhelden ein Denkmal gesetzt, das sich in mehreren Sprachen als Cúchulainnstein ausgibt.

**Clonard**  Gr. Westmeath. St. Finian war der Gründer des berühmtesten Klosters des frühen 6. Jh. Er gilt als Lehrer der Heiligen Irlands – abgesehen von →St. Columcille, →St. Brendan und →St. Ciaran studierten weitere 2 997 Schüler unter ihm.
Das Kloster von Clonard ist verschwunden; die Huckel unter der Weide warten auf den Spaten des Archäologen. Das einzige Überbleibsel ist ein seltenes, achteckiges, frühes Taufbecken in der protestantischen Kirche, die den Platz der Klosterkirche einnimmt →St. Columcille →St. Brendan.

**Clonfert**  Gr. Galway. Letzte und wichtigste Gründung →St. Brendans von 563, in der er sich unter strengster Geheimhaltung beisetzen ließ →St. Brendan
Übriggeblieben ist eine kleine Kathedrale, in den Grundzügen aus dem 12. Jh., ein selten schönes Beispiel für den hiberno-romanischen Baustil. Das Auffallendste ist das Portal. Die sieben Ordnungen sind über und über mit Mustern und Masken geschmückt. Im hochgezogenen Giebelfeld sitzen unter Arkaden oder in Dreiecknischen Köpfe mit erstaunlich individuellen Gesichtszügen. Wußten die christlichen Erbauer und Steinmetze wohl noch, daß die Inselkelten tausend Jahre zuvor begeisterte Kopfjäger gewesen waren?

St. Ciaran und St. Diarmaid mac Cerbhail setzen den ersten Pfosten ein, Clonmacnois (Gr. Offaly).

**Clonmacnois**  Gr. Offaly, am Ostufer des Shannon ist →St. Ciarans Gründung von 549. Diarmaid mac Cerbhail, auf der Flucht vor seinem Verwandten, der die Hochkönigswürde an sich gerissen hatte, half dem Heiligen eigenhändig und gegen den Rat seines →Druiden, die ersten Pfähle einzuschlagen. Dafür prophezeite ihm St. Ciaran das Hochkönigtum.

Im Scriptorium von Clonmacnois entstand u. a. das *Lebor na hUidre*, das Buch der dunkelfarbigen Kuh, das den *Táin* enthält. In der späteren Fassung der Offenbarung des *Táin* bekommt St. Ciaran den Text von →Fergus diktiert und schreibt ihn auf Pergament aus dem Fell seiner berühmten Schwarzbraunen →*Táin*.
Clonmacnois ist, ganz abgesehen von der herrlichen Lage am Fluß, mit acht Kirchen, zwei Rundtürmen, Hunderten verzierter Grabsteine sowie drei Hochkreuzen die großartigste frühe Klosteranlage Irlands. Die Hochkreuze sind im mythologischen Zusammenhang besonders interessant. Auf der Ostseite des Bibelkreuzes ist die Szene der Klostergründung verewigt: der bärtige Hochkönig in spe setzt, zusammen mit dem in eine Mönchskutte gekleideten St. Ciaran den ersten Eckpfosten. Auf dem Fragment des Nordkreuzes läßt sich, bei guten Lichtverhältnissen, eine deutlich →Cernunnos-artige Figur ausmachen. Das neue Besucherzentrum dokumentiert die Klostersiedlung ausführlich.

**Cnoc Áine**  →Knockainey

**Coney Island**  Gr. Clare. Auf Coney Island, w von Shannon Airport, in der Mündung des Fergus Rivers, steht ein kleines Kloster von →St. Brendan →*St. Brendan*.

**Coney Island**  Gr. Sligo. Auf Coney Island, Sligo gegenüber, die man bei Ebbe trockenen Fußes erreichen kann, befindet sich →St. Patricks Chair – ein aus großen Steinblöcken gefügter thronartiger Sitz, wo sich der Heilige nierderzulassen pflegte →*St. Patrick*.

**Cong**  Gr. Mayo. 3 km ö von Cong ließ sich 1865 der Arzt und Amateurarchäologe, Sir William Wilde, Moytura House bauen, in der Überzeugung, daß sich die erste Schlacht von →Mag Tuired hier abgespielt habe →*Buch der Eroberungen*.
Die Gegend ist reich an prähistorischen Monumenten, an denen er die Erzählung festzumachen suchte oder für die er Phantasienamen erfand – ein Fall von bewußter Mythologisierung. In Wirklichkeit läßt sich die erste Schlacht nicht oder nur unter Widersprüchen, lokalisieren. Cong, auf der Landbrücke zwischen →Lough Corrib und Lough Mask, ist landschaftlich hingegen so schön und der Mythologisierungsversuch Sir W. Wilde so exzentrisch, daß das Dorf nicht unerwähnt bleiben darf.

**Conmaicne Rein**  Gr. Leitrim. Nach der einen Fassung »landen« die →Tuatha Dé Danann bei ihrer Ankunft in Irland auf dieser Bergspitze »in Süd-Leitrim«. Es könnte sich um →Slieve Anierin in der Iron Mountains – Kette gehandelt haben →*Buch der Eroberungen*.

**Connaught**  ist in der Sagenwelt ebenfalls die westlichste Provinz. Allerdings gehörte Clare dazu. →Medb und →Ailill sind König und Königin davon; ihr Sitz ist →Rathcrogan. →Cet ist der größte Held der Connaughter, die sich sowohl mit den Ulstermännern (→*Táin*), als auch mit denen von →Leinster kriegerisch auseinandersetzen →*Mac Da Thós Schwein*.
→Fintan, das wandelnde Geschichtsbuch, kannte die Fähigkeiten, Werte und Eigenschaften einer jeden Provinz. Connaught wurde Wissen, Gelehrsamkeit, Geschichtenerzählen sowie Geschichte zugeordnet.

**Cooley Peninsula** Gr. Louth, zwischen Dundalk Bay und Carlingford Lough, ist die Heimat des schwarzen Stieres →Donn, die er, gewarnt von der →Morrígan, sofort verläßt, so daß →Medb vergeblich die Halbinsel nach ihm absucht → *Táin*.

Cooley Peninsula (Gr. Louth).

**Corkaguiney** →Dingle-Halbinsel

**Craggaunowen, Freilichtmuseum** Gr. Clare, rund 5 km osö von Quin (ausgeschildert). Unter anderem ist dort das genau nach der *Navigatio Brendani* nachkonstruierte Boot – Leder über einem hölzernen Rahmen – ausgestellt, womit Tim Severin 1976/77 die Seefahrt von →St. Brendan nachvollzog →*St. Brendan*.

**Croagh Patrick** Gr. Mayo. Der prächtige 762 m hohe Quarzitkegel über Clew Bay, 10 km wsw von Westport, ist Irlands berühmtester heiliger Berg, auf dem bereits die Kelten →Lug verehrten. Der Pilgerpfad bis zum Sattel ist steil, aber es ist ein fester Weg. Das letzte Drittel, »crúach«, das beim Grab von St. Benen, →St. Patricks Ziehsohn, beginnt, besteht aus losem Gestein. Ein tüchtiger Stock, wie ihn die Pilger benutzen, ist das einzig Richtige für den beschwerlichen Aufstieg. Manche gehen barfuß und es sind Tausende, die am und um den letzten Sonntag im Juli (→Lugnasa) den Aufstieg oft schon nachts oder in den frühen Morgenstunden unternehmen, um auf dem Gipfel den Sonnenaufgang zu erleben und vor der kleinen, weißgetünchten Kapelle die Messe zu hören.
Ein Steinhaufen repräsentiert »Patrick's Church«, ein weiterer »Patrick's Bed«. Beide werden betend umschritten – mit dem Lauf der Sonne.
Das Panorama ist grandios. Der Blick geht über Clew Bay mit den, wie es heißt, 365 Inseln, über Bergrücken, Moorlandschaften, Dutzender kleiner Seen. Das Gelände ist nicht ungefährlich; Unfälle passieren häufig im letzten Drittel; das

Wetter kann sehr plötzlich umschlagen und innerhalb von Minuten den Gipfel in dichten Nebel hüllen, auch wenn vom Sattel weg noch die Sonne scheint.

**Crích Ros**   Gr. Monaghan, Gr. Louth. →Cúchulainn verteidigte Ostmonaghan und Louth gegen →Medb → *Táin.*

**Croghan Hill**   Gr. Offaly ist Brí Éile, das *síd* der schönen, strahlenden Andersweltfrau Éle, die alle Dichter umwerben →*Fionn und die Fianna.*
Von →Uisnech geht die Sonne nach der längsten Nacht, Wintersonnwende, über Brí Éile auf. →Brigit, Patronin der Dichter und Schmiede, hielt hier ihren wunderbaren Kessel instand, ein Kessel der Fülle und der dichterischen Inspiration. →St. Brigid kam nach der örtlichen Überlieferung am Hügelfuß zur Welt und ließ sich auf dem Hügel den Schleier geben: sie machte das christliche Licht der Wahrheit zu ihrem Lebensprinzip. Lange fanden auf dem Hügel →Lugnasa-Feiern statt. Gloriose Rundsicht über den Bog of Allen, »Moin Éile«, und die Ebene »Mag Éile«. Auf dem Gipfel: ein prähistorisches Kammergrab, eine Kirch- und eine Burgruine, beides mittelalterlich, und zwei heilige Quellen am Hang. Croghan Hill (232 m) liegt 8 km nnö von Daingean, ca. 20 km ö von Tullamore.

**Crossakeel**   Gr. Meath →Cúchulainn kommt als Späher bis Crossakeel; erste Warnung an →Medb → *Táin.*
Heute unbedeutendes Dorf in wenig berührter Landschaft.

**Crow Island oder Inis Aolbhach**   Gr. Cork. Hier hat →Goibniu seine Schmiedewerkstatt eingerichtet. Auf der Insel grast seine wunderbare Kuh, Glas Ghoibhneann. Crow Island ist die typische Andersweltinsel, woher die Lebensimpulse kommen. Gegengewicht zu Teach Duinn, →Donns Haus. Winzige Insel vor der Reen – an der Spitze der →Beara Peninsula, vor →Dursey Island.

**Cruachan**   →Rathcrogan.

**Cúil Silinne**   Gr. Roscommon. Erster Halt von → Medbs Armee: die Königin löst ihren Stoßtrupp auf → *Táin.*
Ca. 7 km sö von Rathcrogan, knapp 4 km sö von →Tulsk.

**Cullen**   Gr. Tipperary, rund 8 km nw von Tipperary; kleines Dorf. →Fionn darf die schöne Tochter des Dorfschmiedes heiraten und bringt ihr den Kopf des magischen Schweines als Brautpreis →*Fionn und die Fianna: Jugendtaten.*
Zum Andenken heißt der Berg sw von Tipperary »Slievenamuck«, »Berg des Schweins«. Er bildet die Nordseite des landschaftlich reizvollen Glen of Aherlow.

**Curlew Hills/Mountains**   Gr. Sligo, Gr. Roscommon. →Lug wandert darüber nach →Ballysadare → *Kinder Tuirinns.*
Hügelkette zwischen Lough Gara und Lough Key. Landschaftlich besonders lohnend.

**The Curragh**   Gr. Kildare. »Rennbahn«. Die Liffey-Ebene, ca. 10mal 3 km, ö von →Kildare, ist mit prähistorischen Monumenten übersät. Vorzügliches Grasland und seit je berühmt für Pferdezucht. Die ersten Rennen dürften zu Ehren der großen →Brigit stattgefunden haben: der Curragh liegt im Dreieck der drei Heiligtümer Kildare, Hill of →Allen und →Knockaulin →*Buch der Eroberungen.*

Der Curragh wurde von →St. Brigid als »St. Brigids Weideland« übernommen. Die geschmackvolle Kirche St. Brigid aus den sechziger Jahren erinnert daran →St. Brigid.
→Fionn schlägt die Fürstensöhne in allen Wettkämpfen und →Blai Derg rennt gehetzt über den Curragh davon →Fionn und die Fianna.
→Conaire Mór, der künftige König, trödelt auf dem Curragh herum, statt sich nach →Tara aufzumachen →Festhalle Da Dergas.

**Derry** Gr. Derry geht auf eine Klostergründung →Columcilles zurück. Er bekam die Festung und den »Eichenwald Calgachs«, »Doire Calgach«, geschenkt, wovon Kloster und Stadt den Namen hernahmen. Es dürfte sich um den Sitz eines →Druiden gehandelt haben, den Columcille verchristlichte: die Eichen behandelte er mit der für ihn charakteristischen Hochachtung und duldete nicht, daß sie gefällt wurden →St. Columcille.
Heute besetzen St. Columbas Kirche und Friedhof, auf dem sich eine Statue des Heiligen befindet, den alten Klostergrund. »St. Colum's Stone«, ein doppelt gehöhter Steinblock unter einem Kalvarienkreuz, ist das einzige Überbleibsel davon. Bis vor hundert Jahren saß es neben St. Colums Quelle, die sich unter der kreuzesgeschmückten Pumpe in Pump Street versteckt. St. Columbs Kathedrale befindet sich nö, am Ende von Long Tower Street.

**Dingle Peninsula** Gr. Kerry. Corca Duibhne/Corcaguiney. →Cessair landet hier 2 242 Jahre nach der Erschaffung der Welt. →Íth kommt, wenigstens in einer Fassung, hier aus Spanien an; die →Tuatha Dé Danann schlagen die Entscheidungsschlacht in den →Slieve Mish Mountains →Buch der Eroberungen.
→Giolla Deacairs verrücktes Pferd entführt 15 Fenier hierher, bevor es mit ihnen in die →Anderswelt abtaucht. →Diarmaid erhält sein Erbe in Corcaguiney.
Die Dingle Peninsula ist die landschaftlich ausgesprochen reizvolle Halbinsel zwischen Tralee und Dingle Bay →Clochane →Brandon Mountain →Caherconree.

**Dinn Righ** →Burgage Motte.

**Doonbeg** Gr. Clare. Nach der Überzeugung der Fischer von Clare wohnt →Donn in den Dünen von Doonbeg. Zwar ist hier ein guter Badestrand, aber der ganze Küstenabschnitt ist gefährlich für die Schiffahrt. Immer wieder passieren Unfälle, die Menschenleben kosten →Buch der Eroberungen.

**Downpatrick** Gr. Down hieß ursprünglich Rathceltchair, »Festung →Celtchairs«, des Ulsterhelden, oder Dún Leathglaise, wurde aber zu Dún Pádraig umbenannt, nachdem der Normannenherzog John de Courcy die Gebeine des Heiligen im Wall »gefunden« hatte. Zweifellos hatte →St. Patrick eine Steinkirche in die Hügelfestung über dem Quoile gebaut, woraus sich ein Kloster entwickelte. An seiner Stelle erhebt sich die protestantische Kathedrale. Das angebliche Heiligengrab, in das De Courcy gleich auch →St. Brigid und →St. Columcille überführen ließ, befindet sich auf der Südseite der Kirche und wurde 1900 mit einem großen, mit »Patric« beschrifteten Stein überdeckt, um den Gläubigen zu verunmöglichen, von dem heiligen Grund mit nach Hause zu nehmen →St. Patrick.
Downpatrick liegt ssw vom Strangford Lough; der ursprüngliche Wall ist besonders auf der Südwestseite deutlich sichtbar.

**Downpatrick Head**  Gr. Mayo, 8 km nnö von Ballycastle, über den Nordklippen Mayos, befinden sich Überbleibsel einer St. Patrickskirche, eine nicht mehr besuchte heilige Quelle und eine seltsam gestauchte Figur des Heiligen →*St. Patrick*.
Downpatrick Head dürfte ein ehemals →Lug geweihter Ort gewesen sein, da sich hier →Lugnasa-Feiern noch lange in großem Umfang gehalten haben →*Buch der Eroberungen*.
Trotz spärlicher Reste lohnend, wegen der landschaftlichen Schönheit und den natürlichen Sehenswürdigkiten, wie die »Puffing Holes«, in die das Meer unentwegt hineindonnert, oder Doonbrisky, die ehemalige Landzungenbefestigung, die heute vom Land abgetrennt, auf einer Felssäule sitzt.

**Drogheda**  Gr. Louth. →Caoilte sucht →St. Patrick via das »Kloster von Drogheda« auf und findet ihn aber erst in Dún Druim Derg, das in der Nähe liegen muß, aber nicht lokalisierbar ist. →*Fionn und die Fianna: Ende der Fianna*.

**Drum Ceatt**  Gr. Derry. Im heutigen Roe Valley Park, auf der ehemaligen Roepark-Domäne, 1,6 km s von Limavady. Hier trat 576 der Konvent von Drum Ceatt zusammen. Unter vielen anderen war ein Punkt der Tagesordnung die Abschaffung der Dichterklasse (→file). →St. Columcille sprach sich jedoch nachdrücklich dagegen aus und bewahrte den Dichterstand vor der Auflösung →*St. Columcille*.
Drum Ceatt alias »the Mullach«, Mullagh – oder Daisy Hill, ist ein seltsamer, großer, halb natürlicher, halb künstlicher, oben abgeplatteter Hügel. Es ist vorstellbar, daß dort oben eine Podiumsdiskussion stattfand und die Zuhörer sich um den Hügelfuß verteilten. Der Hügel ist heute in die städtische Sportanlage miteinbezogen.

**Drung Hill**  Gr. Kerry. →Diarmaid macht an den Hängen des immerhin 647 m hohen, steil ins Meer abfallenden Berges incognito Kunststücke, die ihm seine Häscher zu ihrem Leidwesen nachtun wollen →*Fionn und die Fianna*.
Drung Hill sitzt zwischen Killorglin und Cahirciveen, ca. 10 km sw von Glenbeigh. Bereits von der Straße, einem Teil des »Rings of Kerry«, ist die Sicht über die Bucht und die →Dingle Peninsula großartig. Ein Pilgerpfad führt jedoch auch auf den Gipfel, worauf sich ein beachtliches Steinhaufengrab breitmacht. Hier soll der Lokalheilige, St. Fionan, begraben sein. Der Name tönt jedoch verdächtig nach →»Fionn«, dem Alternativ- →Lug, besonders, da der Berg eine bekannte →Lugnasa-Station war.

**Dublin**  Für die drei sterbensmatten Helden →Brian, Iuchar und Iucharba ist Dublin ein Ort der Sehnsucht, der ihnen entweder ihre Kraft zurückgeben oder ihnen einen leichten Tod bescheren könnte →*Kinder Tuirinns*.
Dublin ist »Baile Átha Cliath«, übrigens der offizielle irische Name, »die Reisigbündelfurt« über die Liffey, die →Athirnes wegen mit Hürden befestigt wurde, damit er all sein zusammengeräubertes Gut, Königinnen, Vieh, Schätze, sicher über den Fluß bringen konnte. Wie er jedoch den Tolka auf der Nordseite und unweit davon die Grenze →Leinsters überschritten hatte, stürzten sich seine unfreiwilligen Gastgeber auf ihn →*Kampf um Howth*.
Auf Merrion Strand, Trá Fuirbthenn, verfolgt →Conaire Mór, obwohl es *geis* für ihn ist, die großen, gesprenkelten Vögel, die er nie einholen kann. Wie er sich hin-

ter ihnen ins Wasser wirft, werden sie zu Kriegern, die ihn nun ihrerseits angreifen. Bis auf einen, der schickt ihn nach →Tara, um König zu werden →*Festhalle Da Dergas*.
Donnybrook, südl. Stadtteil Dublins. Auf dem Südufer des Dodders bei der katholischen Kirche kamen 1879 bei Bauarbeiten in einem großen, flachen Erdhügel beträchtliche Mengen menschlicher Gebeine zum Vorschein, unter allen Anzeichen eines wilden Kampfes oder Massakers. Auf Grund der Lage – am Dodder, unweit von →Merrion Strand, Hügel, bei dem vier Straßen zusammenlaufen, wurde der Ort mit →Bruiden Da Derga identifiziert →Bohernabreena →Festhalle Da Dergas.
In O'Connell Street auf der Nordseite ist im GPO, dem Hauptpostamt, die berühmte Statue des sterbenden →Cúchulainn in einem Glaserker ausgestellt. Oliver Sheppard schuf das Kunstwerk zur Erinnerung an den Osteraufstand von 1916. Das GPO mit Statue ist das, was in der Republik einem Nationalheiligtum am nächsten kommt →*Táin*.
Folgt man O'Connell Street bis zum Ende, läuft man direkt auf den Garden of Remembrance zu, der an all jene erinnern soll, die ihr Leben für die Freiheit hingaben, seit dem ersten Versuch, die Fremdherrschaft abzuschütteln. Für diesen Garten mit seinem kreuzförmigen Weiher, den Bänken und Blumenrabatten, hat Oisín Kelly die Verwandlung der →Kinder Lirs gestaltet. Auf der Südseite, in Nassau Street, gegenüber von Trinity College, in dessen Bibliothek u.a. das *Book of Kells* (→St. Columcille) und das *Buch von Armagh* (→St. Patrick) zu sehen sind, befindet sich das moderne →Setanta Centre, das ein großes Mauerbild Cúchulainn und dem *Táin* widmet. Es ist im Hof, frei zugänglich →*Táin*.
Kildare Street, die von Nassau Street rechts abgeht, bringt einen direkt zum Haupteingang des Nationalmuseums. Es liefert den materiellen Hintergrund zur Mythologie: Funde aus der Stein-, Bronze- und Eisenzeit. Es gibt einen Einblick ins Leben der Inselkelten, ins vor- wie ins nachchristliche. Besonders eindrucksvoll: keltische Goldgegenstände – meist Sakralkunst, und zwar heidnische wie auch christliche. Unter letzteren befinden sich Reliquien von Heiligen, beipsielsweise von →St. Patrick →St. Columcille →Tallaght →Castleknock →Garristown →Howth →Séan-Mhagh n'Ealta Éadair.

**Duleek**   Gr. Meath, 7 km sw von →Drogheda, war der Ort, an dem →St. Patrick die erste Steinkirche baute. Dieses »Steinerne Haus«, »Daimh Liag«, war eine derartige Sensation, daß die Benennung zum Ortsnamen wurde. Vom Kloster, das sich daraus entwickelte, sind zwei Hochkreuze (10. Jh.) und die Ruinen einer einfachen Kirche übrig – allerdings nicht das Original vom 5. Jh. →*St. Patrick*.

**Dún Da Bend**   Gr. Derry. »Burg der zwei Gipfel« – Wohnsitz von →Cúchulainns Rivalen, Fintan, bei dem sich die Ulstermänner so verlustieren, daß sie die Festung Cúchulainns verfehlen und in Kerry landen (→*Trunkenheit der Ulstermänner*) ist mit Mount Sandel, 1,5 km s von Coleraine identifiziert worden. Mächtige Hügelfestung über dem Bann. Archäologischen Untersuchungen nach wohnten hier bereits 6650 v. Chr. Menschen in Rundhütten – die ersten, bekannten Einwohner Irlands. Mountsandel blieb durch die Stein-, Bronze- und Eisenzeit durchgehend bewohnt. Gut ausgeschildert.

**Dundalk**  Gr. Louth. Die Stadt an der gleichnamigen Bucht nennt sich nach →Cúchulainns Festung Dún Dealgan. Etwas westlich vom Zentrum erhebt sich ein mächtiger, baumbestandener Burghügel. Die Ruinen obendrauf sind mittelalterlich oder sogar erst aus dem 18. Jh. Die Sicht über das hügelige Hinterland, die Stadt und die Bucht ist prächtig. Von oben wird erst richtig deutlich, wie sehr Literatur der Realität folgt: Dundalk muß Cúchulainns Burg sein, denn sie sitzt direkt vor dem sogenannten »Gap of the North«, der Lücke in der Hügelkette, die den Norden vom Süden trennt → *Trunkenheit der Ulstermänner* → *Taín*.
Lethan fiel an der Furt des Níth, dem heutigen Castletown River, der sich in die Bucht ergießt. Darum heißt sie »Ath Lethan«, »Lethans Flußübergang«. In der einen Fassung landet →Conlai in Tráhbhaile, dem heutigen Seatown, in seinem bronzenen Boot, nur um von seinem Vater, Cúchulainn, getötet zu werden → *Taín: Tod von Aoifes Einzigem*.

**Dún Dealgan**  →Dundalk.

**Dundrum**  Gr. Down ist Dún Rudraige, →Bricrius Festung, in der er seine elegante, mit allen Schikanen ausgerüstete Festhalle nur errichtet, um die Ulstermänner und -frauen nach Herzenslust gegeneinander auszuspielen. Er macht jedoch die Rechnung ohne →Cúchulainn → *Bricrius Bankett*.
Auf dem Burghügel von Dundrum steht kein keltischer Palast mehr, sondern es finden sich dort die Ruinen einer beachtlichen Normannenburg aus dem 12. Jh., woran sich ein festes, elisabethanisches Haus anschließt.

**Dún Frémain, Fremu**  Gr. Westmeath ist →Eochaid Airems Festung, bevor er mit →Étain →Tara bezieht. Hierher zieht er sich jedoch wieder zurück, nachdem er den Mißgriff mit seiner eigenen Tochter getan hat → *Werben um Étain*.
Ist mit Frewin Hill auf dem Westufer von Lough Owel identifiziert worden; den Doppelhügel verunzieren heute Radiomasten, aber die Sicht über die Seen ist lohnend.

**Dunmore Cave**  Gr. Kilkenny. »Einer der drei dunkelsten Orte Irlands« in der Sagenliteratur. Bewohnt von einer monsterhaften Zauberkatze, Luchtigern, »dem König der Mäuse«. Eingang zur →Anderswelt. →Fionn wagt sich hinein → *Fionn und die Fianna*.
10 km n von Kilkenny öffnet sich die Tropfsteinhöhle von Dunmore, die aus mehreren Kammern besteht. Die Tropfsteinformation in der größten hat Ähnlichkeit mit einer riesenhaften Katze. Die Höhle war in der Steinzeit bewohnt, diente im Mittelalter als Fluchtburg. Im frühen 10. Jh. plünderten die Wikinger die Höhle und töteten über tausend Flüchtlinge. Das Office of Public Works (OPW) unterhält ein Besucherzentrum. Führungen sind obligatorisch.

**Dunseverick**  Co. Antrim, Dún Sobhairce: Endpunkt der prähistorischen Fernstraße, →Slige Midluachra, von →Tara nach Norden; wichtigster Hafen von und zu Schottland. Hier betreten →Deirdre und →Naoise zum erstenmal wieder irischen Boden → *Verbannung der Söhne Uisnechs*.
→Medb macht einen Raubzug nach Dunseverick und bringt den schwarzen Stier von Cooley mit → *Taín*.
Die alte Festung stand auf dem beeindruckenden Felskopf über dem Meer, wo heute die spärlichen Reste des Dun Severick Castles sitzen, rund 7 km nö von

Bushmills, an der Ostseite des Benbane Head; w davon Giant's Causeway, der Basaltdamm, den der Riese →Fionn der Volksüberlieferung baute, um trockenen Fußes nach Schottland zu gelangen.

**Durrow** Gr. Offaly. Die Gründungsgeschichte dieses Klosters spielte sich fast gleich ab wie in →Derry: wiederum erhielt →St. Columcille eine von einem Ringwall umgebene, in einem Eichenwald liegende Festung vom Territorialkönig. Der Ringwall läßt sich auf Flugaufnahmen nachweisen, und die »Eichenebene«, »Dair Mag«, hat den Namen »Durrow« geliefert →*St. Columcille*.
Auch hier dürfte es sich um einen →Druidensitz gehandelt haben. Vom alten Kloster ist eines der schönsten Hochkreuze Irlands erhalten geblieben, mit einem triumphierenden Christus auf der Ostseite, flankiert von einem Flöten- und einem Harfenspieler; originell auf der nördlichen Schmalseite – Maria trägt bei der Flucht nach Ägypten das Kind im Tragtuch auf dem Rücken. Einige Schritte nö im Sumpfgebiet: »Columcilles Insel«, seine mit allerlei Bruchstücken überdachte Quelle.

Hochkreuz vom Kloster St. Columcilles, Durrow/Co. (Gr. Offaly).

In Durrow entstand im späten 7. Jh. das Book of Durrow, ein kleines, aber mit größter Sorgfalt ausgeführtes Evangelienbuch (heute im Trinity College →Dublin).
Obwohl die Überreste von Durrow als National Monument frei zugänglich sein sollten, hat es in letzter Zeit damit gehapert: bei der Touristeninformation Tullamore »Öffnungszeiten« erfragen!

**Dursey Head** Gr. Kerry. Der letzte Zipfel der vom Dursey Sound von der →Beara Peninsula getrennten Dursey Island heißt »Ceann Bói«, »Haupt Bóis«. Boí ist eine der Gattinnen →Lugs, die große →Caillech von Beara.

**Eightercua, Waterville** Gr. Kerry. Hier ist die Gattin →Amergins, die →Milesierin Scéne, begraben, deren Namen die Bucht von Kenmare auf irisch trägt, Inber Scéne →*Buch der Eroberungen*.
Vier aufrechte Steine bezeichnen die Stelle. Die Steine sind von der Straße zwischen Waterville und Sneem, kurz nach Waterville links auf dem Hügel zu sehen.

**Elphin** Gr. Roscommon. →St. Patrick ersetzte hier eine druidische Bildungsstätte durch eine christliche und richtete eine Diözese ein, die er Bischof Assicus anvertraute →*St. Patrick*.
Die Kirchruine ist, wegen Vandalismus, in schlechtem Zustand. »Ail Finn«, der »helle Felsblock«, der dem Ort den Namen gibt, hat allein bis jetzt alles unbeschadet überstanden. St. Patrick entlockte dem Stein eine helle Quelle.

Dunmore Cave (Gr. Kilkenny). »Einer der drei dunkelsten Orte Irlands.«

**Emain Macha** Gr. Armagh. »Emain Macha« bewahrt im Namen die Dynamik des Sagengewebes, das an diesem Ort festgemacht ist, während die anglisierte Form »Navan Fort« das wichtigste Element, Macha, wegläßt. »Zwillinge Machas« sind die Kinder, die die Muttergöttin nach dem erzwungenen Wettlauf mit →Conchobars Pferden sterbend zur Welt bringt. Ihr Fluch über die Ulstermänner schafft die Voraussetzung zum → *Táin (Schwächezustand der Ulstermänner).* Nur →Cúchulainn ist immun dagegen und als Neffe Conchonbars, Ziehsohn/Bruder der großen Ulsterhelden wie →Conall Cernach, →Loegaire, →Fergus, →Sencha, →Amergin, die den Hof von Emain Macha ausmachen, ist er zur Verteidigung Ulsters verpflichtet. Der Held und Halbgott stammt ursprünglich aus der →Anderswelt, wohin der Hof durch die Vögel gebracht wird, die Emain Machas Ebene abweiden. (→ *Táin: Cúchulainns Empfängnis*) Dem Kleinkindalter entwachsen, zieht er an König Conchobars Hof, begeht seine ersten Heldentaten und muß von der Königin und ihren Damen aus seinem Kampfesrausch geschockt werden, damit er Emain Macha und den Bewohnern nicht gefährlich wird → *Táin.*

Conchobar selbst steht dem Hof in der Art eines Anderweltfürsten vor; wie der →Dagda besitzt er einen Kessel der Fülle und keiner geht ungespeist davon. Doch auch dieser große König verdankt Existenz und Königtum dem Ort: hier schenkt sich →Ness dem →Druiden, da der Tag günstig ist, einen König zu zeugen → *Táin: Conchobars Empfängnis.*

Hier beginnt und endet das Drama von →Deirdre und →Naoise, an dem Conchobar einen großen Teil der Schuld trägt, und das Fergus ins Exil treibt → *Verbannung der Söhne Uisnechs.*

Emain Macha, Navan Fort, Navan Centre (Gr. Armagh).

Hier stirbt Sualdam, weil er in der Verzweiflung das Gebot mißachtet und vor Druiden und König spricht → *Táin*.

Aber auch ideell wirkt das Kräfteverhältnis von Emain Macha: Macht und Pflichten werden über den Hof definiert, ob es darum geht, wer den König zu *Samhain* einlädt (→ *Trunkenheit der Ulstermänner*), daß Fer Loga den Spottvers am Hof singen läßt (→ *Mac Da Thós Schwein*), → *Bricriu* sich die Festhalle zum Vorbild nimmt oder wer der größte Held ist (→ *Bricrius Bankett*). Und dieses Gesetz greift sogar auf Gegenstände über: → *Mesgegras Hirnball* wird in Emain Macha aufbewahrt, bis ihn → *Cet* entwendet und damit Conchobar tötet → *Kampf um Howth*. Das 7 ha große Erdwerk des Navan Fort liegt rund 3 km w von Armagh, wo → *St. Patrick* sein Kirchenzentrum gründete (→ *St. Patrick*). Ausgrabungen von 1963 bis 1971 haben den rituellen Charakter des Ortes nachgewiesen, der seit der Bronzezeit besiedelt war. Gegen Ende des letzten vorchristlichen Jahrhunderts wurden die profanen Siedlungen weggeräumt und stattdessen ein Rundbau von 40 m Durchmesser errichtet. Das Dach lag auf einem 12 m hohen Pfosten aus einer 200jährigen Eiche auf und wurde von 4 Reihen dünnerer Pfähle abgestützt. Es dürfte sich um ein tempelartiges Gebäude gehandelt haben, da ein Prozessionsweg zum östlich gelegenen Loughnashade führte, den Votivgaben als heiligen See auswiesen. Und dann wurde dieses mit viel technischem Aufwand errichtete Gebäude mit einem Steinkern gefüllt und verbrannt. Was übrigblieb, wurde mit einer 2,5 m hohen Grassodenschicht zu einem runden Hügel geformt – so, wie er heute, nach der Restaurierung, zu sehen ist. Ein Fußmarsch von ein paar Minuten – an »The King's Stables«, »des Königs Ställen«, vorbei, einem zweiten künstlichen Teich aus der Bronzezeit – und man erreicht das neue, sorgfältig der Landschaft ange-

King's Stables: ritueller Teich, Emain Macha (Gr. Armagh).

paßte Besucherzentrum, das mit den modernsten technischen Mitteln und trotzdem mit großem Fingerspitzengefühl Mythologie, Archäologie, Geschichte und Funde dem Publikum nahebringen möchte. Es ist im Innern dem beschriebenen Rundbau nachempfunden und hat die Balkenstruktur übernommen. Alles in allem ein geschmackvolles, die Phantasie anregendes und doch wissenschaftlich vertretbares Projekt. Unter den Ausstellungsstücken ist vielleicht das aus mythologischer Sicht frappierendste der Schädel eines überdurchschnittlich großen Hundes, der sofort an das Höllenvieh von →Culann und damit an Cúchulainn denken läßt. Er stammt aus Haughey's Fort, einer Hügelfestung ca. 1 km wnw von Emain Macha. Ráth Cimbaeth ist nur an der ovalen Form der Feldbegrenzung erkennbar – Wall und Graben sind verschwunden.

Emain Macha, Navan Fort, ist mehr als eine Königsresidenz, mehr als ein Kultzentrum – Emain Macha ist darüber hinaus der Motor für den ganzen nordirischen Sagenkreis, den Ulsterzyklus.

**Faughan Hill**   Gr. Meath. Unter dem 109 m hohen Hügel liegt →Niall Nóigiallach begraben. Rund 7 km wnw von Navan am Boyne.

**Faughart**   Gr. Louth, ca. 4 km nw von →Dundalk ist →St. Brigids Geburtsort. Auf dem recht steilen Hügel steht an der Stelle eines ihrer Klöster eine mittelalterliche Kirchruine. Ein paar Treppen führen im Kirchhof zu ihrer heiligen Quelle hinunter. Die Sicht vom Hügel ist unerwartet weit. Am Hügelfuß (ausgeschildert) rinnt St. Brigids heiliges Bächlein durch ein mit hohen Bäumen bestandenes, kleines Tal – einem keltischen Heiligtum wohl nicht unähnlich. Das moderne »Sonnenhaus« aus Glas paßt gut zu St. Brigid, es dient als Kapelle. Unten am Hang sammelt sich das Wasser bei einigen seltsam geformten Steinen, die mit den Legenden der Heiligen im Zusammenhang stehen. →*St. Brigid*.

**Fenit** Gr. Kerry, der Hafen von Tralee, 13 km weiter westlich, gestattet einen großartigen Blick über Tralee – und Brandon Bay, die →Brandon Mountain abschließt. Es ist mit ziemlich großer Sicherheit St. Brendans Geburtsort →*St. Brendan*.

**Fews Mountains** Gr. Armagh, »Slieve Fuad«, ist nach einem der →Milesier genannt →*Buch der Eroberungen*.
Die Fews sind die Hausberge von →Emain Macha: Reisen hinüber und herüber werden öfters erwähnt, ob die Helden nun zu →Ailill und →Medb fahren (→*Bricrius Bankett*) oder wie die Verrückten darüber rasen (→*Trunkenheit der Ulstermänner*) und dabei →Dún Dealgan verfehlen. →Cúchulainn hat eine besondere Affinität zu ihnen – schon der Siebenjährige überschreitet sie, um nach Emain Macha, an den Hof, zu kommen; er will hier gleich den Grenzschutz übernehmen, wie er die Waffen des Erwachsenen erhält. Er bringt seine erste Beute, einen lebendigen Hirschen und ebensolche Vögel, von dort mit nach Hause →*Táin*.
Die Fews sind eine Hügelgruppe ssö von Armagh, teilweise bewaldet. Der höchste Gipfel ist Carrigatuke mit 362 m. Obendrauf sitzt →Síd Fionnachaid.

**Finn mac Cool's Fingers** Gr. Cavan. Etwas über 5 km nö von Cavan, am Nordhang des Shantenon Hill, dem Krönungshügel der Könige von →Bréfne, steht eine Reihe dieser fingerähnlichen Steine. →*Fionn und die Fianna*.

**Finn mac Cool's Fingerstone** Gr. Cavan. 4 km nö von Arvagh am Lough Garty, zwischen Longford und Cavan, am Fuß des Bruse Hill steht die fingerartige Steinsäule. Landschaftlich lohnend →*Fionn und die Fianna*.

Finn mac Cool's Fingerstone bei Easky (Gr. Sligo). Fionn hat ihn hierhergeschmissen.

**Finn mac Cool's Fingerstone**  Gr. Sligo. Auf der Ostseite von Easky, rund 40 km w von Sligo, steht auf der rechten Straßenseite ein mächtiger Findling, den →*Fionn hierherschmiß* →*Fionn und die Fianna*.

**Finn mac Cool's Grave**  Gr. Mayo, rund 3 km sw von Westport: eins der »Gräber« von Finn mac Cool (→Fionn mac Cumhaill) – direkt →Croagh Patrick gegenüber. Landschaftlich schön →*Fionn und die Fianna*.

**Finn mac Cool's Quoits**  →Howth (Aideen's Grave).

**Finn mac Cool's Stone**  →Glenasmole.

**Gabhra**  Gr. Dublin, Kilkenny. Der Ort der letzten, verheerenden Schlacht der →Fianna, in der sich →Oscar und der Hochkönig Cairbre Lifeachair gegenseitig umbringen, ist mit Garristown, 25 km nw von Dublin, identifiziert worden, oder auch mit Gowran, rund 15 km osö von Kilkenny →*Fionn und die Fianna: Ende der Fianna*.

**Galtee Mountains**  Gr. Limerick, Tipperary sö von Limerick, waren unter dem Namen »Crotta Cliach«, »Harfen Clius«, bekannt. Am Nordwesthang laufen auf Limerickboden fünf, auf Tipperaryboden zehn Gebirgsbäche parallel und formen am Berg zwei großmächtige Leiern. Der Elf Cliu pflegte darauf zu spielen, genau wie der →Dagda, der mit seiner berühmten Harfe die Jahreszeiten herspielte →*Buch der Eroberungen*.
Die Berge sind mächtige, unten bewaldete, oben kahle, grüne Buckel. Die Sicht vom Galtymore Mountain (919 m) über die Ebene von →Munster ist etwas Besonderes. Unter dem zweithöchsten Gipfel, Greenan (803 m), liegen am Nordosthang zwei Seen. Der größere, tieferliegende ist Lough Muskry, das mit Loch Béal Draco identifiziert worden ist: hier findet →Oengus seine Traumgeliebte, →Caer Ibormait, endlich in Schwanengestalt →*Oengus Traum*.
Am Südhang heißt einer der Hügel Seefin (445 m), →Fionns Sitz →*Fionn und die Fianna*.

**Gartan**  Gr. Donegal. Geburtsort →St. Columcilles, 10 km sw von Kilmacrenan, auf dem Westufer des gleichnamigen Sees (ausgeschildert). Das Sträßlein führt zwischen Loch Gartan und Loch Akibbon den Hügel hoch. Am Ende eines Fußweges bezeichnet eine große, flache, mit Näpfchenvertiefungen versehene Felsplatte den genauen Punkt. Daneben erhebt sich ein großes, graues Kreuz. Hier besaß Columcilles Mutter ausgedehnte Eichenwälder. Ebenfalls ausgeschildert ist »The Abbey«, ca. 1,6 km weiter n, die erste Gründung Columcilles →*St. Columcille*.

**Gleann na nGealt**  Gr. Kerry, »Tal der Verrückten«. Hierher flüchtet sich der in der Schlacht von →Ventry um den Verstand gekommene König der Franzosen. Das Wasser von der »Quelle der Verrückten«, Tobar na nGealt, und die Wasserkresse heilen oder mildern den Zustand →*Fionn und die Fianna: Schlacht von Ventry*. Das erste Tal nach Camp Richtung →Dingle auf der Dingle-Halbinsel.

Lough Gartab und Lough Akibbon, St. Columcilles Heimat (Gr. Donegal).

**Glenaskagheen** →Scota's Glen.

**Glenasmole**  Gr. Dublin ist das Tal des Dodder sw von →Dublin, dessen Wasser heute zwei Reservoirs bilden. Hier hilft →Oisín den Menschlein des christlichen Zeitalters einen schweren Steinblock aufrichten, nur um, vom Pferd gefallen, zu einem uralten Greis zu werden →*Fionn und die Fianna: Ende der Fianna.* Einer von Finn mac Cool's Stones, Überrest eines Kammergrabs, befindet sich auf dem Grundstück von Glenasmole Lodge.

**Glencolumcille**  Gr. Donegal. →St. Columcille vertrieb aus diesem einst ganz abgeschlossenen Bergtal, dem westlichsten Süddonegals, all jene Dämonen, denen →St. Patrick nicht Meister geworden war. Er warf ihnen seine Glocke nach, so daß sich die Getroffenen in rotgetupfte, einäugige Fische verwandelten. Das Tal trägt nicht nur den Namen des Heiligen, es umschließt seine ganze heilige Landschaft. Ein Pilgerpfad von 5,5 km (!) Länge, von der Talsohle hoch an den Nordhang hinauf und wieder zurück, verbindet 15 Pilgerstationen, frühe Kreuzplatten, seine »Kapelle«, sein »Bett«, seinen Sitz, Steinhaufengräber, Quellen etc. Es ist möglich, daß das Tal ein druidisches Heiligtum war  →*St. Columcille.*

**Glendalough**  Gr. Wicklow. Das »Tal der zwei Seen« in den Wicklow Mountains s von →Dublin, das die neben →Clonmacnois berühmteste Klosteranlage Irlands komplett mit Besucherzentrum, Parkplätzen, Hotel und Souvenirständen umschließt, hat der Riese →Fionn der Volksüberlieferung ganz unabsichtlich geschaffen, indem er eine Erdscholle herausbrach, die er dann vor →Howth ins Meer schmiß, sodaß das Inselchen Ireland's Eye entstand  →*Fionn und die Fianna.*

**Glenfash**     Gr. Kerry. Die Ruine des einfachen, winzigen Kirchleins von Killelton aus dem 7./8. Jh. sitzt auf dem Grabhügel von → Fas, der Milesierin. Es befindet sich am Hang über diesem Weiler, in der Hügelfalte von Glenfash → *Buch der Eroberungen*.

**Glen Gataig**     Cooley/Gr. Louth. Auf der Cooley-Halbinsel; Tal über Ballymakellett; am Nordende weitet sich das Seitentälchen »Dubchoire«, oder »Schwarzkessel«, in dem sich →Donn versteckt hält → *Táin*.

**Gormanstown**     Gr. Dublin. Erster Ort, an dem → St. Patrick gastfreundlich aufgenommen wird; von nun an begleitet Benen den »Apostel der Iren«. Ca. 5 km nw von Balbriggan, ebenfalls an der Küste →*St. Patrick*.

**Granard**     Gr. Longford. →Fergus warnt seine Landsleute, die Ulstermänner, von Granard aus → *Táin*.
Verschlafenes Landstädtchen nö von Longford mit einer von einer → St. Patricks-Statue gekrönten Motte mit feiner Sicht über die Seenlandschaft; nw davon ist ein Abschnitt des prähistorischen Erdwerks »Black Pigs Race« erhalten.

**Great Island**     Gr. Cork, im Hafen von Cork, ist Oilean Arda Neimhid, der Ort, an dem →Nemed verstarb und begraben wurde →*Buch der Eroberungen*.

**Grellach Dollach**     Gr. Louth, oder Grellach Dollaig. →Cúchulainn schließt mit dem betrunkenen →Fergus den Pakt, daß er sich diesmal hinter Grellach Dollach zurückzieht und den Weg nach Süden freigibt – das nächste Mal soll Fergus vor ihm weichen! → *Táin*.
Über dieses Sumpfgebiet am Fane rast Cúchulainn auf seiner Brautfahrt zu →Emer → *Táin: Werben um Emer*.

**Grianán of Ailech**     Gr. Donegal. »Ailech« ist einer der vielen Namen der Sonnengöttin, die in ihrem grianán, »Sonnenhaus« residiert. Gelegentlich wird sie als →Dagdas Tochter bezeichnet, der diese gewaltige Festung erbaut hat. →Mac Cuill, Mac Cécht, Mac Grainne teilen ihre Zeit zwischen →Tara und dem grianán. →Íth besucht sie hier, wird aber aus einem Mißverständnis heraus getötet →*Buch der Eroberungen*.
Auf dem Greenan Mountain, 245 m über Lough Swilly, so nah an der Grenze (8 km), daß man nach Derry hineingucken kann, steht Grianán of Ailech, eine der schönsten eisenzeitlichen Festungen der ganzen Insel – ein steinernes Ringfort mit fast 4 m dicken Trockensteinmauern. Das Panaroma ist einmalig. Am Nordhang fällt die St. Aengus – Kirche von 1967 auf: sie ist dem vorchristlichen Sonnenhaus nachempfunden. Die weichen Formen des Rundbaus passen gut in die Landschaft. Die alte Kirche ist zu einem Besucherzentrum umfunktioniert worden, das über die historische, archäologische und politische Bedeutung dieser Festung der Könige von Ulster informiert. Wer mag, kann im ehemaligen Altarraum dinieren.

**Howth**     Gr. Dublin. Die Halbinsel »Binn Éadair« → »Étars Gipfel«, am Nordende der →Dublin Bay kommt in vielen Sagen vor. Sie ist der Kopf (die Nordmänner übersetzten diesen »Kopf« mit »Hoftu«, »Haupt«, woraus »Howth« wurde) des tüchti-

Blick vom Grianán of Ailech (Gr. Donegal).

gen Kriegers Étar, der den Wogen die Stirn bietet und aus Liebe zu → Áine stirbt
→ *Buch der Eroberungen.*
Howth muß wohl einmal als → Anderswelt oder als Übergangsort in die Anderswelt gegolten haben: jedenfalls liegt hier immer ein Schiff mit allem Notwendigen für eine Anderweltsreise vor (→ *Fionn und die Fianna,* → *Abenteuer von Art*), und auch → Bécuma landet hier ganz selbstverständlich, um den verwitweten → Conn zu umgarnen. Es ist nicht ganz eindeutig, ob → Crimthan Nia Náir das *síd* zwischen den Hügeln von Howth nur besucht oder ob dies seine Festung ist. Nach landläufiger Ansicht ist er unter dem Hügel zwischen Dung Hill und Shelmartin, die bis zur Jahrhundertwende ein Steinhaufengrab trugen, begraben. Da dieses Gelände heute zum Golfclub von Howth gehört, ist es nicht ungefährlich, hier Nachforschungen anzustellen! Im Stadium der gänzlichen Vermenschlichung wird Crimthan die Landzungenbefestigung vom Bailey Lighthouse, auf der Südseite, als Wohnsitz zuerkannt; gelegentlich aber auch die Motte über dem Hafen an der Nordseite → *Mac Da Thós Schwein* → *Trunkenheit der Ulstermänner.*
→ Deirdre und → Naoise fliehen nach Howth und verlassen Irland erst, wie sie auch da nicht mehr sicher sind vor → Fionn → *Verbannung der Söhne Uisnechs.* Hier werden die Ulstermänner, unter ihnen → Athirne, von denen von Leinster in einer Festung ausgehungert, deren Lücke → Cúchulainn mit seinem eigenen Körper schließt, bis es zur schrecklichen Schlacht um Howth kommt → *Kampf um Howth.*
Howth ist auch ein Versammlungsort der Fianna – aber eine solche Zusammenkunft wird durch einen Wettlauf → Slieve Luachra–Howth unterbrochen → *Fionn und die Fianna: Kerl im grauen Mantel.*
Auf der Domäne von Howth Castle, im Rhododendrenpark hinter dem Deer Park

Hotel, am Fuße des Muckrock, steht der Dolmen Finn mac Cool's Quoits oder Aideen's Grave, in dem Aideen, die Gattin →Oscars zur letzten Ruhe gebettet wurde. Sie starb an gebrochenem Herzen als der Held aus der Schlacht von →Gabhra nicht mehr zurückkehrte. In den verwilderten Rhododendren wirkt das Steinzeitgrab mit seinem 70 Tonnen schweren Deckstein erst recht beeindruckend.

Vom Hügel von Howth verabschiedete sich →St. Columcille mit einem wehmütigen Gedicht, bevor er die Reise ins schottische Exil, nach antrat.

Genaugenommen besitzt der »Hügel von Howth« zwei Gipfel, Dung Hill und Shelmartin, aber die Sicht ist von beiden gleich glorios.

**Inber Domnand** Gr. Dublin, ist mit ziemlicher Sicherheit die Bucht von Malahide, rund 15 km nö von →Dublin, ein natürlicher, durch den heutigen Golfplatz von Donabate wohlgeschützter Hafen.

Nach einer Fassung findet hier die Zauberschlacht zwischen →Partholón und den Formoriern statt. Hier landen die beiden →Fir Bolg Anführer, Genann und Rudraige → *Buch der Eroberungen*. Aber auch →St. Patrick läuft diesen Hafen an →*St. Patrick*.

Heute ein hübscher Jacht- und Sporthafen am ebenso malerischen Seebad von Malahide.

**Inchcleraun** Gr. Longford, »Inis Clothrann«, Clothras Insel, erinnert an die Schwester →Medbs, die diese aus dem Wege räumte, um an die Regierung von Connaught heranzukommen. Seit dem frühen 6. Jh. besetzt ein Kloster mit fünf frühen Kirchen die Insel. Sö vom Glockenturm sind noch Spuren von Medbs Sonnenhaus, Grianán Meidhbhe, auszumachen. Eine Fassung berichtet, daß sich ihr Neffe rächte, indem er die Mörderin seiner Mutter mit der Steinschleuder erschoß, worauf Medb im See versank → *Táin*.

**Inchiquin** Gr. Galway. Auf der über einen Damm mit dem Ostufer des →Lough Corrib verbundenen Insel befindet sich →St. Brendans alter Klostergrund von Rathmath. Landschaftlich schön.

**Inishglora** →Bangor Erris/Gr. Mayo.

**Inis Samer** →Assaroe.

**Kells** →Ceanannus Mór.

**Kenmare River/Bay of Kenmare** Gr. Kerry, Cork, zwischen Iveragh- und Beara Peninsula, heißt Inber Scéne nach der ertrunkenen Gattin →Amergins. →Donn, →Ír und Érannan versinken auch in den Fluten der weiten Bucht, →Eightercua, →Teach Duinn, →Skellig Michael, →Kildreelig sind die Grabmonumente der verhinderten Einwanderer. Erst →Amergin vollzieht die rituelle Landung mit einem magischen, das Land beschwörenden Gedicht. Vor den →Milesiern landete bereits →Partholón mit seiner Familie in Inber Scéne → *Buch der Eroberungen*.

**Keshcorran** Gr. Sligo. Über Keshcorran wandert der strahlende →Lug nach →Ballysadare, so daß die →Fomorier glauben, »die Sonne gehe im Westen auf« → *Kinder Tuirinns*.

→Cormac mac Airt wird in der westlichsten Höhle »Umhaig Chormaic« von der Wölfin großgezogen. →Diarmaid und →Gráinne verstecken sich in den Höhlen vor →Fionn; später erhält Diarmaid das Land mit Keshcorran zur Wiedergutmachung →*Fionn und die Fianna: Diarmaid und Gráinne*.

Keshcorran ist das *síd* des mächtigen Andersweltherrschers Conáran, der nicht duldet, daß →Fionn sein Lager auf dem Gipfel aufschlägt und seine Tiere jagt und daher seinen drei schrecklichen, →caillechartigen Töchtern gebietet, Fionn und die Fianna unschädlich zu machen →*Fionn und die Fianna*.

Steinzeitlicher Friedhof von Carrowkeel (Gr. Sligo), sozusagen die Rückseite von Keshcorran.

Der mit einem großen Steinhaufengrab gekrönte Berg (306 m), mit wunderbarem Panorama, Fortsetzung der Bricklieve Mountains mit dem berühmten Megalithfriedhof von Carrowkeel, ist ältestes Kultgebiet. Die 17 Höhlen am Westhang, nw über Kesh, rund 6 km sö von Ballymote, waren seit der Steinzeit bewohnt. Der Berg war offensichtlich →Lug geweiht, denn Sligos größte Lugnasa-Feier fand bis in unser Jahrhundert vor der westlichsten Höhle statt.

**Kildare** Gr. Kildare. »Cill dara«, »Eichenkirche«: →St. Brigid dürfte das Feuerheiligtum der →Brigit zusammen mit deren heiligem Baum übernommen haben. Er überlebte bis in 10. Jh.; Doppelkloster für Mönche und Nonnen unter einer Äbtissin und dem von ihr bestimmten Abt-Bischof. Nach Berichten vom 7. Jh. besaß Kildare eine große, prächtig ausgestattete, durch Wandschirme abgeteilte Kirche. Im 12. Jh. umgab eine dichte Weißdornhecke ein ewiges Feuer, zu dem kein männliches Wesen Zutritt hatte. Seit St. Brigids Tod wurde es nachts von 19 Nonnen bewacht – in der 20. übernahm die Heilige die Nachtwache selbst. Mit kurzem Unterbruch brannte dieses Feuer bis zur Auflösung des Klosters →*St. Brigid*.

Ein zinnenbesetzter Rundturm, die im 19. Jh. stark restaurierte Kathedrale, Grundmauern von St. Brigid's Fire House, die die Hecke ersetzten, eine Krypta aus dem 15. Jh. mit dem wenig passenden Namen »St. Brigid's Kitchen« und ein unverziertes Hochkreuz sind vom Kloster übriggeblieben. Die vom Marktplatz ausgeschilderte St. Brigids-Quelle ist jedoch um einiges aussagekräftiger als die säuberlich zusammenbetonierten Ruinen. Kildare liegt 52 km sw von Dublin.

**Kildreelig, Ballinskelligs**   Gr. Kerry. Eine Reihe von vier aufrechtstehenden Steinen bezeichnet das Grab von Érannan, dem →Milesier, am Hang, unterhalb der Hügelkuppen über Ballinskelligs, auf der Westseite der Ballinskelligs Bay. Die Sicht auf →Skellig Michael allein ist es wert, hierherzukommen →*Buch der Eroberungen.*

**Killarney**   Gr. Kerry. →Fionn, der ganz junge, wie auch der alternde, sucht Killarney nicht nur seiner natürlichen Schönheit und seines Jagdwildes wegen auf, sondern auch, um möglichst viel Abstand zum Hochkönigtum von →Tara und der feindlichen Sippe, Clan Morna →Goll, zu schaffen. Vom Ufer von Loch Leane holt →Niamh →Oisín mit ihrem weißen Pferd nach Tír na nÓg, in die →Anderswelt →*Fionn und die Fianna.*

**Killeedy**   Gr. Limerick. »Cill Ita«, »Itas Kirche«. 10 km sw von Newcastle West zeigt eine unbedeutende Ruine den Klostergrund der »Kindergärtnerin der Heiligen Irlands« an, wo auch →St. Brendan seine Kleinkinderjahre verbrachte. Noch immer gilt sie als besondere Beschützerin der Kinder – ihr Grab, vor dem Altar, ist selten ohne Blumen →*St. Brendan.*

**Kilree**   Gr. Kilkenny. Gründung →St. Brigids, ca. 14 km ssö von Kilkenny, mit einem Hochkreuz, einem (beschädigten) Rundturm, einer Kirchruine mit sogenannten Anten, vorstehenden Giebelwänden, was ihr hohes Alter dokumentiert. Rund 200 m nö davon liegt ihre ehemals berühmte heilige Quelle: der Stein mit den zwei Vertiefungen – hier hat sich die große Äbtissin zum Gebet niedergekniet – genoß ebenfalls lange Zeit große Verehrung. Kilree ist kein aktiver Wallfahrtsort mehr →*St. Brigid.*

**Kilvicadownig**   Gr. Kerry. Hier liegt Daire →Donn, »der König der Welt«, begraben. →Fionn erschlug ihn in der Schlacht von →Ventry.
Kilvicadownig befindet sich zwischen der Bucht von Ventry und Mount Eagle. Vom Schulhaus an der Straße zum →Slea Head zur Rechten, den schmalen Weg direkt rechts nehmen, bis zur Abzweigung links, die auf die Weide führt. (Viehgatter wieder schließen!) Hier befindet sich ein zerfallenes Kammergrab unweit von einem kleinen, überwachsenen frühchristlichen Friedhof, den ein mit einem Kreuz verzierter, aufrechter Stein kennzeichnet. Es dürfte sich um ein christianisiertes Heiligtum →Donns handeln →*Fionn und die Fianna: Schlacht von Ventry.*

**Knockainey**   Gr. Limerick. »Cnoc Áine«, →Áines Hügel (164 m), ist der Andersweltsitz der großen Sonnen- und Muttergöttin, Feenkönigin von →Munster. →Bécuma findet hier endlich Rat →*Abenteuer von Art,* →Cúchulainn sucht hier die Orientierung für sich und die betrunkenen Ulstermänner →*Trunkenheit der*

*Ulstermänner,* →Fionn schlägt auf dem Hügel gern sein Lager auf: hier beginnt und endet die Geschichte mit →Giolla Deacair →*Fionn und die Fianna.*
→Ailill »Bar Ohr« vergewaltigt oben auf dem Hügel die Sonnengöttin und gründet so die Dynastie der Munsterkönige, ein Muster, das der Normannenherzog, der erste Earl of Desmond, im frühen 13. Jh. wiederholte. Am Camoge unten bemächtigte er sich einer schönen Unbekannten, die im Bach gebadet hatte – es war Áine, die ihm den wunderbaren Sohn Gearóid Iarla schenkte. Als sein Vater das ihm auferlegte Tabu brach, nahm sie ihn wieder zu sich in die →Anderswelt. Noch immer lebt er auf Garret Island in →Lough Gur. Gelegentlich erscheint er in Gestalt einer Wildgans über dem Wasser. Áine ist die *banshee* der Desmondsippe. Cnoc Áine ist Teil einer heiligen Landschaft, die Hügel, wie Cromwell/Cromail Hill, 5 km nö, mit einem steinzeitlichen Grab und einer Höhle, beides →Diarmaid und →Gráinne's Bed, oder den →Seefin, →Lough Gur, 5 km nw und den Camoge River miteinbeziehen. Knockainey besitzt zwei Erhebungen. Die östliche (110 m) trägt den eigentlichen Andersweltsitz »Doonainey« und Mullach an Triúir, drei bzw. vier ausgepflügte Ringwälle, um die die Bauern ihre brennenden Strohbündel zu tragen pflegten.

**Knockaulin**   →Leinster.

**Knockfeerina**   Gr. Limerick. Cnoc Firinne. Andersweltresidenz von →Donn »Firinne«, »der Wahrheit«. Dieser Herr der Abgeschiedenen wird zum Elfenkönig Munsters →*Buch der Eroberungen.*
Der 286 m hohe Hügel wirkt höher, weil er sich so unvermittelt aus der Ebene erhebt. Als die Landvermesser den Steinhaufen auf dem obersten Punkt wegräumten, sahen die Bauern der Umgebung zu, daß sehr bald ein neuer hinkam. Knockfeerina liegt, unübersehbar, ö von Ballingarry, 14 km nö von Newcastle West, sw von Limerick an der N 20.

**Knockmaa**   Gr. Galway bedeutet eigentlich →»Medbs Hügel« und nach einer Überlieferung ist die große Connaughterkönigin auch unter dem einen Steinhaufen auf dem Gipfel begraben (→ *Táin*). Nach einer anderen ist dieser jedoch Cul Cessrach (→Boyle), unter dem →Cessair liegt (→*Buch der Eroberungen*). Das zweite Steinhaufengrab ist der Eingang zum Andersweltsitz von Finnbherra, dem Feenkönig von Connaught. Die Pseudoruine heißt nach ihm »Finnbhearras Castle«. Der Hügel gehört zur ehemaligen Domäne von Castle Hacket ca. 10 km onö von Headford, auf der Ostseite des →Lough Corrib. Der Weg an der Ruine des großen Hauses hoch, dann bei der kleinen Hausruine links, ist nicht mehr als ein Waldarbeiterpfad. Dafür entschädigt die großartige Aussicht vom Gipfel. Auf der Südostseite sitzt ein Ringfort mit drei unterirdischen Kammern: →Caillech Cave, »Höhle der Caillech«.

**Knocknarea**   Gr. Sligo. Das riesige Steinhaufengrab – 10 m hoch, 60 m Durchmesser – auf dem 330 m hohen Hügel 6 km wsw von Sligo ist von überall sichtbar. Passenderweise ruht darin nach einer auch von William Butler Yeats vertretenen Überlieferung (vgl. →Ben Bulben) die große Königin →Medb →*Táin.*
Das Grab ist aus der Bronzezeit. Um mehr zu erfahren müßten die 40 000 Tonnen Stein, die das Plateau praktisch ausfüllen, weggeräumt werden. Die Sicht ist atem-

Knockmaa (Gr. Galway), Cul Cessach oder das Grab der Medb. Andersweltsitz von Finnbherra, dem König der Feen und Connaught.

Das Grab der Königin Medb auf Knocknarea (Gr. (Sligo).

beraubend. Der Aufstieg von der Ostseite ist steil, jedoch nicht schwierig. Ausgeschildert.

**Lambay Island** Gr. Dublin. 6 km vor Rush; Privatbesitz. Kann auf Anfrage bei der Familie Revelstoke besucht werden. Von Columcilles Kloster ist nur die Dreifaltigkeitsquelle übrig. Landschaftlich und archäologisch interessant → *St. Columcille*.

**Larne** Gr. Antrim, Inber Ollarba; Mönche von →Bangor fischen →Lí Ban, die Wassernixe aus dem Hafen von Larne – beim heutigen Stand der Industrialisierung kaum mehr vorstellbar. Liegt 33 km nö von Belfast, wichtiger Hafen nach Schottland → *Lough Neagh*.

**Laune** Gr. Kerry. Das Flüßlein aus Lough Leane (→Killarney) begrenzt das Stammesgebiet der →Érainn. Hier will sich →Crimthan Nia Náir an Cúchulainn rächen, kommt aber dabei selbst um → *Trunkenheit der Ulstermänner*.
→Diarmaid praktiziert, was →Oengus geboten: er fängt einen Fisch im Laune, aber erst ein gutes Stück nach dem →Gráinne und er den Fluß hinter sich gebracht haben, essen sie ihn → *Fionn und die Fianna: Diarmaid und Gráinne*.

**Lecale Peninsula** →Mag Inis.

**Leinster** ist auch in der Sage die östliche Provinz. Die in dieser Sammlung genannten Könige sind →Mac Da Thó und →Mesgegra, ein Brüderpaar. Die Residenzen der beiden werden nicht genannt. Es gab deren mehrere. Der Geographie nach hätte Mac Da Thós →Dinn Righ (Burgage Motte) sein können. Der Hügel von →Allen sowie der von Knockaulin rund 1 km nw von Kilcullen in Kildare erfüllten diese Funktion; Ausgrabungen in »Dún Ailinne« haben ergeben, daß die 16 ha große Hügelfestung mit ihrem massigen Ringwall und einem Innengraben darüberhinaus vorwiegend rituelle Funktion hatte: Wettkämpfe und Pferderennen wurden hier ausgetragen. Naas, ebenfalls in Kildare, trug den Beinamen »der Königs«, »Nás na Riogh«, nach Nás, der Gattin →Lugs, die hier begraben lag. Die Männer von Leinster waren als »Laigin« bekannt. Ihre Waffen waren lange Speere. Sie setzten sich gegen die →Érainn durch und nahmen ihnen →Tara ab. Es ist nicht von ungefähr, daß →Conaire Mór ein Érainnkönig ist und das Leben auf Leinstergebiet verliert! → *Festhalle Da Dergas*.
Leinsters Gaben waren Reichtum, Wohlstand, Fleiß, Waffentaten.

**Limerick** Gr. Limerick. Vor dem ersten Drittel des 9. Jh., als die Wikinger die Stadt Limerick gründeten, ist damit die heutige Kings' Island gemeint, eine mit einem Ringfort gesicherte Insel im →Shannon. Dahin bringt →Oengus →Gráinne unter seinem Mantel in Sicherheit. Sie warten in einer behaglichen Hütte auf →Diarmaid → *Fionn und die Fianna: Diarmaid und Gráinne*.

**Linn Fhéic** Gr. Meath. Tümpel im →Boyne, auf der Höhe von →Bruig na Bóinne, wo der Salm der Weisheit wohnt. Noch heute gibt es auf diesem Abschnitt mehrere Boynearme → *Fionn und die Fianna: Jugendtaten*.

**Liscannor** Gr. Clare. Rund 2 km nw vom Dorf, an der gleichnamigen Bucht, rinnt St. Brigids-Quelle unterirdisch aus dem Fels. Im Gärtchen davor ist die Äbtissin in einem Glasschrein aufgestellt. Noch immer Wallfahrtsort zum letzten Sonntag im Juli, dem verchristlichten Fest →Lugs (Lugnasa) → *St. Brigid*.

**Loch Béal Draco** →Galty Mountains.

**Lochlainn** ist eigentlich Skandinavien, steht aber in der Sage häufig für die →Anderswelt. Die →*Kinder Tuirinns* müssen dort ihre härteste Probe bestehen und mit ihren Schreien einen Riesen provozieren →*Kinder Tuirinns*.

**Lough Anscaul** Gr. Kerry. Einer der wenigen Orte, die die Volksüberlieferung mit →Cúchulainn verbindet. Als Gigant, wie →Fionn, liefert er einem Riesen vom Dromavally Mountain aus ein Gefecht mit Steinbrocken. Daher ist die Westseite des Sees mit Steinen übersät. Zu Hilfe gerufen wurde Cúchulainn von der schönen, hellhaarigen Scal ni Mhurnain, der der finstere Riese nachstellte. Das Gefecht dauerte vom Morgen bis zum Abend. Als Cúchulainn von einem Stein getroffen aufbrüllte, ertränkte sich die Schöne im Glauben, ihr Retter sei gefallen, im See.

Lough Anscaul (Gr. Kerry), wo Scal trotz Cúchulainns Hilfe versinkt.

Möglicherweise Bruchstücke vorkeltischer Mythologie: da der See Ost-West ausgerichtet ist, könnten sie den täglichen Kampf Licht/Finsternis beschreiben, wobei die goldene Sonne im See versinkt.
Lough Anscaul, auf der Südseite der Dingle-Halbinsel, vom Dorf Anascaul ausgeschildert. Naturstraßen zum kleinen, tiefen, sehr malerischen Bergsee. Auf dem Dromavally, (Aufstieg vom Weiler Dromavally) sind drei Steinhaufengräber: Cúchulainns Bett, Haus und Grab.

**Lough Arrow** Gr. Sligo. Hauptsächlich auf der Ostseite des Sees fand die zweite Schlacht von →Mag Tuired, zwischen →Fomoriern und →Tuatha Dé Danann statt, die Schlacht, deren Schilderung die Dichte eines Sanskritepos erreicht, das

den kosmischen Kampf der Götter mit den Dämonen schildert. Mag Tuired ist Moytura/Moytirra, ca. 2,5 km nw von Kilmactranny, inmitten einer Hochebene, die mit prähistorischen Überresten gespickt ist – »Ebene der aufrecht stehenden Steine (Menhire)«. Zu Recht!
Lug Valley zwischen Geevagh und Highwood, zweite Abzweigung links, hat wohl kaum etwas mit Lug, »Ohr« zu tun, wie die Touristenbroschüre glauben machen möchte – dafür umso mehr mit →Lug, dem General der Tuatha Dé Danann. Hier, ca. 1 km ssö von Moytura sind Ringwälle zu sehen, die die in die Enge getriebenen Fomorier vor ihren heranstürmenden Feinden aufrichteten →*Buch der Eroberungen*.
Auf dem Sträßchen von Highwood nach Heapstown führt die zweite Abzweigung rechts zum Moytura Court Tomb, einem großen, gut 13 m langen und knapp 3 m breiten Megalithgrab mit Vorhof und vier Kammern, die dritte zu einem keilförmigen Grab aus der Bronzezeit, die vierte zu »The Labby«, einem beachtlichen Portaldolmen, der auch unter dem Namen →»Diarmaid und →Gráinnes Bed« bekannt ist →*Fionn und die Fianna: Diarmaid und Gráinne*.
Hier ist →Nuadu begraben, der laut einer Fassung in der schrecklichen Schlacht von Balor getötet wird →*Buch der Eroberungen*.
In Heapstown, auf dem Gelände von Heapstown House, erhebt sich von der Straße aus sichtbar, ein mächtiges Steinhaufengrab, Heapstown Cairn, das wohl ein Ganggrab überdeckt: Ailill, Halbruder von →Niall Nóigiallach, ist darin begraben – einer von denen, der sich zu seinem Schaden nicht mit der →*caillech* vereinigen wollte!
Lough Nasool, »na Súil«, »des Auges«, sitzt in den Hügeln 2,5 km nö von Heapstown. Es verdankt seine Entstehung dem ätzenden Auge →Balors. 1933 lief der

Lough Arrow-Gebiet (Gr. Sligo). Steinhaufengrab von Heapstown.

Das Tal nw vom Lough Arrow entwässert der Unshin River, der »Unius« der Sage, über dem sich der →Dagda mit der →Morrígan vereinigte, um den kriegerischen Aspekt der großen Mutter für den Sieg der Tuatha Dé Danann zu neutralisieren. Das Wasser rann rot vom Blut der Fomorier. Es wurde gekämpft bis hinunter zum Strand von →Ballysadare.
Die Quelle »Slán«, »Gesundheit«, der Sage ist am Lough Arrow nicht auffindbar, und es fragt sich, ob sie nicht einfach »geborgt« wurde: am Lough Meela, rund 5 km w befindet sich St. Lasaires Well, etwas ö des Friedhofs und der Abtei von Kilronan. Die Erde um die Quelle hat den Ruf, Wunden zu heilen.

**Loughbrickland**  Gr. Down. Das Dorf, 5 km s von Banbridge mit dem gleichnamigen See, auf dem ein crannog, eine künstliche Insel, sitzt, sind landschaftlich so angenehm, daß man nicht darauf käme, sie mit →Bricriu, »Giftzunge« zu verbinden. Er hat ihnen jedoch seinen Namen geliehen, Loch Bricrenn, verballhornt zu Loughbrickland →*Bricrius Bankett* →*Trunkenheit der Ulstermänner* →*Táin*.

**Lough Corrib**  Gr. Galway. In Moycullen, ca. 16 km nw von Galway, wurde →Manannán mac Lir vom Enkel →Nuadus erschlagen, oder nach der Volksüberlieferung der reiche Händler Manannán von einem Räuber. Als man ihn begrub, entstand der See, Lough Corrib – eine Zusammenziehung von Lough nOirbsen, einem der Namen des Gottes der See →*Buch der Eroberungen*.

**Lough Currane**  Gr. Kerry ist der einzige See, der zur Zeit der →Milesier entstand. Hier fand die verhängnisvolle Begegnung zwischen Fial und ihrem Gatten →Luigdeach statt (→Ballybrack Dolmen). Der See wird auch Lough Luigdeach genannt →*Buch der Eroberungen*.

**Lough Derg**  Gr. Donegal. Heutzutage wird Station Island in dem dunklen See inmitten kahler Torfhügel zu strengen Bußübungen aufgesucht: drei Tage Fasten, Wachen und Beten. Dies ist die Nachfolge einer Wallfahrt, zu der seit dem 17. Jh. verfüllten Höhle auf Saint's Island, in der →St. Patrick nach vierzigtägigem Fasten Visionen von Fegefeuer und Hölle erlebte. Es dürfte sich um ein druidisches Heiligtum gehandelt haben, das er auf diese Art verchristlichte →*St. Patrick*.

**Lough Derg**  Gr. Galway, Tipperary, Clare entstand durch die Großzügigkeit →Eochaid mac Luchtas, der dem unverschämten Dichter →Athirne sein einziges Auge schenkte →*Kampf um Howth*.

**Lough Derravaragh**  Gr. Westmeath. Hier verwandelte →Aoife die →Kinder Lirs in Schwäne →*Kinder Lirs*.
Der See hat bei einiger Phantasie die Gestalt eines fliegenden Schwanes mit langgestrecktem Hals und offenem Schnabel – eines singenden Schwanes also! Ganz Irland kam, um die Kinder Lirs singen zu hören.
Von Multifarnham, auf dem Südufer – die Franziskanerabtei besitzt ein schönes, modernes Glasfenster, das die ziehenden Vögel darstellt – ist die Zufahrt ausgeschildert. Da seit einiger Zeit Squatters das Ufer besetzt halten, sind Sperren für höhere Autos/Busse angebracht worden. Der See ist landschaftlich schön und friedlich: Dutzende Schwäne schwimmen herum – sie sind sakrosankt.

Lough Derravaragh (Gr. Westmeath).

**Lough Doo**   Gr. Roscommon im River Suck könnte »Dubh Linn«, der schwarze Tümpel, sein, in dem →Fraech ohne →Finnabairs Hilfe umgekommen wäre →*Fraechs Rinderraub.*

**Lough Fin(n)   Finnlough/Gr. Roscommon.** →Fergus mac Roich und →Medb schwimmen so provozierend im See herum, daß →Ailill den Ulsterhelden in einem Anfall von Eifersucht töten läßt. Grabhügel von Fergus am See, zu dem die Dichter pilgern, um den Táin zu hören → *Táin.*
Nur vage lokalisiert in der Literatur: »unweit →Rathcrogans«. Ein Fin Lough existiert sö von Rathcrogan, ca. 7 km sö von →Tulsk.

**Lough Gur**   Gr. Limerick. Der See liegt 4 km nw von →Knockainey. →Áine hat ihn selbst geschaffen: wie →Boand ist sie die Ernährerin des Landes und die nährende Flüssigkeit in einem → *Werben um Étain.*

**Lough Key**   Gr. Roscommon. Den →Druiden Cé überfiel in der schrecklichen Schlacht von →Moytura/Lough Arrow Wahnsinn, so daß er blindlings floh, bis er vor Erschöpfung zusammenbrach. Er fand sich auf einer kleinen Felsbrücke über einer Quelle wieder und versank in Schlaf. Während er schlief, flutete das Wasser zu einem See hoch. Der Ursprung des Sees soll am Südufer, im Lough Key Forest Park, liegen →*Buch der Eroberungen.*
→St. Columcille plauderte am Ufer von Lough Key mit einem →Druiden, Minuten bevor er ermordet wurde →*St. Columcille.*
Der See und die ehemalige Domäne, für die in den Sommermonaten allerdings Eintritt gilt, sind landschaftlich außerordentlich schön.

Lough Key (Gr. Roscommon). Der See ist dem Druiden Cé zu verdanken.

Logh Nasool (Gr. Sligo).

**Lough Leane** →Killarney.

**Lough Nasool** →Lough Arrow.

**Lough Neagh** Gr. Antrim, Down, Armagh, Tyrone, Derry. »Loch Neachach«, »Eochaids See«. Der größte See der britischen Inseln trägt zwar →Eochaids Namen, aber er kreiert ihn nicht. Mythologisch kommen drei Verursacher in Frage: das riesenhafte Pferd von →Oengus, das die Quelle produziert, und →Lí Ban, die über ihrer Pflicht einschläft.
Die Volksüberlieferung macht überdies den Riesen →Fionn verantwortlich, der eine Handvoll Erde aushob und als Isle of Man ins Meer fallen ließ →*Fionn und die Fianna*.

**Loughrea** Gr. Galway, zwischen Galway (35 km) und Ballinasloe (30 km), besitzt die St. Brendan – Cathedral mit unerwartet schöner Innenausstattung: im Eingang sehr eindrücklich Sarah Pursers »St. Brendans Seefahrt«, oder in der Taufkapelle St. Ita von →Killeedy, zu deren Füßen →St. Brendan als Kleinkind mit einem Boot spielt. 32 Säulenkapitelle im Schiff stellen Szenen aus der Seefahrt St. Brendans dar.

**Lough Ree** Gr. Roscommon ist Loch Ríbh, nach →Eochaids Bruder, der mit all seinen Leuten im plötzlich entstandenen See ertrank →Lough Neagh.
In Lough Ree liegt →Inis Clothrann, Inchcleraun.

**Louth** Gr. Louth. Muid Loga. →Medbs Armee wird von Louth über den Fane zurückgeworfen →*Táin*.
Louth liegt im Nordwesten der kleinen Grafschaft.

**Luglochta Logo** Gr. Dublin. »Gärten des →Lug«; hier steht die Burg von Forgall Monach, →Emers Vater. →Cúchulainn gewinnt das schöne Mädchen und entführt es aus der strengbewachten Festung. Ca. 2 km nw von Lusk →*Táin: Werben um Emer*.

**Mag Fea** →Barrow Tal.

**Mag Femen** →Slievenamon.

**Mag Inis** Gr. Down wird mit der Lecale Peninsula, zwischen Dundrum Bay und Strangford Lough, identifiziert. →Dagda schickt →Elcmar dahin, um in Ruhe mit →Boand der Liebe pflegen zu können. Étain kommt hier als Tochter des Königs von Ulster zur Welt. (→*Werben um Étain*). →Cathbad stammt von Mag Inis (→*Táin*). →St. Patrick findet hier den ersten Täufling und Beschützer, den Grundherrn Díchiú, der ihm »Sabhal«, »die Scheune« schenkt, in der er die erste Messe liest und viele Jahre später

Unweit von Lusk (Gr. Dublin) sind Luglochta Loga, die Gärten des Lug.

den letzten Atemzug tut. Er selbst legte auf dem Gebiet daneben ein Kloster an. Der Ort und der Ortsname Saul, rund 3 km nö von →Downpatrick, sind daraus enstanden. Die protestantische Kirche hat 1932 zum 1500. Jahrestag von St. Patricks Ankunft in Irland als Missionar das Modell einer keltischen Kirche mit Rundturm an den überlieferten Ort der Scheune gesetzt. Die Katholiken stellten dafür eine 10 m hohe St. Patricks Statue mit Kreuzwegstationen auf den gegenüberliegenden Slieve Patrick, von dem das Panorama herrlich ist →*St. Patrick*.

**Mag Ítha**   Gr. Donegal, gewöhnlich mit Ebene um Raphoe sö von Letterkenny am River/Lough Swilly identifiziert. Hier findet, nach einer Version, die Zauberschlacht zwischen →Partholón und den →Fomoriern statt. →Íth, der erste →Milesier, wandert darüber auf seinem Weg zum → Grianán of Ailech →*Buch der Eroberungen*.

**Mag Liffey**   die Liffey-Ebene, ist der →Curragh von →Kildare.

**Mag Muceda**   Gr. Louth. →Cúchulainn hält auf dieser »Ebene/Feld der Schweinehirten« den ganzen Heerzug durch einen über die Straße gefällten Eichenbaum auf → *Táin*.
Nö von Tullyallen, ca. 5 km nw von →Drogheda.

**(Mag) Muirthemne**   Gr. Louth. Die Ebene, die noch 30 Jahre nach der Sintflut vom Meer bedeckt war und deswegen »unter dem Dach der See« heißt, oder die Ebene, die eine grauenhafte Krake mit einem magischen Meer besetzt hielt, bis ihr der →Dagda mit seiner Keule eins über den Schädel zog. Erst dann verschwand sie und mit ihr das Meer.
Ganz allein wandert →Cian über diese Ebene und wird von →Brian, Iuchar und Iucharba erschlagen →*Kinder Tuirinns*.
(Mag) Muirthemne ist →Cúchulainns engere Heimat. Im nicht weiter zu lokalisierenden Dún Imrith verbringt er seine frühe Kindheit bei →Finnchaem und →Amergin, als Erwachsener wohnt er in →Dún Dealgan. Auf der Ebene erschlägt er den Höllenhund des Schmiedes; hier befinden sich aber auch →Breslech Mór und →Cloghfarmore, die mit seinem Triumph, aber auch seinem Tod im Zusammenhang stehen →*Táin*.
Mag Muirthemne ist die Ebene um und s von →Dundalk, in manchen Quellen bis zum →Boyne.

**Mag Trego**   Gr. Longford. »Ebene der Speere«. Auf dem Ostufer des Shannon, w von Longford. Drittes Lager der Connaughter; der Krieger Dubthach weckt alle mit seinen Alpträumen von der →Nemain auf → *Táin*.

**Mag Tuired**   Gr. Mayo, Sligo; es handelt sich um zwei Schlachten bei »Moytura«. Die erste, zwischen →Fir Bolg und →Tuatha Dé Danann, wurde in →Cong, Mayo, lokalisiert, die zweite, zwischen →Fomoriern und Tuatha Dé Danann, am Ostufer des →Lough Arrow, auf der Hochebene von Moytura →Lough Arrow →*Buch der Eroberungen*.

**Malahide**   Bucht von →Inber Domnand.

**Malin Head** Gr. Donegal. Der nördlichste Punkt Irlands, die gezackten, sturmgepeitschten Klippen der Inishowen Peninsula heißen →»Banbas Krone«. Deutlicher kann das Konzept von Irland als einer königlichen Göttin kaum ausgedrückt werden → *Buch der Eroberungen.*

**Maola Midi** Gr. Westmeath. Die drei kahlen Hügel von Meath, an denen →Fergus sein Wut ausläßt, könnten die drei flachen Erhebungen mit den kümmerlichen Burgruinen nw von Meeldruim House (Meeldruim = kahler Rücken) sein, an der N 6 zwischen Kilbeggan und Horseleap, sw von Mullingar und ssö von →Athlone → *Táin.*

**Maumeen** Gr. Galway, ehemaliges →Lug-Heiligtum. Auf dem Paßsattel zwischen Maumturk Mountains und Lecka Vera Mountain, 56 km nw von Galway, versenkt →St. Patrick einen Widder im kleinen Bergsee – in gallorömischer Zeit ein Attribut des festländischen Gottes Merkur/Lug. Weiter oben am Hang befinden sich »Leaba Phádraic«, »St. Patrick's Bed«, eine kleine Felsnische, ein unauffälliges Kirchlein, zwei heilige Quellen und eine bemerkenswert unkonventionelle Statue St. Patricks – ohne Bart und Bischofsmütze, statt dessen als noch junger Mann in enganliegender Kappe, der nachdenklich-sinnend, statt grimmig-streng, die Landschaft überschaut, während sich ein kleiner Widder an seine Seite schmiegt. Offensichtlich ist dieser St. Patrick in ein freundschaftliches Verhältnis zum Repräsentanten der ungezähmten Fruchtbarkeits- und Wachstumskräfte getreten! → *St. Patrick.*

Am letzten Sonntag im Juli (*Lugnasa*) geht noch immer eine Prozession zu diesem uralten Wallfahrtsort hoch. Die Messe wird gewöhnlich auf irisch gesungen. Der Weg nach Maumeen ist kurz vor Recess, vor der Tullywee-Brücke, ausgeschildert. Der eigentliche Bergpaß kann nur zu Fuß erklommen werden.

Maumeen (Gr. Galway). See auf dem Paß, in dem St. Patrick den Widder versenkt.

**Meath** »die Mitte« →Tara →Uisnech.

**Merrion Strand** →Dublin.

**Mizen Head** Gr. Cork. Dieser südwestlichste Klippenkopf – 210 m hoch – ist nach der Volksüberlieferung »Carn Ui Néit«, »das Steinhaufengrab von Néits Enkel«, d. h. →Balor. Von →Lug verfolgt fand er nach der zweiten Schlacht von →Mag Tuired bei →Lough Arrow hier den Tod. Sterbend empfahl er Lug, seinen Kopf auf den eigenen zu setzen, zwecks Vervielfachung seiner Kräfte. Lug setzte das riesige Haupt mißtrauisch auf einen Stein, der in Stücke sprang. Aber auch von →Bres heißt es, er sei hier begraben. Lug soll ihn am Ende doch ausgetrickst und sich gerächt haben, obwohl er ihn nach derselben Schlacht nach der Preisgabe der Ackerbaugeheimnisse laufen ließ → *Buch der Eroberungen.*

Wohl wissend, daß es *geis* für ihn war, Gemolkenes auszuschlagen, bot er ihm »Milch« von dreihundert hölzernen, mit Sumpfwasser gefüllten Kühen an, die von echten nicht zu unterscheiden waren. Bres trank das üble Zeug und siechte bis zu seinem Tod dahin. Landschaftlich lohnend.

**Móin Coltna**   Gr. Roscommon. Sumpfgebiet am Shannon, in dem Wild auftaucht – Proviant für die Armee. S der Brücke der N 5 nach Longford → *Táin*.

**Monasterboice**   → Belach nAne.

**Movilla Abbey**   Gr. Down. 1,5 km ö von Newtownards auf der gleichnamigen Halbinsel, Richtung Millisle, stand einst St. Finians berühmtes Kloster, in dem → St. Columcille studierte und später heimlicherweise den Psalter abschrieb. In diesem Kloster dürfte das *Lebor Gabála Érenn,* das → *Buch der Eroberungen Irlands,* zusammengestellt worden sein. Die Kirchruine stammt aus dem 15. Jh. → *St. Columcille.*

**Moyle, Straits of**   Gr. Antrim, in dem sich die → Kinder Lirs 300 Jahre lang aufhalten mußten, ist der North Channel, zwischen Irland und Schottland → *Kinder Lirs.*

**Muid Loga**   → Louth.

**Muirthemne**   → Mag Muirthemne.

**Munster**   ist die südliche Provinz, in der Musik, Gesang und Dichtung an höchster Stelle stehen; sie ist am stärksten aufs Übersinnliche ausgerichtet, denn Kerry gehört dazu, wo die Einwanderungswellen bzw. die Götter landen. Typischerweise ist → Cú Roi mac Daire, der große Magier, einer der einflußreichsten Fürsten des Südens. Das weibliche Element hat hier besonders großes Gewicht: → Anu/Danu, → Morrígan, → Ainey, die → *Caillech,* Boí, → Ériu sind hier angesiedelt und die ganze Provinz ist »Mór Muma«, »die Große von Munster«, die Mutter- und Sonnengöttin, die Verkörperung der Oberhoheit, die → Medb Munsters. Munster wurde hauptsächlich von den → Érainn besiedelt, Muma war wohl ihre alte Göttin. Der wichtigste Königssitz war → Cashel, der Sagensitz → Temair Luachra → Paps of Dana.

**Nanny Water**   Gr. Meath. Auf seiner Brautfahrt zu → Emer in → Luglochta Logo setzt → Cúchulainn über das Nanny Water oder River Nanny, das n von → Tara entspringt und s von der Boyne-Mündung parallel dazu ins Meer fließt. → *Táin: Werben um Emer.*

**Navan Fort**   → Emain Macha.

**Newgrange**   → Bruig na Bóinne.

**Oughterard**   Gr. Kildare, ca. 5 km nö von Kill, zwischen → Dublin und Naas sitzt ein beschädigter Rundturm auf dem Hügel über dem Dorf – das einzige Überbleibsel einer Gründung St. Brigids. Die Kirchruine aus dem 16./17. Jh. besitzt ein ungewöhnliches, separates Treppenhaus → *St. Brigid.*

**Oweynagat**  →Rathcrogan.

**Paps of Dana**   Gr. Kerry. Die zwei sanftgerundeten Hügel mit den Steinhaufengräbern oben drauf, die für eine unverkennbare Silhouette sorgen, sind nicht einfach Symbole für →Anu/Danu, sondern es sind auch »Da Chich Anan«, »die beiden Brüste der Anu«, der Mutter allen Wohlstandes von →Munster. Beleidigt oder angegriffen wird sie jedoch zur →Morrígan. Die →Paps of Dana sind die zwei höchsten mehrerer Gipfel, die unter dem Sammelnamen »Slieve Luachra« gefaßt werden.

Paps of Dana (Gr. Kerry).

Zu *Samhain* sieht →Fionn, daß es sich um ein doppeltes *síd* handelt: er erschlägt den Andersweltkrieger, der zum einen Eingang herauskommt, im Augenblick, wie er zum Eingang des zweiten hineinschlüpfen möchte.
Das Sonnenhaus →Credhes, das →Cael besingt, stand entweder zwischen oder ö der Hügel, so daß das Lough Cuirre der Sage entweder Lough Glannafreaghhaun oder Lough Nageeha gewesen sein muß: Credhe lädt die ganze →Fianna zur siebentägigen Hochzeitsfeier, bevor alle nach →Ventry marschieren →*Fionn und die Fianna: Schlacht von Ventry*.
Auffallend oft nehmen Sagengestalten die beiden Berge unter die Füße: →Íth wandert darüber nach Norden (→*Buch der Eroberungen*), →Diarmaid und →Gráinne überschreiten sie, vor drei magischen Hunden flüchtend (→*Fionn und die Fianna: Diarmaid und Gráinne*), →Giolla Deacairs Pferd rennt die Paps hoch und wieder herunter (→*Fionn und die Fianna: Giolla Deacair*) und der »Kerl im grauen Mantel« schlägt sie vor als Ausgangspunkt für ein Wettrennen nach →Howth →*Fionn und die Fianna: Kerl im grauen Mantel*).

Wo sich Cú Rois Burg, Temair Luachra, die berühmte Feste der →Érainn, befand, die die Ulstermänner zerstörten, nachdem sie knapp dem Tod durch Verheizen entgangen waren, ist umstritten. Slieve Luachra, also das ganze Berggebiet, wäre möglich gewesen; zwei weitere Möglichkeiten gäbe es um Castleisland, ö der →Slieve Mish Mountains. Auf der N 72 von Killarney nach Rathmore hat man die beiden Hügel eine ganze Weile zur Rechten. Seit einigen Jahren führt der Slieve Luachra Drive um die Hügelgruppe herum.

**Portumna** Gr. Galway. Beim »Gebiet von Clanricarde«, auf dem →Diarmaid sein siebentüriges Haus baut, von dem er →Fionn Trotz bietet, kann es sich nur um den heutigen Portumna Forest Park handeln, direkt neben der gleichnamigen Stadt am →Lough Derg. Allerdings wurden die Clanricarde erst im 16. Jh. durch Heirat mit den O'Maddens Besitzer dieser Domäne. Die Version dieser Geschichte aber stammt auch aus dem 16./17. Jh! Wie dem auch sei, der Forest Park ist einen Besuch wert. »Mythologie in der Landschaft« ist eben ein niemals endender Prozeß →*Fionn und die Fianna: Diarmaid und Gráinne.*

**Rathangan** Gr. Kildare. Die Connaughter fliehen vor den Ulstermännern über Rathangan, nach dem blutigen Streit in der Halle →Mac Da Thós, zurück nach →Connaught. Zwischen Rathangan und Kildare fällt die Hügelgruppe Red Hills, Dunmurry Hill und Grange Hill mit dem Chair (Sitz) von Kildare auf: davon abgerückt ist Boston Hill. Es fragt sich, ob sich hier nicht das ursprüngliche Heiligtum von Kells befindet. Die Konstellation ist bei den Inselkelten bekannt – die dreifache Göttin und ihr Gatte/Bruder; drei heilige Schwestern und ein Heiliger. Damit wäre die heilige Landschaft →Hill of Allen, →Knockaulin, →Curragh, →Kildare um eine Dimension erweitert →*Mac Da Thós Schwein.*

**Ráth Cimbaeth** das sich →Nemed bauen läßt, ist mit Haugheys Fort identifiziert worden →*Emain Macha.*

**Rathcrogan** Gr. Roscommon, »Ráth Cruachan«, »Cruachans Ringwall«; der Name kommt von »Crochen«, »der Roten«, →Étains Dienerin, die an diesem Andersweltpalast soviel Gefallen fand, daß ihn →Midir ihr zum Geschenk machte. Crochen steht für die untergehende Sonne und sie blieb in diesem westlichen *síd* wohnen. Nach einer Fassung brachte sie hier ihre Tochter →Medb zur Welt, was sich mit dem Sonnenaspekt dieser ehemaligen Göttin gut verträgt. Die Medb der Sage, die in Rathcrogan ihren großartigen Palast stehen hat und mit ihrem Gatten →Ailill →Connaught regiert, ist bereits stark vermenschlicht. Zu ihrem Palast, der in allen Einzelheiten beschrieben wird, kommt →Fraech, um um Finnabair zu werben (→*Fraechs Rinderraub*). Auf der Ebene findet Mac Cécht (→Mac Cuill, Mac Cécht, Mac Greine) Wasser für den durstenden Conaire Mór in der Quelle Úrán Garaid (→*Festhalle Da Dergas*). Hier wohnt der Elf Ochall Oichne, dessen Schweinehirt Runce (→Rucht und Runce) sich zum schwarzen Stier →Donn metamorphosieren wird und in der Quelle Úrán Garaid aufs Verschlucktwerden wartet. Und im mit kostbaren Vorhängen behängten Alkoven findet das »Kopfkissengespräch« zwischen Königin und König von Connaught statt, das den ganzen Táin in Gang bringt →*Táin.*

Die Ulstermänner begleiten ihre drei Helden zum Connaughterhof, mit der Bitte, Ailill möge den größten Helden bestimmen; er prüft darauf →Loegaire, →Conall

## Detailkarte: Rathcrogan

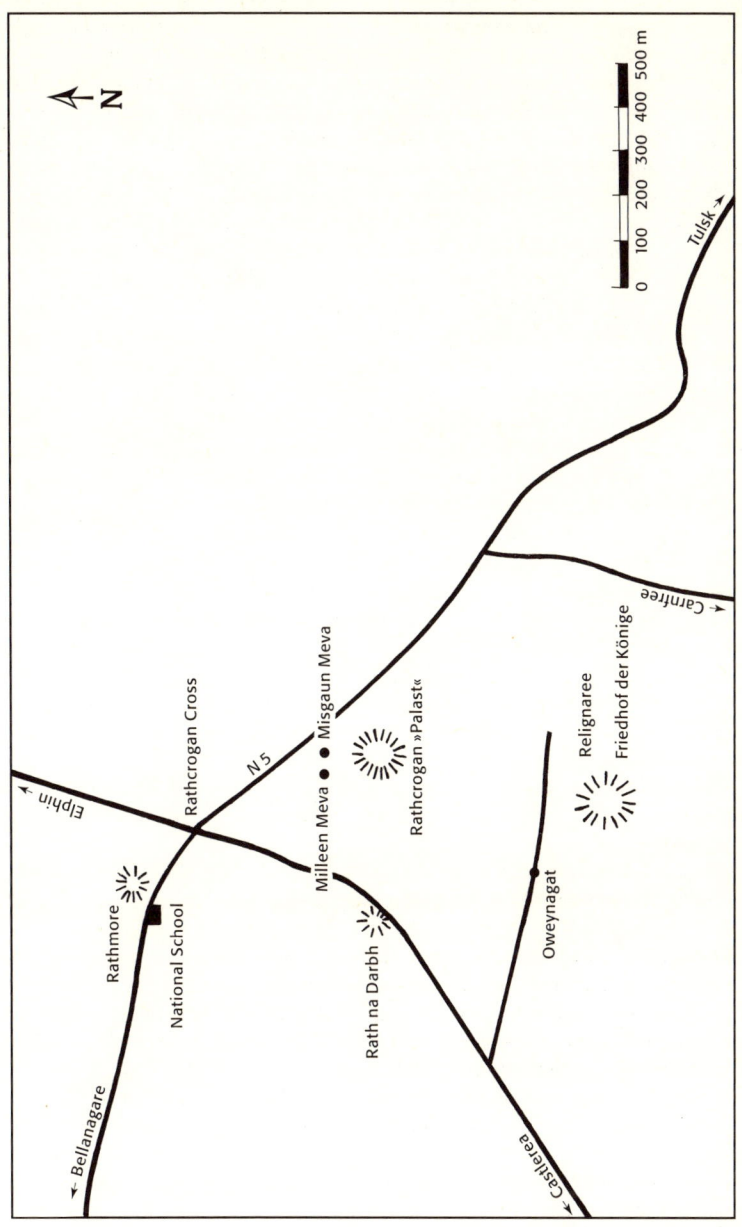

und →Cúchulainn, indem er die Zauberkatzen aus Oweynagat, der Höhle von Cruachan, losläßt. Da er aber unfähig ist, einen Spruch zu fällen, schickt seine Gattin die drei mit Trophäen heim, die die genaue Abstufung ausdrücken.
→Nera läßt sich zu Samhain mit Gespenstern ein und landet, über die Höhle, in der Anderswelt, wo er mit Frau und Familie auf immer verbleibt.
Man müßte die Ebene von Rathcrogan, »Cruachan Ai«, was eine andere Ableitung mit der »Leber« →Finnbennachs in Verbindung setzt, von Bellanagare bis →Tulsk, von Castlereagh bis Roscommon, überfliegen können: seit der Steinzeit bis zur Eroberung durch die Normannen sind über 200 Monumente erhalten. Noch immer dominiert Rathcrogan, nach Rathcrogan Crossroads, an der N 5 Bellanagare–Tulsk, die Landschaft. Neuerdings ist ein kleiner Parkplatz angelegt worden. Der Hügel ist halb natürlich, halb künstlich. Hier stand der Palast der Sage. 110 m nnö davon liegt »Misgaun Meva«, »Medbs Auswuchs«, ein umgefallener »Standing Stone«, und »Milleen Meva«, »Medbs kleine Mühle«, ein Steinblock befindet sich weiter westlich. An der Rathcrogan-Kreuzung sitzt Rathmore, ein beachtliches Ringfort, und gegenüber, in der kleinen Schule, ist im Pausenhof der Kinder ein herrliches Bild der kämpfenden Stiere, →Donn und →Finnbennach, auf dem Unterstand aufgemalt.
Verfolgt man das Sträßchen nach Süden, kommt rechts Rath na Darbh (ausgeschildert), wo sich die beiden Stiere bis auf den Tod bekämpften. Hier müßte sich auch irgendwo noch Lough Cruachan befunden haben, das möglicherweise aber trockengelegt wurde. Die nächste Abzweigung links führt zu Oweynagat, einer kleinen Höhle mit einem *Ogham*stein: die Buchstaben fügen sich zusammen zu »Vraicci Maqi Meduvi«, »...von Fraech...Sohn Medbs«; 60 Meter nw davon ist eine Höhle im Kalkgestein. (Für die übrigen Monumente unserer Sagensammlung →Carnfree und →Clebach.)

**Ráth Finnabair, Cooley**   Gr. Louth. →Medb läßt alles Volk und Vieh in der →Cooley-Halbinsel in diesem Ringwall zusammentreiben – aber der schwarze Stier ist nicht darunter → *Táin.*
Ein überwachsener Ringwall befindet sich bei The Bush im Südosten der Halbinsel.

**Rathlin Island**   Gr. Antrim ist eine der Inseln, auf die sich die →Fir Bolg nach der ersten Schlacht von →Mag Tuired zurückgezogen haben → *Buch der Eroberungen.*
Rathlin gehört zum Territorium der →Kinder von Lir (vgl. →Carraig na rón). Daß das mythologische Bewußtsein der Inselbewohner auch im 20. Jh. noch nicht verschwunden ist, zeigt sich darin, daß sie die drei großen Windräder, die die Insel seit 1992 mit Strom versorgen, nach den Schwanenjungen Aedh, Conn und Fiachra getauft haben → *Kinder Lirs.*
Voll böser Vorahnung schlägt →Deirdre den Söhnen Uisnechs vor, auf Rathlin Island auszuweichen, nachdem ihr Bürge, →Fergus, durch →Conchobars List ausfällt.
Die Insel liegt vor der Antrim-Küste, im North Channel, Straits of Moyle, zwischen Irland und Schottland. Überfahrt von Ballycastle aus, wo an der Ostseite des Strandes der Uisnech-Fels, Carraig nUisnaich, an die Landung von Deirdre und →Naoise erinnert → *Söhne Uisnechs.*

Rathlin Island (Gr. Antrim). Die Kinder Lirs mußten weitere dreihundert Jahre im North Channel, Straits of Moyle, verbringen.

Rossbeigh (Gr. Kerry). Niamh und Oisin reiten nach Tír na nog.

**Ráth na Darbh** →Rathcrogan.

**Rosnaree** Gr. Meath, »Ros na Ríogh«, »Königswald«. Gegen seinen letzten Willen wollen die →Druiden →Cormac mac Airt im →Bruig na Bóinne beisetzen, wie es sich für einen großen, heidnischen König gehört. Aber der Boyne schwillt dreimal an und verhindert das Überqueren des Flusses, die Ochsen, die den Totenwagen ziehen, weigern sich, einen Schritt weiter zu gehen. So erhält der größte irische König als erster ein Begräbnis außerhalb des traditionellen Friedhofs. Rosnaree liegt der Boyne-Schleife Bruig na Bóinne gegenüber →*Fionn und die Fianna: Diarmaid und Gráinne*.

**Rossbeigh** Gr. Kerry ist die über 3 km lange Sandbank, die sich ca. 2,5 km w von Glenbeigh in die →Dingle Bay hineinschiebt. Von hier galoppieren →Oisín und →Niamh auf ihrem weißen Pferd in die →Anderswelt. Warum gerade dieser Ort gewählt wurde ist unschwer zu verstehen: die Landschaft gibt einen Vorgeschmack der paradiesischen Anderswelt, zu dem rollt Tonn Tóime, eine der magischen Wellen Irlands, Tag und Nacht mit Getöse und weißem Schaumkamm zwischen dieser und der gegenüberliegenden Sandbank von Inch herein. →Diarmaid und Gráinne genossen diese Aussicht von ihrem Versteck aus der Höhle im Behy-Tal, die dem Eisenbahnbau zum Opfer fiel (eine kleine Bahn ging bis Mountain Stage). Sö über Glenbeigh erhebt sich Seefin (Fionn's Seat) auf 491 m. Das Panorama ist hervorragend →*Fionn und die Fianna: Ende der Fianna*.

**St. Patrick's Island** Gr. Dublin. Inis Phádraig ist dem Badeort Skerries, 8 km sö von Balbriggan, vorgelagert. Hier fand →St. Patrick auf seiner Reise nach Norden wohlwollende aber bitterarme Menschen. Er gab ihrer Insel nicht nur seinen Namen, sondern gründete auch ein Kloster, das noch im 12. Jh. über soviel Macht und Ansehen verfügte, daß es eine Synode von mehr als 500 Geistlichen bei sich einberufen konnte →*St. Patrick*.
Übrig ist die Ruine einer einfachen Kirche aus Tuffstein, wobei zu beachten ist, daß es in weitem Umkreis keinen solchen gibt.

**Saul** →Mag Inis, Lecale Peninsula.

**Scota's Glen** Gr. Kerry. Hier liegt die Gattin →Míls, die Tochter des Pharao, →Scota, begraben. Von Tralee führt ein Minibergpaß über die →Slieve Mish Mountains nach Castlemaine. Unter Knockmichael Mountain am Ende des Tals, unterhalb des letzten Hauses, am Bach unten, befindet sich eine ansehnliche Felsplatte mit Inschriften (Ausgeschildert). Mögen diese auch pseudo-antik sein – der Stein bezeichnet offensichtlich ein wichtiges Grab. Die Aussicht vom Bergsattel ist hervorragend →*Buch der Eroberungen*.

**Sean-Magh nEalta Éadair** Gr. Dublin. Die alte Ebene der Herden Éadairs (→Étar). Die erste unbewaldete Ebene Irlands war ein Geschenk der Götter an die Menschen – Acker-/Weideland, das nicht erst gerodet werden brauchte. Ehemals »sonnten sich die Vögel Irlands« darauf. Heute landen hier ganz andere Vögel – der Flugplatz, Dublin Airport, wurde auf der alten Ebene angelegt. Sie erstreckt sich von →Swords im Norden bis nach →Tallaght im Süden. Heute wird sie zum großen Teil von →Dublin ausgefüllt →*Buch der Eroberungen*.

Sean-Magh n Ealta Edair, »Die alte Ebene der Herden Étars« (Gr. Dublin).

**Seefin** Gr. Kerry → Rossbeigh.

**Seefin** Gr. Limerick (→ Ardpatrick). In der Gegend gibt es noch einen zweiten »Seefin«, in seiner irischen Fassung: auf Cromwell/Cromail Hill, 5 km nö von → Knockainey, befindet sich »Suidhe Finn«, »Fionns Sitz«; am Osthang liegt ein großer, ovaler, terrassierter, von einem Graben umgebener Hügel → *Fionn und die Fianna*.

**Seefin** Gr. Mayo, knapp 2 km s von Ballycastle (vgl. → Downpatrick Head) befindet sich der über 210 m hohe, von einem Steinhaufengrab gekrönte »Sitz von Fionn« → *Fionn und die Fianna*.

**Seefin** Gr. Tipperary → Galtee Mountains.

**Seefin** Gr. Wicklow. »Fionn's Seat«, »Sitz Fionns«. Auf dem Berggipfel (613 m) macht sich ein großes Steinhaufengrab breit, eigentlich ein Ganggrab mit mehreren Kammern. Verschiedene Steine sind verziert – die Eingangssteine tragen Rautenmuster, die den Eindruck eines Gesichtes hervorrrufen. Auf dem Nachbargipfel, dem um 90 m höheren Seefingan, sitzt eine zweites Steinhaufengrab. Die Sicht von beiden Gipfeln ist lohnend. Aufstieg zum Seefin dem Militärlager, Kilbride, am Nordhang nach. Auf rote Fahnen achten – dann sind Übungen im Gang → *Fionn und die Fianna*.

**Shannon** größter Fluß der Westhälfte Irlands. Wie → Boand so ist auch Sionnain eine große, göttliche Mutter, eine der → Tuatha Dé Danann; gelegentlich wird sie als Enkelin → Lirs angesprochen. Ein Teil ihrer Sagen decken sich mit denjenigen Boands.

Shannon-Mündung (Gr. Clare).

Skelling Michael (Gr. Kerry).

Wie die Boynequelle so gilt auch diejenige des Shannon als Ursprung des Lebens und damit allen Wissens, das der Salm der Weisheit, »Bradán Feasa«, verkörpert.
Sionnan wollte ihn packen, da peitschte er das Wasser in wilde Sturzfluten, die die Göttin mit sich zum Meer rissen. So ist der Shannon entstanden.
Der sogenannte Shannon Pot, Log na Sionnan, ist ein baumumstandenes, scheinbar bodenloses, dunkles Loch am Nordwestabhang des Tiltinbane/Gr. Cavan.
Der Shannon Pot ist von Drumshanbo, Swanlinbar, Belcoo und vielen anderen Orten ausgeschildert, seit März 1996 die Greenpeace-Aktion zur Erhaltung des Shannon mit einem Fußmarsch zum Shannon Pot begonnen hat.

**Síd ar Femen** → Slievenamon.

**Síd Brí Léith** → Ardagh.

**Síd Fionnachaid** ist → Lirs Andersweltpalast und Grab. Hier wachsen die → Kinder Lirs auf bis sie von → Aoife in Schwäne verwandelt werden (→ *Kinder Lirs*).
→ Aillén mac Midna will eben hineinschlüpfen wie ihn → Fionns magische Lanze tötet → *Fionn und die Fianna*.
»Fionnachad« bedeutet »weißer Steinhaufen«, heute noch »White Hill«, weißer Hügel. Er befindet sich auf dem Carrigatuke (→ Fews Mountains). Auf dem Berg ist auch ein Picknick- und Parkplatz mit hervorragendem Panorama angelegt worden; »White Hill« läßt sich direkt von der Straße Newtownhamilton–Armagh über die Abzweigung links, den Berg hoch, erreichen.

**Síd Nechtan** → Carbury Hill → Boyne.

*síd* **von Cleitigh** → Cleitigh.

**Skellig Michael** Gr. Kerry, der größte der drei pyramidenförmigen Felsen (ca. 200 m) vor der Iveragh-Halbinsel. → Íth, der Sohn des → Míl, wurde auf dem Sattel begraben – anscheinend stand da früher tatsächlich ein Dolmen → *Buch der Eroberungen*.
Glas bringt die internationale Flotte des Königs der Welt erst nach Skellig Michael und dann nach → Ventry → *Fionn und die Fianna*.
Skellig Michael ist berühmt wegen seiner frühen Klosterruinen; es ist mehr als nur wahrscheinlich, daß es sich um eine verchristlichte, heidnische Kultstätte handelt. Dafür spricht bereits, daß der Fels St. Michael geweiht wurde. Möglicherweise haben die Mönche sogar die Gebäude, mit Sicherheit jedoch den Baustil ihrer Bienenkorbhütten übernommen.

**Skerries** → St. Patrick's Island.

**Skerry Hill** Old Church, Broughshane/Gr. Antrim. Rund 5 km onö von Broughshane, 6,5 km ö von Ballymena, bezeichnet eine Kirchruine den Ort, wo der → Druide Miliuc sich in seiner eigenen Festung verbrannte. »St. Patrick's Footmark« ist nicht etwa ein eigener Fußabdruck, sondern derjenige seines Schutzengels, Victor. Der Hügel liegt gegenüber Slemish Mountain, der unerwartet aus der Ebene auf 438 m aufsteigt. Hier hütete der Heilige als Sklavenjunge Miliucs Herden → *St. Patrick*.

Der Berg kann bis zur halben Höhe befahren werden – die Straße endet auf einem Park- und Picknickplatz. Er läßt sich besteigen, aber nur auf dem Weg, da die Weiden streng eingezäunt sind.

**Slane**   Gr. Meath. Auf dem Hügel von Slane, rund 2,5 km w von → Drogheda, entzündete → St. Patrick sein Osterfeuer: vom Hügel, oder noch besser, dem Turm der Kirchruine, ist die Sicht übers ganze Boynetal und bis weit über → Tara hinaus möglich – bei Nacht muß ganz Meath das Feuer gesehen haben! Auf Verabredung hin behandelte König Laogaires Hof St. Patrick wie Luft, bis auf den jungen adligen Dichter Erc: er grüßte ehrerbietig. Er sollte St. Patricks Missionsbischof in Kerry und → St. Brendans Lehrer werden. Im Kirchhof auf dem Hügel oben gelten die zwei aufrechten Giebelenden als St. Ercs »Schrein« bzw. sein Grab → *St. Patrick*.

**Slanemore** (138 m) und **Slanebeg**   Gr. Westmeath. 6,5 km wnw von Mullingar an der Straße nach Ballynacarrigy ist Slemain Midi, der Versammlungsort der Ulsterstreitkräfte vor der großen Entscheidungschlacht → *Táin*.

**Slea Head**   Gr. Kerry. Dieser südwestliche Landvorsprung der → Dingle Peninsula kommt landschaftlich an Beschreibungen der → Anderswelt heran und es ist nicht erstaunlich, daß er als síd galt. Hier fand beinahe → Fionns Hochzeit mit der schönen Tochter Conáns statt – aber nur beinahe! → *Fionn und die Fianna: Fest im Hause Conáns*.

**Slemain Midi**   → Slanemore.

**Slemish Mountain**   → Skerry Hill, Old Church.

**Sliabh Fuait**   → Fews Mountains.

**Slieve Anierin**   Gr. Leitrim ist der höchste Gipfel (578 m) der Iron Mountains, wo schon prähistorisch Eisen abgebaut wurde. Deswegen ist der Berg mit → Goibniu assoziiert: hier schmiedete er die Waffen für die zweite Schlacht von → Mag Tuired am → Lough Arrow. Möglicherweise ist dies der Gipfel Conmaicne Rein, auf dem sich die → Tuatha Dé Danann in einer Wolke niederließen → *Buch der Eroberungen*.

**Slieve Baune**   Gr. Roscommon. Rund 6 km sö von Strokestown. Hier besiegt → Nemed die → Fomorier (→ *Buch der Eroberungen*). Der langgestreckte Hügel mit seinen zwei fast gleichhohen Erhebungen läßt eine herrliche Sicht über die Midlands und die Seen zu.

**Slieve Beagh**   Gr. Tyrone, Fermanagh, Monaghan, n von Clones. → Biths Frauen bestatten ihren toten Gatten in einem großen Steinhaufengrab, »Carn Mór«. → Íth, der erste → Milesier, wandert daran vorbei zum → Grianán of Ailech → *Buch der Eroberungen*.
Auf der Nordnordostseite ist ein Park- und ein Wohnwagenplatz. Von hier führt ein Weg auf den Gipfel.

Slieve Bloom Mountains (Gr. Offaly), Fionns Jugendgebiet.

**Slieve Bloom Mountains**   Gr. Offaly. In diesen noch heute wenig erschlossenen Waldgebieten zwischen Portlaoise und Birr verlebt →Fionn seine Jugend. Zeit seines Lebens gehören sie zu seinen bevorzugten Jagdgründen →*Fionn und die Fianna*.

**Slieve Cuinciu**   Gr. Louth heute Slievenaglogh (313 m) im Süden der →Cooley-Halbinsel. Von hier aus betätigt sich →Cúchulainn als Heckenschütze und erschießt die Sklavin Locha statt →Medb. Daher heißt die Ebene am Fuße des Berges »Réid Locha« →*Táin*.

**Slieve Donard**   Gr. Down, ehemals Sliabh Slánga, nach einem der Anführer der →Fir Bolg (→*Buch der Eroberungen*). Slieve Donard gehört zum Grenzgebiet →Cuchulainns (→*Táin*). Es ist offensichtlich, daß Slieve Donard ein wichtiges, heidnisches Heiligtum war: zwei Steinhaufengräber sitzen auf dem Gipfel und am Südwestfuß befindet sich Donards Cave, eine Höhle. Darüber hinaus ist der Namensgeber, Domhanghard, der Sohn des letzten heidnischen Territorialkönigs, der Bischof und Lokalheiliger, St. Donard, wird. Rund 5 km n in Carnacavill sind die Ruinen seines Kirchleins mit Rundturm im Ringwall, Ráth Murbhuilg, erhalten. Und als ob dies noch nicht genügte – auf Slieve Donard wurden bis weit in unser Jahrhundert die berühmtesten *Lugnasa*feiern der ganzen Gegend abgehalten.

**Slieve Felim**   Gr. Tipperary. Diese kleine Bergkette heißt nach →Eochaids Stiefmutter, →Eibhlin, die mit dem jungen Mann durchbrennt (→*Lough Neagh*). Slieve Felim ist →Fódlas Berg. Hier präsentieren sich ihr die →Milesier, bevor sie das Land übernehmen (→*Buch der Eroberungen*). *Die betrunkenen Ulstermänner rasen zwischen Slieve Felim und Slieve Bernagh nach Kerry* (→*Trunkenheit der Ulstermänner*). Slieve Felim gehört zum Jagdgebiet der Fianna (→*Fionn und die Fianna*). Es handelt sich um die Bergkette ö von →Limerick.

**Slieve Gullion**  Gr. Armagh heißt nach →Culann, dem Schmied, Sliabh Chulainn. Aufgeschreckt durch die →Morrígan rast der schwarze Stier von Cooley ins Slieve Gullion-Gebiet hinüber (→*Táin*). Im kleinen Bergsee taucht →Fionn als junger Mann ein und kommt als Greis wieder hoch (→*Fionn und die Fianna*). Auf dem Gipfel (568 m) macht sich ein großes Steinhaufengrab breit. Das kreuzförmige Ganggrab kann zu den Öffnungszeiten besucht werden.
Der wohlgeformte Berg erhebt sich n von →Dundalk aus einem ganzen Kranz kleinerer Erhebungen. Die Sicht vom Gipfel ist atemberaubend.

**Slieve Luachra, Sliabh Luachra**  →Paps of Dana.

**Slieve Mish Mountains**  Gr. Kerry. »Phantomberge«. Hier findet die erste Schlacht der →Milesier gegen die →Tuatha Dé Danann statt, in der →Scota und →Fas umkommen (vgl. →Scota's Glen, →Glenfash). Danach müssen die Neuankömmlinge die große Göttin →Banba →Ériu gewinnen. →Donn ist unhöflich zu ihr und bezahlt dafür mit dem Leben →Teach Duinn →*Buch der Eroberungen*. Hier steht die Bergfestung →Cú Rois, →Caherconree, die →Loegaire, →Conall Cernach und →Cúchulainn aufsuchen. →*Bricrius Bankett*.
Die Slieve Mish Mountains riegeln die Dingle Peninsula vom restlichen Irland ab, und es ist absolut folgerichtig, daß die erste Milesierschlacht hier stattfinden

Sicht vom Slieve Gullion (Gr. Armagh), Culanns Berg.

muß – das Land selbst, seine geographisch-physischen Züge leisten ihnen auf ganz konkrete Weise Widerstand!

**Slieve na Calliach** Gr. Meath, alias Loughcrew. Der steile Hügelzug mit den drei Erhebungen Carnbane West (253 m), Carnbane East (273 m) und Patrickstown Hill (233 m) ist der klassische Berg der großen → *caillech*, die wie → Brigit gern in ihren drei Aspekten auftritt: Frühling, Sommer (Herbst), (Herbst) Winter – d. h. die keimende, fruchtende und absterbende Jahreszeit; Geburt, Leben, Tod; Mädchen, Mutter, Großmutter; Jugend, Erwachsenen-, Greisenalter. Alle drei Hügel sind mit den mehr oder weniger guterhaltenen Resten von über 30 Steinzeitgräbern bedeckt. Viele Steine tragen geometrische Muster, wie sie im → Bruig na Bóinne vorkommen. Der besonders reich dekorierte auf Carnbane East ist der »Chair«, der »Thronsitz« der caillech, mit beeindruckender Sicht über das ganze weite Land → *Buch der Eroberungen* → *Festhalle Da Dergas*.

**Slieve nAdarcan** Gr. Roscommon. Heißt »Hornberg«, da → Finnbennachs Horn abspringt und sich am nächsten Berg festsetzt → *Táin*.
Rund 9 km n von → Rathcrogan schiebt sich der niedere, spitzualaufende Rücken von → Slieve Baune in die Ebene.

**Slievenamon** Gr. Tipperary, »Sliabh na mBan«, »Berg der Frau« (719 m). Die sanfte Rundung des Berges, rund 11 km nö von Clonmel, der das Steinhaufengrab auf der höchsten Stelle die Silhouette einer weiblichen Brust verleiht, ist genauso eine Manifestation der großen Göttin wie die → Paps of Dana.
Der Steinhügel obendrauf ist → Síd ar Femen, der Andersweltpalast von → Bodb Derg. Hierher kommen ihn die Kinder Lirs besuchen (→ *Kinder Lirs*). Diesen Feenhügel gräbt → Eochaid auf, um seine geliebte Étain wiederzufinden, die mit → Midir in Schwanengestalt hierhergeflogen ist (→ *Werben um Étain*). Hier ist → Rucht, der Schweinehirt, im Dienst, der zum → Finnbennach, dem weißen Stier, wird → *Táin*.
Auch hier oben gibt es einen von Fionns Sitzen – einen großen, steinernen Thron, von wo er die Jagd zu verfolgen pflegte. Als er wieder einmal eine Braut brauchte, lud er alle schönen Mädchen zu einem Wettrennen, sozusagen um seine Hand, ein: die erste, die ihn erreichte, würde er heiraten. Durch einen Zaubertrick arrangierte er es jedoch so, daß → Gráinne als erste eintraf – so die örtliche Überlieferung. Seit 1992 sind diese Rennen den Berg hoch offiziell wieder eingeführt worden – früher waren sie Teil der Lugnasa-Zeremonien – als »Rás Sliabh na mBan«. Der Berg läßt sich aber ebenso gut langsam von Kilcash begehen – vierzig Minuten Berg-rauf, Berg-runter sind nicht genug, um die wunderbare Aussicht in sich aufzunehmen, abgesehen davon, daß Untrainierte dies niemals schaffen. Die Ebene, die sich zu Füßen des Berges ausbreitet, ist die Ebene von Femen, nach → Brigits magischem Ochsen Femen.

**Slievenamuck** → Cullen

**Slige Chuala** Die bereits seit der Steinzeit benützte Fernstraße von → Tara der Küste entlang nach Süden. → Conaire Mór befindet sich plötzlich darauf; sie führt ihn zum Bruiden Da Derga → Bohernabreena → Bruiden Da Derga.

Slieve na Calliach (Gr. Meath), der Hügelzug der großen Alten.

Slievenamon (Gr. Tipperary), Silhouette.

**Slige Midluachra**  Die große Fernstraße, die seit der Steinzeit von →Tara nach Norden führt und in Dunseverick endet. →Medb benützt diese für einen schnellen Privatraubzug nach Ulster, bei dem sie den schwarzen Stier erbeutet. →*Táin*.

**Smarmore**  Gr. Louth. »Smirommair«, »Markgemisch«. Der alte, tödlich verletzte Ulsterkrieger Cethern regeneriert seine Kräfte in einem Markbad in Smarmore, 5 km sw von →Ardee →*Táin*.

**Straits of Moyle**  →Moyle.

**Struel Wells**  Gr. Down. Vier Quellen sprudeln zwar noch immer unter dem Kalkfelsen →»St. Patrick's Chair« hervor und laufen durch die verschiedenen Brunnen- und Badehäuser, die Pilger früher zur Heilung aufsuchten, aber die ganze Anlage ist vollständig säkularisiert, zum Picknickplatz und zur Touristenattraktion umfunktioniert. Patrick's Chair, der eine weite Sicht übers Land erlaubte, ist mit Stacheldraht gesperrt. Es dürfte sich hier um ein druidisches Heiligtum gehandelt haben, daß St. Patrick christianisierte →*St. Patrick*.

**Swords**  Gr. Dublin, rund 13 km nö von →Dublin, ist heute praktisch ein Vorort der Großstadt. Hier beginnt →Sean-Mhag n'Ealta Éadair, die große Ebene →Étars →*Buch der Eroberungen*.
Der volle Name des Dorfes ist »Sord Cholaim Chille«, →»St. Columcilles Quelle«. Am südlichen Ortsausgang steht noch das hübsche Brunnenhaus – das Wasser ist bei der Straßenregulierung abhanden gekommen. Hier stand St. Columcilles Kloster, von dem ein Rundturm überlebt hat. Etwas ö davon ist ein kleines, einfaches Kreuz, Zeuge des alten Klostergrundes übriggeblieben. Im 10. Jh. wurde Swords Bischofssitz. Der bischöfliche Palast befindet sich am Nordende des Ortes.

**Talachtai Orláim**  Gr. Louth. Orláms Grab muß zwischen Dee und Glyde liegen. Beide Flüsse münden parallel zueinander in die Dundalk Bay →*Táin*.

**Tallaght**  Gr. Dublin gehört heute, mit seinem supermodernen Shopping Centre, zur Großstadt. Der Name reicht jedoch mit »Tamlach Partholóin« in die Prähistorie zurück – in dem »Pestgrab →Partholóns« wurde sein ganzes, in einer einzigen Woche dahingestorbenes Volk begraben →*Buch der Eroberungen*.
Die heutige Kirche, auf dem alten Klostergrund von St. Melruan, steht auf einer prähistorischen, grob viereckigen Aufschüttung – es könnte sich sehr wohl um ein Massengrab gehandelt haben.

**Tara**  Gr. Meath. »Temair na Ríogh«, »Tara der Könige«. Tara ist der Sitz des Sakralkönigtums, Palast und Kultstätte zugleich: Meath, das für die Königsherrschaft steht, wurde als »hochkönigliche Provinz« darum herum geschaffen, indem alle vier anderen Provinzen ein Stück an Tara abgeben mußten. Der Name dieses so wichtigen Hügels wird von der →Milesierin Tea hergeleitet, der Tochter →Luigdeachs, die sich eine Festung nach spanischem Vorbild daraufsetzen ließ – »Tea Múr«, »Teas Mauer«, wurde zu »Temair«. Als sie starb wurde sie darin beigesetzt. Aber vor den Milesiern hatten bereits die →Tuatha Dé Danann den Hügel bewohnt und ihren Lia Fáil, »Schicksalsstein«, aufgestellt. Hier feierte →Nuadu seine Wiedereinsetzung, obwohl die →Fomorier aufrüsteten. →Lug erschien im richtigen Augenblick und begehrte Einlaß →*Buch der Eroberungen*.

## Detailkarte: Tara

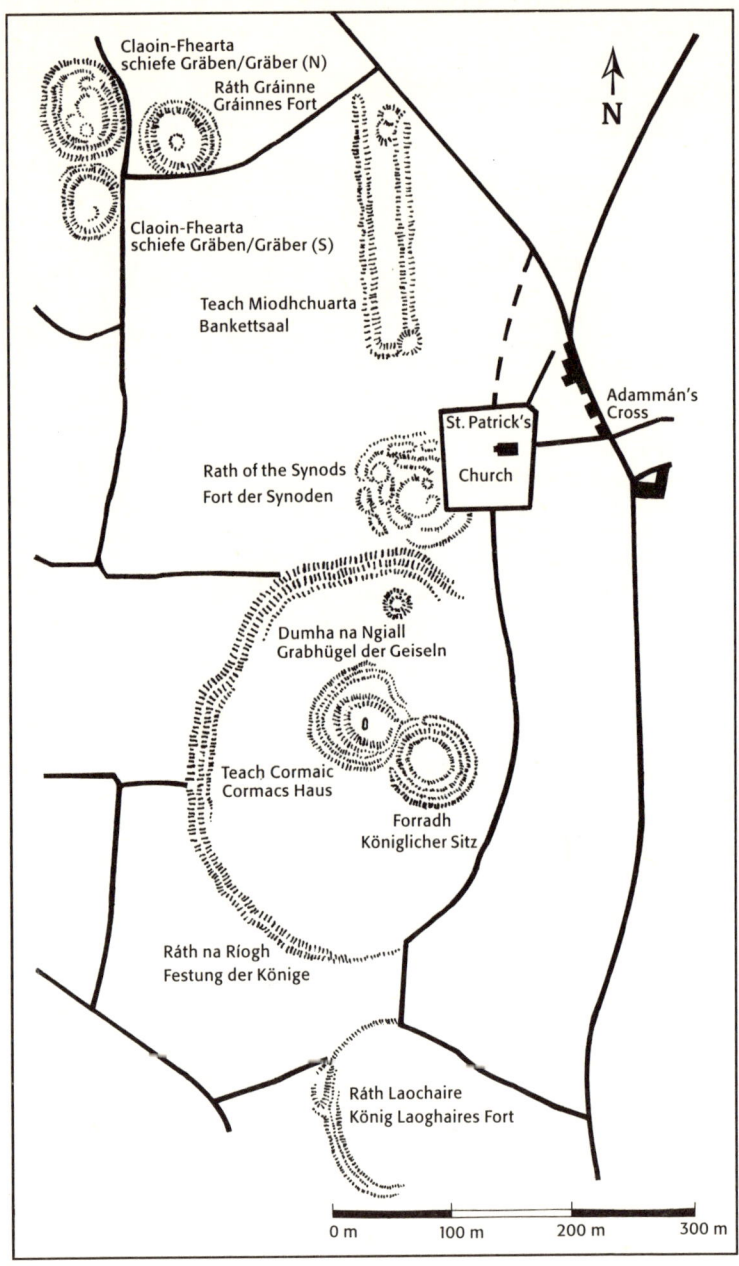

Auf Tara lebte →Étain glücklich mit →Eochaid, bis sich →Midir meldete und sie wieder zu sich zurückholte: aus dem Palast von Tara entwich er mit ihr – in Schwanengestalt – durch die Dachluke →*Werben um Étain*.
Die Enkelin Étains, →Mes Buachalla, brachte →Conaire Mór zur Welt, der dem Land durch sein rechtmäßiges Königtum eine Zeit des Wohlstandes und Frieden verschaffte, bis er alle seine *gessa* brach und im Bruiden Da Derga umkam →Bohernabreena →Dublin →*Festhalle Da Dergas*.
Damals wanderte der junge Mann nackt auf Tara zu, wurde königlich eingekleidet und mußte die rituelle Hochzeit mit der Oberhoheit des Landes, gewöhnlich verkörpert durch →Medb, hier →Étain, vollziehen, wie jeder der großen Könige Taras. Geschah dies nicht, wie im Falle →Bécumas, war Unfruchtbarkeit des Landes, Mangel an Korn und Milch die Folge →*Abenteuer von Art*.
Hier fand zu *Samhain* jährlich ein großes Fest statt, dem der Hochkönig →Cormac jedoch jedesmal mit großer Sorge entgegensah, da →Aillén Tara bis auf die Grundmauern niederbrannte. →Fionn erkannte darin seine Chance, am Hof Fuß zu fassen, und erschlug das Andersweltwesen, dessen Kopf er triumphierend zurückbrachte. Tara bedeutete aber auch eine große Demütigung für den Führer der Fianna in seinen reiferen Jahren. →Gráinne entführte seinen treuen Helden, →Diarmaid, am Abend der Verlobung des alten Kriegers mit der jungen Königstochter →*Fionn und die Fianna: Diarmaid und Grainne*.
Durch →Niall Nóigiallachs Raubzüge an die Küste Frankreichs und Britanniens zog nie gekannter Reichtum in Tara ein. Einer der erbeuteten Sklaven sollte später als St. Patrick, seinem Sohn →Loegaire gegenübertreten und die heidnische durch die christliche Ordnung ersetzen. Am Hügelfuß kam es zu dem berühmten Zauberwettstreit zwischen dem Heiligen und den →Druiden →*St. Patrick*.
Auf Tara sprach der Hochkönig schließlich auch jenen Richtspruch, im Bezug auf ein verletztes Copyright, der →St. Columcille in die Schlacht von →Cul Dreimne verwickelte →Ben Bulben.
Wer Ruinen großartiger Paläste auf Tara sucht, wird enttäuscht werden: was zu sehen ist sind Wälle und Gräben – weswegen Tara, ohne seine Mythologie, wenig aussagt – »wenig«, nicht »nichts«, denn da ist die unvergleichliche Sicht von dem kaum 100 m hohen Hügelrücken, über das reiche, fruchtbare Weideland von Meath, die allein schon das Herkommen lohnt.
Das Kreuzfragment »Adamnán's Cross«, nach →St. Columcilles Biographen, neben der St. Patrickskirche, läßt in gewissem Licht eine verwitterte, sitzende Figur klar hervortreten – mit ziemlicher Sicherheit ein →Cernunnos wie auf dem Kreuzesstumpf von →Clonmacnois. An den Kirchhof stößt »Rath of the Synods«, »Ringwall der Synoden« an, nach den Zusammenkünften, die u. a. →St. Patrick und →St. Adamnán auf Tara einberiefen, nachdem die Heiligen den Hügel übernommen hatten. Laiengräber richteten viel Schaden an, bis es schließlich professionell ausgegraben wurde. N davon kamen um 1810 die zwei goldenen Torques zum Vorschein, die heute im Nationalmuseum →Dublin sind. Die fachgerechte Ausgrabung ergab sowohl Hinweise auf Haushalts- und Schmelztätigkeiten als auch auf rituelle Funktionen, so daß hier ein priesterlicher Hochkönig seinen Sitz hätte haben können. Interessanterweise hieß der kleine Hügel auf der Nordseite im Volksmund schon immer »The King's Chair«, »Königssitz«.
Südlich schließt sich »Ráth na Ríogh«, »Ringwall der Könige«, an, dessen Graben bis zu 3 m in den gewachsenen Fels hinuntergeht. Das erste Monument darin ist

Erst die Hochzeit mit der Oberhoheit des Landes macht den König zum rechtmäßigen Herrscher von Tara.

»Dumha na nGiall«, »Grab der Geiseln«, das älteste von Tara, ein Ganggrab aus der mittleren Bronzezeit in Miniatur. Vielleicht war dieser Grabhügel das Modell für Teas Grab der Sage. Mittendrin sitzen zwei miteinander verbundene Ringwälle, mit zweifachen Wällen und Gräben: ö »Forradh«, »Sitz des Königs«, w »Teach Cormac«, »Cormacs Haus«, nach → Gráinnes Vater. Spuren eines viereckigen Hauses kamen darinnen zum Vorschein, Hier steht ein einzelner, aufrechter, unverkennbar phallischer Stein: Liá Fáil, der Krönungsstein der irischen Könige. »Ráth Loaghaire«, »Laogaires Festung«, der Ringwall des Königs, mit dem St. Patrick die nachhaltige Auseinandersetzung hatte, liegt auf der nächsten Weide. Er ist unvollständig. Aber ein Stück des Südwalls, in dem sich der alte Heide vollbewaffnet, aufrecht, seinen Feinden, den Leinstermännern entgegenblickend, begraben ließ, steht noch. → *St. Patrick*.
Noch ca. 1 km weiter südlich findet sich das große, ebenfalls unvollständige »Ráth → Medb«, von der Straße aus gut sichtbar. Auf der Nordseite Taras hängen die »sloping trenches«, die »abgerutschten Gräben«, tatsächlich am Schräghang. Der junge Cormac verursachte die schiefe Lage, denn so bestätigte die Vorsehung seinen gerechten Richtspruch (→ *Fionn und die Fianna*). Diese »schiefen Gräben« gehören nicht zur offiziellen Touristentour. Sie sind überwachsen und etwas düster. Es dürfte sich ursprünglich um Grabanlagen gehandelt haben. »Ráth Gráinne«, etwas weiter ö ist in keinem besseren Zustand. Hier stand das berühmte Sonnenhaus, *grianán*, der eigenwilligen Königstochter, aus dem sie zu → Diarmaid, ihrem Liebhaber wider Willen, hinausschlüpfte, nachdem sie, in der Bankethalle gegenüber, die ganze Verlobungsgesellschaft durch einen Schlaftrunk ruhiggestellt hatte → *Fionn und die Fianna: Diarmaid und Gráinne*.

Diese Festhalle »Teach Miodhchuarta«, »das Haus, in dem Met zirkuliert«, ist der langgezogene, tiefeingesenkte Graben weiter ö vor dem Ausgang. Cormac hatte sie als Wunderwerk der Kunst und Architektur errichten lassen, das →Bricriu in seiner Festhalle bis in die Einzelheiten kopierte →*Bricrius Bankett*.

Tara, zwischen →Dublin und Navan, rund 45 km nw der Großtadt, ist noch immer ein wichtiger Identifikationspunkt für die Iren – noch gibt es kein Besucherzentrum oder sonstige Ausrichtung auf Touristen. Es ist der selbst, zusammen mit den Geschichten, die hier wirken.

**Teach Duinn**  Gr. Kerry. »Donns Haus«, wo sich die Verstorbenen zum Anderweltfest versammeln, ist mit dem mächtigen, nackten, leuchtturmgekrönten Felskopf vor der →Beara Peninsula identifiziert worden. »Donns Haus« liegt in Sichtweite von →Dursey Head, dem Haupt der großen →*caillech*, Boí. Eine interessante Konstellation, wenn man an den keltischen Glauben an die ewige Wiederverkörperung denkt →*Buch der Eroberungen*.

**Teltown**  Gr. Meath. Tailtiu, »die Wohlgeformte«, Gattin des →Fir Bolg-Königs →Eochaid mac Erc und, nach dem Sieg der →Tuatha Dé Danann, Gattin von deren König, verlieh dem Ort ihren Namen →*Buch der Eroberungen*.
Als eine der großen, vorkeltischen Mütter opfert sie sich für die Kultivierung des Landes auf: in einem Jahr macht sie aus dem Urwald am Blackwater eine »blühende Kleewiese«, stirbt aber an »gebrochenem Herzen«. Ihr Ziehsohn →Lug begräbt sie unter einem prächtigen Grabhügel. Ihr zu Ehren wird Teltown ein Zentrum seines Kultes: zu *Lugnasa* findet hier eine der drei wichtigsten Versammlungen Irlands statt, mit Wettkämpfen, religiösen, dichterischen und politischen Veranstaltungen und einem Jahrmarkt. Lange blieb Teltown ein fürstlicher Friedhof; →Conn begrub seine Gattin da, sonst hätte er sich kaum mit →Bécuma eingelassen →*Abenteuer von Art*.
Da Dichter (→*file*) bei Feierlichkeiten solcher Art eine große Rolle spielten, kann es sein, daß ein Oberdichter, wie →Amergin dort eine gewisse Zeit lang residenzpflichtig war →*Festhalle Da Dergas*.
Im Táin greifen die Wagenlenker Ulsters →Medbs Heer an und →Cú Roi und Amergin liefern sich ein Gefecht mit Steinen.
In Teltown, in der Schleife des Blackwater zwischen →Ceanannus Mór und Navan (Zugang über Donaghpatrick, wo →St. Patrick eine Steinkirche hinsetzte) sind mehrere große Erdwerke erhalten, u. a. »Ráth Dubh«, das »schwarze Ringfort«, wo bis ins 19. Jh. »Teltown Marriages«, Ehen, nach keltischem Recht auf »ein Jahr und einen Tag« geschlossen wurden. Das Paar reichte sich die Hand durch einen durchlochten Stein, später eine Kirchentür mit Öffnung, und versprach sich gegenseitig, ein Jahr zusammen zu bleiben. Nach 366 Tagen konnte es sich, Rücken an Rücken, im Ringwall aufstellen und durch die entgegengesetzten Ausgänge hinausmarschieren oder sich erneut auf ein Jahr verpflichten.

**Temair Luachra**  →Paps of Dana.

**Tethba**  Gr. Longford, Westmeath. →Fionn jagt in dieser Gegend, während sich seine Frau mit einem Liebhaber vergnügt (→*Fionn und die Fianna*). →Midir soll das Gebiet für →Eochaid mit Binsen trockenlegen (→ *Werben um Étain*). Alte Gebietseinheit, Teile vom heutigen Longford und Westmeath.

**Tobar na Molt**   Gr. Kerry. »Widderquelle«. Quelle in der Bischof Erc → St. Brendan tauft. Kleine Quellanlage mit Badehaus und Altar, 4,5 km sö von Ardfert. Nach christlichem Verständnis bestand die Taufgebühr aus drei Widdern, die purpurrot aus der Quelle sprangen. Es dürfte sich, nach dem Merkur/Lug zugeordneten Tier, um ein verchristlichtes → Lug-Heiligtum gehandelt haben.

**Tory Island**   Gr. Donegal. »Toraigh«, »Ort der Türme«. Die Insel, ca. 15 km vor der Küste, u. a. vom Pier von Magheraroarty in Ballyness Bay (ausgeschildert) erreichbar, ist der Flottenstützpunkt der seeräuberischen → Fomorier. Am Ostende sitzt Dún Bhalair, → Balors vierwallige Landzungenbefestigung, in die er → Goibnius wunderbare Kuh verschleppte. Túr Bhalair ist der höchste Punkt der Insel → *Buch der Eroberungen*.

Der beschädigte, rote Rundturm ist jedoch nicht der Ort, an dem Balor, nach der Lokalüberlieferung, seine schöne Tochter gefangenhielt, sondern dieser ist ein Überbleibsel von → St. Columcilles Kloster. Ein massiges Tau-Kreuz, ein Fragment eines Hochkreuzes, zwei Grabplatten, sind weitere Zeugen davon → *St. Columcille.*

Der westlichste Punkt auf dem Festland ist »Bloody Foreland«, wo das Modell → Balors, die »alte Sonne«, blutrot untergeht.

**Tountinna**   Gr. Tipperary. Auf dem höchsten Gipfel (460 m) der Arra Mountains überlebt → Fintan die Sintflut (→ *Buch der Eroberungen*). Das Panorama ist beeindruckend. Am Westhang liegen die »Graves of the Leinstermen«, Überreste prähistorischer Gräber. Dem Mast und dem Transformatorenhaus kehrt man besser den Rücken, um ungestört die Sicht zu genießen. »Graves of the Leinstermen« ist über ein von Portroe ausgeschildertes Sträßchen erreichbar, das hoch über → Lough Derg führt und schließlich bei Ballina/Killaloe herunterkommt. Landschaftlich vom schönsten, was die Gegend zu bieten hat, besonders gegen Abend.

**Trá Éise**   Gr. Down. Eine Überlieferung identifiziert den Strand, auf dem → Cúchulainn seinen eigenen Sohn → Conlai tötet, mit dem Strand von Newry: der Name bedeutet »Strand der Spur«, denn die Fußabdrücke des kleinen, großen Helden sind noch auf einer Steinplatte zu sehen → Dundalk → *Táin.*

**Tully**   Gr. Dublin. 2 km s von Cabinteely, dem südlichen Vorort von → Dublin. In Tully finden sich die letzten Überreste einer Gründung → St. Brigids, wobei allerdings nicht vollständig klar ist, ob es sich um die Äbtissin von → Kildare handelt. Zwei Hochkreuze und einige sehr alte Grabsteine nebst Kirchruine sind alles, was noch vorhanden ist → *St. Brigid.*

**Tulsk**   Gr. Roscommon. Rund 3 km sö von Tulsk wird der erste Halt in Cúil Silinne gemacht. Das ganze Heer lagert sich und Medb verteilt ihren Stoßtrupp auf die anderen Einheiten → *Táin.*

**Ucht Cleitigh**   → Cleitigh.

**Uisnech (Uisneach), Hügel von**   Gr. Westmeath. Der Hügel, der bereits von der Geographie her mit mehr Recht das Zentrum Irlands darstellt als → Tara, ist Uisnech, an der Straße zwischen Mullingar und Ballymore. Tara ist wohl der Mittel-

## Detailkarte: Uisnech

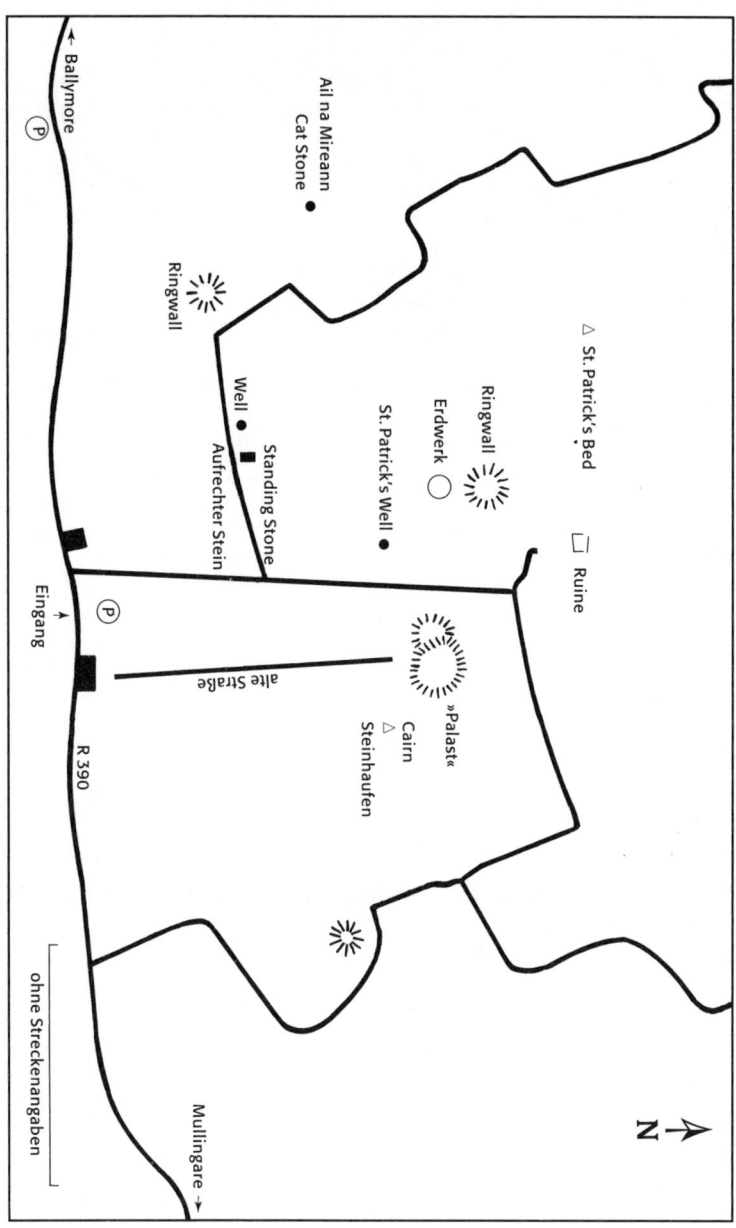

punkt der königlichen, der politischen Macht, Uisnech jedoch ist der Mittelpunkt von allem, denn hier konzentriert sich die spirituelle Macht.

Auf diesem Hügel etablieren sich bereits die Nemeder →Nemed mac Agnomain. Der oberste Druide der neuen Einwanderer, Mide, entfachte hier das erste heilige Feuer: sieben Jahre brannte es ununterbrochen. Jeder Haushalt mußte sein Feuer zeremoniell von da beziehen und als Gegenleistung ein Schwein und einen Sack Mehl liefern. Die einheimischen →Druiden verschworen sich gegen die Besteuerung und kritisierten Mides Vorgehen mit dem Wortspiel, es sei »mi-dé«, »übel«. Darauf brachte er sie zum Schweigen, indem er ihnen kurzerhand die Zunge herausschnitt, diese vergrub und sich oben drauf setzte. »Stolz«, »uisnech«, sitzest du hier, kommentierte seine Mutter seinen Triumph. So kam der Hügel zu seinem Namen.

Bereits die →Fir Bolg stellten hier einen »Ail na Mireann«, einen Grenzstein auf, an dem die fünf von ihnen geschaffenen Provinzen zusammenliefen; Ulster, Ost- und Westmunster, Connaught, Leinster – trafen sich im »Nabel Irlands«, der mit dem »Cat Stone« identifiziert worden ist, dem mächtigen, aus mehreren Teilen bestehenden Felsen am Südwesthang (sichtbar von der Straße). Zwar gleicht er tatsächlich einer zusammengekauerten Katze, die auf eine Maus lauert, aber in Wirklichkeit ist der Name verballhornt aus »Carraig Choithrigi«, »Fels der Teilung«. Bis weit ins Mittelalter hinein wurden die Grenzen immer wieder am Cat Stone definiert: →Fintan wird bei einem Streit, bereits tief in der christlichen Ära, herbemüht und berichtet, wie Trefuilngid Tre-eochair, der Riese aus der →Anderswelt, »der den Auf- und Niedergang der Sonne regelt«, am Tag von Christi Kreuzigung, diese ein für allemal so festgesetzt habe. Nach dieser Überlieferung stellte der mächtige Andersweltbewohner den Teilungsstein persönlich auf.

Der →Dagda besaß einen Wohnsitz auf Uisnech und hielt auf dem Hügel regelmäßig Versammlungen ab. Er wurde hier unter seinem Namen »Eochaid Ollathair«, »göttliches Pferd, Allvater« verehrt, was Gewicht auf seine Sonnenkomponente und Rolle als Urvater legt (→ *Buch der Eroberungen*). Hier hielt er Versammlungen ab, wobei ihm bei einer Gelegenheit →Midir seinen Sohn →Oengus vorstellte (→ *Werben um Étain*). Eine Überlieferung läßt die Geschichte der →*Kinder Tuirinns* auf dem Hügel spielen: sie erschlugen hier →Cian, worauf ihr Vater schwer erkrankte. Nur ein Brechmittel konnte ihn retten. Er nahm es auf dem Hügel ein, worauf er die drei Seen von Westmeath, Loch Iron, Ennell und Owel, ausspuckte. Eine andere Überlieferung lokalisiert Lugs Tod auf dem Hügel: er wird seinerseits von den Enkeln Dagdas erschlagen.

→Lug hatte auf Uisnech das Fest zu *Beltene* eingerichtet: mächtige Feuer wurden zu Ehren des Sonnengottes entzündet. Auch hier schloß sich eine Volksversammlung und ein Volksfest an. Der Hügel hatte schon immer →Ériu gehört; hier ließ sie sich auch begraben; Mide, der nemedische Druide, war ihr Ziehsohn. Es war daher nur folgerichtig, daß die →Milesier sie hier aufsuchten, um ihre Unterstützung und ihren Segen für ihre Eroberung zu erhalten. Sie stellte nur die Bedingung, daß ihr Name auf ewig der Insel gehören solle. →Donn war zu seinem Verhängnis unhöflich gegenüber der großen Göttin – so hatte er denn auch keinen Anteil am Land.

Der übersinnliche Charakter des Hügels schlägt in der Sage durch. Hierher kommt die schöne Unbekannte, um →Conle von Vater →Conn Cétchathach und Freunden weg in die →Anderswelt zu locken (→ *Conles Abenteuer*). Der Hügel

Cat Stone, Uisnech (Gr. Westmeath).

steht in hellen Flammen, damit →Conaire Mór seine *gessa* (*geis*) bricht (→*Festhalle Da Degas*). Diese Komponente ist auch der tiefere Grund, warum →St. Patrick den Hügel erst gründlich verflucht und dann mit einer kleinen Kirche verchristlicht.

Es ist interessant, daß zwei mythologische Gestalten, die mit Feuer zu tun haben, unmittelbar in der Nähe von Uisnech angesiedelt sind. St. Aed, der verchristlichte Feuergott, baute eine kleine Kirche in Killare, etwas sw des Hügels, und →St. Brigid ein kleines Kloster unmittelbar am westlichen Hügelfuß, von dem ihre heilige Quelle überlebt hat.

Die Überreste auf dem Hügel, Ringwälle, Erdwerke, Steinhaufengräber, aufrechtstehende Steine, sind nicht für Touristen hergerichtet und überwachsen. Der Weg vom neuen kleinen Parkplatz ist zwar ausgeschildert, die Wegweiser sind jedoch spärlich.

St. Patrick's Well sprudelt noch immer onö vom Cat Stone; auf dem höchsten Hügelpunkt, den eine Vermessungmarkierung verunziert, ist St. Patrick's Bed; etwas unterhalb stehen Reste eines Gemäuers, das als seine Kirche interpretiert werden könnte.

Beeindruckender als alle Überreste ist jedoch die unendlich weite Sicht – 20 der 32 Grafschaften soll man von hier aus überblicken können – und die Ruhe und Stille eines noch sehr ursprünglichen, von Generationen als heilig empfundenen Ortes.

**Ulster** ist die nördlichste Provinz, die um einiges größer war als heute und z. B. Cuailgne, die Halbinsel →Cooley, miteinbezog. →Emain Macha ist der glanzvolle Königshof von →Conchobar und seinen Helden, unter denen →Cúchulainn herausragt. Ulster war vorwiegend von →Érainn bevölkert; Krieg, Heldentum, Ehre, Konflikt sind Assoziationen mit Ulster.

**Ventry**   Gr. Kerry. »Fionntrágh«, »heller Strand«. Der breite Sandstrand auf der Westseite von Ventry Harbour auf der →Dingle Peninsula ist der Schauplatz der großangelegten Schlacht von Ventry, wo sich →Fionn und Daire →Donn, »der König der Welt«, gegenüberstehen. Sw vom Pier, auf der Südseite der Landzunge steht ein Fels im Meer, »Leekeel«, Leac Chaoil; hier ertrank der jungverheiratete Fenier Cael, Gatte von →Credhe →*Fionn und die Fianna: Schlacht von Ventry*.

**Waterford Harbour**   Gr. Waterford, »Bun Suainme« ist der Zusammenfluß von →Barrow/Nore und Suir in einem geschützten Becken, rund 2 km vor der Ausweitung zum eigentlichen Hafen. An dieser Stelle, wo die drei Flüsse zusammenkommen, teilen die drei Männer →Bith, →Fintan und →Ladra, →Cessair und ihre 49 Frauen untereinander auf →*Buch der Eroberungen*.

**Wexford Harbour**   Gr. Wexford ist die Slaney-Mündung; Slanga, der →Fir Bolg-Anführer, landet in Wexford Harbour →*Buch der Eroberungen*.

**Windy Gap**   Gr. Louth. Bernas Bó Cuailgne, »Paß des Stiers von Cooley«. →Medbs Soldaten graben ihn durch die Bergspitze. Er führt vom Big River-Tal zum Glenn Dáilimda, dem Hochtal über Omeath, auf der Nordseite der Halbinsel →*Táin*.

# Anhang

## Glossar

*Beltene* der 1. Mai. Der Sommeranfang im keltischen Kalender. Am Vorabend brannten große Feuer im ganzen Land (→Uisnech) zur Abwehr negativer Kräfte und zur Steigerung der Fruchtbarkeit.

*bodhrán* inselkeltisches Tamburin, ursprünglich ein Worfelsieb; Tierhaut über einen Rahmen gespannt.

*Brehon Law* inselkeltisches Gesetz; von Rechtsgelehrten mündlich überliefert. Brehons waren gleichzeitig auch Richter in Streitfällen.

*bruiden* vom König oder einem reichen Grundherrn bereitgestellte Herbergen zur Verpflegung Reisender. Es gab deren Dutzende. Die sechs wichtigsten gelangten in die Sage und nehmen die Züge der Festhalle des Herrn der →Anderswelt an: →Emers Vater, Forgall Monach führte einen bei Lusk. →Mac Da Thos lag in →Leinster, Mac Da Reos in →Bréfne, Da Chocas in Westmeath, →Breemore Hill, Blais in →Ulster und →Da Dergas im Süden →Dublins.

*carpat serrda* Sichelwagen. Möglicherweise von klassischen Schriftstellern oder aus der Bibel entliehen.

*cathach* »Kämpfer«(buch). Reliquie, die die Ó Donell-Sippe feierlich in jeder Schlacht mittrug. Das Reliquienkästchen enthält 58 Blätter des Psalters, eben jener Psalmensammlung, die →St. Columcille heimlich abschrieb. Heutige Experten sind sich einig, daß diese Blätter um 560 geschrieben wurden, also vor der Schlacht von Cul Dreimne (→Ben Bulben). Cathach und Kästchen befinden sich heute in der Royal Irish Academy in Dublin.

*corrbolg* »Kranichsack« →Manannán Mac Lir verfertigte ihn aus dem Balg eines Kranichs, eigentlich einer verzauberten →Tuatha Dé Danann-Prinzessin. Darin bewahrte er seine Schätze auf: sein Hemd (macht unsichtbar), den Gürtel und Feuerhaken →Goibnius, die Schere des Königs von Alba, den Helm des Königs von Lochlainn, die Knochen des Schweins von Assal und einen Gürtel aus Walfischknochen. Hat den Wert eines Talismans. Manannán schenkt ihn →Conaire Mór. Zuvor hatte ihn →Lug besessen. Für →Fionn bedeutet der corrbolg den Aufstieg zum Führer der →Fianna. Interessanterweise befinden sich prähistorische Hortfunde oft in ledernen oder wollenen Säcken.

*curad-mír* »Heldenportion«, das beste Stück Braten, meist vom Schwein, das dem größten Helden zuerkannt wurde. Weit mehr als Speise und Belohnung, ist es die öffentliche Anerkennung der Stellung des Helden und damit seiner Ehre. Kein Wunder, daß auf Tod und Leben darum gekämpft wurde.

*curragh* Bootstyp, der seit der Steinzeit an der Westküste Irlands benutzt wird. Ehemals wurden dafür Tierhäute über Holzrahmen gespannt – heute ist es geteerte Leinwand. Statt einem Segel benutzen die heutigen Fischer einen Außenbordmotor.

*dindsenchas* literarische Gattung. »Ortnamenserklärungen«, eigentlich die Geschichte eines Ortes.

*fidchell* eine Art Schach. Das Spiel der Götter, Helden und Könige. Wurde oft als Mittel genutzt, um in die Zukunft zu sehen.

*fulachta fian* prähistorische Kochstellen, die der →Fianna zugeschrieben werden. Dazu gehört ein Trog, in dem mittels glühend heißer Steine Wasser zum Kochen gebracht werden kann, worin sich Fleisch sieden läßt. Experimente haben ergeben, daß sich nach der alten Regel »zwanzig Minuten pro Pfund und zwanzig Minuten fürs Ganze« sehr gute, wohlschmeckende Braten herstellen lassen.

*gae bulga* Geheimwaffe →Cúchulainns, die er als einziger von →Scáthach geschenkt bekam. Vermutlich Blitz- oder Donnerkeil des Anderweltgottes.

*geis/pl. gessa* Ver- und Gebot mit absolutem Charakter. Jeder Inselkelte war, und wenn auch nur kollektiv, durch gessa gebunden. Es war beispielsweise ein totales Verbot für alle Iren vor →Loegaire ein Feuer zu entzünden. Je höher der Stand, desto komplizierter die gessa. Königen und Helden werden sie gewöhnlich zu Fallstricken, die ihre Laufbahn und ihr Leben beenden.

*grianán* Sonnenhaus. Sonnigster Teil einer Festung; ursprünglich für die Damen des Hauses. Ein Hausherr konnte sich ein grianán als Refugium bauen. →Bricriu konstruierte seins als Turm mit Glasfenstern.

*Imbolc* Jahreszeitenfest im keltischen Kalender, 1. Februar, Frühlingsanfang. Es feiert die deutlich spürbare Wiederkehr des Lichtes, die mit dem Lammen und der Laktation der Mutterschafe einhergeht. Dieser Tag war ursprünglich der Göttin Brigit geweiht. Die Heilige St. Brigid hat ihn übernommen.

*Lugnasa* Jahreszeitenfest im keltischen Kalender, 1. August, Herbstanfang. Lug selber setzte diesen Feiertag zu Ehren seiner Amme, Tailtiu ein →Teltown.

*Ogham* vor- und frühchristliche Schrift, vorwiegend der Inselkelten, wobei die Buchstaben des griechischen/römischen Alphabetes durch Striche wiedergegeben wurden.

*ollam* der höchste Grad der Dichter, →file, »Oberdichter«.

*remscéla* »Vorgeschichten« zum Tain. Es gibt eine ganze Reihe von mit dem Rinderraub verknüpften Erzählungen. Aber ohne die acht Geschichten: »Verbannung der Söhne Uisnechs«, die nur ihrer Länge wegen dem Tain vorangestellt wurde, »Conchobars Empfängnis«, »Der Schwächezustand der Ulstermänner«, »Cúchulainns Empfängnis«, »Das Werben um Emer«, »Der Tod von Aoifes Einzigem«, »Von...der zwei Schweinehirten« und »Die Offenbarung des Tain«, wären gewisse Vorkommnisse unverständlich.

*Samhain* wohl das wichtigste der inselkeltischen Jahreszeitenfeste, 1. November, Winteranfang. Der Sommer endet mit einem Tag, der Winter beginnt wiederum mit einem solchen. Die Nacht dazwischen ist nicht definierte Zeit, also Ewigkeit, denn Vergangenheit, Gegenwart und Zukunft sind aufgehoben. Diese »Zeitlücke« benutzen die Bewohner der →Anderswelt um sich in der Menschenwelt zu manifestieren.

*síd* einerseits die Wohnstätte eines Anderweltwesens, ein natürlicher oder künstlich angelegter Hügel oder auch die Anderweltbewohner selbst, ob Fee, Elf, Angeschiedener, Gott oder Dämon.

## Zu den Karten

Die Karten im vorliegenden Buch sind – wenn auch so exakt wie möglich – »Skizzenkarten«. Allen, die Irland, dessen Landschaften und »mythologische Orte« näher kennenlernen wollen, sei folgende Steigerung in Sachen Landkarten empfohlen: die Ein-Blatt-Übersichtskarte des Irish Tourist Board (1 : 625 000), die Ordnance Survey Holiday Maps (1 : 250 000) in vier Blättern, die Ordnance Survey Karten (1 : 126 720) in 25 Blättern und – als »Wunder« der Kartograhie – die Ordnance Survey Discovery Maps (1 : 50 000) in 89 Blättern, eine Reihe, die erst im Entstehen begriffen ist. Der Verlagsort sämtlicher, angegebener Landkarten ist Dublin.

## Schreibweise und Aussprache

Seit 1948 gibt es eine gewisse Standardisierung der Schreibweise irischer Wörter; hauptsächlich wurden die »stummen« Konsonanten, wie beispielsweise die »h« abgeschafft, also »Medhbh« zu »Medb«.

Die irischen Wörter und Namen in diesem Buch entstammen jedoch den verschiedensten Quellen: Manuskripten in alt-, mittel- oder neuirischer Schreibweise, den Dindshenchas, den Übersetzungen, Kommentaren, englischen Neubearbeitungen, den Werken deutscher Keltologen der Jahrhundertwende, der modernen Sekundärliteratur und nicht zuletzt Dinneens Irish-English Dictionary und De Bhaldraithes English-Irish Dictionary sowie Foclóir Póca, wobei ersterer vor 1948 und die beiden letzteren danach erschienen.

Ortnamen sind seit dem Gazetteer von 1989 einigermaßen standardisiert, wobei in manchen Fällen mehrere Varianten gelten. Das trifft jedoch nur für die noch gültigen, von der Post erfassten Ortsnamen und »geographischen Züge« zu; historische kommen in dieser Auflistung nicht vor.

Notgedrungen sind wir bei der Schreibung Kompromisse eingegangen, zumal auch die Ortsnamen in den verschiedenen Kartentypen nicht übereinstimmen. Wo möglich haben wir uns an die Ordnance Survey Maps (1 : 126 720) gehalten, da beim Verfassen des Manuskripts noch längst nicht alle Discovery Maps erhältlich waren.

Die Aussprache irischer Wörter/Namen läßt sich noch weniger festlegen. Modernes Irisch wird in vier Hauptdialekten, East/West-Munster, Connacht und Ulster, und in örtlichen Varianten gesprochen. Aussprachregeln allgemein verbindlicher Gültigkeit gibt es nicht – Varianten und Ausnahmen gehören zur natürlichen, gesprochenen Sprache. Faustregeln zur Aussprache haben jedoch eine gewisse Berechtigung, damit man der Sprache nicht völlig fremd gegenübersteht und eine Ahnung von der Lautung bekommt.

**Vokale:** »ai« wird zu »a« am Anfang des Wortes: »Ailill« zu »Alil«, »Ailbine« zu »Albine«, »Lia Fáil« zu »Lia Fal«, aber »Tain« zu »Toin«.
In anderer Stellung wird »ai« zu »i«: »Cúchulainn« zu »Kuchulin«, »Eochaid« zu »Eochi«.
»ei« wird zu »e«: »geis« zu »gesch«, »Tra Eise« zu »Tra Esche«. »oi« wird zu »u«: »Oisin« zu »Uschin«, aber »Doire« zu »Daira«, »Goibniu« zu »Gibnu«, »Cú Roi« zu »Ku Ri«.
»ui« wird zu »u«: »Kinder Tuirinns« zu »Kinder »Turinns«.
»Fada« ist ein Längen- und Betonungszeichen: »síd« zu »schii«, »Gráinne« zu »Grainie«, »Tír« zu »Tiir«.

**Konsonanten:** »b«/»dh« wird zu »v«: »Bodh« zu »Bov«, »Medb« zu »Mev«.
»bh« wird zu »v«: »Ailbhe« zu »Alve«.
»h« kann aber auch den vorausgehenden Konsonanten »löschen«: »Athirne« zu »Ahirn«, »Ath da Ferta« zu »Ada Ferta«, »Tuatha de Danann« zu »Tua de danánn«.
»m« wird sowohl »v« als auch »m«: »ollam« zu »ollav«, »Leborcham« zu »Levorcham«.
»s« und »e«/»i« wird »sch«: »Sencha« zu »Schencha«.

## Weiterführende Literatur

Adamnán: *The Life of Saint Columba,* hg. William Reeves, Edinburgh, 1874.
d'Arbois de Jubainville, Henri: *Les druides et les dieux celtiques à forme d'animaux,* Paris, 1906.
*Archaeology Ireland,* Bray, 34, 1995.
Barrington, T. J.: *Discovering Kerry, Its History, Heritage & Topography,* Dublin, 1976.
Botheroyd, Sylvia & Paul F.: *Irland: Kunst- und Reiseführer,* Stuttgart, 1985.
Botheroyd, Sylvia & Paul F.: *Irland: Auf den Spuren der Druiden und Heiligen,* München, 1990.
Botheroyd, Sylvia & Paul F.: *Lexikon der keltischen Mythologie,* München, 1992.
Bourke, Cormac: *Patrick, The Archaeology of a Saint,* Belfast, 1993.
Campbell, J. J.: *Legends of Ireland,* 1955; Repr. London, 1987.
Dames, Michael: *Mythic Ireland,* London, 1992.
Danaher, Kevin: *Gentle Places and Simple Things,* Cork, 1964.
Dillon, Myles: *The Cycle of the Kings,* 1946; Repr. Dublin, 1994.

Dillon, Myles: *Early Irish Literature*, 1948; Repr. Dublin, 1994.
Dumézil, Georges: *Le festin d'immortalité: Étude de mythologique comparée indo-européene*, Paris, 1924.
Dumézil, Georges: *Les dieux des indo-européens*, Paris, 1952.
Dumézil, Georges: *Mythe et épopée*, Paris, 1968; *Mythos und Epos*, Frankfurt a. M., 1989.
Dunne, John J.: *Haunted Ireland*, Belfast, 1977.
*Emania: Bulletin of the Navan Research Group*, Belfast, 4, 1988; 10, 1992.
Evans, E. Estyn: *Irish Folk Ways*, London, 1957.
Filip, Jan: *Die keltische Zivilisation und ihr Erbe*, Prag, 1961.
Gray, Elizabeth A. (Übers. u. Hg.): *Cath Muige Tuired*, Dublin, 1982.
Gwynn, Edward J. (Übers. u. Hg.): *The Metrical Dindshenchas*, 5. Bde., Dublin, 1903–1935.
Harbison, Peter: *Guide to the National Monuments in the Republic of Ireland*, 1970; Rev. Neuausg. Dublin, 1975.
Hatt, Jean-Jacques: *Kelten und Galloromanen*, München, 1970.
Henderson, George (Übers. u. Hg.): *Fled Bricrend, The Feast of Bricriu*, London, 1899.
Hughes, Kathleen: *The Church in Early Irish Society*, London, 1966.
*Irische Kunst aus drei Jahrtausenden*, Römisch-Germanisches Museum, Köln, Mainz, 1983.
Jackson, Kenneth: *The Oldest Irish Tradition*, Cambridge, 1964.
Joyce, Patrick W.: *Old Celtic Romances*, 1879; Repr. Dublin, 1961.
*Die Kelten in Mitteleuropa: Kultur, Kunst, Wirtschaft*, Salzburg, 1980.
Kenney, James F.: *The Sources for the Early History of Ireland: Ecclesiastical*, 1929; Repr. Shannon, 1968.
Knott, Eleanor (Übers. u. Hg.): *Togail Bruidne Da Derga, The Destruction of Da Derga's Hostel*, Dublin, 1936.
Knott, Eleanor & Gerald Murphy: *Early Irish Literature*, London, 1966.
Logan, Patrick: *The Holy Wells of Ireland*, Gerrards Cross, 1980.
Macalister, R. A. Stewart (Übers. u. Hg.): *Lebor Gabála Érenn, The Taking of Ireland*, 5 Bde., Dublin, 1938–1956.
Mac Cana, Proinsias: *Celtic Mythology*, London, 1970.
Mac Neill, Máire: *The Festival of Lughnasa*, Oxford, 1962.
Mc Brierty, Vincent J.: *The Howth Peninsula*, Dublin, 1981.
Mc Loughlin, John (Hg.): *Discovering Ireland's Woodlands*, Dublin, 1992.
Mallory, J. P. (Hg.): *Aspects of »The Táin«*, Belfast, 1992.
Mallory, J. P. & T. E. Mc Neill: *Archaeology of Ulster from Colonialization to Plantation*, Belfast, 1991.
Markale, Jean: *Le Druidisme – Tradition et dieux des celtes*, Paris, 1985; *Die Druiden: Gesellschaft und Götter der Kelten*, München, 1989.
Meid, Wolfgang (Übers. u. Hg.): *Táin Bó Fraich*, Dublin, 1974.
Murphy, Gerald (Übers. u. Hg.): *Duanaire Finn, The Book of the Lays of Fionn*, Bd. II–III, Dublin, 1933–1953.
O'Curry, Eugene: *On the Manners and Customs of the Ancient Irish*, 3 Bde., London, 1873.
O'Grady, Standish J. (Übers. u. Hg.): *Silva Gadelica*, 2 Bde., London, 1892.
O'Hanlon, John: *Lives of the Irish Saints*, 9 Bde., Dublin, 1875.

Ó hÓgain, Dáithí: *Fionn mac Cumhaill: Images of the Gaelic Hero*, Dublin, 1988.
Ó hÓgain, Dáithí: *Myth, Legend & Romance: An Encyclopaedia of the Irish Folk Tradition*, London, 1990.
O'Kelly, Michael J.: *Newgrange: Archaeology, Art & Legend*, London, 1982.
Ó Ríordáin, Seán P.: *Antiquities of the Irish Countryside*, 1942, repr.
Ó Súilleabháin, Seán: *Irish Folk Custom and Belief/Nósanna agus Piseoga na nGael*, Dublin, o.J.
O'Rahilly, Thomas F.: *Early Irish History and Mythology*, Dublin, 1964.
Philipps, Guy Ragland: *Brigantia, A Mysteriography*, London, 1976.
Power, Patrick C.: *Sex and Marriage in Ancient Ireland*, Dublin, 1976.
Raftery, Barry: *Pagan Celtic Ireland*, London, 1994.
Rees, Alwyn & Brinley Rees: *Celtic Heritage, Ancient Tradition in Ireland and Wales*, London, 1961; Repr. 1989.
Rolleston, T.W.: *Celtic Myths and Legends*, 1985; Repr. London, 1993.
Room, Adrian: *A Dictionary of Irish Place Names*, Belfast, 1986, Rev. Neuausg. 1994.
Sjoestedt, Marie-Louise: *Dieux et héros des celtes*, Paris, 1940.
Thurneysen, Rudolf (Übers.): *Sagen aus dem alten Irland*, Berlin, 1901. Auswahl: *Der Streit um das Heldenstück: Keltische Sagen aus dem alten Irland*, Leipzig, 1984; Frankfurt a. M., 1991.
Thurneysen, Rudolf: *Die irische Helden- und Königssage bis zum siebzehnten Jahrhundert*, Halle, 1921.
Thurneysen, Rudolf (Hg.): *Scéla Mucce Meic Dathó*, Dublin 1935.
*Treasures of Early Irish Art, 1500 B.C. to 1500 A.D.*, New York, 1977.
Windisch, Ernst: *Die altirischen Heldensagen: Táin Bó Cuailgne*, Leipzig, 1905.

## Abbildungsnachweis

Brendan-Martin Botheroyd, Bochum: Seite 14, 27, 29, 33 O., 64, 119, 159, 172, 192, 270, 279, 281, 284, 286, 295, 307, 319, 325, 330, 331, 333, 334, 352.
Paul F. Botheroyd, Bochum: Seite 49 L., 176, 188, 195, 216, 249, 258, 259, 269, 273, 277, 291, 297, 299, 304, 306 L., 315, 318, 321, 323, 328 O., 335, 337, 339, 343 U., 345, 346, 349.
Navan Centre: Seite 2, 3, 317.
Northern Ireland Tourist Board, Belfast: Seite 343 O., 350.
Irish Tourist Board, Dublin: Seite 267, 309.
Office of Public Works, Dublin: Seite 33 U., 49 R., 157, 302, 306 R., 316, 328 U., 352 O., 356, 361, Umschlagfoto.
Landesmuseum Stuttgart: Seite 149.
Nationalmuseum Dublin: Seite 153, 231.
Museum Vaduz, Liechtenstein: Seite 210.
Nationalmuseum Kopenhagen: Seite 254.